KB145217

파이썬과 Qt6로 GUI 애플리케이션 만들기 5/e

파이썬과 Qt6로 GUI 애플리케이션 만들기 5/e

파이썬 애플리케이션 제작 실습 가이드

김동호 옮김 마틴 피츠패트릭 지음

에이콘

에이콘출판의 기틀을 마련하신 故 정완재 선생님 (1935-2004)

| 옮긴이 소개 |

김동호(homgru@gmail.com)

PC 통신 시절부터 인터넷으로 전환되는 시점까지 개발자로서 패러다임의 흥망성쇠를 겪으며 10년이 넘는 시간을 보냈다. 돌아보니 C부터 시작해 인기 있던 스크립트 언어들까지 참으로 넓고도 얄팍한 삶을 살아왔다는 생각도 든다. 지금은 개발자로서의 시간을 보내고 있지 않지만 혹시 대박의 기회가 생기지 않을까 하는 생각에 여전히 곁눈질만 하고 있는 게으른 직장인이다. AI 시대가 앞당겨져서 게으름이 저절로 해결되지 않을까 하는 기대감이 크다.

옮긴 책으로는 에이콘출판에서 출간한 『스위프트 3의 새로운 기능』(2017), 『파이썬을 활용한 지리공간 분석 마스터하기』(2020), 『파이썬 GUI 프로그래밍 쿡북 3/e』(2021)이 있다.

파이썬에서 가장 인기 있는 GUI 프레임워크인 PyQt6를 배우고자 하는 개발자를 대상으로 한다. PyQt6를 이해하고 쉽게 사용할 수 있도록 돕는 것이 이 책의 목표다. PyQt6를 사용하면 다양한 운영체제에서 실행 가능한 풍부한 기능을 갖춘 데스크톱 애플리케이션을 개발할 수 있다. 11장에서 웹 브라우저와 간단한 지뢰 찾기 게임 예제를 통해 PyQt6로 만들어진 완전한 소스의 애플리케이션을 볼 수 있다. 이를 통해 PyQt6로 데스크톱 애플리케이션을 개발하는 데 많은 도움이 될 것이라 믿는다. 번역 마무리 시점에 최신 버전의 내용들이 책에 추가되면서 재번역으로 인해 출간이 늦어진 점은 아쉬움으로 남는다.

ChatGPT의 출시로 인해 프로그래밍 영역도 새로운 도전을 받고 있다. 코드를 이해하고 다양한 아키텍처를 구성할 수 있다면 AI 시대에 더 좋은 역량이 되리라 생각한다.

AI 시대에 모두의 건투를 빈다.

| 지은이 소개 |

마틴 피츠패트릭 Martin Fitzpatrick

파이썬 개발자이자 강사다. 10년 동안 GUI 프로그래밍을 가르치며 수천 명의 개발자가 애플리케이션에 생명을 불어넣을 수 있도록 지원했다.

| 감사의 말 |

이 책은 독자의 의견에 따라 계속해서 확장되고 업데이트되고 있다. 이 판을 만드는 데 도움을 준 다음 독자들에게 감사드린다.

- 제임스 바탯^{James Battat}
- 알렉스 벤더^{Alex Bender}
- 앤드리스 브로케마^{Andries Broekema}
- 후안 캐바넬라^{Juan Cabanela}
- 맥스 프리즐러^{Max Fritzler}
- 올리버 지라드^{Olivier Girard}
- 리차드 호필드^{Richard Hohlfield}
- 코디 잭슨^{Cody Jackson}
- 존 캐드웰^{John E Kadwell}
- 제프리 케네디^{Jeffrey R Kennedy}
- 가잔드라 칸나^{Gajendra Khanna}
- 빙 시우 류^{Bing Xiao Liu}
- 알렉스 롬바디^{Alex Lombardi}
- 후안 파블로 도나레 퀸타나^{Juan Pablo Donayre Quintana}
- 귀도 토그난^{Guido Tognan}

향후 버전에 대한 피드백이나 제안이 있는 경우 martin@pythonguis.com으로 문의 바란다.

| 차례 |

이 책은 파이썬으로 GUI 애플리케이션을 만들기 시작하고자 알아야 할 핵심 사항을 다룬다. 여기까지 왔다면 자신만의 앱을 만드는 과정을 잘 밟고 있을 것이다.

그러나 애플리케이션을 빌드하는 동안 발견해야 할 사항이 여전히 많다. 이를 돕고자 함께 제공되는 웹 사이트(https://www.pythonguis.com/)에 정기적인 팁, 자습서, 코드 조각을 공개한다. 이 책과 마찬가지로 모든 샘플은 MIT 라이선스를 받았으며 무료로 자신의 앱에 혼합할 수 있다.

PyQt 애플리케이션 개발을 실시간으로 추적하고 볼 수 있는 관련 비디오 과정 (https://www.pythonguis.com/purchase)에 관심이 있을 수도 있다. 책을 읽어줘 감사하다. 피드백이나 제안 사항이 있으면 martin@pythonguis.com으로 문의 바란다.

리소스

리소스는 다음과 같다.

- Qt6 문서: http://doc.qt.io/qt-6/

- PyQt6 라이브러리 문서: http://pyqt.sourceforge.net/Docs/PyQt6/

- PySide 'Qt for Python' 라이브러리 문서: https://doc.qt.io/qtforpython/

저작권

이 책의 저작권은 ⓒ2022 Martin Fitzpatrick에게 있다. 이 책의 모든 코드 예제는 라이선스 없이 자신의 프로그래밍 프로젝트에서 무료로 사용할 수 있다.

문의

한국어판의 정오표는 에이콘출판사의 도서정보 페이지 http://www.acornpub. co.kr/book/python-qt6에서 확인할 수 있다.

한국어판에 관해 질문은 에이콘출판사 편집 팀(editor@acornpub.co.kr)이나 옮긴이의 이메일로 문의해주길 바란다.

1

소개

파이썬으로 GUI 애플리케이션을 만들고 싶다면 어디서부터 시작해야 하는지 알기 어려울 수 있다. 어떤 것이든 동작시키려면 이해해야 할 새로운 개념들이 많다. 그러나 다른 코딩 문제처럼 첫 번째 단계는 올바른 방법으로 문제에 접근하는 방법을 배우는 것이다. 이 책에서는 GUI 개발의 기본 원칙에서 PyQt6를 사용해 완벽하게 작동하는 자신만의 데스크톱 앱을 만드는 과정을 소개한다.

이 책의 초판은 2016년에 나왔다. 이후 4차례 개정돼 독자들의 피드백에 따라 장을 추가하고 확장했다. 지금 PyQt 리소스는 필자가 시작했을 때보다 더 많이 준비돼 있지만 완전한 앱을 구축하기 위한 심도 있고 실질적인 가이드는 여전히 부족하다. 이 책은 그 틈을 메워준다.

이 책은 PyQt6의 다양한 측면을 차례로 살펴보는 장들로 구성돼 있다. 시작 부분에 더 간단한 장을 배치했지만 프로젝트에 대한 구체적인 요구 사항이 있다면 다른 장으로 건너뛰기를 주저하지 말자.

각 장에서는 기본 개념을 익힌 후 코딩 예제들을 통해 아이디어를 직접 탐색하고 적용하는 방법을 점진적으로 배울 수 있게 안내한다.

http://www.pythonguis.com/d/pyqt6-source.zip에서 이 책의 모든 예제에 대한 소스코드와 리소스를 다운로드할 수 있다.

이 책의 분량만으로는 Qt 시스템에 대한 전체 개요를 제공하는 것은 불가능하므로 pythonguis.com 웹 사이트와 외부 리소스에 대한 링크가 있다. "내가 할 수 있을까?"라고 생각한다면 여러분이 할 수 있는 가장 좋은 일은 이 책을 내려놓고 가서 해보는 것이다. 도중에 코드를 정기적으로 백업해두자. 그러면 코드를 엉망으로 만들어도 항상 되돌아올 수 있다.

이 책에는 정보, 팁, 경고를 제공하는 이와 같은 상자들이 있다. 급한 경우에는 모두 건너뛸 수 있지만 읽으면 Qt 프레임워크에 대한 더 깊고 포괄적인 지식을 얻을 수 있다.

1.1 GUI의 역사

그래픽 사용자 인터페이스는 1960년대까지 거슬러 올라가는 오랜 역사를 갖고 있다. 스탠퍼드의 NLS[oN-Line System]는 마우스와 윈도우 개념을 도입했으며 1968년에 처음으로 공개됐다. 제록스 PARC 스몰토크 시스템 GUI 1973은 대부분의 현대 범용 GUI의 기초다.

이러한 초기 시스템들은 이미 윈도우, 메뉴, 라디오 버튼, 체크박스, 아이콘을 포함한 현대의 데스크톱 GUI에서 당연하게 여기는 많은 기능을 갖고 있었다. 이러한 기능의 조합은 다음과 같은 유형의 인터페이스에 사용된 초기 약어 WIMP(윈도우[Window], 아이콘[Icon], 메뉴[Menu], 포인팅[Pointing] 장치-마우스)를 제공했다.

1979년, GUI를 갖춘 최초의 상용 시스템이 출시됐다. 이로 인해 메뉴 모음과 윈도우 컨트롤의 개념을 추가한 애플 리사[Apple Lisa](1983)를 포함한 수많은 다른 GUI 결실에 자극이 됐다. 또한 아타리[Atari](GEM), 아미가[Amiga]의 다른 많은 시스템도 마찬가지다. 유닉스에서 X 윈도우 시스템은 1984년에 등장했고, PC용 윈도우의 첫 버전은 1985년에 출시됐다.

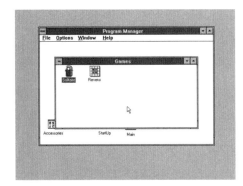
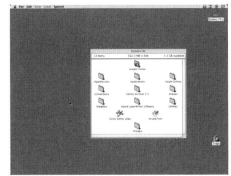

Microsoft Windows 3.1   Apple System 7 (Emulated)

그림 1-1. 마이크로소프트 윈도우 3.1(1992)과 애플 시스템 7(1991)

초기 GUI는 출시 시점에 호환할 수 있는 소프트웨어의 부족과 값비싼 하드웨어 요구 사항, 특히 일반 사용자들의 요구 사항으로 인해 예상했던 즉각적인 인기를 얻지 못했다. 느리지만 꾸준히 GUI 인터페이스는 컴퓨터와 상호작용하고자 선호되는 방식이 됐고 WIMP 메타포metaphor가 표준으로 확고히 자리 잡았다. 그렇다고 해서 데스크톱에서 WIMP 메타포를 대체하려는 시도가 없었던 것은 아니다. 예를 들어 마이크로소프트 밥Bob(1995)은 가정의 데스크톱을 대체하려는 마이크로소프트의 훨씬 더 나쁜 시도였다.

그림 1-2. 마이크로소프트 밥 – 카툰을 위한 데스크톱 메타포 버리기

윈도우 95(1995)의 출시부터 맥 OS X(2001), 그놈^{GNOME} 셸^{Shell}(2011), 윈도우 10 (2015)에 이르기까지 당대에는 혁명적인 GUI에 부족함이 없었다. 이들 각각은 시스템의 UI를 정비했으며, 종종 큰 환호를 많이 받았지만 근본적으로 아무것도 바뀌지 않았다. 이 새로운 UI들은 여전히 WIMP 시스템이며 1980년대 이후 GUI와 거의 같은 방식으로 동작한다.

혁명이 일어났을 때 마우스는 터치로, 윈도우는 풀스크린 앱으로 대체됐다. 하지만 모두가 스마트폰을 주머니에 넣고 다니는 세상에서도 여전히 엄청난 양의 일일 작업이 데스크톱 컴퓨터로 이뤄지고 있다. WIMP는 40년의 혁신에서 살아남았고 더 많은 혁신에서 살아남을 것으로 보인다.

1.2 Qt에 대해

Qt는 크로스플랫폼 GUI 애플리케이션을 만들기 위한 무료 오픈소스 위젯 툴킷으로, 애플리케이션이 단일 코드베이스로 윈도우, 맥OS, 리눅스, 안드로이드의 여러 플랫폼을 대상으로 할 수 있다. 그러나 Qt는 위젯 툴킷 그 이상이며 멀티미디어, 데이터베이스, 벡터 그래픽, MVC 인터페이스를 지원하는 기능이 내장돼 있으므로 애플리케이션 개발 프레임워크로 생각하는 것이 더 정확하다.

Qt는 1991년 에이리크 참베엥^{Eirik Chambe-Eng}과 하바드 노르드^{Haavard Nord}가 시작했으며 1994년 최초의 Qt 회사인 트롤테크^{Trolltech}를 설립했다. Qt는 현재 The Qt Company에서 개발 중이며 정기적으로 업데이트돼 기능을 추가하고 모바일 및 크로스플랫폼 지원을 확장한다.

Qt와 PyQt6

PyQt6는 리버뱅크 컴퓨팅^{Riverbank Computing}이 개발한 Qt 툴킷의 파이썬 바인딩이다. PyQt6을 사용해 애플리케이션을 작성할 때 실제로 수행하는 일은 Qt로 애플리케이션을 작성하는 것이다. PyQt6 라이브러리는 실제로 C++ Qt 라이브러리 래퍼^{wrapper}로, 파이썬에서 사용할 수 있다.

PyQt6는 C++ 라이브러리에 대한 파이썬 인터페이스이기 때문에 PyQt6 내에서 사용되는 명명 규칙은 PEP8 표준을 따르지 않는다. 예를 들어 함수와 변수는 스네이크 표기법^{snake_case} 대신 혼합 표기법^{Mixed Case}를 사용해 명명한다.

자신의 애플리케이션에서 이 표준의 고수 여부는 전적으로 자신에게 달려 있지만 PyQt6 코드가 어디에서 끝나고 시작하는지 명확히 하고자 코드에서 파이썬 표준을 따르는 것이 도움이 된다는 것을 알게 됐다.

마지막으로 사용할 수 있는 PyQt6 관련 문서가 있지만 Qt 문서 자체가 더 완벽하기 때문에 종종 보게 될 것이다. Qt C++ 코드를 파이썬으로 변환하는 방법에 대한 조언이 필요하면 『Translating C++ Examples to Python』을 참조하자.

업데이트 및 추가 리소스

이 책은 정기적으로 갱신된다. 이 책을 직접 구매했다면 책이 출시되는 즉시 자동 디지털 업데이트를 받게 될 것이다. 다른 곳에서 책을 구입했다면 영수증을 register@pythonguis.com으로 보내 최신 디지털 버전을 받고 향후 업데이트를 위해 등록한다.

이 책과 이후의 주제를 다루는 비디오 자습서가 있는 Python GUI Academy에 참여하는 데 관심이 있을 수도 있다.

academy.pythonguis.com에 참여하자.

2

PyQt6 기본 사항

이제 PyQt6로 GUI 애플리케이션을 만드는 첫 번째 단계를 밟을 차례다. 여기에서는 사용자가 만드는 애플리케이션의 기초가 되는 PyQt6의 기본 사항을 소개한다. 간단한 윈도우가 있는 데스크톱 애플리케이션을 개발한다.

위젯을 추가하고 레이아웃을 사용해 정렬한 후 위젯에 함수를 연결해 GUI에서 애플리케이션 동작을 트리거할 수 있다. 제공된 코드를 가이드로 사용하되 항상 자유롭게 실험해보자. 어떻게 동작하는지 알 수 있는 가장 좋은 방법이다.

 시작하기 전에 PyQt6가 제대로 설치돼 있어야 한다. 아직 없다면 PyQt6 설치를 확인하자.

 이 책과 함께 제공되는 소스코드(http://www.pythonguis.com/d/pyqt6-source.zip)를 다운로드하는 것을 잊지 말자.

2.1 첫 번째 애플리케이션

첫 번째 앱을 만들어보자. 새 파이썬 파일을 만들려면 원하는 이름(예, myapp.py)으로 접근 가능한 위치에 저장한다. 이 파일에 간단한 앱을 작성한다.

 이 파일을 편집하면서 이전 버전의 코드로 돌아갈 수 있으므로 정기적인 백업을 유지해야 한다.

앱 만들기

첫 번째 애플리케이션의 소스코드는 다음과 같다. 글자 그대로 입력하고 실수하지 않도록 주의하자. 실수를 하면 파이썬은 무엇이 잘못됐는지 알려준다. 코드를 모두 입력하고 싶지 않다면 코드는 이 책에 포함된 소스코드에 포함돼 있다.

리스트 2-1. basic/creating_a_window_1.py

```python
from PyQt6.QtWidgets import QApplication, QWidget

# 커맨드라인 인수에 대한 접근에만 필요
import sys

# 애플리케이션당 하나의 QApplication 인스턴스만 있으면 된다.
# sys.argv를 전달해 앱의 커맨드라인 인수를 허용한다.
# 커맨드라인 인수를 사용하지 않을 경우 QApplication([])도 동작한다.
app = QApplication(sys.argv)

# 윈도우가 될 Qt 위젯을 생성한다.
window = QWidget()
window.show()        # 중요!! 디폴트로 윈도우는 보이지 않는다.

# 이벤트 루프를 시작한다.
app.exec()

# 종료하고 이벤트 루프가 중지될 때까지 애플리케이션은
# 여기에 도달하지 않는다.
```

먼저 애플리케이션을 시작한다. 다른 파이썬 스크립트처럼 커맨드라인에서 실행할 수 있다.

```
python MyApp.py
```

파이썬 3라면 다음과 같다.

```
python3 MyApp.py
```

이제부터 애플리케이션을 실행하고 테스트하기 위한 힌트로 다음과 같은 상자가 제공된다.

> 🚀 **Run it!** 실행하면 이제 윈도우가 나타난다. Qt는 자동으로 일반 윈도우를 만들고 다른 윈도우들처럼 드래그해서 크기를 조정할 수 있다.

이 예제를 실행 중인 플랫폼에 따라 확인할 수 있다. 다음 이미지는 윈도우, 맥OS, 리눅스(우분투)에서 표시되는 윈도우를 보여준다.

그림 2-1. 윈도우, 맥OS, 리눅스에서 실행된 모습

단계별 코드 살펴보기

코드를 한 줄 한 줄씩 실행해서 정확히 무슨 일이 일어나고 있는지 알아보자. 우선 어플리케이션에 필요한 PyQt6 클래스를 임포트한다. **QtWidgets** 모듈에서 애플리케이션 핸들러인 **QApplication**과 기본 빈 GUI 위젯인 **QWidget** 모듈을 모두 가져온다.

```
from PyQt6.QtWidgets import QApplication, QWidget
```

QtWidgets, QtGui, QtCore는 Qt의 주요 모듈이다.

 from <모듈> import *로 할 수 있지만 파이썬에서는 일반적으로 이러한 종류의 전역 임포트를 꺼리므로 여기서는 피한다.

다음으로 애플리케이션에 전달된 커맨드라인 인수가 포함된 파이썬 리스트인 sys.arg를 전달하는 QApplication 인스턴스를 생성한다.

```
app = QApplication(sys.argv)
```

커맨드라인 인수를 사용해 Qt를 제어하지 않을 경우 빈 리스트를 대신 전달할 수 있다.

```
app = QApplication([])
```

다음으로 window 변수를 사용해 QWidget의 인스턴스를 생성한다.

```
window = QWidget()
window.show()
```

Qt에서 모든 최상위 단계 위젯은 윈도우다. 즉, 상위 항목이 없고 다른 위젯이나 레이아웃 내에 중첩되지 않는다. 즉, 원하는 위젯을 사용해 기술적으로 윈도우를 만들 수 있다.

윈도우가 보이지 않는다. 상위 항목이 없는 위젯은 기본적으로 보이지 않는다. 따라서 윈도우 객체를 만든 후에는 항상 .show()를 호출해서 보이게 해야 한다. .show()를 제거하고 앱을 실행할 수 있지만 종료할 방법이 없다.

 윈도우는 무엇인가?
- 프로그램의 사용자 인터페이스를 보유한다.
- 모든 애플리케이션에는 적어도 하나가 필요하다(더 가질 수 있다).
- 마지막 윈도우를 닫으면 애플리케이션이 종료된다(기본값).

마지막으로 app.exec()를 호출해 이벤트 루프를 시작한다.

이벤트 루프

화면에 윈도우를 띄우기 전에 Qt에서 애플리케이션이 어떻게 구성되는지 소개할 몇 가지 핵심 개념이 있다. 이벤트 루프를 이미 알고 있다면 안전하게 다음 절로 건너뛸 수 있다.

모든 Qt 애플리케이션의 핵심은 QApplication 클래스다. 모든 애플리케이션이 작동하려면 QApplication 객체가 하나만 필요하다. 이 객체는 애플리케이션의 이벤트 루프[event loop], 즉 GUI와의 모든 사용자 상호작용을 제어하는 핵심 루프를 갖는다.

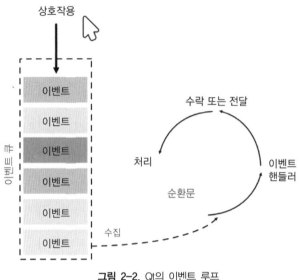

그림 2-2. Qt의 이벤트 루프

키를 누르거나 마우스를 클릭하거나 마우스를 움직이는 등 애플리케이션과 상호작용할 때마다 이벤트 대기열에 이벤트가 생성된다. 이벤트 루프에서 대기열은 각 이터레이션마다 확인되며 대기 중인 이벤트가 발견되면 이벤트와 제어가 이벤트에 대한 특정 이벤트 핸들러로 전달된다. 이벤트 핸들러는 이벤트를 처리한 후 제어를 다시 이벤트 루프에 전달해 더 많은 이벤트를 기다린다. 애플리케이션당 실행 중인 이벤트 루프는 하나만 있다.

QApplication 클래스

- QApplication은 Qt 이벤트 루프를 유지한다.
- QApplication 인스턴스 1개가 필요하다.
- 애플리케이션은 작업이 수행될 때까지 이벤트 루프에서 대기한다.
- 한 번에 **하나의** 이벤트 루프만 존재한다.

QMainWindow

앞에서 살펴본 것처럼 Qt에서는 어떤 위젯도 윈도우가 될 수 있다. 예를 들어 QtWidget을 QPushButton으로 바꿀 경우 다음 예에서는 한 개의 푸시 버튼이 있는 윈도우를 볼 수 있다.

리스트 2-2. basic/creating_a_window_2.py

```python
import sys

from PyQt6.QtWidgets import QApplication, QPushButton

app = QApplication(sys.argv)

window = QPushButton("Push Me")
window.show()

app.exec()
```

이 방법은 깔끔하지만 그다지 유용하지는 않다. 단일 컨트롤로만 구성된 UI가 필요한 경우는 드물다. 그러나 레이아웃을 사용해 위젯을 다른 위젯에 중첩하는 기능은 비어 있는 QWidget 내에서 복잡한 UI를 구성할 수 있다는 것을 나중에 배운다.

하지만 Qt는 이미 독자를 위한 솔루션을 보유하고 있다. 바로 QMainWindow다. 이는 미리 만들어진 위젯으로 도구 모음, 메뉴, 상태 표시줄, 도킹 가능한 위젯 등 앱에서 사용할 수 있는 많은 표준 윈도우 기능을 제공한다. 이런 고급 기능은 나중에 살펴보겠지만 지금은 빈 QMainWindow를 애플리케이션에 추가한다.

리스트 2-3. basic/creating_a_window_3.py

```python
from PyQt6.QtWidgets import QApplication, QMainWindow
```

```
import sys

app = QApplication(sys.argv)

window = QMainWindow()
window.show() # 중요!! 디폴트로 윈도우는 보이지 않는다.

# 이벤트 루프 시작
app.exec()
```

🚀 **Run it!** 실행하면 이제 주 윈도우가 보일 것이다. 이전과 똑같이 생겼다.

따라서 QMainWindow는 현재 별로 흥미롭지 않다. 몇 가지 내용을 추가함으로써 고칠 수 있다. 사용자 정의 윈도우를 만들려면 QMainWindow를 하위 클래스로 분류한 다음 __init_ 블록에 윈도우 설정을 포함하는 것이 가장 좋다.

이를 통해 윈도우 동작을 자체적으로 제어할 수 있다. 자체적인 QMainWindow 하위 클래스를 추가할 수 있다. 이를 MainWindow라고 부르며 단순성을 유지할 수 있다.

리스트 2-4. basic/creating_a_window_4.py

```
import sys

from PyQt6.QtCore import QSize, Qt
from PyQt6.QtWidgets import (
    QApplication,
    QMainWindow,
    QPushButton
)❶
```

```
# 메인 윈도우를 커스터마이징하고자 QMainWindow로 서브클래스를 만든다.
class MainWindow(QMainWindow):
    def __init__(self):
        super().__init__() ❷

        self.setWindowTitle("My App")

        button = QPushButton("Press Me!")

        # 윈도우에 중앙 위젯을 설정한다.
        self.setCentralWidget(button) ❸

app = QApplication(sys.argv)

window = MainWindow()
window.show()

app.exec()
```

❶ 공통 Qt 위젯은 항상 QtWidgets 네임스페이스에서 가져온다.

❷ 항상 super() 클래스의 __init_ 메서드를 호출해야 한다.

❸ .setCentralWidget을 사용해 QMainWindow에 위젯을 배치한다.

 Qt 클래스를 서브클래싱할 때 Qt가 객체를 설정할 수 있게 **항상** super __init_ 함수를 호출해야 한다.

__init_ 블록에서는 먼저 .setWindowTitle()을 사용해 메인 윈도우 제목을 변경한다. 그런 다음 윈도우 가운데에 첫 번째 위젯인 QPushButton을 추가한다. 이는 Qt에서 사용할 수 있는 기본 위젯 중 하나다. 버튼을 작성할 때 표시할 텍스트를 전달할 수 있다.

마지막으로 윈도우에서 .setCentralWidget()을 호출한다. 이는 윈도우 중앙에 들어가는 위젯을 설정할 수 있는 QMainWindow 전용 함수다.

> 🚀 **Run it!** 실행하면 이제 윈도우가 다시 나타나지만 이번에는 중앙에 QPushButton 위젯이 있다. 버튼을 눌러도 소용없다. 다음에 처리한다.

그림 2-3. 윈도우, 맥OS, 리눅스에서 단일 QpushButton을 갖는 QMainWindow

위젯이 더 궁금한가?
조금 있으면 위젯을 자세히 배울 텐데 참을성이 없어 먼저 살펴보고 싶은 경우에는 QWidget 설명서(http://doc.qt.io/qt-5/widget-classes.html#basic-widget-classes)를 살펴볼 수 있다. 윈도우에 다양한 위젯을 추가해보자.

윈도우와 위젯 크기 조정

윈도우는 현재 자유롭게 크기를 조정할 수 있다. 마우스로 모서리를 잡고 원하는 크기로 끌어서 크기를 조정할 수 있다. 사용자가 프로그램 크기를 조정할 수 있게 하는 것이 좋지만 경우에 따라 최소 또는 최대 크기에 제한을 두거나 윈도우를 고정 크기로 잠글 수도 있다.

Qt 크기는 QSize 객체를 사용해 정의한다. 이 명령은 너비 및 높이 매개변수를 해당 순서로 허용한다. 예를 들어 다음은 400 × 300픽셀의 고정 크기 윈도우를 만든다.

리스트 2-5. basic/creating_a_window_end.py

```python
import sys

from PyQt6.QtCore import QSize, Qt
from PyQt6.QtWidgets import QApplication, QMainWindow, QPushButton


# 메인 윈도우를 커스터마이징하고자 QMainWindow로 서브클래스를 만든다.
class MainWindow(QMainWindow):
  def __init__(self):
    super().__init__()

    self.setWindowTitle("My App")

    button = QPushButton("Press Me!")

    self.setFixedSize(QSize(400, 300)) ❶

    # 윈도우에 중앙 위젯을 설정한다.
    self.setCentralWidget(button)

app = QApplication(sys.argv)

window = MainWindow()
window.show()

app.exec()
```

❶ 윈도우 크기를 설정한다.

> 🚀 **Run it!** 실행하면 고정된 크기의 윈도우가 나타난다. 크기를 조정해보자. 동작하지
> 않는다.

그림 2-4. 고정 크기 윈도우는 윈도우 & 리눅스에서 최대화 제어가 비활성화돼 있음을 알 수 있다.
맥OS에서는 화면을 채우게 앱을 최대화할 수 있지만 중앙 위젯의 크기는 조정되지 않는다.

.setFixedSize()와 함께 .setMinimumSize()와 .setMaximumSize()를 호출해 각
각 최소 및 최대 크기를 설정할 수도 있다. 직접 시도해보자.

 모든 위젯에서 이러한 크기 메서드를 사용할 수 있다.

이 절에서는 QApplication 클래스, QMainWindow 클래스, 이벤트 루프에 대해 설
명하고 윈도우에 간단한 위젯을 추가하는 실험을 했다. 다음 절에서는 Qt가
제공하는 위젯 및 윈도우에 대한 메커니즘과 사용자 고유의 코드를 살펴보자.

 나중에 파일 복사본이 다시 필요하므로 myapp.py으로 저장한다.

2.2 시그널, 슬롯

지금까지 윈도우를 만들고 여기에 간단한 푸시 버튼 위젯을 추가했지만 버튼이 아무런 동작도 하지 않는다. 이런 버튼은 전혀 쓸모가 없다. 일반적으로 GUI 애플리케이션을 만들 때 GUI 애플리케이션이 뭔가 하기를 바란다. 필요한 것은 버튼을 누르는 동작과 어떤 일이 일어나게 하는 동작을 연결하는 방법이다. Qt에서는 시그널과 슬롯을 제공한다.

시그널은 어떤 일이 발생할 때 위젯이 보내는 알림이다. 버튼을 누르는 것부터 입력란의 텍스트가 바뀌는 것, 윈도우의 텍스트가 바뀌는 것까지 무엇이든 될 수 있다. 많은 시그널은 사용자 동작에 의해 시작되지만 규칙이 정해진 것은 아니다.

시그널은 어떤 일이 일어나는지 알리는 것 외에도 어떤 일이 일어났는지에 대한 추가적인 맥락을 제공하고자 데이터를 보낼 수도 있다.

사용자 지정 시그널을 직접 만들 수도 있다. 이 내용은 나중에 시그널 확장판에서 살펴보자.

슬롯은 Qt가 시그널 수신기에 사용하는 이름이다. 파이썬에서는 프로그램의 모든 함수(또는 메서드)를 슬롯으로 사용할 수 있다. 간단히 시그널을 슬롯에 연결한다. 시그널이 데이터를 보내면 수신 함수가 그 데이터를 수신하게 된다. 또한 많은 Qt 위젯에는 자체 슬롯이 내장돼 있으므로 Qt 위젯을 직접 연결할 수 있다.

Qt 시그널의 기본 사항과 Qt 시그널을 사용해 위젯을 연결하고 앱에서 작업을 수행하는 방법을 살펴보자.

myapp.py의 새 사본을 로드하고 이 절의 새 이름으로 저장한다.

QPushButton 시그널

간단한 이 애플리케이션에는 QPushButton이 중앙 위젯으로 설정된 QMainWindow가 있다. 이 버튼을 사용자 정의 파이썬 메서드에 연결시키는 것부터 시작한다. 여기서는 QPushButton에서 클릭된 시그널을 수신하는 the_button_was_clicked라는 간단한 사용자 정의 슬롯을 만든다.

리스트 2-6. basic/signals_and_slots_1.py

```python
from PyQt6.QtWidgets import (
    QApplication,
    QMainWindow,
    QPushButton
) ❶

import sys

class MainWindow(QMainWindow):
    def __init__(self):
        super().__init__() ❷

        self.setWindowTitle("My App")

        button = QPushButton("Press Me!")
        button.setCheckable(True)
        button.clicked.connect(self.the_button_was_clicked)

        # 윈도우 중앙 위젯 설정
        self.setCentralWidget(button)

    def the_button_was_clicked(self):
        print("Clicked!")

app = QApplication(sys.argv)

window = MainWindow()
```

```
window.show()

app.exec()
```

> 🚀 **Run it!** 실행하고 버튼을 클릭하면 콘솔에 'Clicked!'라는 텍스트가 나타난다.

콘솔 출력은 다음과 같다.

```
Clicked!
Clicked!
Clicked!
Clicked!
```

데이터 수신

좋은 시작이다. 시그널이 방금 일어난 일에 대한 더 많은 정보를 제공하고자 데이터를 보낼 수 있음을 알았다. .clicked 시그널도 예외가 아니며 버튼에 대해 체크(또는 토글)된 상태를 제공한다. 일반 버튼의 경우 이 값이 항상 False 이므로 첫 번째 슬롯은 이 데이터를 무시했다. 하지만, 버튼을 체크 가능하게 만들고 효과를 볼 수 있다.

다음 예에서는 체크 상태를 출력하는 두 번째 슬롯을 추가한다.

리스트 2-7. basic/signals_and_slots_1b.py

```
import sys
```

```python
from PyQt6.QtWidgets import (
    QApplication,
    QMainWindow,
    QPushButton
) ❶

class MainWindow(QMainWindow):
    def __init__(self):
        super().__init__() ②

        self.setWindowTitle("My App")

        button = QPushButton("Press Me!")
        button.setCheckable(True)
        button.clicked.connect(self.the_button_was_clicked)
        button.clicked.connect(self.the_button_was_toggled)

        # 윈도우 중앙 위젯 설정
        self.setCentralWidget(button)

    def the_button_was_clicked(self):
        print("Clicked!")

    def the_button_was_toggled(self, checked):
        print("Checked?", checked)

app = QApplication(sys.argv)

window = MainWindow()
window.show()

app.exec()
```

📣 **Run it!** 실행한 후 버튼을 누르면 체크 표시가 된다. 다시 누르면 해제된다. 콘솔에서 상태를 확인한다.

콘솔 출력은 다음과 같다.

```
Clicked!
Checked? True
Clicked!
Checked? False
Clicked!
Checked? True
Clicked!
Checked? False
Clicked!
Checked? True
```

원하는 만큼 많은 슬롯을 시그널에 연결할 수 있으며 슬롯에서 동시에 여러 버전의 시그널에 응답할 수 있다.

데이터 저장

종종 위젯의 현재 상태를 파이썬 변수에 저장하는 것이 유용하다. 이렇게 하면 다른 파이썬 변수와 마찬가지로 원래 위젯에 액세스하지 않고 값을 사용해 작업할 수 있다.

원하는 경우 이러한 값을 개별 변수로 저장하거나 사전을 사용할 수 있다. 다음 예제에서는 self의 button_is_checked 변수에 버튼의 체크된 값을 저장한다.

리스트 2-8. basic/signals_and_slots_1c.py

```python
class MainWindow(QMainWindow):
    def __init__(self):
```

```
        super().__init__()

        self.button_is_checked = True ❶

        self.setWindowTitle("My App")

        button = QPushButton("Press Me!")
        button.setCheckable(True)
        button.clicked.connect(self.the_button_was_toggled)
        button.setChecked(self.button_is_checked) ❷

        # 윈도우 중앙 위젯 설정
        self.setCentralWidget(button)

    def the_button_was_toggled(self, checked):
        self.button_is_checked = checked ❸

        print(self.button_is_checked)
```

❶ 변수의 기본값을 설정한다.

❷ 기본값을 사용해 위젯의 초기 상태를 설정한다.

❸ 위젯 상태가 변경되면 일치시킬 변수를 업데이트한다.

동일한 패턴을 모든 PyQt6 위젯에 사용할 수 있다. 위젯이 현재 상태를 전송하는 시그널을 제공하지 않는 경우 핸들러에서 직접 위젯에서 값을 검색해야 한다. 예를 들어 여기서는 눌린 핸들러에서 체크된 상태를 확인하고 있다.

리스트 2-9. basic/signals_and_slots_1d.py

```
class MainWindow(QMainWindow):
    def __init__(self):
        super().__init__()
```

```
        self.button_is_checked = True

        self.setWindowTitle("My App")

        self.button = QPushButton("Press Me!") ❶
        self.button.setCheckable(True)
        self.button.released.connect(
            self.the_button_was_released
        ) ❷
        self.button.setChecked(self.button_is_checked)

        # 윈도우 중앙 위젯 설정
        self.setCentralWidget(self.button)

    def the_button_was_released(self):
        self.button_is_checked = self.button.isChecked() ❸

        print(self.button_is_checked)
```

❶ 슬롯에 접속할 수 있도록 버튼에 대한 참조를 스스로 유지해야 한다.

❷ 버튼에서 손을 떼면 해제된 시그널이 작동하지만 체크 상태는 전송되지 않는다.

❸ .isChecked()는 버튼의 확인 상태를 반환한다.

인터페이스 변경

지금까지 시그널을 받고 콘솔에 출력하는 방법을 알아봤다. 하지만 버튼을 클릭했을 때 인터페이스에 어떤 일이 일어나게 하는 것은 어떨까? 버튼을 수정하고 텍스트를 변경하고 버튼을 비활성화해 더 이상 클릭할 수 없게 슬롯 방식을 업데이트하자. 일단 체크 가능한 상태도 제거한다.

```python
from PyQt6.QtWidgets import QApplication, QMainWindow, QPushButton

import sys

class MainWindow(QMainWindow):
    def __init__(self):
        super().__init__()

        self.setWindowTitle("My App")

        self.button = QPushButton("Press Me!")  ❶
        self.button.clicked.connect(self.the_button_was_clicked)

        # 윈도우 중앙 위젯 설정
        self.setCentralWidget(self.button)

    def the_button_was_clicked(self):
        self.button.setText("You already clicked me.")  ❷
        self.button.setEnabled(False)  ❸

        # 윈도우 제목 변경
        self.setWindowTitle("My Oneshot App")

app = QApplication(sys.argv)

window = MainWindow()
window.show()

app.exec()
```

❶ the_button_was_clicked 메서드에서 버튼에 접근할 수 있어야 하므로 자체 적으로 이를 참조할 수 있다.

❷ .setText()에 문자를 전달해 버튼의 텍스트를 변경할 수 있다.

❸ 버튼을 사용 불가능으로 설정하려면 .setEnabled()를 False로 호출한다.

> 🚀 **Run it!** 실행한 후 버튼을 클릭하면 텍스트가 바뀌고 버튼을 클릭할 수 없게 된다.

시그널을 트리거하는 버튼만 변경하는 것이 아니라 슬롯 메서드에서 원하는 모든 작업을 수행할 수 있다. 예를 들어 윈도우 제목도 변경하려면 다음 줄을 the_button_was_clicked 메서드에 추가한다.

```
self.setWindowTitle("A new window title")
```

대부분의 위젯에는 자체 시그널이 있으며 현재 사용 중인 QMainWindow도 예외가 아니다.

다음 더 복잡한 예에서는 the_window_title_changed 사용자 정의 메서드에 .windowTitleChanged 시그널을 연결한다. 이 슬롯은 새 윈도우 제목도 받는다.

리스트 2-11. basic/signals_and_slots_3.py

```python
from PyQt6.QtWidgets import QApplication, QMainWindow, QPushButton

import sys
from random import choice

window_titles = [ ❶
    'My App',
    'My App',
    'Still My App',
    'Still My App',
```

```
    'What on earth',
    'What on earth',
    'This is surprising',
    'This is surprising',
    'Something went wrong'
]

class MainWindow(QMainWindow):
    def __init__(self):
        super().__init__()

        self.n_times_clicked = 0

        self.setWindowTitle("My App")

        self.button = QPushButton("Press Me!")
        self.button.clicked.connect(self.the_button_was_clicked)
        self.windowTitleChanged.connect(
            self.the_window_title_changed
        ) ❷

        # 윈도우 중앙 위젯 설정
        self.setCentralWidget(self.button)
    def the_button_was_clicked(self):
        print("Clicked.")
        new_window_title = choice(window_titles)
        print("Setting title: %s" % new_window_title)
        self.setWindowTitle(new_window_title) ❸

    def the_window_title_changed(self, window_title):
        print("Window title changed: %s" % window_title) ❹

        if window_title == 'Something went wrong':
            self.button.setDisabled(True)
```

```
app = QApplication(sys.argv)

window = MainWindow()
window.show()

app.exec()
```

❶ random.choice()를 통해 선택할 윈도우 제목 리스트다.

❷ the_window_title_changed 사용자 정의 슬롯 메서드를 .windowTitleChanged
시그널에 연결한다.

❸ 윈도우 제목을 새로운 제목으로 설정한다.

❹ 새 윈도우 제목이 'Something went wrong'일 경우 버튼을 비활성화한다.

> 🚀 **Run it!** 실행하면 제목이 'Something works'로 바뀔 때까지 버튼을 반복해서 클릭
> 하면 버튼이 비활성화된다.

이 예에서 몇 가지 주의할 점이 있다.

첫째, 윈도우 제목을 설정할 때 windowTitleChanged 시그널을 항상 보내는 것
은 아니다. 이전과 달라진 경우에만 시그널이 발생한다. 동일한 제목을 여러
번 설정하면 시그널이 처음에만 발생한다.

앱에서 시그널을 사용할 때 놀라지 않게 발생하는 조건을 다시 한 번 확인하는 것이
중요하다.

둘째, 시그널을 사용해 사물을 서로 연결시킬 수 있는 방법을 알아보자. 버튼 누르는 한 가지 동작은 여러 가지 다른 동작을 차례로 트리거할 수 있다. 이러한 후속 효과는 무엇 때문에 발생했는지 알 필요가 없으며 단순한 규칙의 결과를 따른다.

트리거로부터 효과의 분리는 GUI 애플리케이션을 구축할 때 이해해야 할 핵심 개념 중 하나다. 이 책을 통해 계속해서 이를 다룬다.

이 절에서는 시그널과 슬롯을 다뤘다. 지금까지 몇 가지 간단한 시그널과 이를 사용해 데이터를 전달하고 애플리케이션 상태를 확인하는 방법을 실행했다. 다음에는 애플리케이션에서 사용하고자 Qt가 제공하는 위젯과 이러한 위젯이 제공하는 시그널을 살펴본다.

위젯들을 직접 연결

지금까지 위젯 시그널을 파이썬 메서드에 연결하는 예를 살펴봤다. 위젯에서 시그널이 발생하면 파이썬 메서드가 호출돼 시그널에서 데이터를 수신한다. 그러나 시그널을 처리하고자 항상 파이썬 함수를 사용할 필요는 없으며 Qt 위젯을 서로 직접 연결할 수도 있다.

다음 코드에서는 QLineEdit 위젯과 QLabel을 윈도우에 추가한다. 윈도우의 __init__에서 라인 편집 .textChanged 시그널을 QLabel의 .setText 메서드에 연결한다. 이제 QLineEdit에서 텍스트가 변경될 때마다 해당 텍스트를 .setText 메서드에서 수신한다.

리스트 2-12. basic/signals_and_slots_4.py

```
from PyQt6.QtWidgets import (
    QApplication,
```

```python
    QMainWindow,
    QLabel,
    QLineEdit,
    QVBoxLayout,
    QWidget,
)

import sys

class MainWindow(QMainWindow):
    def __init__(self):
        super().__init__()

        self.setWindowTitle("My App")

        self.label = QLabel()

        self.input = QLineEdit()
        self.input.textChanged.connect(self.label.setText) ❶

        layout = QVBoxLayout() ❷
        layout.addWidget(self.input)
        layout.addWidget(self.label)

        container = QWidget()
        container.setLayout(layout)
        # 윈도우 중앙 위젯 설정
        self.setCentralWidget(container)

app = QApplication(sys.argv)

window = MainWindow()
window.show()
```

```
app.exec()
```

❶ 입력을 레이블에 연결하려면 입력과 레이블을 모두 정의해야 한다.

❷ 이 코드는 두 위젯을 레이아웃에 추가하고 윈도우에서 설정한다. 이 내용은 다음 장에서 자세히 다루니 일단 무시하자.

> 🚀 **Run it!** 실행한 후 위쪽 상자에 텍스트를 입력하면 레이블에 바로 표시된다.

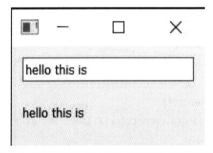

그림 2-5. 입력된 모든 텍스트가 레이블에 즉시 표시된다.

대부분의 Qt 위젯에는 사용 가능한 슬롯이 있으며, 이 슬롯에 수신하는 시그널과 동일한 유형을 내보내는 모든 시그널을 연결할 수 있다. 위젯 설명서에는 '공용 슬롯' 아래에 나열된 각 위젯에 대한 슬롯이 있다. 예로 QLabel https://doc.qt.io/qt-5/qlabel.html#public-slots를 참조한다.

2.3 위젯

Qt 위젯은 사용자가 상호작용할 수 있는 UI 구성 요소에 지정된 이름이다. 사용자 인터페이스는 윈도우 내에 정렬된 여러 위젯으로 구성된다. Qt에는 다양한 위젯이 함께 제공되며 사용자 정의 위젯을 직접 작성할 수도 있다.

이 책의 코드 예제는 basic/widgets_list.py 파일에 있으며 이를 실행해 위젯 모음을 윈도우에 표시할 수 있다. 몇 가지 복잡한 트릭을 사용하는데, 나중에 다룰 예정이니 지금 당장은 코드를 걱정하지 말자.

> 🚀 **Run it!** 실행하면 여러 개의 대화형 위젯이 있는 윈도우가 나타난다.

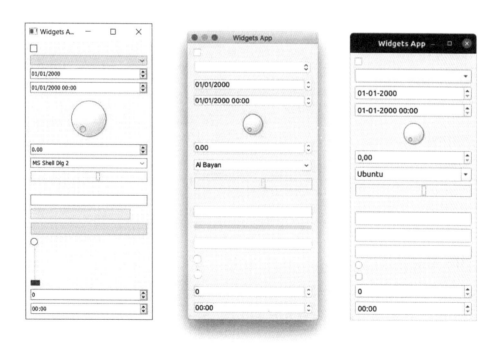

그림 2-6. 윈도우, 맥OS, 리눅스(우분투)에서의 예제 위젯 앱

예제에 표시된 위젯은 위에서 아래로 제공된다.

위젯	기능
QCheckbox	체크박스
QComboBox	드롭다운 리스트 박스
QDateEdit	날짜 편집
QDateTimeEdit	날짜 시간 편집
QDial	회전 가능한 다이얼
QDoubleSpinbox	실수용 숫자 회전 박스
QFontComboBox	폰트 콤보 박스
QLCDNumber	LCD 표시
QLabel	상호작용 없는 일반 레이블
QLineEdit	텍스트 라인 입력
QProgressBar	상태 표시줄
QPushButton	버튼
QRadioButton	1개의 선택만 가능한 라디오 버튼
QSlider	슬라이더
QSpinBox	정수 회전 박스
QTimeEdit	시간 편집

이것보다 훨씬 더 많은 위젯이 있지만 잘 맞지 않는다. 전체 리스트는 Qt 설명서 https://doc.qt.io/qt-5/qtwidgets-module.html을 참조한다. 여기서 가장 유용한 몇 가지를 자세히 알아보자.

 myapp.py의 새 복사본을 로드하고 이 절의 새 이름으로 저장한다.

QLabel

Qt 도구 상자에서 사용할 수 있는 가장 간단한 위젯 중 하나인 QLabel을 살펴보자. 이 위젯은 프로그램에 배치할 수 있는 간단한 한 줄 텍스트다. 텍스트를 만들 때 문자열을 전달해 설정할 수 있다.

```
widget = QLabel("Hello")
```

또는 .setText() 메서드를 사용한다.

```
widget = QLabel("1")      # 텍스트 1로 레이블을 생성
widget.setText("2")       # 레이블은 2를 보여준다.
```

위젯에서 텍스트 크기나 정렬과 같은 글꼴 매개변수를 조정할 수도 있다.

리스트 2-13. basic/widgets_1.py

```python
import sys

from PyQt6.QtCore import Qt
from PyQt6.QtWidgets import QApplication, QLabel, QMainWindow

class MainWindow(QMainWindow):
    def __init__(self):
        super().__init__()

        self.setWindowTitle("My App")

        widget = QLabel("Hello")
        font = widget.font() ❶
        font.setPointSize(30)
```

```
        widget.setFont(font)
        widget.setAlignment(
            Qt.AlignmentFlag.AlignHCenter
            | Qt .AlignmentFlag.AlignVCenter
        ) ❷

        self.setCentralWidget(widget)

app = QApplication(sys.argv)

window = MainWindow()
window.show()

app.exec()
```

❶ `<widget>.font()`를 사용해 현재 폰트를 받아서 수정한 후 다시 적용한다. 이렇게 하면 시스템 폰트 스타일에 맞게 유지된다.

❷ 정렬은 `Qt.<네임스페이스>`의 플래그를 사용해 지정한다.

🚀 **Run it!** 실행한 후 폰트 매개변수를 조정해서 효과를 살펴보자.

  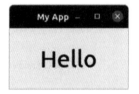

그림 2-7. 윈도우, 맥OS, 우분투에서의 QLabel

Qt 네임스페이스(Qt.)는 Qt 위젯을 사용자 정의하고 제어하는 데 사용할 수 있는 모든 종류의 속성으로 가득하다. 자세한 내용은 '열거형, Qt 네임스페이스'에서 다룬다.

수평 정렬에 사용할 수 있는 플래그는 다음과 같다.

플래그	동작
Qt.AlignmentFlag.AlignLeft	왼쪽 가장자리 정렬
Qt.AlignmentFlag.AlignRight	오른쪽 가장자리 정렬
Qt.AlignmentFlag.AlignHCenter	가능한 공간 내 수평 방향으로 중앙 정렬
Qt.AlignmentFlag.AlignJustify	가능한 공간 내 텍스트 정렬(끝 마추기)

수직 정렬에 사용할 수 있는 플래그는 다음과 같다.

플래그	동작
Qt.AlignmentFlag.AlignTop	위쪽 정렬
Qt.AlignmentFlag.AlignBottom	아래쪽 정렬
Qt.AlignmentFlag.AlignVCenter	가능한 공간 내 수직 방향으로 중앙 정렬

파이프(|)를 사용해 플래그를 함께 결합할 수 있지만 한 번에 하나의 수직 또는 수평 정렬 플래그만 사용할 수 있다.

```
align_top_left = Qt.AlignmentFlag.AlignLeft | Qt.AlignmentFlag .AlignTop
```

🚀 **Run it!** 실행한 후 여러 정렬 플래그를 조합해 텍스트 위치에 미치는 효과를 확인 보자.

Qt 플래그

OR 파이프(|)를 사용해 관례적으로 두 플래그를 결합한다. 플래그는 겹치지 않는 비
트마스크다. 예를 들면 Qt.AlignmentFlag.AlignLeft의 2진수 값은 0b0001이고
Qt.AlignmentFlag.AlignBottom의 2진수 값은 0b01000이다. 결합하면 '왼쪽 아래'를
나타내는 값 0b0101을 얻을 수 있다. Qt 네임스페이스와 Qt 플래그는 나중에 '열거형
& Qt 네임스페이스'에서 자세히 살펴본다.

마지막으로 양쪽 방향으로 동시에 중심을 잡는 단축 플래그도 있다.

플래그	동작
Qt.AlignmentFlag.AlignCenter	수직, 수평 방향으로 정렬

이상하게도 QLabel을 사용해 .setPixmap() 메서드로 이미지를 표시할 수도 있
다. 이미지 파일 이름을 QPIxmap에 전달해 픽스맵(픽셀 배열)을 만들 수 있다.
이 책에 함께 제공된 예제 파일에서 다음과 같이 윈도우에 표시할 수 있는
otje.jpg 파일을 찾을 수 있다.

리스트 2-14. basic/widgets_2a.py

```python
import sys

from PyQt6.QtGui import QPixmap
from PyQt6.QtWidgets import QApplication, QLabel, QMainWindow

class MainWindow(QMainWindow):
    def __init__(self):
        super().__init__()

        self.setWindowTitle("My App")

        widget = QLabel("Hello")
```

```python
        widget.setPixmap(QPixmap("otje.jpg"))

        self.setCentralWidget(widget)

app = QApplication(sys.argv)

window = MainWindow()
window.show()

app.exec()
```

그림 2-8. 사랑스런 얼굴의 고양이 Otje

🚀 **Run it!** 실행한 후 윈도우 크기를 조정하면 이미지가 빈 공간으로 둘러싸인다.

이미지가 보이지 않는다면 계속 읽어보자.

앞의 예에서는 otje.jpg 파일 이름만 사용해 로드할 파일 이름을 지정했다. 즉, 앱이 실행될 때 파일이 현재 폴더에서 로드된다. 그러나 현재 폴더가 반드시 스크립트가 있는 폴더일 필요는 없다. 어디서나 스크립트를 실행할 수 있다.

cd ..으로 위의 폴더로 이동하고 스크립트를 다시 실행하면 파일을 찾을 수 없고 이미지가 로드되지 않는다.

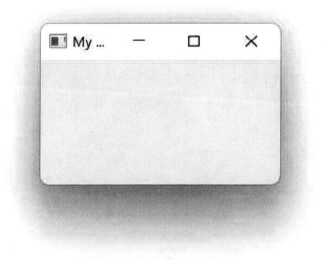

그림 2-9. Otje 고양이가 사라졌다.

 활성 프로젝트를 기반으로 경로를 설정하는 IDE에서 스크립트를 실행할 때 발생하는 일반적인 문제다.

이 문제를 해결하려면 현재 스크립트 파일의 경로를 가져와서 이를 사용해 스크립트가 있는 폴더를 확인한다. 이미지가 동일한 폴더(또는 이 위치와 관련된 폴더)에 저장돼 있으므로 파일 위치도 알 수 있다.

파일 내장 변수는 현재 파일의 경로를 알려준다. os.dirname() 함수는 해당 경로에서 폴더(또는 디렉터리 이름)를 가져온 다음 os.path.join을 사용해 파일의 새 경로를 만든다.

리스트 2-15. basic/widgets_2b.py

```python
import os
import sys

from PyQt6.QtGui import QPixmap
from PyQt6.QtWidgets import QApplication, QLabel, QMainWindow

basedir = os.path.dirname(__file__)
print("Current working folder:", os.getcwd())  ❶
print("Paths are relative to:", basedir)  ❷

class MainWindow(QMainWindow):
    def __init__(self):
        super().__init__()

        self.setWindowTitle("My App")

        widget = QLabel("Hello")
        widget.setPixmap(QPixmap(os.path.join(basedir, "otje.jpg")))

        self.setCentralWidget(widget)

app = QApplication(sys.argv)

window = MainWindow()
window.show()

app.exec()
```

❶ 현재 작업 디렉터리다.

❷ 파일과 관련 있는 기본 경로다.

 아직 완전히 이해하지 못했다고 걱정하지 말자. 나중에 자세히 설명할 것이다.

지금 실행하면 스크립트를 어디에서 실행하든 이미지가 예상대로 나타난다. 또한 스크립트는 문제를 디버그하는 데 도움이 되는 경로(및 현재 작업 디렉터리)를 출력한다. 앱에서 외부 파일을 로드할 때 이 점을 염두에 두자. 데이터 파일의 경로 처리에 대한 자세한 내용은 상대 경로 작업을 참조한다.

기본적으로 이미지는 가로 세로 비율을 유지하면서 배율이 조정된다. 윈도우에 맞게 확장 및 확장하려는 경우 QLabel에서 .setScaledContents(True)를 설정할 수 있다.

코드를 수정해 .setScaledContents(True)를 레이블에 추가한다.

리스트 2-16. basic/widgets_2b.py

```
widget.setPixmap(QPixmap(os.path.join(basedir,"otje.jpg")))
widget.setScaledContents(True)
```

🚀 **Run it!** 실행한 후 윈도우 크기를 조정하면 그림이 크기에 맞게 변형된다.

그림 2-10. 윈도우, 맥OS, 우분투에서 QLabel을 사용해 픽스맵 표시

QCheckBox

다음으로 살펴볼 위젯은 이름에서 알 수 있듯이 사용자에게 체크박스를 제공하는 QCheckBox다. 그러나 모든 Qt 위젯과 마찬가지로 위젯 동작을 변경할 수 있는 여러 가지 구성 가능한 옵션이 있다.

리스트 2-17. basic/widgets_3.py

```python
import sys

from PyQt6.QtCore import Qt
from PyQt6.QtWidgets import QApplication, QCheckBox, QMainWindow

class MainWindow(QMainWindow):
  def __init__(self):
    super().__init__()

    self.setWindowTitle("My App")

    widget = QCheckBox("This is a checkbox")
    widget.setCheckState(Qt.CheckState.Checked)

    # 세 가지 값 설정: widget.setCheckState(Qt.CheckState.PartiallyChecked)
    # 혹은 widget.setTristate(True)
```

```
        widget.stateChanged.connect(self.show_state)
        self.setCentralWidget(widget)

    def show_state(self, s):
        print(Qt.CheckState(s) == Qt.CheckState.Checked)
        print(s)

app = QApplication(sys.argv)

window = MainWindow()
window.show()

app.exec()
```

🚀 **Run it!** 실행하면 레이블 텍스트가 있는 체크박스가 나타난다.

그림 2-11. 윈도우, 맥OS, 우분투에서 QCheckBox

.setChecked나 .setCheckState를 사용해 체크박스 상태를 프로그래밍 방식으
로 설정할 수 있다. 전자는 True나 False를 허용하며 각각 선택 또는 선택 취소
한다. 그러나 .setCheckState에서는 Qt.<네임스페이스> 플래그를 사용해 부분적

으로 체크된 상태도 지정한다.

플래그	동작
Qt.CheckState.Checked	항목 선택
Qt.CheckState.Unchecked	항목 해제
Qt.CheckState.PartiallyChecked	항목 부분적 선택

부분 체크 표시를 지원하는 Qt.CheckState.PartiallyChecked 상태는 일반적으로 '세 가지 상태'로 불리며 선택도 취소도 아니다. 이 상태의 체크박스는 일반적으로 회색으로 표시되며 하위 항목이 상위 체크박스와 연결된 계층적 체크박스 배열에 사용된다.

값을 Qt.CheckState.PartiallyChecked로 설정하면 체크박스는 세 개의 가능한 상태가 된다. 또한 .setTristate(True)를 사용해 현재 상태를 부분적으로 검사하도록 설정하지 않고 확인란을 세 가지 상태로 설정할 수 있다.

 스크립트가 실행 중일 때 현재 상태 번호가 checked = 2, unchecked = 0 및 부분적으로 checked = 1인 정수로 표시될 수 있다. 이러한 값은 기억할 필요가 없다. 이 값은 해당 플래그의 내부 값일 뿐이다. state == Qt.CheckState를 사용해 상태를 테스트할 수 있다.

QComboBox

QComboBox는 기본적으로 닫혀 있고 기본적으로 열 수 있는 화살표가 있는 드롭다운 리스트다. 리스트에서 단일 항목을 선택할 수 있으며 현재 선택한 항목은 위젯에 레이블로 표시된다. 콤보 박스는 긴 옵션 리스트에서 선택할 때 적합하다.

> 워드프로세싱 애플리케이션에서 글꼴 또는 크기를 선택하는 데 사용되는 콤보 상자를 본 적이 있을 것이다. Qt는 실제로 QFontComboBox라는 특정 글꼴 선택 콤보 박스를 제공한다.

문자열 리스트를 .addItems()에 전달해 QComboBox에 항목을 추가할 수 있다. 항목은 제공된 순서대로 추가된다.

리스트 2-18. basic/widgets_4.py

```python
import sys

from PyQt6.QtCore import Qt
from PyQt6.QtWidgets import QApplication, QComboBox, QMainWindow

class MainWindow(QMainWindow):
    def __init__(self):
        super().__init__()

        self.setWindowTitle("My App")

        widget = QComboBox()
        widget.addItems(["One", "Two", "Three"])

        widget.currentIndexChanged.connect(self.index_changed)
        widget.currentTextChanged.connect(self.text_changed)

        self.setCentralWidget(widget)

    def index_changed(self, i): # i 는 정수
        print(i)

    def text_changed(self, s): # s 는 문자열
        print(s)
```

```
app = QApplication(sys.argv)

window = MainWindow()
window.show()
app.exec()
```

🚀 **Run it!** 실행하면 3개 입력이 있는 콤보 박스가 생긴다. 하나를 선택하면 박스에 표시된다.

그림 2-12. 윈도우, 맥OS, 우분투에서의 QComboBox

현재 선택된 항목이 업데이트되면 `.currentIndexChanged` 시그널이 트리거되고 기본적으로 리스트에서 선택한 항목의 인덱스를 전달한다. `.currentTextChanged` 시그널은 현재 선택된 항목의 레이블을 제공하므로 종종 더 유용하다.

QComboBox는 편집할 수 있으므로 사용자가 현재 리스트에 없는 값을 입력하고 삽입하거나 단순히 값으로 사용할 수 있다. 박스를 편집할 수 있도록 다음처럼 설정한다.

```
widget.setEditable(True)
```

또한 플래그를 설정해 삽입 처리 방법을 결정할 수 있다. 이러한 플래그는
QComboBox 클래스 자체에 저장되며 다음과 같다.

플래그	동작
QComboBox.InsertPolicy.NoInsert	입력 금지
QComboBox.InsertPolicy.InsertAtTop	첫 항목 입력
QComboBox.InsertPolicy.InsertAtCurrent	현재 선택된 항목 변경
QComboBox.InsertPolicy.InsertAtBottom	마지막 항목 뒤에 입력
QComboBox.InsertPolicy.InsertAfterCurrent	현재 항목 뒤에 입력
QComboBox.InsertPolicy.InsertBeforeCurrent	현재 항목 전에 입력
QComboBox.InsertPolicy.InsertAlphabetically	알파벳 순서대로 입력

이 플래그를 사용하려면 다음과 같이 적용한다.

```
widget.setInsertPolicy(QComboBox.InsertPolicy.InsertAlphabetically)
```

다음과 같이 .setMaxCount를 사용해 박스에 허용되는 항목 수를 제한할 수도
있다.

```
widget.setMaxCount(10)
```

QListWidget

다음은 QListWidget이다. 이 위젯은 QComboBox와 유사하지만 스크롤할 수 있는 항목 리스트로 옵션을 표시한다. 또한 한 번에 여러 항목을 선택할 수 있다. QListWidget은 QListItem(리스트 위젯의 요소)을 전송하는 currentItemChanged 시그널과 현재 항목의 텍스트를 전송하는 currentTextChanged 시그널을 제공한다.

리스트 2-19. basic/widgets_5.py

```python
import sys

from PyQt6.QtWidgets import QApplication, QListWidget, QMainWindow

class MainWindow(QMainWindow):
    def __init__(self):
        super().__init__()
        self.setWindowTitle("My App")

        widget = QListWidget()
        widget.addItems(["One", "Two", "Three"])

        widget.currentItemChanged.connect(self.index_changed)
        widget.currentTextChanged.connect(self.text_changed)

        self.setCentralWidget(widget)

    def index_changed(self, i): # i는 인덱스가 아니라 QListItem
        print(i.text())

    def text_changed(self, s): # s 는 문자열
        print(s)

app = QApplication(sys.argv)
```

```
window = MainWindow()
window.show()

app.exec()
```

🚀 **Run it!** 실행하면 같은 세 가지 항목이 리스트에 표시된다. 선택한 항목이 있다면
강조 표시된다.

그림 2-13. 윈도우, 맥OS, 우분투에서의 `QListWidget`.

QLineEdit

QLineEdit 위젯은 사용자가 입력할 수 있는 간단한 한 줄 텍스트 편집 박스다.
양식 필드나 제한된 유효한 입력 리스트가 없는 설정에 사용된다. 예를 들어
이메일 주소나 컴퓨터 이름을 입력할 때 사용한다.

리스트 2-20. basic/widgets_6.py

```python
import sys

from PyQt6.QtCore import Qt
from PyQt6.QtWidgets import QApplication, QLineEdit, QMainWindow


class MainWindow(QMainWindow):
    def __init__(self):
        super().__init__()

        self.setWindowTitle("My App")

        widget = QLineEdit()
        widget.setMaxLength(10)
        widget.setPlaceholderText("Enter your text")

        # widget.setReadOnly(True) # 주석을 지우면 읽기 전용이 된다.
        widget.returnPressed.connect(self.return_pressed)
        widget.selectionChanged.connect(self.selection_changed)
        widget.textChanged.connect(self.text_changed)
        widget.textEdited.connect(self.text_edited)

        self.setCentralWidget(widget)

    def return_pressed(self):
        print("Return pressed!")
        self.centralWidget().setText("BOOM!")

    def selection_changed(self):
        print("Selection changed")
        print(self.centralWidget().selectedText())

    def text_changed(self, s):
        print("Text changed...")
```

```
        print(s)

    def text_edited(self, s):
        print("Text edited...")
        print(s)


app = QApplication(sys.argv)

window = MainWindow()
window.show()

app.exec()
```

🚀 **Run it!** 실행하면 힌트가 있는 간단한 텍스트 입력 상자가 보인다.

그림 2-14. 윈도우, 맥OS, 우분투에서의 QLineEdit

앞의 코드에 설명된 대로 .setMaxLength를 사용해 텍스트 필드의 최대 길이를 설정할 수 있다. 사용자가 입력할 때까지 표시되는 플레이스홀더 텍스트는 .setPlaceholderText를 사용해 추가할 수 있다.

QLineEdit에는 사용자가 엔터를 눌렀을 때, 사용자 선택이 변경됐을 때를 포함해 다양한 편집 이벤트에 사용할 수 있는 여러 시그널이 있다. 상자의 텍스트를 편집했을 때와 변경한 경우에 대한 두 가지 편집 시그널도 있다. 여기서 구별되는 것은 사용자 편집과 프로그램 변경이다. textEdited 시그널은 사용자가 텍스트를 편집할 때만 전송된다.

또한 입력 마스크를 사용해 입력 유효성 검사를 수행해 지원되는 문자와 위치를 정의할 수 있다. 이는 다음과 같이 필드에 적용할 수 있다.

```
widget.setInputMask('000.000.000.000;_')
```

위의 내용은 마침표로 구분된 일련의 3자리 숫자를 허용하므로 IPv4 주소의 유효성을 확인하는 데 사용할 수 있다.

QSpinBox와 QDoubleSpinBox

QSpinBox는 값을 늘리거나 줄일 수 있는 화살표가 있는 작은 숫자 입력 상자를 제공한다. QSpinBox는 정수를 지원하는 반면 관련 위젯인 QDoubleSpinBox는 실수를 지원한다.

 double 또는 double float는 파이썬 자체 float 타입과 동일한 C++ 타입이므로 이 위젯의 이름이다.

리스트 2-21. basic/widgets_7.py

```
import sys

from PyQt6.QtCore import Qt
```

```python
from PyQt6.QtWidgets import QApplication, QMainWindow, QSpinBox

class MainWindow(QMainWindow):
    def __init__(self):
        super().__init__()
        self.setWindowTitle("My App")

        widget = QSpinBox()
        # 또는: widget = QDoubleSpinBox()
        widget.setMinimum(-10)
        widget.setMaximum(3)
        # 또는: widget.setRange(-10,3)

        widget.setPrefix("$")
        widget.setSuffix("c")
        widget.setSingleStep(3) # Or e.g. 0.5 for QDoubleSpinBox라면 0.5
        widget.valueChanged.connect(self.value_changed)
        widget.textChanged.connect(self.value_changed_str)

        self.setCentralWidget(widget)

    def value_changed(self, i):
        print(i)

    def value_changed_str(self, s):
        print(s)

app = QApplication(sys.argv)

window = MainWindow()
window.show()

app.exec()
```

그림 2-15. 윈도우, 맥OS, 우분투에서의 QSpinBox

앞의 데모 코드는 위젯에서 사용할 수 있는 다양한 기능을 보여준다.

허용 가능한 값의 범위를 설정하려면 setMinimum 및 setMaximum을 사용하거나 setRange를 사용해 두 값을 동시에 설정할 수 있다. 값 유형의 주석은 통화 마커나 .setPrefix와 .setSuffix를 각각 사용하는 단위에서 숫자에 추가할 수 있는 접두사와 접미사를 모두 사용해 지원된다.

위젯에서 위쪽 및 아래쪽 화살표를 클릭하면 위젯의 값이 금액만큼 증가하거나 감소한다. 이 값은 .setSingleStep을 사용해 설정할 수 있다. 이는 위젯에 허용되는 값에는 영향을 미치지 않는다.

QSpinBox와 QDoubleSpinBox는 값이 변경될 때마다 발생하는 .valueChanged 시그널을 갖고 있다. 기본 .valueChanged 시그널은 분리돼 있는 숫자 값(int 또는 float)을 전송하며 .textChanged 시그널은 접두사와 접미사 문자를 모두 포함한 문자열로 값을 전송한다.

QSlider

QSlider는 내부적으로 QDoubleSpinBox와 매우 유사한 기능을 하는 슬라이드 바 위젯을 제공한다. 현재 값을 숫자로 표시하는 대신 위젯 길이에 따라 슬라이더 핸들의 위치로 나타낸다. 이는 종종 두 극단 사이의 조정을 제공할 때 유용하지만 절대적인 정확성이 요구되지 않는 경우다. 이러한 유형의 위젯은 볼륨 제어에 가장 일반적으로 사용된다.

슬라이더가 위치를 이동할 때마다 트리거되는 추가 .sliderMoved 시그널과 슬라이더를 클릭할 때마다 발생되는 .sliderPressed 시그널이 있다.

리스트 2-22. basic/widgets_8.py

```python
import sys

from PyQt6.QtCore import Qt
from PyQt6.QtWidgets import QApplication, QMainWindow, QSlider

class MainWindow(QMainWindow):
    def __init__(self):
        super().__init__()

        self.setWindowTitle("My App")

        widget = QSlider()

        widget.setMinimum(-10)
        widget.setMaximum(3)
        # 또는 widget.setRange(-10,3)

        widget.setSingleStep(3)

        widget.valueChanged.connect(self.value_changed)
```

```python
        widget.sliderMoved.connect(self.slider_position)
        widget.sliderPressed.connect(self.slider_pressed)
        widget.sliderReleased.connect(self.slider_released)

        self.setCentralWidget(widget)
    def value_changed(self, i):
        print(i)

    def slider_position(self, p):
        print("position", p)

    def slider_pressed(self):
        print("Pressed!")

    def slider_released(self):
        print("Released")

app = QApplication(sys.argv)

window = MainWindow()
window.show()

app.exec()
```

🚀 **Run it!** 실행하면 슬라이더 위젯이 보인다. 슬라이더를 끌어 값을 변경한다.

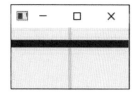  

그림 2-16. 윈도우, 맥OS 및 우분투에서 QSlider를 사용할 수 있다. 윈도우에서는 핸들이 위젯 크기로 확장된다.

슬라이더를 만들 때 방향을 전달해 수직 또는 수평 방향으로 슬라이더를 구성할 수도 있다. 방향 플래그는 Qt. 네임스페이스에 정의돼 있다. 예를 들어 다음과 같다.

```
widget.QSlider(Qt.Orientiation.Vertical)
```

또는 다음과 같다.

```
widget.QSlider(Qt.Orientiation.Horizontal)
```

QDial

마지막으로 **QDial**은 슬라이더와 같은 기능을 하지만 아날로그 다이얼로 나타나는 회전식 위젯이다. 이 방법은 좋아 보이지만 UI 관점에서 사용자에게 특별히 친숙한 것은 아니다. 그러나 실제 아날로그 다이얼의 표현으로 오디오 애플리케이션에서 자주 사용된다.

리스트 2-23. basic/widgets_9.py

```python
import sys

from PyQt6.QtCore import Qt
from PyQt6.QtWidgets import QApplication, QDial, QMainWindow

class MainWindow(QMainWindow):
    def __init__(self):
        super().__init__()

        self.setWindowTitle("My App")

        widget = QDial()
        widget.setRange(-10, 100)
        widget.setSingleStep(1)

        widget.valueChanged.connect(self.value_changed)
        widget.sliderMoved.connect(self.slider_position)
        widget.sliderPressed.connect(self.slider_pressed)
        widget.sliderReleased.connect(self.slider_released)

        self.setCentralWidget(widget)

    def value_changed(self, i):
        print(i)

    def slider_position(self, p):
        print("position", p)

    def slider_pressed(self):
        print("Pressed!")

    def slider_released(self):
        print("Released")
```

```
app = QApplication(sys.argv)

window = MainWindow()
window.show()

app.exec()
```

🚩 **Run it!** 실행하면 다이얼이 보이고 돌려서 범위에서 번호를 선택한다.

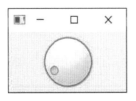

그림 2-17. 윈도우, 맥OS, 우분투에서 QDial

시그널은 QSlider와 동일하며 동일한 이름(예, .sliderMoved)을 유지한다.

이것으로 PyQt6에서 제공되는 Qt 위젯에 대한 간략한 둘러보기를 마친다. 모든 시그널과 속성을 포함해 사용할 수 있는 위젯의 전체 리스트를 보려면 Qt 설명서 http://doc.qt.io/qt-5/를 참조한다.

QWidget

데모에 **QWidget**이 있지만 볼 수는 없다. 이전에 첫 번째 예에서 **QWidget**을 사용해 빈 윈도우를 만들었다. 그러나 **QWidget**은 레이아웃과 함께 다른 위젯의 컨테이너로 사용해 윈도우나 복합 위젯을 구성할 수도 있다. 사용자 지정 위젯 작성은 나중에 자세히 설명한다. **QWidget**은 자주 보게 되므로 기억해두자.

2.4 레이아웃

지금까지 성공적으로 윈도우를 만들고 위젯을 추가했다. 그러나 일반적으로 윈도우에 둘 이상의 위젯을 추가하고 위젯의 위치를 어느 정도 제어할 수 있다. Qt에서 위젯을 함께 배열하고자 레이아웃을 사용한다. Qt에서 사용할 수 있는 4가지 기본 레이아웃은 다음 표에 나와 있다.

레이아웃	동작
QHBoxLayout	수평 레이아웃
QVBoxLayout	수직 레이아웃
QGridLayout	X*Y 인덱스로 된 그리드
QStackedLayout	z축 방향 스택 형태

Qt에서 사용할 수 있는 2차원 레이아웃에는 QVBoxLayout, QHBoxLayout, QGridLayout 3가지가 있다. 또한 QStackedLayout도 있어 한 번에 하나의 위젯만 표시하면서 위젯을 다른 위젯 위에 배치할 수 있다.

이 절에서는 이러한 각 레이아웃을 차례대로 살펴봄으로써 애플리케이션에서 위젯을 배치하는 방법을 설명한다.

Qt 디자이너

나중에 다룰 Qt 디자이너를 사용해 그래픽으로 인터페이스를 설계하고 배치할 수 있다. 여기서는 기본 시스템을 이해하고 실험하는 것이 더 간단하기 때문에 코드를 사용한다.

플레이스홀더 위젯

myapp.py의 새 사본을 로드하고 이 절의 새 이름으로 저장한다.

배치를 쉽게 시각화할 수 있도록 먼저 선택한 단색을 표시하는 간단한 맞춤 위젯을 만든다. 이렇게 하면 레이아웃에 추가하는 위젯을 구분할 수 있다. layout_colorwidget.py라는 스크립트와 동일한 폴더에 새 파일을 만들고 다음 코드를 추가한다. 다음 예제에서 사용할 것이다.

리스트 2-24. basic/layout_colorwidget.py

```python
from PyQt6.QtGui import QColor, QPalette
from PyQt6.QtWidgets import QWidget


class Color(QWidget):
    def __init__(self, color):
        super().__init__()
        self.setAutoFillBackground(True)

        palette = self.palette()
        palette.setColor(QPalette.ColorRole.Window, QColor(color))
        self.setPalette(palette)
```

82

이 코드에서는 **QWidget**을 서브클래싱해 고유한 사용자 정의 위젯 Color를 만든다. 위젯을 작성할 때 color(str)이라는 단일 매개변수를 사용할 수 있다. 먼저 **.AutoFillBackground**를 True로 설정해 위젯이 배경을 윈도우 색으로 자동으로 채우게 한다. 다음으로 위젯의 **QPalette**를 변경한다. 새로운 **QColor**에 대한 윈도우 색은 제공된 color 값이다. 마지막으로 이 팔레트를 위젯에 다시 적용한다. 최종 결과는 만들 때 지정한 단색으로 채워진 위젯이다.

앞의 내용이 혼란스러워도 너무 걱정하지 말자. 사용자 정의 위젯과 팔레트 작성은 나중에 자세히 설명한다. 지금은 다음 코드를 사용해 빨간색으로 채워진 위젯을 작성하는 것으로 충분하다.

```
Color('red')
```

먼저 새로운 Color 위젯을 사용해 전체 윈도우를 단일 색상으로 채우는 방법을 테스트해보자. 완료되면 **.setCentralWidget**을 사용해 기본 윈도우에 추가하고 빨간색 단색 윈도우를 얻을 수 있다.

리스트 2-25. basic/layout_1.py

```python
import sys

from PyQt6.QtCore import Qt
from PyQt6.QtWidgets import QApplication, QMainWindow

from layout_colorwidget import Color

class MainWindow(QMainWindow):
    def __init__(self):
        super().__init__()
```

```
    self.setWindowTitle("My App")

    widget = Color("red")
    self.setCentralWidget(widget)

app = QApplication(sys.argv)

window = MainWindow()
window.show()

app.exec()
```

🚀 **Run it!** 실행하면 윈도우가 빨간색으로 완전히 채워진다. 위젯이 사용 가능한 모든 공간을 채우도록 어떻게 확장되는지 확인하자.

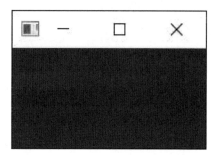

그림 2-18. 빨간색으로 채워진 Color 위젯

다음으로 사용할 수 있는 각 Qt 레이아웃을 차례대로 살펴보자. 윈도우에 레이아웃을 추가하려면 레이아웃을 고정할 더미 **QWidget**이 필요하다.

세로 정렬 위젯 QVBoxLayout

QVBoxLayout을 사용하면 위젯을 다른 위젯 위에 선형으로 정렬할 수 있다. 위젯을 추가하면 열 하단에 위젯이 추가된다.

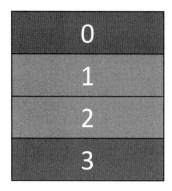

그림 2-19. 위에서 아래로 채워지는 QVBoxLayout.

레이아웃에 위젯을 추가해보자. QMainWindow에 레이아웃을 추가하려면 더미 QWidget에 적용해야 한다. 그러면 .setCentralWidget을 사용해 위젯(및 레이아웃)을 윈도우에 적용할 수 있다. 컬러 위젯은 윈도우의 QWidget 내에 포함된 레이아웃에 정렬된다. 먼저 빨간색 위젯을 이전처럼 추가하면 된다.

리스트 2-26. basic/layout_2a.py

```python
import sys

from PyQt6.QtCore import Qt
from PyQt6.QtWidgets import (
    QApplication,
    QMainWindow,
    QVBoxLayout,
    QWidget,
)
```

```
from layout_colorwidget import Color

class MainWindow(QMainWindow):
    def __init__(self):
        super().__init__()

        self.setWindowTitle("My App")

        layout = QVBoxLayout()
        layout.addWidget(Color("red"))

        widget = QWidget()
        widget.setLayout(layout)
        self.setCentralWidget(widget)

app = QApplication(sys.argv)

window = MainWindow()
window.show()

app.exec()
```

🚀 **Run it!** 실행하면 빨간색 위젯 주위에 테두리가 보인다. 레이아웃 간격은 다음과 같다. 조절 방법은 나중에 알아보자.

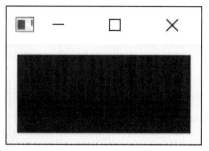

그림 2-20. 레이아웃 내의 Color 위젯

그런 다음 레이아웃에 몇 가지 색상 위젯을 추가한다.

리스트 2-27. basic/layout_2b.py

```python
import sys

from PyQt6.QtCore import Qt
from PyQt6.QtWidgets import (
    QApplication,
    QMainWindow,
    QVBoxLayout,
    QWidget,
)

from layout_colorwidget import Color

class MainWindow(QMainWindow):
    def __init__(self):
        super().__init__()

        self.setWindowTitle("My App")

        layout = QVBoxLayout()

        layout.addWidget(Color("red"))
```

```
        layout.addWidget(Color("green"))
        layout.addWidget(Color("blue"))

        widget = QWidget()
        widget.setLayout(layout)
        self.setCentralWidget(widget)

app = QApplication(sys.argv)

window = MainWindow()
window.show()

app.exec()
```

위젯을 추가할 때 위젯은 추가된 순서대로 수직으로 정렬된다.

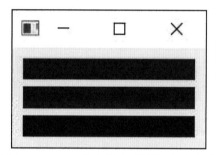

그림 2-21. QVBoxLayout에 수직으로 정렬된 세 가지 컬러 위젯

가로 정렬 위젯 QHBoxLayout

QHBoxLayout은 가로로 정렬하는 것을 제외하고 동일하다. 위젯을 추가하면 오른쪽에 위젯이 추가된다.

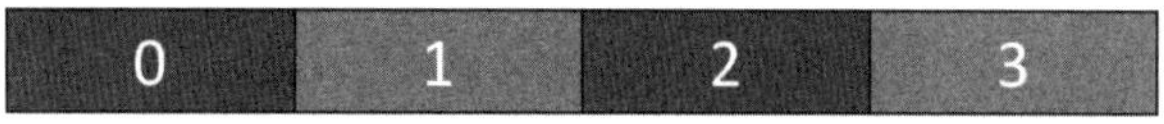

그림 2-22. 왼쪽에서 오른쪽으로 채우는 QHBoxLayout.

QVBoxLayout을 QHBoxLayout으로 변경해 사용하면 된다. 그 상자들은 이제 왼쪽에서 오른쪽으로 배치된다.

리스트 2-28. basic/layout_3.py

```python
import sys

from PyQt6.QtCore import Qt
from PyQt6.QtWidgets import (
    QApplication,
    QHBoxLayout,
    QLabel,
    QMainWindow,
    QWidget,
)

from layout_colorwidget import Color

class MainWindow(QMainWindow):
    def __init__(self):
        super().__init__()

        self.setWindowTitle("My App")

        layout = QHBoxLayout()

        layout.addWidget(Color("red"))
        layout.addWidget(Color("green"))
        layout.addWidget(Color("blue"))
```

```
        widget = QWidget()
        widget.setLayout(layout)
        self.setCentralWidget(widget)


app = QApplication(sys.argv)


window = MainWindow()
window.show()
app.exec()
```

> 🚀 **Run it!** 실행하면 위젯은 가로로 정렬돼야 한다

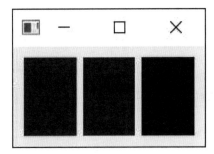

그림 2-23. QHBoxLayout에 가로로 배열된 세 가지 색상 위젯.

중첩 레이아웃

더 복잡한 레이아웃의 경우 레이아웃에 .addLayout을 사용해 레이아웃을 서로
중첩할 수 있다. 다음 코드에서는 QVBoxLayout을 메인 QHBoxLayout에 추가한
다. QVBoxLayout에 위젯을 추가하면 상위 레이아웃의 첫 번째 슬롯에 세로로
정렬된다.

```python
import sys

from PyQt6.QtCore import Qt
from PyQt6.QtWidgets import (
    QApplication,
    QHBoxLayout,
    QLabel,
    QMainWindow,
    QVBoxLayout,
    QWidget,
)

from layout_colorwidget import Color

class MainWindow(QMainWindow):
    def __init__(self):
        super().__init__()

        self.setWindowTitle("My App")

        layout1 = QHBoxLayout()
        layout2 = QVBoxLayout()
        layout3 = QVBoxLayout()

        layout2.addWidget(Color("red"))
        layout2.addWidget(Color("yellow"))
        layout2.addWidget(Color("purple"))

        layout1.addLayout(layout2)

        layout1.addWidget(Color("green"))
        layout3.addWidget(Color("red"))
        layout3.addWidget(Color("purple"))
```

```
        layout1.addLayout(layout3)

        widget = QWidget()
        widget.setLayout(layout1)
        self.setCentralWidget(widget)

app = QApplication(sys.argv)

window = MainWindow()
window.show()

app.exec()
```

🚀 **Run it!** 실행하면 위젯은 가로로 3개의 열로 정렬돼야 하며, 첫 번째 열에는 3개의
위젯이 세로로 쌓여 있어야 한다. 시도해보자.

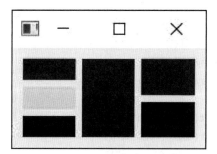

그림 2-24. 중첩된 QHBoxLayout과 QVBoxLayout 레이아웃

.setContentMargins를 사용해 레이아웃 주위의 간격을 설정하거나 .setSpacing
을 사용해 요소 간의 간격을 설정할 수 있다.

```
layout1.setContentsMargins(0,0,0,0)
layout1.setSpacing(20)
```

다음 코드는 중첩된 위젯과 레이아웃 여백 및 간격의 조합을 보여준다.

리스트 2-30. basic/layout_5.py

```python
import sys

from PyQt6.QtCore import Qt
from PyQt6.QtWidgets import (
    QApplication,
    QHBoxLayout,
    QLabel,
    QMainWindow,
    QVBoxLayout,
    QWidget,
)

from layout_colorwidget import Color

class MainWindow(QMainWindow):
    def __init__(self):
        super().__init__()

        self.setWindowTitle("My App")

        layout1 = QHBoxLayout()
        layout2 = QVBoxLayout()
        layout3 = QVBoxLayout()

        layout1.setContentsMargins(0, 0, 0, 0)
        layout1.setSpacing(20)
```

```
        layout2.addWidget(Color("red"))
        layout2.addWidget(Color("yellow"))
        layout2.addWidget(Color("purple"))

        layout1.addLayout(layout2)

        layout1.addWidget(Color("green"))

        layout3.addWidget(Color("red"))
        layout3.addWidget(Color("purple"))

        layout1.addLayout(layout3)

        widget = QWidget()
        widget.setLayout(layout1)
        self.setCentralWidget(widget)

app = QApplication(sys.argv)

window = MainWindow()
window.show()

app.exec()
```

🚀 **Run it!** 실행하면 띄어쓰기와 여백의 효과를 볼 수 있다. 감이 올 때까지 그 숫자들을 실험해보자.

그림 2-25. 위젯 주위에 간격과 여백이 있는 중첩된 QHBoxLayout과 QVBoxLayout 레이아웃.

그리드 정렬 위젯 QGridLayout

유용한 만큼 QVBoxLayout과 QHBoxLayout을 사용해 폼과 같은 여러 요소를 배치하려고 하면 크기가 다른 위젯을 정렬하기가 매우 어렵다. 이에 대한 해결책은 QGridLayout이다.

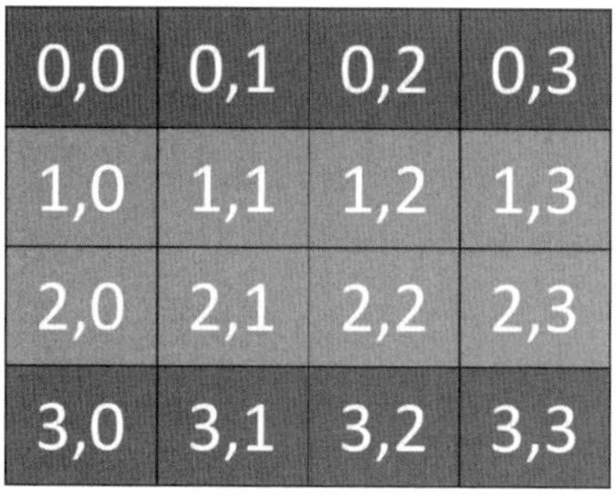

0,0	0,1	0,2	0,3
1,0	1,1	1,2	1,3
2,0	2,1	2,2	2,3
3,0	3,1	3,2	3,3

그림 2-26. 각 위치에 대한 그리드 위치를 보여주는 QGridLayout.

QGridLayout을 사용하면 특정 항목을 그리드에 배치할 수 있다. 각 위젯에 대해 행 및 열 위치를 지정한다. 요소를 건너뛰면 해당 요소는 비게 된다.

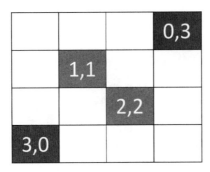

그림 2-27. 빈 슬롯을 갖는 QGridLayout

리스트 2-31. basic/layout_6.py

```python
import sys

from PyQt6.QtCore import Qt
from PyQt6.QtWidgets import (
    QApplication,
    QGridLayout,
    QLabel,
    QMainWindow,
    QWidget,
)

from layout_colorwidget import Color

class MainWindow(QMainWindow):
    def __init__(self):
        super().__init__()

        self.setWindowTitle("My App")

        layout = QGridLayout()

        layout.addWidget(Color("red"), 0, 0)
```

```
        layout.addWidget(Color("green"), 1, 0)
        layout.addWidget(Color("blue"), 1, 1)
        layout.addWidget(Color("purple"), 2, 1)

        widget = QWidget()
        widget.setLayout(layout)
        self.setCentralWidget(widget)

app = QApplication(sys.argv)

window = MainWindow()
window.show()

app.exec()
```

🚀 **Run it!** 실행하면 위젯이 누락된 항목에도 불구하고 그리드로 정렬돼 있는 것을 볼 수 있다.

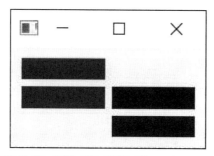

그림 2-28. 4가지 색상 위젯을 갖는 QGridLayout.

동일 공간에 다중 위젯 QStackedLayout

마지막 레이아웃은 QStackedLayout이다. 설명한 대로 이 레이아웃을 사용하면 요소를 바로 앞에 서로 배치할 수 있다. 그런 다음 표시할 위젯을 선택할 수 있다. 그래픽 애플리케이션에서 여러 층의 도면을 그리거나 탭으로 된 인터페이스를 흉내 내는 데 사용할 수 있다.

동일한 방식으로 작동하는 컨테이너 위젯인 QStackedWidget도 있다. 이는 .setCentralWidget을 사용해 QMainWindow에 스택stack을 직접 추가하는 경우에 유용하다.

그림 2-29. QStackedLayout – 사용 중인 위젯은 맨 위 위젯만 표시되며, 이는 기본적으로 레이아웃에 추가된 첫 번째 위젯이다.

그림 2-30. 두 번째(1) 위젯이 선택돼 앞으로 표시된 QStackedLayout

98

```python
import sys

from PyQt6.QtCore import Qt
from PyQt6.QtWidgets import (
    QApplication,
    QLabel,
    QMainWindow,
    QStackedLayout,
    QWidget,
)

from layout_colorwidget import Color

class MainWindow(QMainWindow):
    def __init__(self):
        super().__init__()

        self.setWindowTitle("My App")

        layout = QStackedLayout()

        layout.addWidget(Color("red"))
        layout.addWidget(Color("green"))
        layout.addWidget(Color("blue"))
        layout.addWidget(Color("yellow"))

        layout.setCurrentIndex(3)

        widget = QWidget()
        widget.setLayout(layout)
        self.setCentralWidget(widget)

app = QApplication(sys.argv)
```

```
window = MainWindow()
window.show()

app.exec()
```

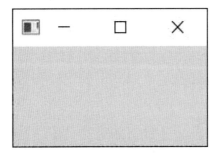

그림 2-31. 마지막에 추가된 위젯만 보이는 스택 위젯

QStackedWidget은 애플리케이션의 탭 보기가 작동하는 방법이다. 한 번에 하나의 보기('탭')만 볼 수 있다. .setCurrentIndex() 또는 .setCurrentWidget()을 사용해 색인(위젯이 추가된 순서대로)이나 위젯 자체로 항목을 설정하면 언제든지 표시할 위젯을 제어할 수 있다.

다음은 QButton과 함께 QStackedLayout을 사용해 애플리케이션에 탭과 같은 인터페이스를 제공하는 간단한 데모다.

리스트 2-33. basic/layout_8.py

```python
import sys

from PyQt6.QtCore import Qt
from PyQt6.QtWidgets import (
    QApplication,
    QHBoxLayout,
    QLabel,
    QMainWindow,
    QPushButton,
    QStackedLayout,
    QVBoxLayout,
    QWidget,
)

from layout_colorwidget import Color

class MainWindow(QMainWindow):
    def __init__(self):
        super().__init__()

        self.setWindowTitle("My App")

        pagelayout = QVBoxLayout()
        button_layout = QHBoxLayout()
        self.stacklayout = QStackedLayout()

        pagelayout.addLayout(button_layout)
        pagelayout.addLayout(self.stacklayout)

        btn = QPushButton("red")
        btn.pressed.connect(self.activate_tab_1)
        button_layout.addWidget(btn)
        self.stacklayout.addWidget(Color("red"))
```

```
        btn = QPushButton("green")
        btn.pressed.connect(self.activate_tab_2)
        button_layout.addWidget(btn)
        self.stacklayout.addWidget(Color("green"))

        btn = QPushButton("yellow")
        btn.pressed.connect(self.activate_tab_3)
        button_layout.addWidget(btn)
        self.stacklayout.addWidget(Color("yellow"))

        widget = QWidget()
        widget.setLayout(pagelayout)
        self.setCentralWidget(widget)

    def activate_tab_1(self):
        self.stacklayout.setCurrentIndex(0)

    def activate_tab_2(self):
        self.stacklayout.setCurrentIndex(1)

    def activate_tab_3(self):
        self.stacklayout.setCurrentIndex(2)

app = QApplication(sys.argv)

window = MainWindow()
window.show()

app.exec()
```

📌 **Run it!** 실행하면 이제 버튼을 사용해 표시되는 위젯을 변경할 수 있다.

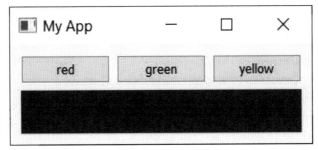

그림 2-32. 활성 위젯을 제어하는 버튼이 있는 스택 위젯.

Qt는 이러한 종류의 레이아웃을 즉시 제공하는 기본 제공 탭 위젯을 제공한다. 실제로 레이아웃이 아닌 위젯이다. 다음의 탭 데모는 **QTabWidget**을 사용해 다시 작성했다.

리스트 2-34. basic/layout_9.py

```python
import sys

from PyQt6.QtCore import Qt
from PyQt6.QtWidgets import (
    QApplication,
    QLabel,
    QMainWindow,
    QPushButton,
    QTabWidget,
    QWidget,
)

from layout_colorwidget import Color

class MainWindow(QMainWindow):
    def __init__(self):
        super().__init__()
```

```
        self.setWindowTitle("My App")

        tabs = QTabWidget()
        tabs.setTabPosition(QTabWidget.TabPosition.West)
        tabs.setMovable(True)

        for n, color in enumerate(["red", "green", "blue", "yellow"]):
            tabs.addTab(Color(color), color)

        self.setCentralWidget(tabs)

app = QApplication(sys.argv)

window = MainWindow()
window.show()

app.exec()
```

보다시피 좀 더 간단하다. 그리고 좀 더 매력적이다. 기본 방향을 사용해 탭
위치를 설정하고 .setMoveable을 사용해 탭을 이동할 수 있는지 여부를 전환할
수 있다.

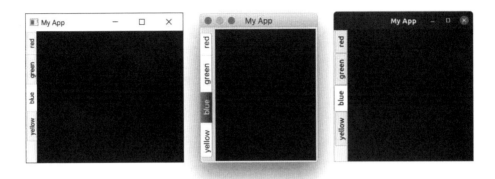

그림 2-33. 왼쪽(서쪽)에 탭이 표시된 위젯을 포함하는 `QTabWidget`.
스크린샷은 윈도우, 맥OS, 우분투에서의 모습을 보여준다.

맥OS 탭 모음은 다른 탭과 매우 다르게 보인다. 기본적으로 맥OS 탭은 알약이
나 버블 스타일을 사용한다. 맥OS에서는 일반적으로 탭 형식의 구성 패널에
사용된다. 문서의 경우 문서 모드를 설정해 다른 플랫폼에서 볼 수 있는 것과
유사한 슬림라인 탭을 제공할 수 있다. 이 옵션은 다른 플랫폼에는 영향을 미
치지 않는다.

리스트 2-35. basic/layout_9b.py

```
tabs = QTabWidget()
tabs.setDocumentMode(True)
```

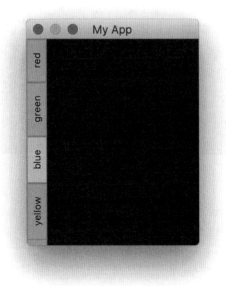

그림 2-34. 맥OS에서 문서 모드가 True로 설정된 QTabWidget

2.5 액션, 툴바, 메뉴

다음에는 툴바 및 메뉴와 같은 다른 많은 애플리케이션에서 볼 수 있는 일반적인 사용자 인터페이스 요소를 살펴보자. 또한 Qt가 다양한 UI 영역 간의 중복을 최소화하고자 제공하는 깔끔한 시스템인 **QAction**도 알아본다.

툴바

가장 흔히 볼 수 있는 사용자 인터페이스 요소 중 하나는 툴바^toolbar다. 툴바는 애플리케이션 내에서 메뉴를 통해 액세스하는 것이 번거로운 일반적인 작업을 수행하는 데 사용되는 아이콘과 텍스트 모음이다. 많은 애플리케이션에서 볼 수 있는 가장 일반적인 UI 기능 중 하나다. 마이크로소프트 오피스 제품군의 일부 복잡한 애플리케이션은 상황별 '리본' 인터페이스로 마이그레이션됐지만 표준 툴바는 사용자가 만드는 대부분의 애플리케이션에 충분하다.

그림 2-35. 기본 GUI 요소 - 툴바

Qt 툴바는 아이콘, 텍스트 표시를 지원하며 모든 표준 Qt 위젯을 포함할 수 있다. 단, 버튼의 경우 **QAction** 시스템을 사용해 툴바에 버튼을 배치하는 것이 가장 좋은 방법이다.

먼저 애플리케이션에 툴바를 추가해보자.

myapp.py의 새 복사본을 로드하고 이 절의 새 이름으로 저장한다.

Qt에서 툴바는 **QToolBar** 클래스에서 만들어진다. 시작하려면 클래스의 인스턴스를 만든 다음 **QMainWindow**에서 **.addToolbar**를 호출한다. 문자열을 **QToolBar**에 첫 번째 매개변수로 전달하면 UI에서 툴바를 식별하는 데 사용할 툴바 이름이 설정된다.

리스트 2-36. basic/toolbars_and_menus_1.py

```python
class MainWindow(QMainWindow):
  def __init__(self):
    super().__init__()

    self.setWindowTitle("My App")

    label = QLabel("Hello!")
    label.setAlignment(Qt.AlignmentFlag.AlignCenter)
```

```
        self.setCentralWidget(label)

        toolbar = QToolBar("My main toolbar")
        self.addToolBar(toolbar)

    def onMyToolBarButtonClick(self, s):
        print("click", s)
```

> 🚀 **Run it!** 실행하면 윈도우 상단에 가는 회색 막대가 보인다. 이것이 툴바다. 마우스 오른쪽 버튼을 클릭한 후 해제하려면 이름을 클릭한다.

그림 2-36. 툴바가 있는 윈도우

 툴바를 찾을 수 없다면?
툴바를 제거한 후에는 마우스 오른쪽 버튼을 클릭해 다시 추가할 수 없다. 따라서 일반적으로 하나의 툴바를 제거할 수 없는 상태로 유지하거나 툴바를 설정하거나 해제할 수 있는 대체 인터페이스를 제공한다.

툴바를 좀 더 재미있게 만들어보자. QButton 위젯을 추가할 수도 있지만 Qt에는 몇 가지 멋진 기능을 제공하는 더 나은 접근 방식이 있다. 즉, QAction을 통해서다. QAction은 추상 사용자 인터페이스를 설명하는 방법을 제공하는 클래스다. 즉, 하나의 객체 내에 여러 인터페이스 요소를 정의해 해당 요소와 상호작용하는 효과에 따라 통합할 수 있다. 예를 들어 툴바뿐만 아니라 메뉴에도 표시되는 기능이 있는 것이 일반적이다. Edit → Cut과 같은 기능은 편집 메뉴뿐만 아니라 툴바에도 가위 쌍으로 표시되며, 키보드 단축키 Ctrl-X(맥OS의 Cmd-X)를 통해서도 가능하다.

QAction을 사용하지 않을 경우 여러 위치에서 이를 정의해야 한다. 그러나 QAction을 사용하면 트리거된 작업을 정의하는 단일 QAction을 정의한 다음 이 작업을 메뉴와 툴바 모두에 추가할 수 있다. 각 QAction에는 연결할 수 있는 이름, 상태 메시지, 아이콘, 시그널이 있다.

첫 번째 QAction을 추가하는 방법은 다음 코드를 참조하자.

리스트 2-37. basic/toolbars_and_menus_2.py

```python
class MainWindow(QMainWindow):
    def __init__(self):
        super().__init__()

        self.setWindowTitle("My App")

        label = QLabel("Hello!")
        label.setAlignment(Qt.AlignmentFlag.AlignCenter)
        self.setCentralWidget(label)

        toolbar = QToolBar("My main toolbar")
        self.addToolBar(toolbar)

        button_action = QAction("Your button", self)
        button_action.setStatusTip("This is your button")
        button_action.triggered.connect(self.onMyToolBarButtonClick)
        toolbar.addAction(button_action)

    def onMyToolBarButtonClick(self, s):
```

```
    print("click", s)
```

먼저 QAction의 시그널이 작동하는지 확인할 수 있도록 수신하는 함수를 만든다. 다음으로 QAction 자체를 정의한다. 인스턴스를 만들 때 작업이나 아이콘의 레이블을 전달할 수 있다. 또한 작업의 상위 역할을 하려면 QObject를 전달해야 한다. 여기서는 기본 윈도우에 대한 참조로 자신을 전달한다. QAction의 경우 이상하게도 상위 요소가 최종 매개변수로 전달된다.

다음으로 상태 팁^{status tip}을 설정할 수 있다. 이 텍스트는 상태 표시줄에 표시된다. 마지막으로 트리거된 시그널을 사용자 정의 함수에 연결한다. QAction이 '트리거'(또는 활성화)될 때마다 이 시그널이 발생한다.

> 🚀 **Run it!** 실행하면 정의한 레이블이 있는 버튼이 표시된다. 클릭하면 커스텀 함수에서 'click'과 버튼 상태가 나온다.

그림 2-37. QAction 버튼을 보여주는 툴바

왜 시그널은 항상 거짓일까?
전달된 시그널은 동작의 확인 여부를 나타내며 버튼은 클릭만 가능하므로 항상 거짓이다. 아까 봤던 QPushButton과 똑같다.

상태 표시줄을 추가하자.

QStatusBar를 호출하고 결과를 .setStatusBar로 전달해 상태 표시줄 객체를 만든다. statusBar 설정은 변경할 필요가 없으므로 생성하면서 전달하면 된다. 상태 표시줄을 한 줄로 만들고 정의할 수 있다.

리스트 2-38. basic/toolbars_and_menus_3.py

```python
class MainWindow(QMainWindow):
    def __init__(self):
        super().__init__()

        self.setWindowTitle("My App")

        label = QLabel("Hello!")
        label.setAlignment(Qt.AlignmentFlag.AlignCenter)
        self.setCentralWidget(label)

        toolbar = QToolBar("My main toolbar")
        self.addToolBar(toolbar)
        button_action = QAction("Your button", self)
        button_action.setStatusTip("This is your button")
        button_action.triggered.connect(self.onMyToolBarButtonClick)
        toolbar.addAction(button_action)

        self.setStatusBar(QStatusBar(self))

    def onMyToolBarButtonClick(self, s):
        print("click", s)
```

🚀 **Run it!** 실행한 후 마우스를 도구 모음 버튼 위로 가져가면 윈도우 하단의 상태 표시줄에 상태 텍스트가 나타난다.

그림 2-38. 마우스 오버하면 상태 표시줄 텍스트가 업데이트된다.

다음으로 QAction을 설정/해제할 수 있도록 설정한다. 클릭하고 다시 클릭하면 QAction이 해제된다. 이를 위해 QAction 객체에서 setCheckable(True)를 호출한다.

리스트 2-39. basic/toolbars_and_menus_4.py

```python
class MainWindow(QMainWindow):
    def __init__(self):
        super().__init__()

        self.setWindowTitle("My App")

        label = QLabel("Hello!")
        label.setAlignment(Qt.AlignmentFlag.AlignCenter)

        self.setCentralWidget(label)

        toolbar = QToolBar("My main toolbar")
        self.addToolBar(toolbar)
```

```
    button_action = QAction("Your button", self)
    button_action.setStatusTip("This is your button")
    button_action.triggered.connect(self.onMyToolBarButtonClick)
    button_action.setCheckable(True)
    toolbar.addAction(button_action)

    self.setStatusBar(QStatusBar(self))

def onMyToolBarButtonClick(self, s):
    print("click", s)
```

🚀 **Run it!** 실행하고 버튼을 클릭하면 체크된 상태에서 선택되지 않은 상태로 전환된다. 이제 사용자 정의 슬롯 함수는 True와 False를 번갈아 출력한다.

그림 2-39. 도구 모음 버튼이 켜져 있다.

.toggled 시그널
버튼을 토글할 때만 시그널을 내보내는 .toggled 시그널도 있다. 하지만 효과는 동일해서 대부분 무의미하다.

조금 지루해 보이니 버튼에 아이콘을 하나 추가하자. 이를 위해 디자이너 유스케 카미야마네[Yuske Kamiyamane]의 fugue 아이콘 세트(http://p.yusukekamiyamane.com/)

를 다운로드하는 것을 추천한다. 이는 앱에 멋진 전문가다운 모습을 줄 수 있는 아름다운 16 × 16 아이콘 세트다. 애플리케이션을 배포할 때 필요한 속성만 있으면 무료로 사용할 수 있다.

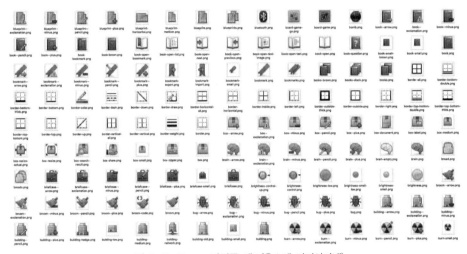

그림 2-40. Fugue 아이콘 세트(유스케 카미야마네)

세트에서 이미지를 선택하고(여기 예에서는 bug.png 파일을 선택함) 소스코드와 동일한 폴더에 복사한다. 파일 경로를 클래스에 전달해 QIcon 객체를 만들 수 있다. 위젯 부분에서 배운 기반 기술을 사용해 아이콘을 로드한다. 이렇게 하면 스크립트를 실행하는 위치에 관계없이 파일을 찾을 수 있다. 마지막으로 QAction(및 버튼)에 아이콘을 추가하려면 QAction을 생성할 때 첫 번째 매개변수로 전달하기만 하면 된다.

또한 아이콘의 크기를 툴바에 알려야 한다. 그렇지 않으면 아이콘 주위에 많은 패딩이 생긴다. .setIconSize()를 QSize 객체로 호출해 이 작업을 수행할 수 있다.

리스트 2-40. basic/toolbars_and_menus_5.py

```python
import os
import sys

from PyQt6.QtCore import QSize, Qt
from PyQt6.QtGui import QAction, QIcon
from PyQt6.QtWidgets import (
    QApplication,
    QLabel,
    QMainWindow,
    QStatusBar,
    QToolBar,
)

basedir = os.path.dirname(__file__)

# tag::MainWindow[]
class MainWindow(QMainWindow):
    def __init__(self):
        super().__init__()
        self.setWindowTitle("My App")

        label = QLabel("Hello!")
        label.setAlignment(Qt.AlignmentFlag.AlignCenter)

        self.setCentralWidget(label)

        toolbar = QToolBar("My main toolbar")
        toolbar.setIconSize(QSize(16, 16)) self.addToolBar(toolbar)

        button_action = QAction(QIcon("bug.png"), "Your button", self)

        button_action.setStatusTip("This is your button")
        button_action.triggered.connect(self.onMyToolBarButtonClick)
```

```
        button_action.setCheckable(True)
        toolbar.addAction(button_action)

        self.setStatusBar(QStatusBar(self))

    def onMyToolBarButtonClick(self, s):
        print("click", s)

# end::MainWindow[]

app = QApplication(sys.argv)

window = MainWindow()
window.show()

app.exec()
```

> 🚀 **Run it!** 실행하면 QAction이 아이콘으로 표시된다. 모든 것이 예전처럼 정확히 작동
> 해야 한다.

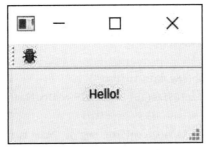

그림 2-41. 아이콘 액션 버튼

Qt는 운영체제 기본 설정을 사용해 툴바에 아이콘, 텍스트나 아이콘과 텍스트를 표시할지 결정한다. 그러나 `.setToolButtonStyle`을 사용해 이 값을 재정의할 수 있다. 이 슬롯은 `Qt.<네임스페이스>`에서 다음 플래그 중 하나를 허용한다.

플래그	동작
Qt.ToolButtonStyle.ToolButtonIconOnly	텍스트 없는 아이콘
Qt.ToolButtonStyle.ToolButtonTextOnly	아이콘 없는 텍스트
Qt.ToolButtonStyle.ToolButtonTextBesideIcon	아이콘 옆에 텍스트가 있는 아이콘 및 텍스트
Qt.ToolButtonStyle.ToolButtonTextUnderIcon	아이콘 아래 텍스트가 있는 아이콘 및 텍스트
Qt.ToolButtonStyle.ToolButtonFollowStyle	데스크톱 스타일 따르기

 어떤 스타일로 할까?

기본값은 Qt.ToolButtonStyle.ToolButtonFollowStyle로, 애플리케이션이 실행되는 데스크톱의 표준/글로벌 설정을 기본적으로 따른다. 프로그램을 최대한 **네이티브**하게 만들고자 일반적으로 권장된다.

다음으로 툴바에 몇 가지 잡다한 것들을 추가한다. 두 번째 버튼과 체크박스 위젯을 추가한다. 어떤 위젯이든 여기에 넣을 수 있으니 마음껏 시도해보자.

리스트 2-41. basic/toolbars_and_menus_6.py

```python
class MainWindow(QMainWindow):
    def __init__(self):
        super().__init__()

        self.setWindowTitle("My App")

        label = QLabel("Hello!")
        label.setAlignment(Qt.AlignmentFlag.AlignCenter)
```

```python
        self.setCentralWidget(label)

        toolbar = QToolBar("My main toolbar")
        toolbar.setIconSize(QSize(16, 16))
        self.addToolBar(toolbar)

        button_action = QAction(
            QIcon(os.path.join(basedir, "bug.png")),
            "Your button",
            self,
        )

        button_action.setStatusTip("This is your button")
        button_action.triggered.connect(self.onMyToolBarButtonClick)
        button_action.setCheckable(True)
        toolbar.addAction(button_action)

        toolbar.addSeparator()

        button_action2 = QAction(
            QIcon(os.path.join(basedir, "bug.png")),
            "Your button2",
            self,
        )
        button_action2.setStatusTip("This is your button2")
        button_action2.triggered.connect(self.onMyToolBarButtonClick)
        button_action2.setCheckable(True)
        toolbar.addAction(button_action2)

        toolbar.addWidget(QLabel("Hello"))
        toolbar.addWidget(QCheckBox())

        self.setStatusBar(QStatusBar(self))
```

```
def onMyToolBarButtonClick(self, s):
    print("click", s)
```

✦ **Run it!** 실행하면 이제 여러 개의 버튼과 체크박스가 보인다.

그림 2-42. 액션과 2개의 위젯을 가진 툴바

메뉴

메뉴는 UI의 또 다른 표준 구성 요소다. 일반적으로 맥OS에서는 윈도우의 맨 위 또는 화면의 맨 위에 있다. 이는 모든 표준 애플리케이션 기능에 대한 접근을 허용한다. 파일, 편집, 도움말과 같은 몇 가지 표준 메뉴가 있다.

메뉴는 기능의 계층 트리를 만들고자 중첩될 수 있으며, 기능에 빠르게 액세스할 수 있도록 키보드 단축키를 지원하고 표시한다.

그림 2-43. 기본 GUI 요소 – 메뉴

메뉴를 생성하고자 QMainWindow에서 .menuBar()라는 메뉴 바를 만든다. 메뉴
이름을 전달해 .addMenu()를 호출하고 메뉴 표시줄에 메뉴를 추가하고 '&File'
로 지정했다. 앰퍼샌드(&)는 Alt를 누를 때 이 메뉴로 이동할 수 있는 단축키를
정의한다.

 맥OS의 단축키
이는 맥OS에서는 볼 수 없다. 이 방법은 단축키와 다르다. 잠시 후에 설명하겠다.

바로 여기서 액션의 힘이 나온다. 기존 QAction을 재사용해 동일한 기능을 메
뉴에 추가할 수 있다. 작업을 추가하려면 .addAction을 호출해 정의된 작업
중 하나를 전달한다.

리스트 2-42. basic/toolbars_and_menus_7.py

```python
class MainWindow(QMainWindow):
    def __init__(self):
        super().__init__()

        self.setWindowTitle("My App")

        label = QLabel("Hello!")
        label.setAlignment(Qt.AlignmentFlag.AlignCenter)

        self.setCentralWidget(label)

        toolbar = QToolBar("My main toolbar")
        toolbar.setIconSize(QSize(16, 16))
        self.addToolBar(toolbar)

        button_action = QAction(
            QIcon(os.path.join(basedir, "bug.png")),
            "&Your button",
            self,
        )
        button_action.setStatusTip("This is your button")
        button_action.triggered.connect(self.onMyToolBarButtonClick)
        button_action.setCheckable(True)
        toolbar.addAction(button_action)
        toolbar.addSeparator()

        button_action2 = QAction(
            QIcon(os.path.join(basedir, "bug.png")),
            "Your &button2",
            self,
        )
        button_action2.setStatusTip("This is your button2")
        button_action2.triggered.connect(self.onMyToolBarButtonClick)
```

```
        button_action2.setCheckable(True)
        toolbar.addAction(button_action2)

        toolbar.addWidget(QLabel("Hello"))
        toolbar.addWidget(QCheckBox())

        self.setStatusBar(QStatusBar(self))

        menu = self.menuBar()

        file_menu = menu.addMenu("&File")
        file_menu.addAction(button_action)

    def onMyToolBarButtonClick(self, s):
        print("click", s)
```

메뉴에서 항목을 클릭하면 전환 가능하다는 것을 알 수 있다. 이 항목은
QAction의 기능을 상속한다.

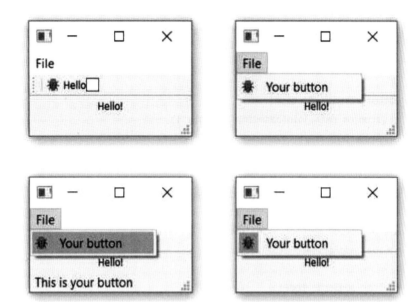

그림 2-44. 윈도우에 표시되는 메뉴 - 맥OS에서는 화면 상단에 표시.

메뉴에 몇 가지를 더 추가하자. 여기 메뉴에서 가로줄로 나타나는 구분 기호를
추가한 다음 두 번째 QAction을 추가한다.

리스트 2-43. basic/toolbars_and_menus_8.py

```python
class MainWindow(QMainWindow):
    def __init__(self):
        super().__init__()

        self.setWindowTitle("My App")

        label = QLabel("Hello!")
        label.setAlignment(Qt.AlignmentFlag.AlignCenter)

        self.setCentralWidget(label)
```

```python
toolbar = QToolBar("My main toolbar")
toolbar.setIconSize(QSize(16, 16))
self.addToolBar(toolbar)

button_action = QAction(
    QIcon(os.path.join(basedir, "bug.png")),
    "&Your button",
    self,
)
button_action.setStatusTip("This is your button")
button_action.triggered.connect(self.onMyToolBarButtonClick)
button_action.setCheckable(True)
toolbar.addAction(button_action)

toolbar.addSeparator()

button_action2 = QAction(
    QIcon(os.path.join(basedir,"bug.png")),
    "Your &button2",
    self,
)

button_action2.setStatusTip("This is your button2")
button_action2.triggered.connect(self.onMyToolBarButtonClick)
button_action2.setCheckable(True)
toolbar.addAction(button_action2)

toolbar.addWidget(QLabel("Hello"))
toolbar.addWidget(QCheckBox())

self.setStatusBar(QStatusBar(self))
menu = self.menuBar()

file_menu = menu.addMenu("&File")
```

```
        file_menu.addAction(button_action)
        file_menu.addSeparator()
        file_menu.addAction(button_action2)

    def onMyToolBarButtonClick(self, s):
        print("click", s)
```

🚀 **Run it!** 실행하면 줄이 있는 메뉴 항목이 두 개 보인다.

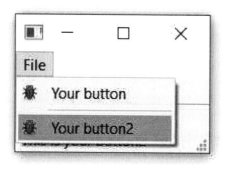

그림 2-45. 메뉴에 나타나는 액션

또한 앰퍼샌드(&)를 사용해 메뉴에 가속키를 추가해 메뉴 항목이 열려 있을 때 단일 키를 사용해 이동할 수 있다. 다시 말하지만 맥OS에서는 작동하지 않는다.

하위 메뉴를 추가하려면 상위 메뉴에서 addMenu()를 호출해 새 메뉴를 생성하면 된다. 그런 다음 정상적으로 작업을 추가할 수 있다.

```python
class MainWindow(QMainWindow):
    def __init__(self):
        super().__init__()

        self.setWindowTitle("My App")

        label = QLabel("Hello!")
        label.setAlignment(Qt.AlignmentFlag.AlignCenter)

        self.setCentralWidget(label)

        toolbar = QToolBar("My main toolbar")
        toolbar.setIconSize(QSize(16, 16))
        self.addToolBar(toolbar)

        button_action = QAction(
            QIcon(os.path.join(basedir, "bug.png")),
            "&Your button",
            self,
        )
        button_action.setStatusTip("This is your button")
        button_action.triggered.connect(self.onMyToolBarButtonClick)
        button_action.setCheckable(True)
        toolbar.addAction(button_action)

        toolbar.addSeparator()
        button_action2 = QAction(
            QIcon(os.join.path(basedir, "bug.png")),
            "Your &button2",
            self,
        )
        button_action2.setStatusTip("This is your button2")
        button_action2.triggered.connect(self.onMyToolBarButtonClick)
```

```
        button_action2.setCheckable(True)
        toolbar.addAction(button_action2)

        toolbar.addWidget(QLabel("Hello"))
        toolbar.addWidget(QCheckBox())

        self.setStatusBar(QStatusBar(self))

        menu = self.menuBar()

        file_menu = menu.addMenu("&File")
        file_menu.addAction(button_action)
        file_menu.addSeparator()

        file_submenu = file_menu.addMenu("Submenu")
        file_submenu.addAction(button_action2)

    def onMyToolBarButtonClick(self, s):
        print("click", s)
```

이제 예제를 실행하고 File(파일) 메뉴의 하위 메뉴 항목 위에 마우스를 올려놓으면 두 번째 작업이 포함된 단일 항목의 하위 메뉴가 나타난다. 최상위 메뉴와 동일한 방법으로 이 하위 메뉴에 항목을 계속 추가할 수 있다.

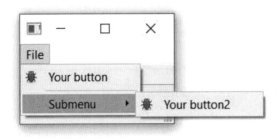

그림 2-46. 파일 메뉴에 포함된 하위 메뉴

마지막으로 QAction에 단축키를 추가한다. setKeySequence()를 전달하고 키 시퀀스를 전달해 키보드 단축키를 정의한다. 정의된 키 시퀀스가 메뉴에 나타 난다.

 숨겨진 단축키

키보드 단축키는 QAction과 연결되며 QAction이 메뉴나 도구 모음에 추가되는지 여 부에 관계없이 계속 작동한다.

키 시퀀스는 텍스트로 전달하거나 Qt 네임스페이스에서 키 이름을 사용하거나 Qt 네임스페이스에서 정의된 키 시퀀스를 사용하는 등 여러 가지 방법으로 정의할 수 있다. 운영체제 표준을 준수하려면 가능한 경우 후자를 사용하자.

툴바 버튼과 메뉴를 보여주는 완성된 코드는 다음과 같다.

리스트 2-45. basic/toolbars_and_menus_end.py

```python
class MainWindow(QMainWindow):
    def __init__(self):
        super().__init__()

        self.setWindowTitle("My App")
```

```python
label = QLabel("Hello!")

# `Qt` 네임스페이스에는 위젯을 사용자 정의할 수 있는 속성이 많다.
# 참조: http://doc.qt.io/qt-5/qt.html
label.setAlignment(Qt.AlignmentFlag.AlignCenter)

# 윈도우 중앙 위젯을 설정한다.
# 위젯은 기본적으로 윈도우 모든 공간을 차지하도록 확장된다.
self.setCentralWidget(label)

toolbar = QToolBar("My main toolbar")
toolbar.setIconSize(QSize(16, 16))
self.addToolBar(toolbar)

button_action = QAction(
    QIcon(os.path.join(basedir,"bug.png")),
    "&Your button",
    self,
)
button_action.setStatusTip("This is your button")
button_action.triggered.connect(self.onMyToolBarButtonClick)
button_action.setCheckable(True)
# 키 이름을 사용해 키보드 단축키를 입력할 수 있다(예, Ctrl+p).
# Qt.namespace 식별자(예, Qt.CTRL + Qt.Key_P)
# 또는 시스템에 구애받지 않는 식별자(예, QKeySequence.Print)
button_action.setShortcut(QKeySequence("Ctrl+p"))
toolbar.addAction(button_action)

toolbar.addSeparator()

button_action2 = QAction(
    QIcon(os.path.join(basedir, "bug.png")),
    "Your &button2",
    self,
```

```
        )
        button_action2.setStatusTip("This is your button2")
        button_action2.triggered.connect(self.onMyToolBarButtonClick)
        button_action2.setCheckable(True)
        toolbar.addAction(button_action)

        toolbar.addWidget(QLabel("Hello"))
        toolbar.addWidget(QCheckBox())

        self.setStatusBar(QStatusBar(self))

        menu = self.menuBar()

        file_menu = menu.addMenu("&File")
        file_menu.addAction(button_action)

        file_menu.addSeparator()
        file_submenu = file_menu.addMenu("Submenu")
        file_submenu.addAction(button_action2)

    def onMyToolBarButtonClick(self, s):
        print("click", s)
```

메뉴와 도구 모음 구성

사용자가 애플리케이션의 동작을 찾을 수 없으면 애플리케이션을 최대한 활용할 수 없다. 사용자에게 친숙한 애플리케이션을 만들려면 작업을 검색 가능하게 만드는 것이 중요하다. 모든 곳에 동작을 추가해 이러한 문제를 해결하려고 하면 사용자를 혼란스럽게 만드는 것이 일반적인 실수다.

Qt Creator의 파일 메뉴 섹션에서 일반적인 작업은 맨 위에 있고 아래로 갈수록 덜 일반적이다.

공통적이고 필요한 조치를 먼저 배치해 찾고 기억하기 쉽게 한다. 대부분의 편집 애플리케이션에서 File ▶ New를 생각해보자. 파일 메뉴 상단에서 빠르게 액세스할 수 있으며 간단한 단축키 Ctrl + N으로 바인딩된다.

새로운 문서를 생성할 경우에는 File ▶ **공통 작업** ▶ **파일 작업** ▶ **활성 문서** ▶ **새 문서** 또는 단축키 Ctrl + Alt + J로 액세스할 수 있었다.

File ▶ Save를 숨기면 사용자가 작업을 저장할 가능성이 줄어들고 문자 그대로 손실될 가능성이 높아진다. 영감을 얻으려면 컴퓨터에 있는 기존 애플리케이션을 살펴보자. 그러나 잘못 설계된 소프트웨어가 많다.

메뉴 및 툴바에서 논리 그룹을 사용해 항목을 더 쉽게 찾을 수 있다. 긴 리스트보다 적은 수의 대안 중에서 무언가를 찾는 것이 더 쉽다.

Qt 디자이너의 그룹화된 툴바

동일한 레이블이 있더라도 "동일한 작업을 수행합니까?"라는 모호함이 나타나므로 여러 메뉴에서 작업을 복제하지 않는다. 마지막으로, 동적으로 항목을 숨기거나 제거해 메뉴를 단순화하려는 유혹을 참는다. 이는 사용자들이 조금 전에는 여기 있었던 존재하지 않는 것을 찾기 때문에 혼란을 야기한다. 메뉴 항목을 비활성화하거나 명확하게 구별할 수 있는 인터페이스 모드나 대화상자를 사용해 다른 상태를 표시해야 한다.

할 것은 다음과 같다.

- 메뉴를 논리 계층 구조로 구성한다.

- 가장 일반적인 기능을 툴바에 복제한다.

- 사용할 수 없는 항목은 메뉴에서 사용 불가능으로 설정한다.

하지 말 것은 다음과 같다.

- 동일한 작업을 여러 메뉴에 추가한다.

- 모든 메뉴 작업을 툴바에 추가한다.

- 다른 곳의 동일한 수행에 다른 이름이나 아이콘을 사용한다.

- 메뉴에서 항목을 제거하고 대신 사용 불가능으로 설정한다.

2.6 대화상자

대화상자는 사용자와 통신할 수 있는 유용한 GUI 구성 요소다. 파일 열기/저장, 설정, 기본 설정 또는 애플리케이션의 기본 UI에 맞지 않는 기능에 일반적으로 사용된다. 이러한 윈도우는 기본 애플리케이션의 앞에 배치되는 작은 모달(또는 차단) 윈도우다. Qt는 실제로 가장 일반적인 사용 사례를 위한 여러 '특수' 대화상자를 제공해 더 나은 사용자 경험을 위한 플랫폼 기반 경험을 제공할 수 있다.

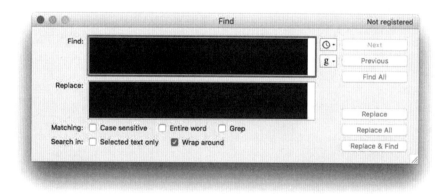

그림 2-47. 표준 GUI 기능 – 검색 대화상자

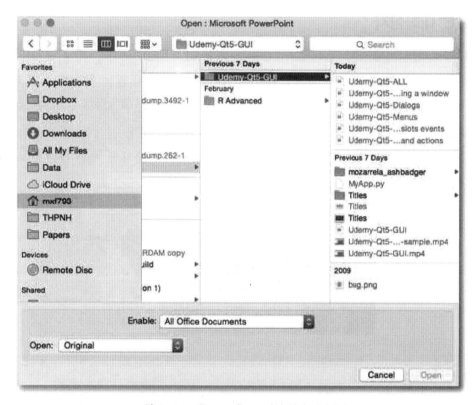

그림 2-48. 표준 GUI 기능 – 파일 열기 대화상자

Qt 대화상자는 QDialog 클래스에서 처리한다. 새 대화상자를 작성하려면 상위 위젯으로 전달하는 QDialog 유형의 새 객체를 작성한다(예, QMainWindow).

자신만의 QDialog를 만들어보자. 슬롯 방식에 연결된 버튼을 누르는 간단한 스켈레톤 앱부터 시작한다.

리스트 2-46. basic/dialogs_start.py

```python
import sys

from PyQt6.QtWidgets import QApplication, QMainWindow, QPushButton

class MainWindow(QMainWindow):
    def __init__(self):
        super().__init__()

        self.setWindowTitle("My App")

        button = QPushButton("Press me for a dialog!")
        button.clicked.connect(self.button_clicked)
        self.setCentralWidget(button)

    def button_clicked(self, s):
        print("click", s)

app = QApplication(sys.argv)

window = MainWindow()
window.show()

app.exec()
```

슬롯 button_clicked(버튼 클릭에서 시그널을 수신)에서 대화상자 인스턴스를 만들어 상위 항목으로 QMainWindow 인스턴스를 전달한다. 그러면 대화상자가 QMainWindow의 모달 윈도우가 된다. 즉, 대화상자가 상위 윈도우의 상호작용을 완전히 차단한다.

리스트 2-47. basic/dialogs_1.py

```python
import sys

from PyQt6.QtWidgets import (
    QApplication,
    QDialog,
    QMainWindow,
    QPushButton,
)

class MainWindow(QMainWindow):
    def __init__(self):
        super().__init__()

        self.setWindowTitle("My App")

        button = QPushButton("Press me for a dialog!")
        button.clicked.connect(self.button_clicked)
        self.setCentralWidget(button)

    def button_clicked(self, s):
        print("click", s)

        dlg = QDialog(self)
        dlg.setWindowTitle("?")
        dlg.exec()

app = QApplication(sys.argv)

window = MainWindow()
window.show()

app.exec()
```

대화상자를 만든 후에는 애플리케이션의 주 이벤트 루프를 생성하기 위해 QApplication에서 했던 것처럼 .exec()을 사용해 시작한다. QDialog를 실행하면 대화상자에 맞는 완전히 새로운 이벤트 루프가 생성된다.

하나의 이벤트 루프가 모든 것을 지배한다.

한 번에 하나의 Qt 이벤트 루프만 실행할 수 있다고 말한 것을 기억하는가? QDialog는 애플리케이션 실행을 완전히 차단한다. 대화상자를 시작하고 앱의 다른 곳에서 다른 일이 일어나기를 기대하지 말자.

멀티스레딩을 사용해 이 곤란함을 벗어나는 방법은 나중에 살펴보자.

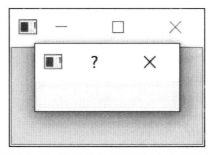

그림 2-49. 윈도우를 오버레이하는 빈 대화상자.

첫 번째 윈도우처럼 이는 별로 흥미롭지 않다. 대화상자 제목과 OK 및 Cancel 버튼 세트를 추가해 사용자가 모달의 승인이나 거부를 허용함으로써 이 문제를 해결한다.

QDialog를 사용자 정의하고자 서브클래싱할 수 있다.

```python
class CustomDialog(QDialog):
    def __init__(self):
        super().__init__()

        self.setWindowTitle("HELLO!")

        buttons = (
            QDialogButtonBox.StandardButton.Ok
            | QDialogButtonBox.StandardButton.Cancel
        )

        self.buttonBox = QDialogButtonBox(buttons)
        self.buttonBox.accepted.connect(self.accept)
        self.buttonBox.rejected.connect(self.reject)

        self.layout = QVBoxLayout()
        message = QLabel("Something happened, is that OK?")
        self.layout.addWidget(message)
        self.layout.addWidget(self.buttonBox)
        self.setLayout(self.layout)
```

위의 코드에서는 먼저 CustomDialog라고 하는 QDialog의 하위 클래스를 만든다. QMainWindow는 __init_ 블록 클래스에 커스터마이징을 적용해 객체가 생성될 때 커스터마이징이 적용된다. 먼저 .setWindowTitle()을 사용해 기본 윈도우와 동일하게 QDialog의 제목을 설정한다.

다음 코드 블록은 대화상자 버튼을 만들고 표시하는 것과 관련이 있다. 아마예상했던 것보다 좀 더 관련이 있을 것이다. 그러나 이는 Qt가 서로 다른 플랫폼에서 대화상자 버튼의 배치를 유연하게 처리했기 때문이다.

쉬운 해결 방법?
물론 이를 무시하고 레이아웃에 표준 QButton을 사용하게 선택할 수 있지만 여기에
설명된 접근 방식은 대화상자가 호스트 데스크톱 표준(예, 오른쪽과 왼쪽의 확인)을
준수하도록 보장한다. 이러한 행동을 하는 것은 사용자들에게 무척 성가신 일이 될
수 있으므로 권장하지 않는다.

대화 버튼 상자를 만드는 첫 번째 단계는 **QDialogButtonBox**의 네임스페이스
속성을 사용해 표시할 버튼을 정의하는 것이다. 사용 가능한 전체 버튼 리스트
는 다음과 같다.

표 2-1. QDialogButtonBox에서 사용할 수 있는 버튼 타입

버튼 타입
QDialogButtonBox.Ok
QDialogButtonBox.Open
QDialogButtonBox.Save
QDialogButtonBox.Cancel
QDialogButtonBox.Close
QDialogButtonBox.Discard
QDialogButtonBox.Apply
QDialogButtonBox.Reset
QDialogButtonBox.RestoreDefaults
QDialogButtonBox.Help
QDialogButtonBox.SaveAll
QDialogButtonBox.Yes
QDialogButtonBox.YesToAll

(이어짐)

버튼 타입
QDialogButtonBox.No
QDialogButtonBox.NoToAll
QDialogButtonBox.Abort
QDialogButtonBox.Retry
QDialogButtonBox.Ignore
QDialogButtonBox.NoButton

이 정도면 모든 대화상자를 만들 수 있다. 파이프(|)를 사용해 여러 버튼을 OR로 함께 연결해 여러 버튼의 선을 작성할 수 있다. Qt는 플랫폼 기준에 따라 순서를 자동으로 처리한다. 예를 들어 사용된 확인 및 취소 버튼을 표시한다.

```
buttons = QDialogButtonBox.Ok | QDialogButtonBox.Cancel
```

이제 변수 버튼에는 두 버튼을 나타내는 정수 값이 포함된다. 다음으로 버튼을 고정할 QDialogButtonBox 인스턴스를 만들어야 한다. 버튼이 표시할 플래그가 첫 번째 매개변수로 전달된다.

버튼을 사용하려면 올바른 QDialogButtonBox 시그널을 대화상자의 슬롯에 연결해야 한다. 이 경우 QDialogButtonBox의 .accepted 및 .rejected 시그널을 QDialog 하위 클래스의 .accept() 및 .reject()용 핸들러에 연결했다.

마지막으로 QDialogButtonBox를 대화상자에 표시하려면 대화상자 레이아웃에 추가해야 한다. 기본 윈도우 레이아웃을 만들고 QDialogButtonBox를 여기에 추가한 다음(QDialogButtonBox는 위젯임) 대화상자에 레이아웃을 설정한다.

마지막으로 MainWindow.button_clicked 슬롯에서 CustomDialog를 시작한다.

```python
def button_clicked(self, s):
    print("click", s)

    dlg = CustomDialog()
    if dlg.exec():
        print("Success!")
    else:
        print("Cancel!")
```

🚀 **Run it!** 실행하고 클릭해서 대화상자를 시작하면 그 안에 버튼이 있는 대화상자가 표시된다.

그림 2-50. 레이블과 버튼이 있는 대화상자

버튼을 클릭해 대화상자를 시작하면 상위 윈도우에서 멀리 떨어진 곳, 아마도 화면 중앙에 표시되는 것을 알 수 있다. 일반적으로 사용자가 쉽게 찾을 수 있도록 시작 윈도우 위에 대화상자가 나타나길 원한다. 이렇게 하려면 대화상자에 대한 부모를 Qt에 제공해야 한다. 기본 윈도우를 부모로 전달하면 Qt는 대화상자의 중심이 윈도우의 중심과 정렬되게 새 대화상자를 배치한다.

parent 매개변수를 허용하도록 CustomDialog 클래스를 수정할 수 있다.

리스트 2-50. basic/dialogs_2b.py

```
class CustomDialog(QDialog):
    def __init__(self, parent=None): ❶
        super().__init__(parent)

        self.setWindowTitle("HELLO!")

        buttons = (
            QDialogButtonBox.StandardButton.Ok
            | QDialogButtonBox.StandardButton.Cancel
        )

        self.buttonBox = QDialogButtonBox(buttons)
        self.buttonBox.accepted.connect(self.accept)
        self.buttonBox.rejected.connect(self.reject)

        self.layout = QVBoxLayout()
        message = QLabel("Something happened, is that OK?")
        self.layout.addWidget(message)
        self.layout.addWidget(self.buttonBox)
        self.setLayout(self.layout)
```

❶ 원하는 경우 부모를 생략할 수 있도록 기본값을 None으로 설정했다.

142

그런 다음 CustomDialog 인스턴스를 만들 때 기본 윈도우를 매개변수로 전달할 수 있다. button_clicked 메서드에서 self는 기본 윈도우 객체다.

리스트 2-51. basic/dialogs_2b.py

```python
def button_clicked(self, s):
    print("click", s)

    dlg = CustomDialog(self)
    if dlg.exec():
        print("Success!")
    else:
        print("Cancel!")
```

🚀 **Run it!** 클릭하고 실행해서 대화상자를 시작하면 부모 윈도우의 중간에 대화상자 팝업이 표시돼야 한다.

그림 2-51. 부모 윈도우 중앙에 있는 대화상자.

축하한다. 첫 번째 대화상자를 만들었다. 물론 원하는 대화상자에 다른 콘텐츠를 계속 추가할 수 있다. 평소처럼 레이아웃에 삽입하기만 하면 된다.

대부분의 애플리케이션에서 필요한 대화상자가 많다. 이러한 대화상자를 직접 구성할 수 있지만 Qt는 대신 사용할 수 있는 여러 가지 기본 제공 대화상자도 제공한다. 이러한 대화상자는 많은 작업을 처리하고 잘 설계됐으며 플랫폼 표준을 따른다.

QMessageBox 대화상자

살펴볼 첫 번째 기본 제공 대화 유형은 QmessageBox다. 이 대화상자를 사용해 직접 만든 대화상자와 유사한 정보, 경고, 정보 또는 질문 대화상자를 만들 수 있다. 다음 예제는 간단한 QMessageBox를 생성해 보여준다.

리스트 2-52. basic/dialogs_3.py

```
def button_clicked(self, s):
    dlg = QMessageBox(self)
    dlg.setWindowTitle("I have a question!")
    dlg.setText("This is a simple dialog")
    button = dlg.exec()

    # 결과에 대한 버튼 열거형 항목을 찾는다.
    button = QMessageBox.StandardButton(button)

    if button == QMessageBox.StandardButton.Ok:
        print("OK!")
```

🚀 **Run it!** 실행하면 확인 버튼이 있는 간단한 대화상자가 표시된다.

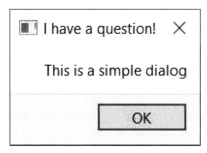

그림 2-52. QMessagBox 대화상자

이미 살펴본 대화상자 버튼 상자와 마찬가지로 **QMessageBox**에 표시된 버튼도 파이프(|)와 결합해 여러 버튼을 표시할 수 있는 상수의 집합으로 구성된다. 사용할 수 있는 버튼 타입의 전체 리스트는 아래에 나와 있다.

표 2-2. QMessageBox에서 사용할 수 있는 버튼 타입

버튼 타입
QMessageBox.Ok
QMessageBox.Open
QMessageBox.Save
QMessageBox.Cancel
QMessageBox.Close
QMessageBox.Discard
QMessageBox.Apply
QMessageBox.Reset
QMessageBox.RestoreDefaults
QMessageBox.Help
QMessageBox.SaveAll

(이어짐)

버튼 타입
QMessageBox.Yes
QMessageBox.YesToAll
QMessageBox.No
QMessageBox.NoToAll
QMessageBox.Abort
QMessageBox.Retry
QMessageBox.Ignore
QMessageBox.NoButton

다음 중 하나로 아이콘을 설정해 대화상자에 표시된 아이콘을 조정할 수도 있다.

표 2-3. QMessageBox 아이콘 상수

아이콘 상태	설명
QMessageBox.NoIcon	아이콘이 없는 대화상자
QMessageBox.Question	질문 메시지
QMessageBox.Information	정보를 전달하는 메시지
QMessageBox.Warning	경고 메시지
QMessageBox.Critical	치명적 문제를 표시하는 메시지

예를 들어 다음은 'Yes'나 'No' 버튼이 있는 질문 대화상자를 만든다.

리스트 2-53. basic/dialogs_4.py

```python
from PyQt6.QtWidgets import (
    QApplication,
    QDialog,
    QMainWindow,
    QMessageBox,
    QPushButton,
)


class MainWindow(QMainWindow):

    # 명확성을 위해 __init__는 생략
    def button_clicked(self, s):
        dlg = QMessageBox(self)
        dlg.setWindowTitle("I have a question!")
        dlg.setText("This is a question dialog")
        dlg.setStandardButtons(
            QMessageBox.StandardButton.Yes
            | QMessageBox.StandardButton.No
        )
        dlg.setIcon(QMessageBox.Icon.Question)
        button = dlg.exec()

        # 결과에 대한 버튼 열거형 항목을 찾는다.
        button = QMessageBox.StandardButton(button)

        if button == QMessageBox.StandardButton.Yes:
            print("Yes!")
        else:
            print("No!")
```

✦ Run it! 실행하면 'Yes'나 'No' 버튼이 있는 질문 대화상자가 표시된다.

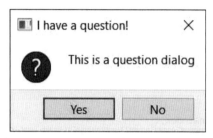

그림 2-53. QMessageBox를 사용해 만든 질문 대화상자.

QMessageBox 대화상자

더 간단하게 하고자 QMessageBox에는 먼저 QMessageBox 인스턴스를 구성하지 않고 이러한 유형의 메시지 대화상자를 표시하는 데 사용할 수 있는 정적 메서드도 많다. 방법은 다음과 같다.

```
QMessageBox.about(parent, title, message)
QMessageBox.critical(parent, title, message)
QMessageBox.information(parent, title, message)
QMessageBox.question(parent, title, message)
QMessageBox.warning(parent, title, message)
```

매개변수 parent는 대화상자가 자식이 될 윈도우다. 기본 윈도우에서 대화상자를 시작하는 경우 self를 사용해 기본 윈도우 객체를 참조할 수 있다. 다음 예제에서는 'Yes'나 'No' 버튼을 사용해 이전과 같이 질문 대화상자를 만든다.

리스트 2-54. basic/dialogs_5.py

```python
def button_clicked(self, s):

    button = QMessageBox.question(
        self, "Question dialog", "The longer message"
    )

    if button == QMessageBox.StandardButton.Yes:
        print("Yes!")
    else:
        print("No!")
```

🎯 **Run it!** 실행하면 이번에는 내장된 .question() 메서드를 사용해 동일한 결과를 볼 수 있다.

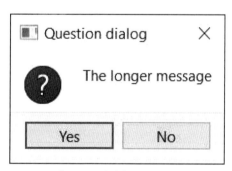

그림 2-54. 내장된 질문 대화상자

exec()를 호출하는 대신 이제 단순히 대화상자 메서드를 호출하면 대화상자가 생성된다. 각 메서드의 반환값은 눌린 버튼이다. 반환값을 버튼 상수와 비교해 눌린 것을 감지할 수 있다.

정보, 질문, 경고, 중요 메서드는 대화상자에 표시된 버튼을 조정하고 기본적으로 하나를 선택하는 데 사용할 수 있는 옵션 버튼과 `defaultButton` 인수도 허용한다. 일반적으로 기본값에서 변경하지 않는 것이 좋다.

리스트 2-55. basic/dialogs_6.py

```python
def button_clicked(self, s):

    button = QMessageBox.critical(
        self,
        "Oh dear!",
        "Something went very wrong.",
        buttons=QMessageBox.StandardButton.Discard
        | QMessageBox.StandardButton.NoToAll
        | QMessageBox.StandardButton.Ignore,
        defaultButton=QMessageBox.StandardButton.Discard,
    )

    if button == QMessageBox.StandardButton.Discard:
        print("Discard!")
    elif button == QMessageBox.StandardButton.NoToAll:
        print("No to all!")
    else:
        print("Ignore!")
```

🚀 **Run it!** 실행하면 사용자 정의된 버튼이 있는 중요한 대화상자가 보인다.

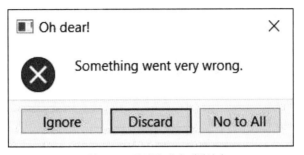

그림 2-55. 치명적 에러 대화상자

단일 변수 질문

때때로 사용자로부터 단일 매개변수를 가져와야 하며 이를 얻고자 간단한 입력 대화상자를 표시할 수 있기를 원한다. 이 사용 사례를 위해 PyQt6는 QInputDialog를 제공한다. 이 클래스는 다양한 유형의 데이터를 가져오고 사용자가 반환하는 값에 대한 제한을 설정하는 데 사용할 수 있다.

정적 메서드는 모두 상위 위젯(일반적으로 자체)에 대한 상위 인수, 대화상자 제목에 대한 제목 인수와 입력 옆에 표시할 레이블 인수를 다른 유형별 컨트롤과 함께 허용한다. 호출될 때 메서드는 대화상자를 표시하고 닫으면 OK 버튼을 눌렀는지 여부를 알려주는 값과 OK의 튜플tuple을 반환한다. OK가 False이면 대화상자가 닫혔다.

먼저 가장 간단한 예를 살펴보자. 사용자로부터 단일 정수 값을 가져오는 대화상자를 시작하는 버튼이다. 이 작업은 QDialog.get_int() 정적 메서드를 사용해 입력 위젯 옆에 표시할 윈도우 제목과 프롬프트를 부모 self에 전달한다.

리스트 2-56. basic/dialogs_input_1.py

```python
import sys

from PyQt6.QtWidgets import (
    QApplication,
    QInputDialog,
    QMainWindow,
    QPushButton,
)

class MainWindow(QMainWindow):
    def __init__(self):
        super().__init__()

        self.setWindowTitle("My App")

        button1 = QPushButton("Integer")
        button1.clicked.connect(self.get_an_int)

        self.setCentralWidget(button1)

    def get_an_int(self):
        my_int_value, ok = QInputDialog.getInt(
            self, "Get an integer", "Enter a number" )
        print("Result:", ok, my_int_value)

app = QApplication(sys.argv)

window = MainWindow()
window.show()

app.exec()
```

지금까지는 흥미진진했다. 이 예제를 확장해 핸들러 메서드와 함께 몇 개의 버튼을 추가해보자. 먼저 버튼의 시그널을 메서드 슬롯에 연결한 다음 각 입력 방법을 구현하는 단계를 수행한다.

리스트 2-57. basic/dialogs_input_2.py

```python
import sys

from PyQt6.QtWidgets import (
    QApplication,
    QInputDialog,
    QLineEdit,
    QMainWindow,
    QPushButton,
    QVBoxLayout,
    QWidget,
)


class MainWindow(QMainWindow):
    def __init__(self):
        super().__init__()

        self.setWindowTitle("My App")

        layout = QVBoxLayout()

        button1 = QPushButton("Integer")
        button1.clicked.connect(self.get_an_int)
        layout.addWidget(button1)
```

```python
        button2 = QPushButton("Float")
        button2.clicked.connect(self.get_a_float)
        layout.addWidget(button2)

        button3 = QPushButton("Select")
        button3.clicked.connect(self.get_a_str_from_a_list)
        layout.addWidget(button3)

        button4 = QPushButton("String")
        button4.clicked.connect(self.get_a_str)
        layout.addWidget(button4)

        button5 = QPushButton("Text")
        button5.clicked.connect(self.get_text)
        layout.addWidget(button5)

        container = QWidget()
        container.setLayout(layout)
        self.setCentralWidget(container)

    def get_an_int(self):
        my_int_value, ok = QInputDialog.getInt(
            self, "Get an integer", "Enter a number"
        )
        print("Result:", ok, my_int_value)

    def get_a_float(self):
        pass

    def get_a_str_from_a_list(self):
        pass

    def get_a_str(self):
        pass
```

```python
    def get_text(self):
        pass


app = QApplication(sys.argv)

window = MainWindow()
window.show()

app.exec()
```

🚀 **Run it!** 실행하면 입력을 시작하는 데 사용할 수 있는 푸시 버튼 리스트가 표시되지만 지금은 정수 입력만 작동한다.

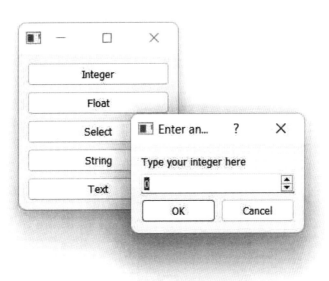

그림 2-56. 대화상자 런처 데모. 버튼을 클릭해 값을 입력할 대화상자를 시작한다.

버튼을 누르면 정의한 입력 메서드 중 하나가 호출된다. 다음에 구현해보자. 여기서는 각 **QInputDialog** 메서드를 차례로 살펴보고 사용할 수 있는 구성 옵션을 예제에 추가한다.

정수

이미 봤듯이 사용자로부터 int 값을 얻으려면 **QInputDialog.getInt()** 메서드를 사용할 수 있다. 이는 대화상자에 표준 Qt **QDoubleSpinBox**를 표시한다. 화살표 컨트롤을 사용할 때 초깃값과 입력에 대한 최소 및 최댓값 범위 및 단계 크기를 지정할 수 있다.

리스트 2-58. basic/dialogs_input_3.py

```python
def get_an_int(self):
    title = "Enter an integer"
    label = "Type your integer here"
    my_int_value, ok = QInputDialog.getInt(
        self, title, label, value=0, min=-5, max=5, step=1
    )
    print("Result:", ok, my_int_value)
```

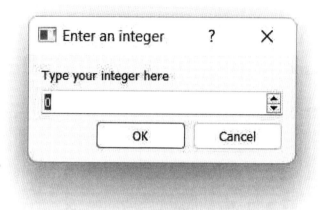

그림 2-57. 정수 입력 대화상자

사용자가 대화상자를 종료하고자 'Cancel'을 클릭해도 입력한 값이 반환된다. 값을 사용하기 전에 항상 ok 반환 매개변수의 값을 확인해야 한다.

실수

float 타입의 경우 QInputDialog.getDouble() 메서드를 사용할 수 있다. 더블 타입은 C++에서 파이썬의 **float**에 해당한다. 이는 표시된 소수 자릿수를 제어하고자 소수 인수를 추가한 위의 **getInt** 입력과 동일하다.

리스트 2-59. basic/dialogs_input_3.py

```
def get_a_float(self):
    title = "Enter a float"
    label = "Type your float here"
    my_float_value, ok = QInputDialog.getDouble(
        self,
        title,
```

```
        label,
        value=0,
        min=-5.3,
        max=5.7,
        decimals=2,
    )
    print("Result:", ok, my_float_value)
```

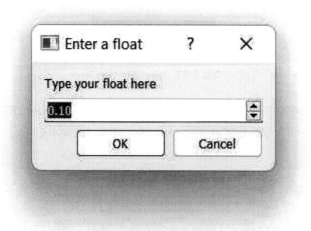

그림 2-58. 실수 입력 대화상자

문자열 리스트 선택

문자열 리스트에서 항목을 선택하려면 QInputDialog.getItem() 메서드를 사용
할 수 있다. 선택할 문자열 리스트는 items 인수를 사용해 제공된다. 현재 인수
를 선택한 항목의 인덱스로 설정해 제공된 항목 중 처음에 선택할 항목을 선택
할 수 있다. 기본적으로 리스트는 편집 가능하다. 즉, 사용자가 원하는 경우
리스트에 새 항목을 추가할 수 있다. editable=False를 전달해 이 동작을 비활
성화할 수 있다.

```python
def get_a_str_from_a_list(self):
    title = "Select a string"
    label = "Select a fruit from the list"
    items = ["apple", "pear", "orange", "grape"]
    initial_selection = 2 # orange, indexed from 0
    my_selected_str, ok = QInputDialog.getItem(
        self,
        title,
        label,
        items,
        current=initial_selection,
        editable=False,
    )
    print("Result:", ok, my_selected_str)
```

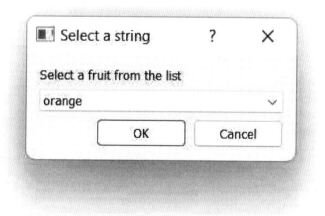

그림 2-59. 문자열 리스트에서 선택하는 입력 대화상자

```python
import sys

from PyQt6.QtWidgets import (
    QApplication,
    QInputDialog,
    QLineEdit,
    QMainWindow,
    QPushButton,
    QVBoxLayout,
    QWidget,
)


class MainWindow(QMainWindow):
    def __init__(self):
        super().__init__()

        self.setWindowTitle("My App")

        layout = QVBoxLayout()
        button1 = QPushButton("Integer")
        button1.clicked.connect(self.get_an_int)
        layout.addWidget(button1)

        button2 = QPushButton("Float")
        button2.clicked.connect(self.get_a_float)
        layout.addWidget(button2)

        button3 = QPushButton("Select")
        button3.clicked.connect(self.get_a_str_from_a_list)
        layout.addWidget(button3)

        button4 = QPushButton("String")
```

```python
        button4.clicked.connect(self.get_a_str)
        layout.addWidget(button4)

        button5 = QPushButton("Text")
        button5.clicked.connect(self.get_text)
        layout.addWidget(button5)

        container = QWidget()
        container.setLayout(layout)
        self.setCentralWidget(container)

    def get_an_int(self):
        dialog = QInputDialog(self)
        dialog.setWindowTitle("Enter an integer")
        dialog.setLabelText("Type your integer here")
        dialog.setIntValue(0)
        dialog.setIntMinimum(-5)
        dialog.setIntMaximum(5)
        dialog.setIntStep(1)
        ok = dialog.exec()
        print("Result:", ok, dialog.intValue())

    def get_a_float(self):
        dialog = QInputDialog(self)
        dialog.setWindowTitle("Enter a float")
        dialog.setLabelText("Type your float here")
        dialog.setDoubleValue(0.1)
        dialog.setDoubleMinimum(-5.3)
        dialog.setDoubleMaximum(5.7)
        dialog.setDoubleStep(1.4)
        dialog.setDoubleDecimals(2)

        ok = dialog.exec()
        print("Result:", ok, dialog.doubleValue())
```

```python
def get_a_str_from_a_list(self):
    dialog = QInputDialog(self)
    dialog.setWindowTitle("Select a string")
    dialog.setLabelText("Select a fruit from the list")
    dialog.setComboBoxItems(["apple", "pear", "orange", "grape"])
    dialog.setComboBoxEditable(False)
    dialog.setTextValue("orange")

    ok = dialog.exec()
    print("Result:", ok, dialog.textValue())

def get_a_str(self):
    dialog = QInputDialog(self)
    dialog.setWindowTitle("Enter a string")
    dialog.setLabelText("Type your password")
    dialog.setTextValue("my secret password")
    dialog.setTextEchoMode(QLineEdit.EchoMode.Password)

    ok = dialog.exec()
    print("Result:", ok, dialog.textValue())

def get_text(self):
    dialog = QInputDialog(self)
    dialog.setWindowTitle("Enter text")
    dialog.setLabelText("Type your novel here")
    dialog.setTextValue("Once upon a time...")
    dialog.setOption(
        QInputDialog.InputDialogOption.UsePlainTextEditForTextInput,
        True,
    )

    ok = dialog.exec()
    print("Result:", ok, dialog.textValue())
```

```
app = QApplication(sys.argv)

window = MainWindow()
window.show()

app.exec()
```

한 줄 텍스트

사용자로부터 한 줄의 텍스트를 얻으려면 QInputDialog.getText를 사용할 수
있다. 텍스트 인수로 전달해 입력의 초기 내용을 제공할 수 있다. mode 인수를
사용하면 QLineEdit.EchoMode.Normal이나 QLineEdit.EchoMode.Password를 각
각 전달해 입력한 텍스트가 별표로 표시되는 일반 모드와 암호 모드 간에 전환
할 수 있다.

리스트 2-61. basic/dialogs_input_3.py

```
def get_a_str(self):
    title = "Enter a string"
    label = "Type your password"
    text = "my secret password"
    mode = QLineEdit.EchoMode.Password
    my_selected_str, ok = QInputDialog.getText(
        self, title, label, mode, text
    )
    print("Result:", ok, my_selected_str)
```

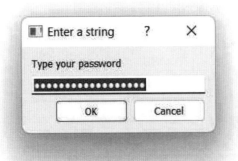

그림 2-60. 암호 모드에서 한 줄 텍스트 입력 대화상자

여러 줄 텍스트

마지막으로 여러 줄 텍스트를 입력하려면 QLineEdit.getMultiLineText()를 사용할 수 있다. 이는 텍스트의 초기 상태만 받아들인다.

리스트 2-62. basic/dialogs_input_3.py

```python
def get_text(self):
    title = "Enter text"
    label = "Type your novel here"
    text = "Once upon a time..."
    my_selected_str, ok = QInputDialog.getMultiLineText(
        self, title, label, text
    )
    print("Result:", ok, my_selected_str)
```

164

그림 2-61. 여러 줄 텍스트 입력 대화상자

> 🚀 **Run it!** 실행하면 모든 입력 방법이 구현됐으므로 이제 각 버튼을 클릭해 다른 입력 대화상자가 나타나는 것을 볼 수 있다.

QInputDialog 인스턴스로 작업

앞에서 설명한 정적 메서드는 대부분의 사용 사례에 적합하다. QInputDialog가 작동하는 방식을 더 세밀하게 제어하려면 다른 대화 클래스와 마찬가지로 **QInputDialog**의 인스턴스를 만들고 표시하기 전에 구성할 수 있다. 다음은 동일한 예지만 대신 이 접근 방식을 사용한다.

```python
import sys

from PyQt6.QtWidgets import (
    QApplication,
    QInputDialog,
    QLineEdit,
    QMainWindow,
    QPushButton,
    QVBoxLayout,
    QWidget,
)


class MainWindow(QMainWindow):
    def __init__(self):
        super().__init__()

        self.setWindowTitle("My App")

        layout = QVBoxLayout()

        button1 = QPushButton("Integer")
        button1.clicked.connect(self.get_an_int)
        layout.addWidget(button1)

        button2 = QPushButton("Float")
        button2.clicked.connect(self.get_a_float)
        layout.addWidget(button2)

        button3 = QPushButton("Select")
        button3.clicked.connect(self.get_a_str_from_a_list)
        layout.addWidget(button3)

        button4 = QPushButton("String")
```

```
            button4.clicked.connect(self.get_a_str)
            layout.addWidget(button4)

            button5 = QPushButton("Text")
            button5.clicked.connect(self.get_text)
            layout.addWidget(button5)

            container = QWidget()
            container.setLayout(layout)
            self.setCentralWidget(container)

        def get_an_int(self):
            dialog = QInputDialog(self)
            dialog.setWindowTitle("Enter an integer")
            dialog.setLabelText("Type your integer here")
            dialog.setIntValue(0)
            dialog.setIntMinimum(-5)
            dialog.setIntMaximum(5)
            dialog.setIntStep(1)

            ok = dialog.exec()
            print("Result:", ok, dialog.intValue())

        def get_a_float(self):
            dialog = QInputDialog(self)
            dialog.setWindowTitle("Enter a float")
            dialog.setLabelText("Type your float here")
            dialog.setDoubleValue(0.1)
            dialog.setDoubleMinimum(-5.3)
            dialog.setDoubleMaximum(5.7)
            dialog.setDoubleStep(1.4)
            dialog.setDoubleDecimals(2)

            ok = dialog.exec()
```

```python
        print("Result:", ok, dialog.doubleValue())

    def get_a_str_from_a_list(self):
        dialog = QInputDialog(self)
        dialog.setWindowTitle("Select a string")
        dialog.setLabelText("Select a fruit from the list")
        dialog.setComboBoxItems(["apple", "pear", "orange", "grape"])
        dialog.setComboBoxEditable(False)
        dialog.setTextValue("orange")

        ok = dialog.exec()
        print("Result:", ok, dialog.textValue())

    def get_a_str(self):
        dialog = QInputDialog(self)
        dialog.setWindowTitle("Enter a string")
        dialog.setLabelText("Type your password")
        dialog.setTextValue("my secret password")
        dialog.setTextEchoMode(QLineEdit.EchoMode.Password)

        ok = dialog.exec()
        print("Result:", ok, dialog.textValue())

    def get_text(self):
        dialog = QInputDialog(self)
        dialog.setWindowTitle("Enter text")
        dialog.setLabelText("Type your novel here")
        dialog.setTextValue("Once upon a time...")
        dialog.setOption(
            QInputDialog.InputDialogOption.UsePlainTextEditForTextInput,
            True,
        )

        ok = dialog.exec()
        print("Result:", ok, dialog.textValue())
```

```
app = QApplication(sys.argv)

window = MainWindow()
window.show()

app.exec()
```

> 🚀 **Run it!** 실행하면 이전과 같이 작동해야 한다. 매개변수를 자유롭게 사용해 작동 방식을 조정할 수 있다.

주의할 사항이 몇 가지 있다. 첫째, exec()를 호출할 때 반환값은 이전에 반환된 ok 값과 동일하다(True는 1, False는 0). 실제 입력된 값을 얻으려면 대화상자 객체에서 유형별 메서드(예, .doubleValue())를 사용해야 한다. 둘째, 문자열 리스트에서 QComboBox를 선택하려면 행이나 텍스트 입력과 동일한 .setTextValue() (설정) 및 .textValue()(가져오기) 메서드를 사용한다.

파일 대화상자

애플리케이션에서 대화상자의 가장 일반적인 사용 사례 중 하나는 애플리케이션에서 생성하는 문서나 앱 사용 간에 유지하려는 구성 설정과 같은 파일 작업을 위한 것이다. 유용하게도 PyQt6에는 파일 열기, 폴더 선택, 파일 저장용 대화상자가 내장돼 있다. 언급했듯이 Qt의 내장 대화상자 도구를 사용하면 앱이 플랫폼 표준을 따른다. 파일 대화상자의 경우 PyQt6는 한 단계 더 나아가 이러한 작업에 플랫폼의 내장 대화상자를 사용해 애플리케이션이 사용자에게 친숙하게 한다.

> ℹ️ 좋은 파일 대화상자를 만드는 것은 어렵기 때문에 직접 시도하는 것은 권장하지 않는다.

PyQt6에서 파일 대화상자는 **QFileDialog** 클래스를 사용해 생성된다. 편의를 위해 최소한의 구성으로 특정 대화상자를 표시하고자 호출할 수 있는 여러 정적 메서드를 제공한다. 다음은 **QFileDialog.getOpenFileName()** 정적 메서드를 사용해 오픈할 파일 이름을 가져오는 작은 데모다.

리스트 2-64. basic/dialogs_file_1.py

```python
import sys

from PyQt6.QtWidgets import (
    QApplication,
    QFileDialog,
    QMainWindow,
    QPushButton,
)

class MainWindow(QMainWindow):
    def __init__(self):
        super().__init__()

        self.setWindowTitle("My App")
        button1 = QPushButton("Open file")
        button1.clicked.connect(self.get_filename)

        self.setCentralWidget(button1)

    def get_filename(self):
        filename, selected_filter = QFileDialog.getOpenFileName(self)
        print("Result:", filename, selected_filter)
```

```
app = QApplication(sys.argv)

window = MainWindow()
window.show()

app.exec()
```

> 🐟 **Run it!** 실행하면 버튼을 클릭해 파일 열기 대화상자를 시작한다. 파일을 선택하고
> OK 또는 Cancel을 클릭해 대화상자에서 반환되는 내용을 확인한다.

보시다시피 `QFileDialog.getOpenFilename()`은 두 개의 값을 반환한다. 첫 번째는 선택한 파일의 이름이다(또는 대화상자가 취소된 경우 빈 문자열). 두 번째는 대화상자에서 보이는 파일을 필터링하는 데 사용되는 현재 활성 파일 필터이다. 기본적으로 이것은 `All Files (*)`이며 모든 파일이 표시된다.

파일 기반 대화상자(열기 및 저장)는 모두 `;;`으로 분리된 필터 정의 문자열 리스트를 사용한다. 이는 약간 이상하다. 대화상자가 처음 열릴 때 활성화되는 필터의 문자열인 `initialFilter`도 있다. 이러한 필터가 어떻게 정의되고 어떻게 가장 잘 사용할 수 있는지 살펴보자.

파일 필터

파일 필터에 대한 Qt 표준은 다음 형식으로 구성된 문자열이다. 여기서 사용자 친화적인 이름은 모든 텍스트가 될 수 있고 *.ext는 파일 일치 필터 및 확장명이다. 이는 필터 문자열 끝에 있는 대괄호 안에 포함돼야 한다.

```
"User-friendly name (*.ext)"
```

여러 필터를 제공하려면 이중 세미콜론 ;;으로 구분할 수 있다. * 모든 파일
필터를 포함한 예는 다음과 같다.

```
"Portable Network Graphics Image (*.png);;Comma Separated files
(*.csv);;All files (*)"
```

다음은 QFileDialog.getOpenFilename() 메서드에 위의 예제 필터를 제공하도
록 업데이트된 예제다.

리스트 2-65. basic/dialogs_file_2.py

```python
def get_filename(self):
    filters = "Portable Network Graphics files (*.png);;Comma
      Separated Values (*.csv);;All files (*)"
    print("Filters are:", filters)
    filename, selected_filter = QFileDialog.getOpenFileName(
      self,
      filter=filters, )
    print("Result:", filename, selected_filter)
```

❗ 일반적으로 모든 파일 필터에 *.*가 사용되는 것을 볼 수 있지만 Qt에서는 확장자가
없는 파일과 일치하지 않는다.

필터를 이와 같이 문자열에 작성할 수 있지만 다소 다루기 어려울 수 있다.
초기 상태에 대해 주어진 필터를 선택하려면 이 문자열에서 텍스트를 복제(또
는 추출)해야 한다. 대신 파일 필터 정의를 문자열 리스트로 저장한 다음 ;;을
사용해 리스트에 조인하는 것이 좋다. dialog 메서드에 전달하기 전에 이 리스

172

트에서 인덱스별로 `initialFilter`를 선택할 수 있다는 장점이 있다.

```
FILE_FILTERS = [
    "Portable Network Graphics files (*.png)",
    "Text files (*.txt)",
    "Comma Separated Values (*.csv)",
    "All files (*.*)",
]

initial_filter = FILE_FILTERS[2] # *.csv
# ;;으로 분리된 필터 문자열
filters = FILE_FILTERS.join(';;')
```

예제는 이 접근 방식을 사용하도록 다음과 같이 업데이트됐으며 모든 파일
메서드에서 사용할 수 있도록 파일 맨 위에 `FILE_FILTERS`가 정의돼 있다.

리스트 2-66. basic/dialogs_file_2b.py

```python
import sys

from PyQt6.QtWidgets import (
    QApplication,
    QFileDialog,
    QMainWindow,
    QPushButton,
)

FILE_FILTERS = [
    "Portable Network Graphics files (*.png)",
    "Text files (*.txt)",
    "Comma Separated Values (*.csv)",
    "All files (*)",
]
```

```python
class MainWindow(QMainWindow):
    def __init__(self):
        super().__init__()

        self.setWindowTitle("My App")

        button1 = QPushButton("Open file")
        button1.clicked.connect(self.get_filename)

        self.setCentralWidget(button1)

    def get_filename(self):
        initial_filter = FILE_FILTERS[3] # 리스트에서 하나를 선택
        filters = ";;".join(FILE_FILTERS)
        print("Filters are:", filters)
        print("Initial filter:", initial_filter)

        filename, selected_filter = QFileDialog.getOpenFileName(
            self,
            filter=filters,
            initialFilter=initial_filter,
        )
        print("Result:", filename, selected_filter)


app = QApplication(sys.argv)

window = MainWindow()
window.show()

app.exec()
```

파일 대화상자 설정

이제 필터를 이해했으므로 더 많은 유형의 파일 작업에 대한 핸들러를 추가하
도록 예제를 확장해보자. 그런 다음 사용할 수 있는 다른 구성 옵션을 보고자
각 **QFileDialog** 메서드를 단계별로 살펴본다. 다음 코드는 일련의 버튼을 추가
하고 파일 메서드 슬롯에 연결해 다른 대화상자를 표시하도록 처리했다.

리스트 2-67. basic/dialogs_file_3.py

```python
import sys

from PyQt6.QtWidgets import (
    QApplication,
    QFileDialog,
    QMainWindow,
    QPushButton,
    QVBoxLayout,
    QWidget,
)

FILE_FILTERS = [
    "Portable Network Graphics files (*.png)",
    "Text files (*.txt)",
    "Comma Separated Values (*.csv)",
    "All files (*)",
]

class MainWindow(QMainWindow):
    def __init__(self):
        super().__init__()

        self.setWindowTitle("My App")

        layout = QVBoxLayout()
```

```python
        button1 = QPushButton("Open file")
        button1.clicked.connect(self.get_filename)
        layout.addWidget(button1)

        button2 = QPushButton("Open files")
        button2.clicked.connect(self.get_filenames)
        layout.addWidget(button2)
        button3 = QPushButton("Save file")
        button3.clicked.connect(self.get_save_filename)
        layout.addWidget(button3)

        button4 = QPushButton("Select folder")
        button4.clicked.connect(self.get_folder)
        layout.addWidget(button4)

        container = QWidget()
        container.setLayout(layout)
        self.setCentralWidget(container)

    def get_filename(self):
        initial_filter = FILE_FILTERS[3]   # 리스트에서 하나 선택
        filters = ";;".join(FILE_FILTERS)
        print("Filters are:", filters)
        print("Initial filter:", initial_filter)

        filename, selected_filter = QFileDialog.getOpenFileName(
            self,
            filter=filters,
            initialFilter=initial_filter,
        )
        print("Result:", filename, selected_filter)

    def get_filenames(self):
        pass
```

```
    def get_save_filename(self):
        pass

    def get_folder(self):
        pass

app = QApplication(sys.argv)

window = MainWindow()
window.show()

app.exec()
```

🚀 **Run it!** 실행하면 파일 메서드를 실행하는 데 사용할 수 있는 버튼 리스트가 표시된다. 지금은 열려 있는 파일만 작동한다.

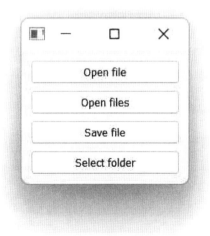

그림 2-62. 파일 대화상자 실행 데모

각 파일 메서드를 차례로 살펴보고 예제에 추가해보자.

파일 열기

열려는 단일 파일 이름을 선택하려면 QFileDialog.getOpenFileName() 메서드를 사용할 수 있다.

정적 메서드는 모두 상위 위젯에 대한 상위 인수(보통 자체)와 대화상자 제목에 대한 caption 인수를 허용한다. 또한 대화상자가 열릴 초기 디렉터리인 directory 인수를 허용한다. caption과 directory는 모두 빈 문자열일 수 있으며 이 경우 기본 캡션이 사용되고 대화상자는 현재 폴더에서 열린다.

caption과 directory 외에도 파일 필터를 구성하고자 filter와 initialFilter 인수를 허용한다. 완료되면 선택한 파일을 전체 경로를 포함하는 문자열과 현재 선택한 필터로 반환한다.

리스트 2-68. basic/dialogs_file_4.py

```python
def get_filename(self):
    caption = ""       # 기본 캡션으로 공란 사용
    initial_dir = "" # 현재 폴더로 공란 사용
    initial_filter = FILE_FILTERS[3]   # 리스트에서 하나 선택
    filters = ";;".join(FILE_FILTERS)
    print("Filters are:", filters)
    print("Initial filter:", initial_filter)

    filename, selected_filter = QFileDialog.getOpenFileName(
        self,
        caption=caption,
        directory=initial_dir,
        filter=filters,
        initialFilter=initial_filter,
```

```
    )
    print("Result:", filename, selected_filter)
```

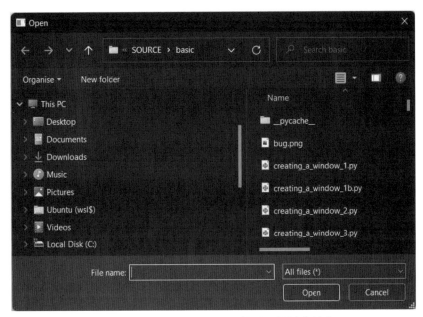

그림 2-63. 다크 모드에서 표준 윈도우 대화상자 열기

filename이 있으면 표준 파이썬을 사용해 로드할 수 있다. 대화상자가 닫힌 경우 filename 변수는 빈 문자열이 된다.

리스트 2-69. basic/dialogs_file_4b.py

```
if filename:
    with open(filename, "r") as f:
        file_contents = f.read()
```

다중 파일 열기

사용자가 한 번에 여러 파일을 로드할 수 있기를 원하는 경우가 있다. 예를 들어 앱에 데이터 파일 모음을 로드할 수 있다. QFileDialog.getOpenFileNames() 메서드를 사용하면 이를 수행할 수 있다. 앞의 단일 파일 메서드와 동일한 인수를 사용하지만 유일한 차이점은 선택한 파일 경로에 대한 문자열 리스트를 반환한다는 것이다.

리스트 2-70. basic/dialogs_file_4.py

```python
def get_filenames(self):
    caption = ""          # 기본 캡션으로 공란 사용
    initial_dir = ""      # 현재 폴더로 공란 사용
    initial_filter = FILE_FILTERS[1]   # 리스트에서 하나 선택
    filters = ";;".join(FILE_FILTERS)
    print("Filters are:", filters)
    print("Initial filter:", initial_filter)

    filenames, selected_filter = QFileDialog.getOpenFileNames(
        self,
        caption=caption,
        directory=initial_dir,
        filter=filters,
        initialFilter=initial_filter,
    )
    print("Result:", filenames, selected_filter)
```

이전 예에서와 같이 파일을 반복하고 로드해 filename에서 파일을 로드할 수 있다. 단일 파일을 선택하는 것은 여전히 가능하며 단일 항목이 있는 리스트를 반환한다. filename을 선택하지 않고 대화상자를 닫으면 파일 이름이 빈 리스트가 된다.

리스트 2-71. basic/dialogs_file_4b.py

```
    for filename in filenames:
        with open(filename, "r") as f:
            file_contents = f.read()
```

파일 저장

파일을 저장하려면 QFileDialog.getSaveFileName()을 사용한다.

리스트 2-72. basic/dialogs_file_4.py

```
def get_save_filename(self):
    caption = ""          # 기본 캡션으로 공란 사용
    initial_dir = ""      # 현재 폴더로 공란 사용
    initial_filter = FILE_FILTERS[2]   # 리스트에시 하나 선택
    filters = ";;".join(FILE_FILTERS)
    print("Filters are:", filters)
    print("Initial filter:", initial_filter)

    filename, selected_filter = QFileDialog.getSaveFileName(
        self,
        caption=caption,
        directory=initial_dir,
        filter=filters,
        initialFilter=initial_filter,
    )
    print("Result:", filename, selected_filter)
```

다시 말하지만 filename 변수를 사용해 표준 파이썬을 사용해 파일에 저장할 수 있다. 파일을 선택하지 않고 대화상자를 닫은 경우 filename 변수는 빈 문자열이 된다. 파일이 존재하는 경우 덮어써지고 기존 내용이 손실된다.

사용자가 파일을 덮어쓸 것인지 항상 확인해야 한다. 아래 예에서는 os.path. exists()를 사용해 파일이 존재하는지 확인한 다음 QMessageBox를 표시해 사용자에게 기존 파일 덮어쓰기를 계속할 것인지 묻는다. 'No'라고 대답하면 파일이 기록되지 않는다. 파일이 존재하지 않거나 사용자가 'Yes'라고 대답하면 파일을 작성한다.

리스트 2-73. basic/dialogs_file_4b.py

```python
import os

    if filename:
        if os.path.exists(filename):
            # 기존 파일의 경우 사용자에게 확인을 요청
            write_confirmed = QMessageBox.question(
                self,
                "Overwrite file?",
                f"The file {filename} exists. Are you sure you want to overwrite it?",
            )
        else:
            # 파일이 존재하지 않으면 항상 확인
            write_confirmed = True

        if write_confirmed:
            with open(filename, "w") as f:
                file_content = "YOUR FILE CONTENT"
                f.write(file_content)
```

 저장 대화상자에서 잘못된 파일을 클릭하는 것과 같이 사용자가 할 수 있는 실수를 항상 고려하고 스스로 저장할 기회를 제공하자.

폴더 선택

기존 폴더를 선택하려면 QFileDialog.getExistingDirectory()를 사용할 수 있다.

```
folder_path = QFileDialog.getExistingDirectory(parent, caption="",
directory="", options=ShowDirsOnly)
```

기본적으로 QFileDialog.getExistingDirectory는 폴더만 표시한다. 전달해 변경할 수 있다.

 대신에 QUrl 객체를 반환하는 원격 파일을 로드하는 데 사용할 수 있는 정적 메서드도 있다. 이들은 QFileDialog.getSaveFileUrl(), QFileDialog.getOpenFileUrls(), QFileDialog.getOpenFileUrl() 및 폴더용 QFileDialog.getExistingDirectoryUrl()이다. 자세한 내용은 Qt 문서를 참조한다.

파일 대화상자가 작동하는 방식을 더 자세히 제어하려면 QFileDialog 인스턴스를 만들고 대신 구성 방법을 사용할 수 있다. 다음은 동일한 파일 대화상자 데모지만 앞의 정적 메서드를 사용하는 대신 QFileDialog 인스턴스를 만들고 대화상자를 시작하기 전에 구성했다.

리스트 2-74. basic/dialogs_file_2.py

```python
import sys

from PyQt6.QtWidgets import (
    QApplication,
    QFileDialog,
    QLineEdit,
    QMainWindow,
    QPushButton,
```

```python
    QVBoxLayout,
    QWidget,
)


FILE_FILTERS = [
    "Portable Network Graphics files (*.png)",
    "Text files (*.txt)",
    "Comma Separated Values (*.csv)",
    "All files (*)",
]


class MainWindow(QMainWindow):
    def __init__(self):
        super().__init__()

        self.setWindowTitle("My App")

        layout = QVBoxLayout()

        button1 = QPushButton("Open file")
        button1.clicked.connect(self.get_filename)
        layout.addWidget(button1)

        button2 = QPushButton("Open files")
        button2.clicked.connect(self.get_filenames)
        layout.addWidget(button2)

        button3 = QPushButton("Save file")
        button3.clicked.connect(self.get_save_filename)
        layout.addWidget(button3)

        button4 = QPushButton("Select folder")
        button4.clicked.connect(self.get_folder)
        layout.addWidget(button4)
```

```python
        container = QWidget()
        container.setLayout(layout)
        self.setCentralWidget(container)

    def get_filename(self):
        caption = "Open file"
        initial_dir = ""     # 현재 폴더에 공란 사용
        initial_filter = FILE_FILTERS[3]   # 리스트에서 하나 선택

        dialog = QFileDialog()
        dialog.setWindowTitle(caption)
        dialog.setDirectory(initial_dir)
        dialog.setNameFilters(FILE_FILTERS)
        dialog.selectNameFilter(initial_filter)
        dialog.setFileMode(QFileDialog.FileMode.ExistingFile)

        ok = dialog.exec()
        print(
            "Result:",
            ok,
            dialog.selectedFiles(),
            dialog.selectedNameFilter(),
        )

    def get_filenames(self):
        caption = "Open files"
        initial_dir = ""     # 현재 폴더에 공란 사용
        initial_filter = FILE_FILTERS[1]   # 리스트에서 하나 선택

        dialog = QFileDialog()
        dialog.setWindowTitle(caption)
        dialog.setDirectory(initial_dir)
        dialog.setNameFilters(FILE_FILTERS)
        dialog.selectNameFilter(initial_filter)
```

```python
        dialog.setFileMode(QFileDialog.FileMode.ExistingFiles)

        ok = dialog.exec()
        print(
            "Result:",
            ok,
            dialog.selectedFiles(),
            dialog.selectedNameFilter(),
        )

    def get_save_filename(self):
        caption = "Save As"
        initial_dir = ""      # 현재 폴더에 공란 사용
        initial_filter = FILE_FILTERS[1]   # 리스트에서 하나 선택

        dialog = QFileDialog()
        dialog.setWindowTitle(caption)
        dialog.setDirectory(initial_dir)
        dialog.setNameFilters(FILE_FILTERS)
        dialog.selectNameFilter(initial_filter)
        dialog.setFileMode(QFileDialog.FileMode.AnyFile)

        ok = dialog.exec()
        print(
            "Result:",
            ok,
            dialog.selectedFiles(),
            dialog.selectedNameFilter(),
        )

    def get_folder(self):
        caption = "Select folder"
        initial_dir = ""      # 현재 폴더에 공란 사용
```

```
        dialog = QFileDialog()
        dialog.setWindowTitle(caption)
        dialog.setDirectory(initial_dir)
        dialog.setFileMode(QFileDialog.FileMode.Directory)

        ok = dialog.exec()
        print(
            "Result:",
            ok,
            dialog.selectedFiles(),
            dialog.selectedNameFilter(),
        )

app = QApplication(sys.argv)

window = MainWindow()
window.show()

app.exec()
```

> 🚀 **Run it!** 실행하면 이전과 같은 버튼이 있는 동일한 대화상자 런처가 표시된다.

이 접근 방식을 사용하면 대화상자 간에 차이가 거의 없음을 알 수 있다. 적절한 모드와 윈도우 제목을 설정하기만 하면 된다. 모든 경우에 하나의 파일만 선택된 경우에도 리스트를 반환하는 dialog.selectedFiles()를 사용해 선택한 파일을 검색한다. 마지막으로 이 접근 방식을 사용하면 ;;을 사용해 필터를 결합하는 대신 dialog.setNameFilters()를 사용해 필터를 문자열 리스트로 전달할 수 있다. 원한다면 이는 여전히 dialog.setNameFilter()를 사용하는 옵션이다.

원하는 접근 방식을 사용할 수 있다. 이전과 마찬가지로 사용자 정의 **QFileDialog** 인스턴스는 훨씬 더 구성 가능하지만(여기서는 표면만 긁었다) 정적 메서드에는 시간을 절약할 수 있는 완벽하게 합리적인 기본값이 있다.

이 모든 방법을 사용하면 애플리케이션에 필요한 모든 대화상자를 만들 수 있다.

 또한 Qt는 프로그레스바(QProgressDialog), 일회성 에러 메시지(QErrorMessage), 색상 선택(QColorDialog), 글꼴 선택(QFontDialog) 및 작업을 통해 사용자를 안내하는 마법사 표시(QWizard)를 위해 덜 일반적으로 사용되는 대화상자를 제공한다. 자세한 내용은 Qt 문서를 참조한다.

사용자 친화적인 대화상자

나쁜 대화상자를 만드는 것은 특히 쉽다. 혼란스러운 옵션으로 사용자를 함정에 빠뜨리는 대화 상자에서 중첩된 끝없는 팝업에 이르기까지 사용자에게 피해를 줄 수 있는 방법은 많다.

나쁜 대화상자의 몇 가지 예

대화 버튼은 시스템 표준에 의해 정의된다. 확인 및 취소 버튼이 맥OS 및 리눅스와 윈도우에서 서로 다른 위치에 있다는 것을 눈치 채지 못했을 수도 있다. 시스템 표준을 따르지 않으면 사용자를 혼란스럽게 만들고 실수를 하게 된다.

 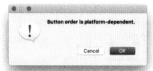 

플랫폼 종속적인 대화상자 버튼 순서

Qt를 사용하면 내장된 **QDialogButtonBox** 컨트롤을 사용할 때 이 일관성을 무료로 얻을 수 있다. 그러나 꼭 사용해야 한다.

에러 대화상자는 사용자를 짜증나게 한다. 에러 대화상자를 표시하면 사용자에게 나쁜 소식을 전하는 것이다. 누군가에게 나쁜 소식을 전할 때 그 소식이 그들에게 미칠 영향을 고려해야 한다.

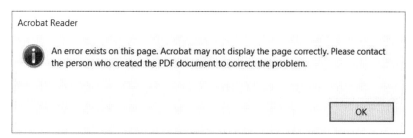

어도비 애크로뱃 리더의 실제 대화상자

아크로뱃 리더 DC의 실제 대화상자가 더 좋다. 에러가 있고 결과가 무엇임지 잠재적인 해결 방법을 설명한다. 그러나 이것은 여전히 완벽하지 않다. 에러는 정보 대화상자로 표시되며 아무것도 잘못됐음을 나타내지 않는다. 에러는 모든 페이지에서 발생하며 문서에 여러 번 나타날 수 있다. 경고 대화상자는 한 번만 발생해야 한다. 에러가 영구적임을 분명히 해 에러를 개선할 수도 있다.

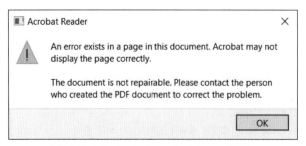

개선된 버전의 어도비 아크로뱃 리더 DC 대화상자

좋은 에러 메시지는 다음을 설명해야 한다.

- 무슨 일이 발생했는가?
- 무엇이 영향을 받는가?
- 그 결과는 무엇인가?
- 그것에 대해 무엇을 할 수 있는가?

할 것은 다음과 같다.

- 시간을 들여 대화상자가 잘 디자인됐는지 확인하자.
- 실제 사용자와 함께 오류 메시지를 테스트하고 피드백에 따라 조치하자.

하지 말 것은 다음과 같다.

- 사용자가 프로그래밍 용어나 오류를 이해할 것이라고 가정하지 말자.

잘못된 대화상자의 몇 가지 예는 다음과 같다.

- 4번의 문제점을 발견했을까? 기본 동작은 파괴적이다.

2.7 윈도우

앞에서 대화상자를 여는 방법을 살펴봤다. 이러한 윈도우는 사용자의 포커스를 잡고 자체 이벤트 루프를 실행해 앱의 나머지 부분을 효과적으로 차단하는 특수 윈도우다.

그러나 예를 들어 오래 실행되는 프로세스의 출력을 표시하거나 그래프 또는 기타 시각화를 표시하고자 기본 윈도우를 차단하지 않고 애플리케이션에서 두 번째 윈도우를 여는 경우가 많다. 또는 한 번에 여러 문서를 자체 윈도우에서 모두 작업할 수 있는 애플리케이션을 만들 수 있다.

PyQt6에서 새 윈도우를 여는 것은 비교적 간단하지만 제대로 작동하게 하고자 몇 가지 고려할 사항이 있다. 이번 연습에서 새 윈도우를 만드는 방법과 요청 시 외부 윈도우를 표시하고 숨기는 방법을 단계별로 설명한다.

새로운 윈도우 생성

PyQt6에서 새 윈도우를 만들려면 부모가 없는 위젯 객체의 새 인스턴스를 만들면 된다. 원한다면 다른 QMainWindow를 포함해 모든 위젯(기술적으로 QWidget의 모든 하위 클래스)이 될 수 있다.

 가질 수 있는 QMainWindow 인스턴스의 수에는 제한이 없으며 두 번째 윈도우에 도구 모음이나 메뉴가 필요한 경우에도 QMainWindow를 사용해야 한다.

기본 윈도우와 마찬가지로 윈도우를 만드는 것만으로는 충분하지 않으며 표시해야 한다.

```python
import sys

from PyQt6.QtWidgets import (
    QApplication,
    QLabel,
    QMainWindow,
    QPushButton,
    QVBoxLayout,
    QWidget,
)

class AnotherWindow(QWidget):
    """
        이 '윈도우'는 QWidget이다. 부모가 없는 경우
        자유롭게 떠있는 윈도우로 나타난다.
    """

    def __init__(self):
        super().__init__()
        layout = QVBoxLayout()
        self.label = QLabel("Another Window")
        layout.addWidget(self.label) self.setLayout(layout)

class MainWindow(QMainWindow):
    def __init__(self):
        super().__init__()
        self.button = QPushButton("Push for Window")
        self.button.clicked.connect(self.show_new_window)
        self.setCentralWidget(self.button)

    def show_new_window(self, checked):
        w = AnotherWindow()
        w.show()
```

```
app = QApplication(sys.argv)

w = MainWindow()
w.show()

app.exec()
```

실행하면 메인 윈도우를 볼 수 있다. 버튼을 클릭하면 두 번째 윈도우가 표시될 수 있지만 표시되는 경우 1초 미만 동안만 표시된다. 무슨 일일까?

```
def show_new_window(self, checked):
    w = AnotherWindow()
    w.show()
```

이 메서드 안에 두 번째 윈도우를 만들고 변수 w에 저장하고 표시한다. 그러나 일단 이 메서드를 벗어나면 w 변수는 파이썬에 의해 정리되고 윈도우가 종료된다. 이 문제를 해결하려면 예를 들어 기본 윈도우 자체 객체에서 윈도우에 대한 참조를 어딘가에 보관해야 한다.

리스트 2-76. basic/windows_1b.py

```
def show_new_window(self, checked):
    self.w = AnotherWindow()
    self.w.show()
```

이제 버튼을 클릭해 새 윈도우를 표시하면 유지된다.

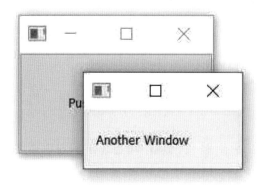

그림 2-64. 두 번째 윈도우는 지속된다.

그러나 버튼을 다시 클릭하면 어떻게 될까? 윈도우가 다시 생성된다. 이 새 윈도우는 self.w 변수의 이전 윈도우를 대체하고 이전 윈도우는 파괴된다. 레이블이 생성될 때마다 레이블에 임의의 숫자를 표시하도록 AnotherWindow 정의를 변경하면 이를 좀 더 명확하게 볼 수 있다.

리스트 2-77. basic/windows_2.py

```python
from random import randint

from PyQt6.QtWidgets import (
    QApplication,
    QLabel,
    QMainWindow,
    QPushButton,
    QVBoxLayout,
    QWidget,
)


class AnotherWindow(QWidget):
```

```
    """
    이 '윈도우'는 QWidget이다. 부모가 없는 경우
    자유롭게 떠있는 윈도우로 나타난다.
    """

    def __init__(self):
        super().__init__()
        layout = QVBoxLayout()
        self.label = QLabel("Another Window % d" % randint(0, 100))
        layout.addWidget(self.label)
        self.setLayout(layout)
```

__init__ 블록은 윈도우를 생성할 때만 실행된다. 버튼을 계속 클릭하면 숫자
가 변경돼 윈도우가 다시 생성되고 있음을 나타낸다.

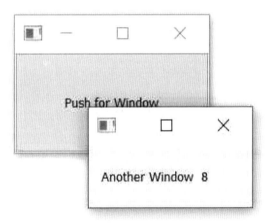

그림 2-65. 버튼을 다시 누르면 숫자가 변경된다.

한 가지 해결책은 윈도우를 만들기 전에 윈도우가 이미 만들어졌는지 여부를 간단히 확인하는 것이다. 다음의 전체 예는 이를 실제로 보여준다.

리스트 2-78. basic/windows_3.py

```python
class MainWindow(QMainWindow):
    def __init__(self):
        super().__init__()
        self.w = None          # 아직 외부 윈도우가 없다.
        self.button = QPushButton("Push for Window")
        self.button.clicked.connect(self.show_new_window)
        self.setCentralWidget(self.button)

    def show_new_window(self, checked):
        if self.w is None:
            self.w = AnotherWindow()
        self.w.show()
```

이 접근 방식은 일시적으로 생성하거나 프로그램의 현재 상태에 따라 변경해야 하는 윈도우에 적합하다(예, 특정 플롯이나 로그 출력을 표시하려는 경우). 그러나 많은 애플리케이션의 경우 요청 시 표시하거나 숨길 수 있는 여러 표준 윈도우가 있다.

다음 부분에서는 이러한 유형의 윈도우로 작업하는 방법을 살펴보자.

윈도우 닫기

이전에 봤듯이 윈도우에 대한 참조가 유지되지 않으면 삭제되고 종료된다. 이 동작을 사용해 윈도우를 닫고 이전 예제의 **show_new_window** 메서드를 다음으로 바꿀 수 있다.

```python
def show_new_window(self, checked):
    if self.w is None:
        self.w = AnotherWindow()
        self.w.show()
    else:
        self.w = None   # 참조를 삭제하고 윈도우 종료
```

self.w를 None(또는 다른 값)으로 설정하면 윈도우에 대한 참조를 잃고 윈도우가 종료된다. 그러나 None이 아닌 다른 값으로 설정하면 첫 번째 테스트는 통과하지 못하고 윈도우를 다시 만들 수 없다.

이 윈도우에 대한 참조를 다른 곳에 보관하지 않은 경우에만 작동한다. 상관없이 이 윈도우를 종료하려면 해당 윈도우에서 .close()를 명시적으로 호출할 수 있다.

리스트 2-80. basic/windows_4b.py

```python
def show_new_window(self, checked):
    if self.w is None:
        self.w = AnotherWindow()
        self.w.show()
    else:
        self.w.close()
        self.w = None       # 참조를 삭제하고 윈도우 종료
```

영구적인 윈도우

지금까지 온디맨드 방식으로 새 윈도우를 만드는 방법을 살펴봤다. 그러나 때로는 여러 표준 애플리케이션 윈도우가 있다. 이 경우 먼저 추가 윈도우를 만

든 다음 .show()를 사용해 필요할 때 표시하는 것이 더 합리적일 수 있다.

다음 예제에서는 기본 윈도우의 __init__ 블록에 외부 윈도우를 만들고 show_new_window 메서드는 단순히 self.w.show()를 호출해 표시한다.

리스트 2-81. basic/windows_5.py

```python
import sys
from random import randint

from PyQt6.QtWidgets import (
    QApplication,
    QLabel,
    QMainWindow,
    QPushButton,
    QVBoxLayout,
    QWidget,
)


class AnotherWindow(QWidget):
    """
    이 '윈도우'는 QWidget이다. 부모가 없는 경우
    자유롭게 떠있는 윈도우로 나타난다.
    """

    def __init__(self):
        super().__init__()
        layout = QVBoxLayout()
        self.label = QLabel("Another Window % d" % randint(0, 100))
        layout.addWidget(self.label)
        self.setLayout(layout)


class MainWindow(QMainWindow):
    def __init__(self):
```

```
    super().__init__()
    self.w = AnotherWindow()
    self.button = QPushButton("Push for Window")
    self.button.clicked.connect(self.show_new_window)
    self.setCentralWidget(self.button)

def show_new_window(self, checked):
    self.w.show()

app = QApplication(sys.argv)

w = MainWindow()
w.show()

app.exec()
```

실행해서 버튼을 클릭하면 이전과 같은 윈도우가 나타난다. 윈도우는 한 번만 생성되며 이미 표시된 윈도우에서 .show()를 호출해도 아무런 효과가 없다.

윈도우 보이기와 감추기

영구적 윈도우를 만든 후에는 다시 만들지 않고 표시하거나 숨길 수 있다. 숨겨진 윈도우는 여전히 존재하지만 표시되지 않으며 마우스나 기타 입력을 허용한다. 그러나 계속해서 윈도우에서 메서드를 호출하고 모양 변경을 포함해 상태를 업데이트할 수 있다. 다시 표시되면 변경 사항이 보인다.

다음 코드에서는 .isVisible()을 사용해 윈도우가 현재 표시되는지 확인하는 toggle_window 메서드를 만들고자 기본 윈도우를 업데이트한다. 그렇지 않은 경우 .show()를 사용해 표시하고 이미 표시돼 있으면 .hide()로 숨긴다.

```
class MainWindow(QMainWindow):

    def __init__(self):
        super().__init__()
        self.w = AnotherWindow()
        self.button = QPushButton("Push for Window")
        self.button.clicked.connect(self.toggle_window)
        self.setCentralWidget(self.button)

    def toggle_window(self, checked):
        if self.w.isVisible():
            self.w.hide()

        else:
            self.w.show()
```

이 영구적인 윈도우의 전체 작업 예와 표시/숨기기 상태 전환이 다음 코드에
나와 있다.

리스트 2-82. basic/windows_6.py

```
import sys
from random import randint

from PyQt6.QtWidgets import (
    QApplication,
    QLabel,
    QMainWindow,
    QPushButton,
    QVBoxLayout,
    QWidget,
)
```

```python
class AnotherWindow(QWidget):
    """
    이 '윈도우'는 QWidget이다. 부모가 없는 경우
    자유롭게 떠있는 윈도우로 나타난다.
    """

    def __init__(self):
        super().__init__()
        layout = QVBoxLayout()
        self.label = QLabel("Another Window % d" % randint(0, 100))
        layout.addWidget(self.label)
        self.setLayout(layout)

class MainWindow(QMainWindow):
    def __init__(self):
        super().__init__()
        self.w = AnotherWindow()
        self.button = QPushButton("Push for Window")
        self.button.clicked.connect(self.toggle_window)
        self.setCentralWidget(self.button)

    def toggle_window(self, checked):
        if self.w.isVisible():
            self.w.hide()

        else:
            self.w.show()

app = QApplication(sys.argv)

w = MainWindow()
w.show()

app.exec()
```

다시 말하지만 윈도우는 한 번만 생성된다. 윈도우의 __init__ 블록은 윈도우가 다시 표시될 때마다 다시 실행되지 않는다(따라서 레이블의 숫자는 변경되지 않음).

윈도우 간 시그널 연결

시그널 부분에서 시그널과 슬롯을 사용해서 위젯을 직접 연결하는 방법을 봤다. 우리에게 필요한 것은 대상 위젯이 생성되고 변수를 통해 이에 대한 참조를 갖는 것뿐이다. 윈도우를 통해 시그널을 연결할 때도 동일한 원칙이 적용된다. 한 윈도우의 시그널을 다른 윈도우 슬롯에 연결할 수 있으며 슬롯에 액세스할 수만 있으면 된다.

다음 예에서 메인 윈도우의 텍스트 입력을 하위 윈도우의 QLabel에 연결한다.

리스트 2-83. basic/windows_7.py

```python
import sys
from random import randint

from PyQt6.QtWidgets import (
    QApplication,
    QLabel,
    QMainWindow,
    QPushButton,
    QVBoxLayout,
    QWidget,
    QLineEdit
)

class AnotherWindow(QWidget):
    """
        이 '윈도우'는 QWidget이다. 부모가 없는 경우
```

자유롭게 떠있는 윈도우로 나타난다.
```
    """

    def __init__(self):
        super().__init__()
        layout = QVBoxLayout()
        self.label = QLabel("Another Window") ❷
        layout.addWidget(self.label) self.setLayout(layout)


class MainWindow(QMainWindow):
    def __init__(self):
        super().__init__()
        self.w = AnotherWindow()
        self.button = QPushButton("Push for Window")
        self.button.clicked.connect(self.toggle_window)

        self.input = QLineEdit()
        self.input.textChanged.connect(self.w.label.setText) ❶

        layout = QVBoxLayout() layout.addWidget(self.button)
        layout.addWidget(self.input)
        container = QWidget()
        container.setLayout(layout)
        self.setCentralWidget(container)

    def toggle_window(self, checked):
        if self.w.isVisible():
            self.w.hide()

        else:
            self.w.show()

app = QApplication(sys.argv)
```

```
w = MainWindow()
w.show()

app.exec()
```

❶ AnotherWindow 윈도우 객체는 변수 self.w를 통해 사용할 수 있다. self.w.
  label을 통한 QLabel과 self.w.label.setText에 의한 .setText 슬롯이다.

❷ QLabel을 생성할 때 self에 대한 참조를 self.label로 저장하므로 객체에서
  외부적으로 액세스할 수 있다.

> 🚩 **Run it!** 실행하고 상단 상자에 텍스트를 입력하면 레이블에 즉시 나타나는 것을 볼
> 수 있다. 텍스트는 윈도우가 숨겨져 있는 동안에도 업데이트된다. 위젯의 상태 업데이트는
> 표시 여부에 의존하지 않는다.

물론 한 윈도우의 시그널을 다른 윈도우의 사용자 정의 메서드에 자유롭게
연결할 수도 있다. 액세스할 수 있는 한 시그널로 연결할 수 있다. 구성 요소를
가져오기 쉽고 서로 액세스할 수 있는지 확인하는 것은 논리적인 프로젝트
구조를 구축하는 좋은 동기가 된다. 모든 것을 교차로 가져오는 것을 피하고자
메인 윈도우/모듈 중앙에 구성 요소를 연결하는 것이 좋다.

2.8 이벤트

사용자가 Qt 애플리케이션과 갖는 모든 상호작용은 이벤트다. 다양한 유형의 이
벤트가 있으며 각각은 서로 다른 유형의 상호작용을 나타낸다. Qt는 일어난 일에
대한 정보를 패키지화하는 이벤트 객체를 사용해 이러한 이벤트를 나타낸다. 이

러한 이벤트는 상호작용이 발생한 위젯의 특정 이벤트 핸들러로 전달된다.

사용자 정의 이벤트 핸들러를 정의해 위젯이 이러한 이벤트에 응답하는 방식을 변경할 수 있다. 이벤트 핸들러는 다른 메서드와 마찬가지로 정의되지만 이름은 핸들러가 처리하는 이벤트 유형에 따라 다르다.

위젯이 수신하는 주요 이벤트 중 하나는 QMouseEvent다. QMouseEvent 이벤트는 위젯의 모든 마우스 움직임과 버튼 클릭에 대해 생성된다. 다음 이벤트 핸들러는 마우스 이벤트를 처리하는 데 사용할 수 있다.

이벤트 핸들러	이벤트 타입
mouseMoveEvent	마우스 이동
mousePressEvent	마우스 버튼 눌림
mouseReleaseEvent	마우스 버튼 (눌렀다) 놓기
mouseDoubleClickEvent	더블클릭 감지

예를 들어 위젯을 클릭하면 QMouseEvent가 해당 위젯의 .mousePressEvent 이벤트 핸들러로 전송된다. 이 핸들러는 이벤트 객체를 사용해 이벤트를 트리거한 항목 및 발생한 특정 위치와 같은 발생한 상황에 대한 정보를 찾을 수 있다.

클래스의 핸들러 메서드를 서브클래싱하고 재정의해 이벤트를 가로챌 수 있다. 이벤트를 필터링, 수정 또는 무시하게 선택할 수 있으며 super()로 상위 클래스 함수를 호출해 이벤트에 대한 일반 핸들러로 이벤트를 전달할 수 있다. 다음 예와 같이 기본 윈도우 클래스에 추가할 수 있다. 각각의 경우 인자 e는 들어오는 이벤트를 받는다.

리스트 2-84. basic/events_1.py

```python
import sys

from PyQt6.QtCore import Qt
from PyQt6.QtWidgets import (
    QApplication,
    QLabel,
    QMainWindow,
    QTextEdit,
)


class MainWindow(QMainWindow):
    def __init__(self):
        super().__init__()
        self.label = QLabel("Click in this window")
        self.setCentralWidget(self.label)

    def mouseMoveEvent(self, e):
        self.label.setText("mouseMoveEvent")

    def mousePressEvent(self, e):
        self.label.setText("mousePressEvent")
    def mouseReleaseEvent(self, e):
        self.label.setText("mouseReleaseEvent")

    def mouseDoubleClickEvent(self, e):
        self.label.setText("mouseDoubleClickEvent")


app = QApplication(sys.argv)

window = MainWindow()
window.show()

app.exec()
```

> 🚀 **Run it!** 실행하면 윈도우에서 이동 및 클릭(및 더블클릭)을 시도하고 이벤트가 나타나는지 확인한다.

마우스 이동 이벤트는 버튼을 눌렀을 때만 등록된다는 것을 알 수 있다. 윈도우에서 self.setMouseTracking(True)를 호출해 이를 변경할 수 있다. 또한 버튼을 눌렀을 때 누르기(클릭) 및 두 번 클릭 이벤트가 모두 발생하는 것을 알 수 있다. 버튼을 놓을 때만 릴리스 이벤트가 발생한다. 일반적으로 사용자의 클릭을 등록하려면 마우스 다운과 릴리스를 모두 관찰해야 한다.

이벤트 핸들러 내에서 이벤트 객체에 액세스할 수 있다. 이 객체는 이벤트에 대한 정보를 포함하며 정확히 발생한 상황에 따라 다르게 응답하는 데 사용할 수 있다. 다음으로 마우스 이벤트 객체를 살펴보자.

마우스 이벤트

Qt의 모든 마우스 이벤트는 QMouseEvent 객체로 추적되며 다음 이벤트 메서드에서 읽을 수 있는 이벤트에 대한 정보를 읽을 수 있다.

메서드	반환값
.button()	이 이벤트를 트리거한 특정 버튼
.buttons()	모든 마우스버튼의 상태(OR 플래그)
.position()	QPoint 정수로서의 위젯 상대적 위치

이벤트 핸들러 내에서 이러한 메서드를 사용해 다른 이벤트에 다르게 응답하거나 완전히 무시할 수 있다. .position() 메서드는 위젯 관련 위치 정보를 QPoint 객체로 제공하는 반면 버튼은 Qt 네임스페이스의 마우스 버튼 유형을

사용해 보고된다. 예를 들어 다음은 윈도우에서 왼쪽, 오른쪽 또는 가운데 클릭에 다르게 응답할 수 있게 한다.

리스트 2-85. basic/events_2.py

```python
    def mousePressEvent(self, e):
        if e.button() == Qt.MouseButton.LeftButton:
            # 왼쪽 버튼 눌림을 처리
            self.label.setText("mousePressEvent LEFT")

        elif e.button() == Qt.MouseButton.MiddleButton:
            # 중간 버튼 눌림을 처리
            self.label.setText("mousePressEvent MIDDLE")

        elif e.button() == Qt.MouseButton.RightButton:
            # 오른쪽 버튼 눌림을 처리
            self.label.setText("mousePressEvent RIGHT")

    def mouseReleaseEvent(self, e):
        if e.button() == Qt.MouseButton.LeftButton:
            self.label.setText("mouseReleaseEvent LEFT")

        elif e.button() == Qt.MouseButton.MiddleButton:
            self.label.setText("mouseReleaseEvent MIDDLE")

        elif e.button() == Qt.MouseButton.RightButton:
            self.label.setText("mouseReleaseEvent RIGHT")

    def mouseDoubleClickEvent(self, e):
        if e.button() == Qt.MouseButton.LeftButton:
            self.label.setText("mouseDoubleClickEvent LEFT")

        elif e.button() == Qt.MouseButton.MiddleButton:
            self.label.setText("mouseDoubleClickEvent MIDDLE")
```

208

```
    elif e.button() == Qt.MouseButton.RightButton:
        self.label.setText("mouseDoubleClickEvent RIGHT")
```

버튼 식별자는 다음과 같이 Qt 네임스페이스에 정의된다.

식별자	값(binary)	대표
Qt.MouseButtons.NoButton	0(000)	버튼을 누르지 않았거나 이벤트가 버튼 누르기와 관련이 없다.
Qt.MouseButtons.LeftButton	1(001)	왼쪽 버튼 누름
Qt.MouseButtons.RightButton	2(010)	오른쪽 버튼 누름
Qt.MouseButtons.MiddleButton	4(100)	중간 버튼 누름

 오른손잡이 마우스에서는 왼쪽 및 오른쪽 버튼 위치가 반대다. 즉, 가장 오른쪽 버튼을 누르면 Qt.MouseButtons.LeftButton이 반환된다. 즉, 코드에서 마우스 방향을 고려할 필요가 없다.

 모든 것이 어떻게 작동하는지 자세히 알아보려면 나중에 Enums & Qt Namespace를 확인한다.

컨텍스트 메뉴

상황에 맞는 메뉴는 일반적으로 윈도우에서 마우스 오른쪽 버튼을 클릭할 때 나타나는 작은 상황에 맞는 메뉴다. Qt는 이러한 메뉴 생성을 지원하며 위젯에는 이를 트리거하는 데 사용되는 특정 이벤트가 있다. 다음 예에서 QMainWindow의 .contextMenuEvent를 가로챌 것이다. 이 이벤트는 컨텍스트 메뉴가 표시되려고 할 때마다 시작되며 QContextMenuEvent 유형의 단일 값 이벤트가 전달된다.

이벤트를 가로채고자 객체 메서드를 같은 이름의 새 메서드로 재정의하면 된다. 따라서 이 경우 MainWindow 하위 클래스에 contextMenuEvent라는 이름의 메서드를 만들 수 있으며 이 메서드는 이 유형의 모든 이벤트를 수신한다.

리스트 2-86. basic/events_3.py

```python
import sys

from PyQt6.QtCore import Qt
from PyQt6.QtGui import QAction
from PyQt6.QtWidgets import (
    QApplication,
    QLabel,
    QMainWindow,
    QMenu,
)

class MainWindow(QMainWindow):
    def __init__(self):
        super().__init__()

    def contextMenuEvent(self, e):
        context = QMenu(self)
        context.addAction(QAction("test 1", self))
        context.addAction(QAction("test 2", self))
        context.addAction(QAction("test 3", self))
        context.exec(e.globalPos())

app = QApplication(sys.argv)

window = MainWindow()
window.show()

app.exec()
```

위의 코드를 실행하고 윈도우 내에서 마우스 오른쪽 버튼을 클릭하면 컨텍스트 메뉴가 나타난다. 일반적으로 메뉴 작업에 **.triggered** 슬롯을 설정할 수 있다(그리고 메뉴 및 도구 모음에 대해 정의된 작업을 재사용).

> **ℹ** exec 함수에 초기 위치를 전달할 때 이 위치는 정의하는 동안 전달된 부모 위치에 상대적이어야 한다. 이 경우 부모로 self를 전달하므로 전역 위치를 사용할 수 있다.

완결성을 위해 실제로 상황에 맞는 메뉴를 만드는 시그널 기반 접근 방식이 있다.

리스트 2-87. basic/events_4.py

```python
class MainWindow(QMainWindow):
    def __init__(self):
        super().__init__()

        self.show()
        self.setContextMenuPolicy(
            Qt.ContextMenuPolicy.CustomContextMenu
        )
        self.customContextMenuRequested.connect(self.on_context_menu)

    def on_context_menu(self, pos):
        context = QMenu(self)
        context.addAction(QAction("test 1", self))
        context.addAction(QAction("test 2", self))
        context.addAction(QAction("test 3", self))
        context.exec(self.mapToGlobal(pos))
```

선택은 전적으로 여러분에게 달려 있다.

이벤트 계층 구조

PyQt6에서 모든 위젯은 파이썬 객체 계층과 Qt 레이아웃 계층이라는 두 가지 고유한 계층의 일부다. 이벤트에 응답하거나 무시하는 방법은 UI가 작동하는 방식에 영향을 줄 수 있다.

파이썬 상속 포워딩

종종 이벤트를 가로채서 무언가를 하고 싶지만 여전히 기본 이벤트 처리 동작을 트리거하고 싶을 수 있다. 객체가 표준 위젯에서 상속된 경우 기본적으로 합리적인 동작이 구현될 수 있다. super()를 사용해 상위 구현을 호출해 이를 트리거할 수 있다.

 이것은 PyQt6 .parent()가 아니라 파이썬 부모 클래스다.

```python
def mousePressEvent(self, event):
    print("Mouse pressed!")
    super(self, MainWindow).contextMenuEvent(event)
```

이벤트는 계속해서 정상적으로 작동하지만 일부 비간섭 동작을 추가했다.

레이아웃 포워딩

애플리케이션에 위젯을 추가하면 레이아웃에서 다른 상위 위젯도 가져온다. 위젯의 부모는 .parent()를 호출해 찾을 수 있다. QMenu 또는 QDialog와 같이 이러한 부모를 수동으로 지정하는 경우도 있다. 예를 들어 기본 윈도우에 위젯을 추가하면 기본 윈도우가 위젯의 부모가 된다.

UI와의 사용자 상호작용을 위해 이벤트가 생성되면 이러한 이벤트는 UI의 최상위 위젯으로 전달된다. 따라서 윈도우 버튼을 클릭하면 버튼이 윈도우 전에 먼저 이벤트를 수신한다. 첫 번째 위젯이 이벤트를 처리할 수 없거나 이벤트를 처리하지 않기로 선택한 경우 이벤트가 상위 위젯으로 버블업된다. 이 버블링은 이벤트가 처리되거나 기본 윈도우에 도달할 때까지 중첩된 위젯까지 계속 된다.

자체 이벤트 핸들러에서 .accept()를 호출해 이벤트를 처리된 것으로 표시하도록 선택할 수 있다.

```
class CustomButton(Qbutton)
  def mousePressEvent(self, e):
    e.accept()
```

또는 이벤트 객체에서 .ignore()를 호출해 처리되지 않은 것으로 표시할 수 있다. 이 경우 이벤트는 계층 구조를 계속 버블링한다.

```
class CustomButton(Qbutton)
  def event(self, e):
    e.ignore()
```

위젯이 이벤트에 투명하게 표시하려면 실제로 응답한 이벤트를 안전하게 무시할 수 있다. 마찬가지로 응답하지 않는 이벤트를 허용하지 않도록 선택할 수 있다.

> **ⓘ** .ignore()를 호출하면 이벤트가 완전히 무시될 것이라고 예상할 수 있기 때문에 이는 잠재적으로 혼란스럽다. 이는 사실이 아니다. 이 위젯에 대해서만 이벤트를 무시한다.

3

Qt 디자이너

지금까지 파이썬 코드를 사용해 앱을 만들었다. 이는 많은 경우에 훌륭하게 작동하지만 애플리케이션이 더 커지거나 인터페이스가 더 복잡해짐에 따라 모든 위젯을 프로그래밍 방식으로 정의하는 것이 약간 번거로울 수 있다.

좋은 소식은 Qt가 드래그앤드롭 방식의 UI 편집기를 포함하는 그래픽 편집기인 Qt 디자이너를 함께 제공한다는 것이다. Qt 디자이너를 사용해 UI를 시각적으로 정의한 다음 나중에 애플리케이션 로직을 간단히 연결할 수 있다.

3장에서는 Qt 디자이너로 UI를 만드는 기본 사항을 다룬다. 원칙, 레이아웃, 위젯이 동일하므로 이미 배운 모든 것을 적용할 수 있다. 나중에 애플리케이션 로직을 연결하려면 파이썬 API에 대한 지식도 필요하다.

3.1 Qt 디자이너 설치

Qt 디자이너는 Qt 다운로드 페이지 https://www.qt.io/download-qt-installer 에서 Qt용 설치 패키지를 사용할 수 있다. 다음의 플랫폼별 지침에 따라 시스템에 적합한 설치 프로그램을 다운로드하고 실행하자. Qt 디자이너를 설치해도 PyQt6 설치에는 영향을 주지 않는다.

Qt 크리에이터와 Qt 디자이너

Qt 크리에이터(Creator)에 대한 언급도 볼 수 있다. Qt 크리에이터는 Qt 프로젝트를 위한 완전한 IDE이며, Qt 디자이너(Designer)는 UI 디자인 구성 요소다. Qt 디자이너는 Qt 크리에이터 내에서 사용할 수 있으므로 파이썬 프로젝트에 부가가치를 제공하지는 않지만 원한다면 대신 설치할 수 있다.

윈도우

Qt 디자이너는 윈도우 Qt 설치 프로그램에 언급돼 있지 않지만 Qt 핵심 라이브러리의 모든 버전을 설치할 때 자동으로 설치된다. 예를 들어 다음 스크린샷에서는 MSVC 2017 64비트 버전의 Qt를 설치하도록 선택했다. 선택한 항목은 디자이너 설치에 영향을 주지 않는다.

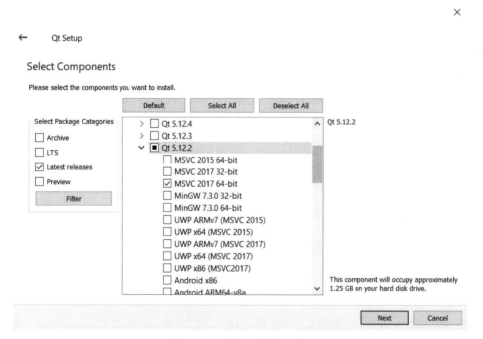

그림 3-1. Qt 및 Qt 디자이너 설치

Qt 크리에이터를 설치하려면 'Developer and Designer Tools' 아래 리스트에 있다. 오히려 혼란스럽게도 Qt 디자이너는 여기에 없다.

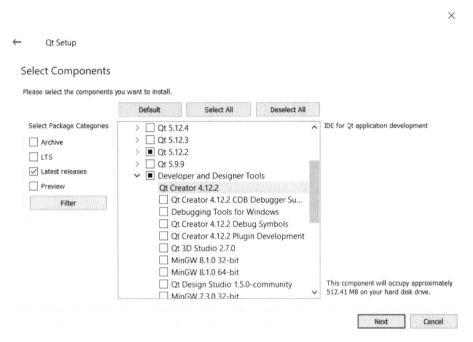

그림 3-2. Qt 크리에이터 컴포넌트 설치

맥OS

Qt 디자이너는 맥OS Qt 설치 프로그램에 언급돼 있지 않지만 Qt 핵심 라이브러리의 모든 버전을 설치할 때 자동으로 설치된다. Qt 웹 사이트에서 설치 프로그램을 다운로드하자. 오픈소스 버전을 선택할 수 있다.

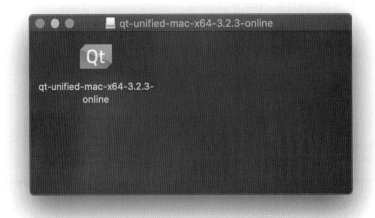

그림 3-3. 다운로드된 .dmg에서 설치 파일을 찾을 수 있다.

설치 프로그램을 열어 설치를 시작한다. 설치할 구성 요소를 선택하라는 메시
지가 표시되는 곳으로 이동한다. 최신 버전의 Qt에서 맥OS 패키지를 선택한다.

그림 3-4. 최신 버전의 맥OS 패키지만 필요하다.

설치가 완료되면 Qt를 설치한 폴더를 연다. 디자이너 런처는 <version>/clang_64/bin에 있다. Qt 크리에이터가 Qt 설치 폴더의 루트에도 설치돼 있음을 알 수 있다.

그림 3-5. <version>/clang_64/bin 폴더아래 Designer 런처가 있다.

디자이너가 있는 위치에서 디자이너를 실행하거나 맥OS 런치 패드에서 실행할 수 있도록 애플리케이션 폴더로 이동할 수 있다.

리눅스(우분투, 데비안)

패키지 관리자를 사용해 Qt 디자이너를 설치할 수 있다. 배포판과 버전에 따라 Qt5 디자이너 또는 Qt6 디자이너를 사용할 수 있다. 둘 중 하나를 사용해 PyQt6용 UI 디자인을 개발할 수 있다.

Qt5 디자이너 설치는 다음과 같다.

```
sudo apt-get install qttools5-dev-tools
```

혹은 Qt6 디자이너 설치는 다음과 같다.

```
sudo apt-get install designer-qt6
```

설치가 완료되면 런처에서 Qt 디자이너를 사용할 수 있다.

그림 3-6. 우분투 런처에서 Qt 디자이너

3.2 Qt 디자이너 시작

여기에서는 Qt 디자이너를 사용해 UI를 설계하고 PyQt6 애플리케이션에서 사용할 UI를 내보내는 방법을 간략히 살펴본다. 여기서는 Qt 디자이너로 수행할 수 있는 작업의 기본 연습만 하지만 기본 사항을 숙지한 후에는 자유롭게 실험을 더 해보자.

Qt 디자이너를 열면 메인 윈도우가 나타난다. 디자이너는 왼쪽에 있는 탭을 통해 사용할 수 있다. 그러나 이것을 활성화하려면 먼저 .ui 파일 생성을 해야 한다.

Qt 디자이너

Qt 디자이너는 'New Form' 대화상자와 함께 시작한다. 여기에서 빌드할 인터페이스 유형을 선택할 수 있다. 이는 인터페이스를 빌드할 기본 위젯을 결정한다. 애플리케이션을 시작하는 경우 일반적으로 'Main Window'가 올바른 선택이다. 그러나 대화상자 및 사용자 정의 복합 위젯에 대한 .ui 파일을 생성할 수도 있다.

 대부분의 UI가 다양한 입력 상자가 있는 종이 양식과 유사하기 때문에 Form은 UI 레이아웃에 부여된 기술적인 이름이다.

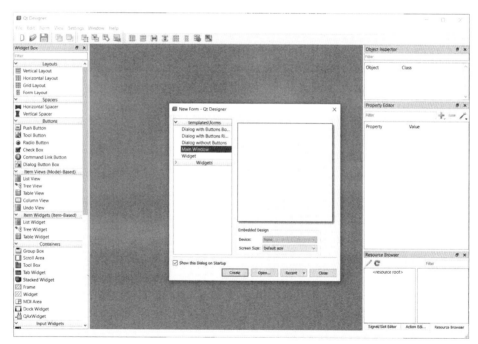

그림 3-7. Qt 디자이너 인터페이스

Create 버튼을 클릭하고 하나의 빈 위젯이 있는 새 UI를 만든다. 이제 앱 디자인을 시작할 준비가 됐다.

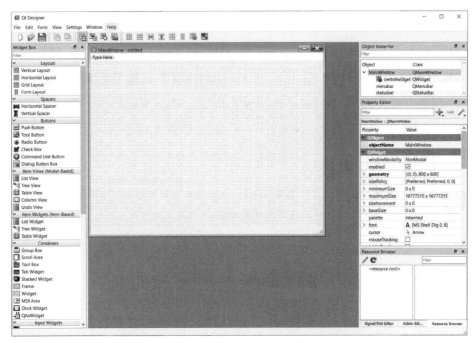

그림 3-8. 빈 QMainWindow 위젯이 있는 Qt 디자이너 편집기 인터페이스.

Qt 크리에이터

Qt 크리에이터를 설치했다면 인터페이스와 프로세스가 약간 다르다. 왼쪽에
는 애플리케이션의 다양한 구성 요소 중에서 선택할 수 있는 탭과 같은 인터페
이스가 있다. 그중 하나가 메인 패널에 Qt 디자이너를 보여주는 디자인이다.

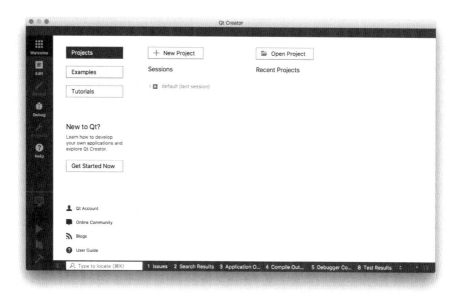

그림 3-9. 왼쪽에서 디자인 섹션이 선택된 Qt 크리에이터 인터페이스.
Qt 디자이너 인터페이스는 중첩된 디자이너와 동일하다.

 Qt 디자이너의 모든 기능은 Qt 크리에이터에서 사용할 수 있지만 사용자 인터페이스의 일부는 다르다.

.ui 파일을 생성하려면 File ▶ New File or Project...로 이동한다. 나타나는 윈도우에서 왼쪽의 'File and Classes' 아래의 Qt를 선택한 다음 오른쪽에서 Qt Designer Form을 선택한다. 아이콘에 생성 중인 파일 유형을 나타내는 "ui"가 있음을 알 수 있다.

그림 3-10. 새로운 Qt .ui 파일 생성

다음 단계에서는 만들고자 하는 UI 유형을 묻는 메시지가 표시된다. 대부분 애플리케이션의 경우 기본 윈도우가 올바른 선택이다. 그러나 다른 대화상자에 대한 .ui 파일을 생성하거나 QWidget('위젯'으로 나열됨)을 사용해 사용자 정의 위젯을 빌드할 수도 있다.

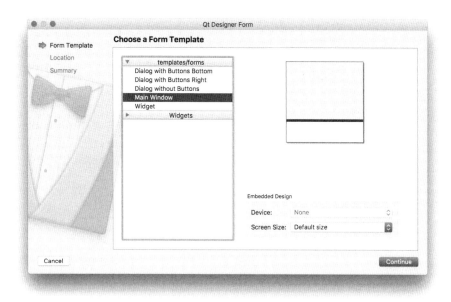

그림 3-11. 생성할 위젯 유형을 선택한다. 대부분의 애플리케이션에서 이것은 기본 윈도우다.

다음으로 파일 이름을 선택하고 파일의 폴더를 저장한다. .ui 파일을 생성할 클래스와 동일한 이름으로 저장해 후속 명령을 더 간단하게 만든다.

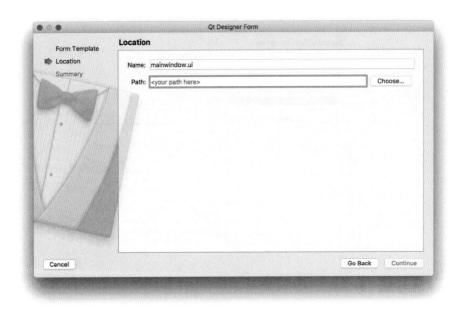

그림 3-12. 파일 이름을 저장하고 폴더를 선택한다.

마지막으로 버전 관리 시스템을 사용하는 경우 파일을 추가하도록 선택할 수 있다. 이 단계를 건너뛰어도 UI에 영향을 주지 않는다.

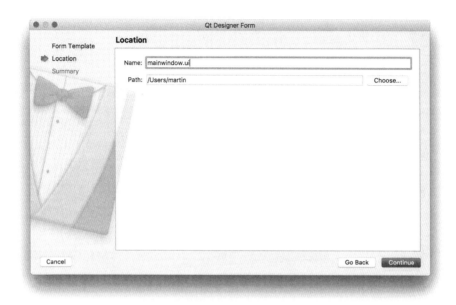

그림 3-13. 깃(Git)과 같은 버전 관리 시스템에 파일을 추가할 수도 있다.

메인 윈도우 레이아웃

UI 디자이너에서 새로 만든 기본 윈도우가 표시된다. 처음에는 볼 것이 많지 않고 윈도우 메뉴 막대의 시작 부분과 함께 윈도우를 나타내는 회색 작업 영역만 있다.

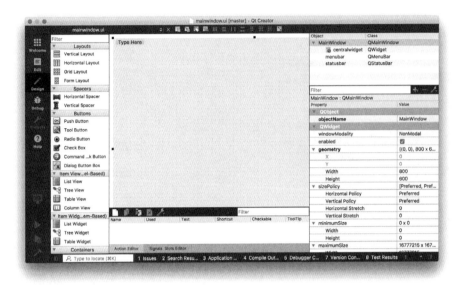

그림 3-14. 메인 윈도우의 초기 화면

윈도우를 클릭하고 각 모서리에 있는 파란색 핸들을 끌어 윈도우 크기를 조정
할 수 있다.

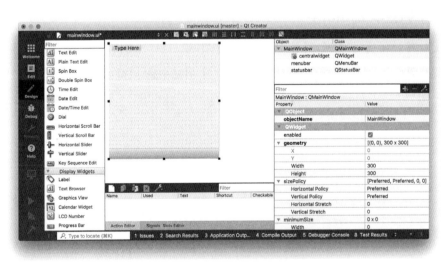

그림 3-15. 기본 윈도우 크기가 300 × 300 픽셀로 조정

애플리케이션을 빌드하는 첫 번째 단계는 윈도우에 몇 가지 위젯을 추가하는 것이다. 첫 번째 애플리케이션에서 QMainWindow 중앙에 위젯을 설정하려면 .setCentralWidget()을 사용해야 한다는 것을 배웠다. 또한 레이아웃에 여러 위젯을 추가하려면 윈도우에 직접 추가하는 대신 레이아웃을 적용할 중간 QWidget이 필요하다는 것도 알았다.

Qt 디자이너는 특별히 명확하지는 않지만 자동으로 이를 처리한다.

레이아웃이 있는 기본 윈도우에 여러 위젯을 추가하려면 먼저 위젯을 QMainWindow로 드래그한다. 여기에서 QLabel과 QPushButton을 드래그했다. 어디에 놓아도 상관없다.

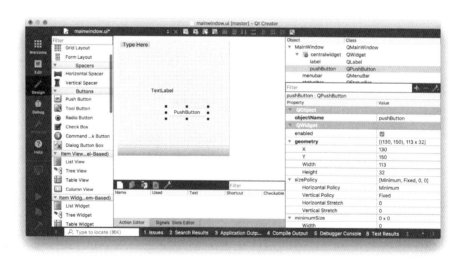

그림 3-16. 메인 윈도우에 레이블과 버튼을 하나씩 추가

윈도우로 드래그해 2개의 위젯을 생성하고 해당 윈도우의 자식으로 만들었다. 이제 레이아웃을 적용할 수 있다.

오른쪽 패널에서 QMainWindow를 찾는다(맨 위에 있어야 함). 그 아래에는 윈도우 중앙 위젯을 나타내는 centralwidget이 있다. 중앙 위젯의 아이콘은 적용된 현재 레이아웃을 보여준다. 처음에는 활성화된 레이아웃이 없음을 나타내는 빨간색 십자형 원이 있다. QMainWindow 객체를 마우스 오른쪽 버튼으로 클릭하고 결과 드롭다운 메뉴에서 'Lay out'을 찾는다.

그림 3-17. 메인 윈도우에서 오른쪽 클릭하고 레이아웃 선택

다음으로 윈도우에 적용할 수 있는 레이아웃 리스트가 표시된다. 'Lay Out Horizontally'를 선택하면 위젯에 레이아웃이 적용된다.

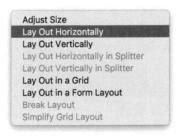

그림 3-18. 메인 윈도우에 선택된 레이아웃 적용

선택한 레이아웃이 QMainWindow의 중앙 위젯에 적용되고 위젯이 레이아웃에 추가돼 레이아웃이 제자리에 배치된다.

레이아웃 내에서 위젯을 끌어서 재정렬할 수 있다. 그러면 레이아웃 제약 조건에 따라 위젯이 전환되고 이동할 수 있다. 완전히 다른 레이아웃을 선택할 수도 있다. 프로토타입을 만들고 아이디어를 시도하는 데 편리하다.

위젯 없이 레이아웃을 추가하려고 하지 말자. 레이아웃 크기가 0으로 축소돼 선택할 수 없다.

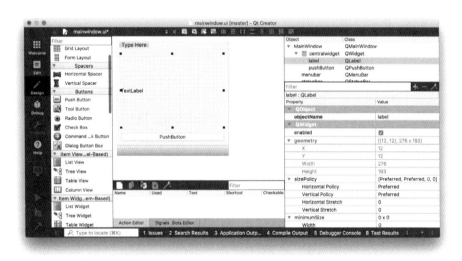

그림 3-19. 메인윈도우 위젯에 수직 레이아웃 적용

Qt 디자이너에서 매우 간단한 UI를 만들었다. 다음 단계는 이 UI를 파이썬 코드로 가져와 작동하는 애플리케이션을 구성하는 데 사용하는 것이다.

먼저 .ui 파일을 저장한다. 기본적으로 파일을 만들 때 선택한 위치에 저장되지만 원하는 경우 다른 위치를 선택할 수도 있다. .ui 파일은 XML 형식이다. 파이썬에서 UI를 사용하려면 파이썬에서 직접 로드하거나 먼저 pyuic6 도구를 사용해 .py 파일로 변환할 수 있다.

파이썬에 .ui 파일 로딩

.ui 파일을 로드하고자 PyQt5에 포함된 uic 모듈, 특히 uic.loadUI() 메서드를 사용할 수 있다. UI 파일의 이름을 가져와서 로드해 완전한 기능을 갖춘 PyQt5 객체를 생성한다.

리스트 3-1. designer/example_1.py

```python
import os
import sys

from PyQt6 import QtWidgets, uic

basedir = os.path.dirname(__file__)

app = QtWidgets.QApplication(sys.argv)

window = uic.loadUi(os.path.join(basedir, "mainwindow.ui"))
window.show()

app.exec()
```

기존 위젯(예, QMainWindow)의 __init__ 블록에서 UI를 로드하려면 uic.loadUI (filename, self)를 사용할 수 있다.

리스트 3-2. designer/example_2.py

```python
import os
import sys

from PyQt6 import QtCore, QtGui, QtWidgets, uic

basedir = os.path.dirname(__file__)
```

```
class MainWindow(QtWidgets.QMainWindow):
    def __init__(self, *args, **kwargs):
        super().__init__(*args, **kwargs)
        uic.loadUi(os.path.join(basedir, "mainwindow.ui"), self)


app = QtWidgets.QApplication(sys.argv)


window = MainWindow()
window.show()


app.exec()
```

파이썬 코드로 .ui 파일 변환

파이썬 출력 파일을 생성하고자 PyQt6 커맨드라인 유틸리티 pyuic6를 사용할 수 있다. -o 매개변수를 사용해 .ui 파일의 이름과 출력 대상 파일을 전달해 이를 실행한다. 다음은 생성된 UI를 포함하는 MainWindow.py라는 파이썬 파일을 생성한다. 파일 이름에 카멜 표기법^{Camel Case}을 사용해 PyQt6 클래스 파일임을 상기시킨다.

```
pyuic6 mainwindow.ui -o MainWindow.py
```

결과 MainWindow.py 파일을 편집기에서 열어볼 수 있지만 이 파일을 편집하면 안 된다. 편집하면 Qt 디자이너에서 UI를 재생성할 경우 변경 사항이 손실된다. Qt 디자이너를 사용하는 장점은 자유롭게 애플리케이션을 편집하고 업데이트할 수 있다는 것이다.

애플리케이션 빌드

결과 파이썬 파일을 가져오는 것은 다른 파일과 마찬가지로 작동한다. 다음과 같이 클래스를 가져올 수 있다. pyuic6 도구는 Qt 디자이너에 정의된 객체의 이름에 Ui_를 추가하며 임포트하려는 객체다.

```python
from MainWindow import Ui_MainWindow
```

애플리케이션에서 기본 윈도우를 만들려면 QMainWindow와 Ui_MainWindow 클래스 모두를 서브클래싱해서 클래스를 만든다. 마지막으로 __init__ 내에서 self.setupUi(self)를 호출해 인터페이스 설정을 트리거한다.

```python
class MainWindow(QMainWindow, Ui_MainWindow):
    def __init__(self, *args, obj=None, **kwargs):
        super(MainWindow, self).__init__(*args, **kwargs)
        self.setupUi(self)
```

이제 윈도우가 모두 설정됐다.

애플리케이션 로직 추가

코드로 만든 위젯과 마찬가지로 Qt 디자이너를 통해 만든 위젯과 상호작용할 수 있다. 더 간단하게 하고자 pyuic6는 모든 위젯을 윈도우 객체에 추가한다.

 객체에 사용되는 이름은 Qt 디자이너를 통해 찾을 수 있다. 편집기에서 클릭한 다음 속성 패널에서 objectName을 찾는다.

다음 예제에서는 생성된 기본 윈도우 클래스를 사용해 작동하는 애플리케이션을 빌드한다.

리스트 3-3. designer/compiled_example.py

```python
import random
import sys

from PyQt6.QtCore import Qt
from PyQt6.QtWidgets import QApplication, QMainWindow

from MainWindow import Ui_MainWindow

class MainWindow(QMainWindow, Ui_MainWindow):
    def __init__(self):
        super().__init__()
        self.setupUi(self)
        self.show()

        # 코드 내에서 UI 파일의 값을 무시할 수 있지만 가능하면 Qt 크리에이터에서 설정한다.
        # 속성 패널을 참조한다.
        f = self.label.font()
        f.setPointSize(25)
        self.label.setAlignment(
            Qt.AlignmentFlag.AlignHCenter
            | Qt .AlignmentFlag.AlignVCenter
        )
        self.label.setFont(f)

        # UI 위젯의 시그널은 정상적으로 연결될 수 있다.
        self.pushButton.pressed.connect(self.update_label)

    def update_label(self):
        n = random.randint(1, 6)
```

```
        self.label.setText("%d" % n)

app = QApplication(sys.argv)

w = MainWindow()

app.exec()
```

Qt 디자이너 .ui 정의에서 글꼴 크기와 정렬을 설정하지 않았으므로 코드를 사용해 수동으로 설정해야 한다. 이전과 마찬가지로 이러한 방식으로 모든 위젯 매개변수를 변경할 수 있다. 그러나 일반적으로 Qt 디자이너 내에서 이러한 것들을 구성하는 것이 좋다.

윈도우 오른쪽 하단의 속성 패널을 통해 위젯 속성을 설정할 수 있다. 대부분의 위젯 속성은 여기에 표시된다. 예를 들어 아래에서 QLabel 위젯의 글꼴 크기를 업데이트한다.

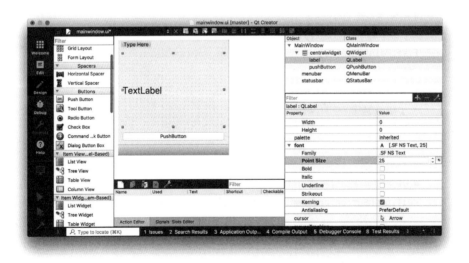

그림 3-20. QLabel의 폰트 크기 설정

정렬을 구성할 수도 있다. 복합 속성(왼쪽 + 가운데와 같이 여러 값을 설정)의 경우 중첩된다.

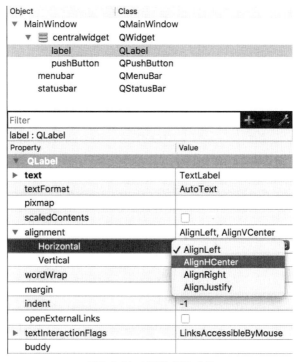

그림 3-21. 상세한 폰트 속성

모든 객체 속성은 두 곳에서 모두 편집할 수 있다. 코드에서 특정 수정을 수행할지 Qt 디자이너에서 수정할지 여부는 사용자에게 달려 있다. 일반적으로 코드의 동적 변경 사항과 디자인된 UI의 기본 또는 기본 상태를 유지하는 것이 좋다.

이 소개 내용은 Qt 디자이너가 할 수 있는 것 중에 기본이다. 좀 더 깊이 파고들어 실험하는 것이 좋다. 나중에 코드에서 위젯을 추가하거나 조정할 수 있다는 것을 기억하자.

미학

디자이너가 아니면 매력적이고 직관적인 인터페이스를 생성하거나 그것이 무엇인지조차 알기 어려울 수 있다. 고맙게도 반드시 아름다울 필요는 없지만 적어도 추하지 않은 인터페이스를 만들고자 따를 수 있는 간단한 규칙이 있다. 핵심 개념은 정렬, 그룹, 공간이다.

정렬은 시각적 노이즈를 줄이는 것이다. 위젯의 모서리를 정렬 점으로 간주하고 UI에서 고유한 정렬 점의 수를 최소화하는 것을 목표로 한다. 실제로 인터페이스 요소의 가장자리가 서로 정렬되게 하는 것을 의미한다.

크기가 다른 입력이 있는 경우 가장자리를 정렬한다.

영어는 왼쪽에서 오른쪽으로 쓰는 언어이므로 앱이 영어인 경우 왼쪽 정렬한다.

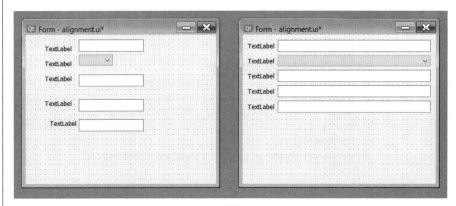

인터페이스의 명확한 정렬의 효과

관련 위젯 그룹은 컨텍스트로 인해 더 쉽게 이해할 수 있다. 관련된 것들을 함께 찾을 수 있도록 인터페이스를 구성하자.

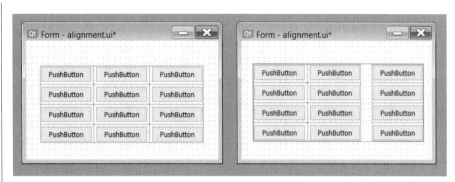

요소를 그룹화하고 그룹 사이에 공백을 추가한다.

공간은 인터페이스에서 시각적으로 구별되는 영역을 만드는 데 중요하다. 그룹 사이에 공간이 없으면 그룹도 없다. 간격을 일관되고 의미있게 유지하자.

할 것은 다음과 같다.

- 인터페이스에서 시각적 노이즈를 줄이려면 정렬을 사용하라.
- 위젯을 논리적 세트로 함께 그룹화하라.
- 그룹 사이에 일관된 간격을 추가해 구조를 명확히 하라.

4

테마

즉시 사용할 수 있는 Qt 애플리케이션은 네이티브 플랫폼처럼 보인다. 즉, 실행 중인 운영체제의 룩앤필을 사용한다. 이는 어떤 시스템에서든 사용자들이 자연스럽게 느낀다는 것을 의미한다. 하지만 이는 조금 지루해 보임을 의미하기도 한다. Qt를 사용하면 애플리케이션에서 위젯 모양을 완벽하게 제어할 수 있다.

애플리케이션을 돋보이게 하고 싶거나 위젯을 직접 디자인하고 이 위젯을 적합하게 하고자 4장에서는 PyQt6에서 이를 수행하는 방법을 설명한다.

4.1 스타일

스타일은 애플리케이션의 룩앤필을 광범위하게 변경하고, 위젯을 표시하고 동작하는 방식을 수정하는 Qt의 방법이다. Qt는 주어진 플랫폼에서 애플리케이션을 실행할 때 플랫폼별 스타일을 자동으로 적용한다. 이는 애플리케이션이 실행될 때 맥OS에서는 맥OS 애플리케이션처럼 보이고 윈도우에서는 윈도우 애플리케이션처럼 보이는 이유다. 이러한 플랫폼별 스타일은 호스트 플랫폼에서 기본 위젯을 사용하므로 다른 플랫폼에서는 사용할 수 없다.

그러나 프로그램 스타일을 지정할 수 있는 옵션은 플랫폼 스타일뿐만이 아니다. 또한 Qt는 퓨전^{Fusion}이라는 크로스플랫폼 스타일과 함께 제공되는데, 이는 애플리케이션에 일관된 크로스플랫폼, 현대적인 스타일을 제공한다.

퓨전

Qt의 퓨전 스타일은 운영체제 표준과의 일관성을 유지하면서 모든 시스템에서 UI 일관성을 제공한다. 어떤 것이 더 중요한지는 작성하는 UI에 대한 제어 권한, 사용자 정의 권한, 사용하는 위젯에 따라 달라진다.

> 퓨전 스타일은 플랫폼에 구애받지 않는 스타일로 데스크톱 지향의 룩앤필을 제공한다. Qt 위젯용 퓨전 스타일과 동일한 디자인 언어를 구현한다.

> – Qt 문서

스타일을 활성화하려면 QApplication 인스턴스에서 .setStyle()을 호출해 스타일 이름(이 경우 Fusion)을 문자열로 전달한다.

```
app = QApplication(sys.argv)
app.setStyle('Fusion')
#...
app.exec()
```

퓨전 스타일이 적용된 이전 위젯 리스트의 예는 다음과 같다.

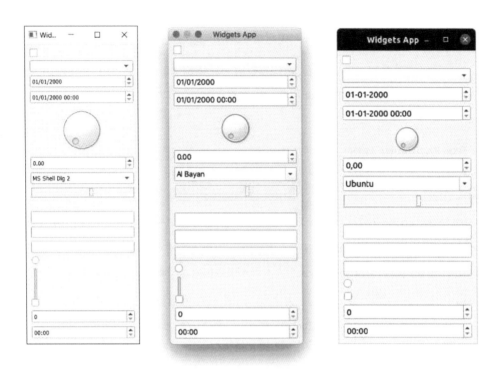

그림 4-1. 퓨전 스타일 위젯은 모든 플랫폼에서 동일하게 보인다.

 Qt 설명서(https://doc.qt.io/archives/qt-5.8/gallery- fusion.html)에 퓨전 스타일
이 적용된 위젯의 더 많은 예가 있다.

4.2 팔레트

Qt에서 사용자 인터페이스를 그리는 데 사용되는 색상을 팔레트^{palettes}라고 한
다. 애플리케이션 수준 및 위젯 관련 팔레트는 모두 **QPalette** 객체를 통해 관리
된다. 팔레트는 애플리케이션 및 위젯 수준에서 모두 설정할 수 있으므로 전역
표준 팔레트를 설정하고 위젯별로 이 팔레트를 재지정할 수 있다.

전역 팔레트는 일반적으로 Qt 테마(일반적으로 OS에 종속됨)에 의해 정의되지만 이를 재정의해 전체 앱 모양을 변경할 수 있다.

활성 전역 팔레트는 QApplication.palette()를 통해 액세스하거나 빈 QPalette 인스턴스를 새로 만들어 액세스할 수 있다. 예는 다음과 같다.

```python
from PyQt6.QtGui import QPalette
palette = QPalette()
```

palette.setColor(role, color)를 호출해 팔레트를 수정할 수 있다. 여기서 role은 색상을 어디에 사용할지 결정한다. 사용되는 color는 사용자 정의 QColor 객체나 Qt.GlobalColor 네임스페이스의 기본 색상 중 하나일 수 있다.

```python
palette.setColor(QPalette.ColorRole.Window, QColor(53,53,53))
palette.setColor(QPalette.ColorRole.WindowText, Qt.GlobalColor.white)
```

> ⓘ 윈도우 10 및 맥OS 플랫폼별 테마에서 팔레트를 사용할 경우 몇 가지 제한이 있다.

여러 가지 롤role이 있고 주요한 롤은 다음 표에 나와 있다.

표 4-1. 주요 롤

상수	값	설명
QPalette.ColorRole.Window	10	윈도우 배경색이다.
QPalette.ColorRole.WindowText	0	윈도우 기본 텍스트 색상이다.
QPalette.ColorRole.Base	9	텍스트 입력 위젯, 콤보 박스 드롭다운 리스트 및 도구 모음 핸들의 배경이다. 일반적으로 흰색 또는 밝은 색이다.

(이어짐)

상수	값	설명
QPalette.ColorRole.AlternateBase	16	줄무늬(교대) 행에 사용되는 두 번째 기본 색상(예. QAbstractItemView.setAlternatingRowColors()) 이다.
QPalette.ColorRole.ToolTipBase	18	QToolTip 및 QWhatsThis 호버(hover) 표시기의 배경색이다. 두 팁 모두 활성 윈도우가 아니기 때문에 비활성 그룹(나중에 참조)을 사용한다.
QPalette.ColorRole.ToolTipText	19	QToolTip 및 QWhatsThis의 전경색이다. 두 팁 모두 활성 윈도우가 아니기 때문에 비활성 그룹(나중에 참조)을 사용한다.
QPalette.ColorRole.PlaceholderText	20	위젯의 플레이스홀더 텍스트 색상이다.
QPalette.ColorRole.Text	6	기본 배경색으로 지정된 위젯의 텍스트 색상이다. Window 및 Base 모두와 좋은 대비를 제공해야 함 한다.
QPalette.ColorRole.Button	1	기본 버튼 배경색이다. window와 다를 수 있지만 ButtonText와 좋은 대조를 제공해야 한다.
QPalette.ColorRole.ButtonText	8	버튼에 사용된 텍스트 색상이다. 버튼 색상과 대조 돼야 한다.
QPalette.ColorRole.BrightText	7	WindowText와 매우 다른 텍스트 색상은 검정색과 잘 대조된다. 사용된 다른 텍스트 및 WindowText 색상은 대비가 좋지 않다. 참고: 텍스트에만 사용 되는 것은 아니다.

 애플리케이션에서 사용하는 위젯에 따라 일부 항목이 생략될 수 있으므로 사용자 정의 팔레트에서 이 모든 항목을 수정하거나 설정할 필요는 없다.

또한 위젯에서 3D 베벨링beveling하고 선택한 항목이나 링크를 강조 표시하는 데 사용되는 더 작은 롤 집합도 있다.

표 4-2. 3D 베벨 롤

상수	값	설명
QPalette.ColorRole.Light	2	버튼 색상보다 밝은 색상이다.
QPalette.ColorRole.Midlight	3	버튼과 밝은 색상의 사이다.
QPalette.ColorRole.Dark	4	버튼보다 어두운 색상이다.
QPalette.ColorRole.Mid	5	버튼과 어두운 색상 사이다.
QPalette.ColorRole.Shadow	11	매운 어두운 색상이다. 기본 음영색은 Qt.GlobalColor.black이다.

표 4-3. 하이라이트, 링크

상수	값	설명
QPalette.ColorRole.Highlight	12	선택한 항목이나 현재 항목을 나타내는 색상이다. 기본적으로 하이라이트 색상은 Qt.GlobalColor.darkBlue다.
QPalette.ColorRole.HighlightedText	13	강조 표시와 대조되는 텍스트 색상이다. 기본적으로 강조 표시된 텍스트는 Qt.GlobalColor.white다.
QPalette.ColorRole.Link	14	방문하지 않은 하이퍼링크에 사용되는 텍스트 색상이다. 기본적으로 링크 색상은 Qt.GlobalColor.blue다.
QPalette.ColorRole.LinkVisited	15	이미 방문한 하이퍼링크에 사용되는 텍스트 색상이다. 기본적으로 링크 방문 색상은 Qt.GlobalColor.magenta다.

> ⓘ 또한 롤이 할당되지 않은 상태에서 위젯 그리기 상태에 대해 기술적으로 QPalette.NoRole 값이 있다. 이는 팔레트를 생성할 때 무시할 수 있다.

위젯이 활성, 비활성 또는 비활성일 때 변경되는 UI 일부의 경우 이러한 각 상태에 대한 색상을 설정해야 한다. 그럴려면 palelle.setColor(group, role, color)를 호출하고 추가 group 매개변수를 전달한다. 사용 가능한 그룹은 다음과 같다.

상수	값
QPalette.ColorGroup.Disabled	1
QPalette.ColorGroup.Active	0
QPalette.ColorGroup.Inactive	2
QPalette.ColorGroup.Normal synonym for Active	0

예를 들어 다음은 비활성화된 윈도우의 WindowText 색상을 팔레트에서 흰색으로 설정한다.

```
palette.setColor(QPalette.ColorGroup.Disabled, QPalette.ColorRole
.WindowText, Qt.GlobalColor.white)
```

팔레트가 정의되면 .setPalette()를 사용해 QApplication 객체에 팔레트를 설정해 애플리케이션이나 단일 위젯에 적용할 수 있다. 예를 들어 다음 예제는 윈도우 텍스트와 배경 색상을 변경한다(여기서 텍스트는 QLabel을 사용해 추가됨).

리스트 4-1. themes/palette_test.py

```
from PyQt6.QtWidgets import QApplication, QLabel
from PyQt6.QtGui import QPalette, QColor
from PyQt6.QtCore import Qt

import sys

app = QApplication(sys.argv)
palette = QPalette()
```

```
palette.setColor(QPalette.ColorRole.Window, QColor(0, 128, 255))
palette.setColor(QPalette.ColorRole.WindowText, Qt.GlobalColor.white)

app.setPalette(palette)

w = QLabel("Palette Test")
w.show()

app.exec()
```

실행 시 다음과 같은 출력이 제공된다. 윈도우 배경이 밝은 파란색으로 바뀌고 텍스트가 흰색으로 바뀐다.

그림 4-2. 윈도우, 윈도우 텍스트 색상 변경.

실제로 팔레트 사용을 보여주고 몇 가지 한계를 확인하고자 사용자 정의 어두운 팔레트를 사용해 프로그램을 만들어보자.

> ℹ 이 팔레트를 사용하면 앱의 다크 모드 상태에 관계없이 모든 위젯이 어두운 배경으로 그려진다. 시스템 다크 모드 사용은 나중에 참조하자.

일반적으로 사용자 설정을 재정의하는 것은 피해야 하지만 밝은 UI가 사용자의 색상 판단 능력을 방해할 수 있는 사진 뷰어나 비디오 편집기와 같은 특정 애플리케이션에서는 이 방법이 적절할 수 있다. 다음 앱 스켈레톤은 위르겐 스크로츠키[Jujrgen Scrotzky](https://github.com/Jorgen-VikingGod/Qt-Frameless-Window-

248

DarkStyle/blob/master/DarkStyle.cpp)의 사용자 지정 팔레트를 사용해 애플리케이션에 전역 다크 테마를 제공한다.

```python
from PyQt6.QtWidgets import QApplication, QMainWindow
from PyQt6.QtGui import QPalette, QColor
from PyQt6.QtCore import Qt

import sys

darkPalette = QPalette()
darkPalette.setColor(QPalette.ColorRole.Window, QColor(53, 53, 53))
darkPalette.setColor(
    QPalette.ColorRole.WindowText, Qt.GlobalColor .white
)
darkPalette.setColor(
    QPalette.ColorGroup.Disabled,
    QPalette.ColorRole.WindowText,
    QColor(127, 127,127)
)
darkPalette.setColor(QPalette.ColorRole.Base, QColor(42, 42, 42))
darkPalette.setColor(
    QPalette.ColorRole.AlternateBase, QColor(66, 66, 66)
)
darkPalette.setColor(
    QPalette.ColorRole.ToolTipBase, Qt.GlobalColor .white
)
darkPalette.setColor(
    QPalette.ColorRole.ToolTipText, Qt.GlobalColor .white
)
darkPalette.setColor(QPalette.ColorRole.Text, Qt.GlobalColor.white)
darkPalette.setColor(
    QPalette.ColorGroup.Disabled,
    QPalette. ColorRole.Text,
```

```python
    QColor(127, 127, 127)
)
darkPalette.setColor(QPalette.ColorRole.Dark, QColor(35, 35, 35))
darkPalette.setColor(QPalette.ColorRole.Shadow, QColor(20, 20, 20))
darkPalette.setColor(QPalette.ColorRole.Button, QColor(53, 53, 53))
darkPalette.setColor(
    QPalette.ColorRole.ButtonText, Qt.GlobalColor.white
)
darkPalette.setColor(
    QPalette.ColorGroup.Disabled,
    QPalette.ColorRole.ButtonText,
    QColor(127, 127, 127)
)
darkPalette.setColor(
    QPalette.ColorRole.BrightText, Qt.GlobalColor.red
)
darkPalette.setColor(QPalette.ColorRole.Link, QColor(42, 130, 218))
darkPalette.setColor(QPalette.ColorRole.Highlight, QColor(42, 130, 218))
darkPalette.setColor(
    QPalette.ColorGroup.Disabled,
    QPalette.ColorRole.Highlight,
    QColor(80, 80, 80)
)
darkPalette.setColor(
    QPalette.ColorRole.HighlightedText, Qt.GlobalColor.white
)
darkPalette.setColor(
    QPalette.ColorGroup.Disabled,
    QPalette.ColorRole.HighlightedText,
    QColor(127, 127, 127)
)

app = QApplication(sys.argv)
app.setPalette(darkPalette)
```

```
w = QMainWindow() # QMainWindow 인스턴스로 교체
w.show()

app.exec()
```

이전과 마찬가지로 팔레트가 구성되면 적용해야 반영된다. 여기에서 **app. setPalette()**를 호출해 전체 애플리케이션에 적용한다. 모든 위젯은 일단 적용되면 테마를 채택한다. 이 뼈대를 사용해 테마를 사용한 자신의 애플리케이션을 구성할 수 있다.

이 책의 코드 예제에서는 이 팔레트를 사용해 위젯 데모를 재현하는 theme/ palette_dark_widgets.py도 찾을 수 있다. 각 플랫폼의 결과는 다음과 같다.

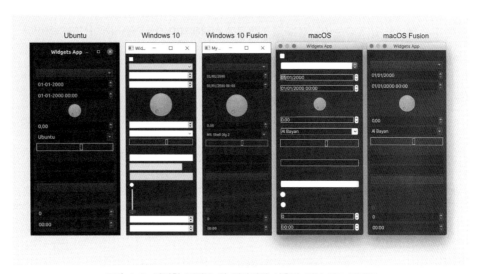

그림 4-3. 다양한 플랫폼 및 테마에서 사용자 정의 다크 팔레트

기본 윈도우 및 맥OS 테마를 사용할 때 일부 위젯의 색상이 올바르게 적용되지 않는다. 이 테마들이 플랫폼 네이티브 컨트롤을 사용해 진정한 네이티브 느낌을 주기 때문이다. 윈도우 10에서 어둡거나 사용자 지정된 테마를 사용하

려면 플랫폼에서 퓨전 스타일을 사용하는 것이 좋다.

다크 모드

어두운 테마의 OS와 애플리케이션은 저녁에 작업할 때 눈의 피로를 최소화하고 수면 장애를 줄이는 데 도움이 된다. 윈도우, 맥OS, 리눅스는 모두 다크 모드 테마를 지원하며, 좋은 소식은 PyQt6로 애플리케이션을 구축하면 무료로 다크 모드 지원을 받을 수 있다는 것이다.

접근 가능 색상

자신만의 애플리케이션을 구축하기 시작할 때 디자인의 색상을 만지작거리고 싶은 마음이 들수도 있다. 하지만 잠시만 기다려보자. 사용자의 운영체제에는 대부분의 소프트웨어에 적용되는 표준 테마가 있다. Qt는 이 색상표를 자동으로 선택해서 PyQt6 애플리케이션에 적용한다.

이러한 색상을 사용하면 몇 가지 이점이 있다.

1. 사용자 데스크톱의 홈에 앱을 볼 수 있다.

2. 사용자는 상황별 색상의 의미를 잘 알고 있다.

3. 다른 누군가가 효과가 있는 색상을 디자인하는 데 시간을 투자했다.

#3의 가치를 과소평가하지 말자. 특히 접근성 문제를 고려한다면 좋은 색 구성표를 디자인하는 것은 어렵다.

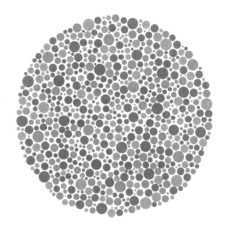

색 구성표를 교체하려면 비용보다 이점이 더 많은지 확인하고 대상 플랫폼에서 기본 제공 다크 모드와 같은 다른 옵션으로 탐색했는지 확인해야 한다.

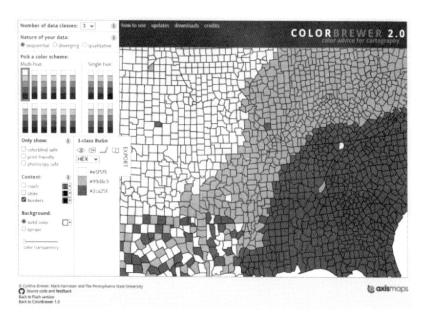

Colorbrewer2.org의 양적 및 질적 색 구성표

데이터 시각화 애플리케이션의 경우 신시아 브뤄(Cynthia Brewer)의 Color Brewer 색상 세트를 사용하는 것이 좋다. 이 색상 세트는 정성적 및 정량적 체계가 모두 있으며 최대 선명도를 위해 설계됐다.

예를 들어 상태 표시기 같은 상황에 맞는 색상 및 하이라이트 또는 몇 가지 색상만 필요한 기타 상황에 적합하다. coolors.co 웹 사이트에서 잘 어울리는 맞춤형 4색 테마를 생성할 수 있다.

일관성은 팔레트를 최대한 활용한다. 색상을 간단하고 효과적으로 사용해 가능한 한 팔레트를 제한하자. 특정 색상이 어딘가에 의미가 있다면 모든 곳에서 같은 의미를 사용한다. 음영에 의미가 없으면 여러 음영을 사용하지 않는다.

coolors.co의 예제 색상 구성표

할 것은 다음과 같다.

- 먼저 앱에서 GUI 표준 색상을 사용하는 것을 고려한다.

- 커스텀 컬러를 사용할 때 컬러 배열을 정의하고 지킨다.

- 색맹 사용자는 색상과 대비를 선택할 때 유의해야 한다.

하지 말 것은 다음과 같다.

- 표준 색상을 비표준 용도로 사용한다(예, 빨간색 = OK).

4.3 아이콘

아이콘은 사용자 인터페이스 내에서 탐색이나 이해를 돕고자 사용되는 작은 그림이다. 일반적으로 텍스트 옆이나 대신에 또는 메뉴의 작업 옆에 있는 버튼에서 찾을 수 있다. 쉽게 알아볼 수 있는 표시기를 사용해 인터페이스를 사용하기 쉽게 만들 수 있다.

PyQt6에서는 애플리케이션에 아이콘을 제공하고 통합하는 방법에 대한 다양한 옵션을 제공한다. 이 절에서는 이러한 옵션과 각각의 장단점을 살펴본다.

Qt 표준 아이콘

프로그램에 간단한 아이콘을 추가하는 가장 쉬운 방법은 Qt 자체와 함께 제공되는 기본 아이콘을 사용하는 것이다. 이 작은 아이콘 집합은 파일 작업, 앞/뒤 화살표, 메시지 상자 표시기 등 다양한 표준 사용 사례를 포함한다.

기본 제공 아이콘의 전체 리스트는 다음과 같다.

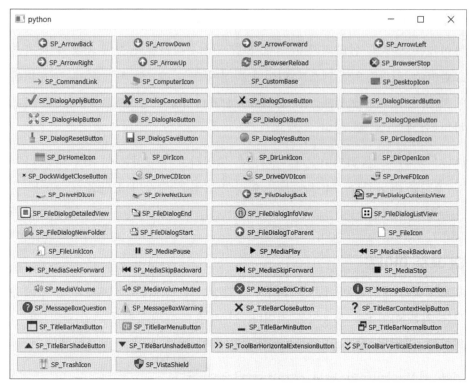

그림 4-4. Qt 내장 아이콘

이 아이콘 집합은 다소 제한적이다. 개발 중인 앱에 문제가 되지 않는다면 앱에 대한 몇 가지 아이콘만 필요한 경우에도 사용할 수 있다.

아이콘은 QStyle.standardIcon(이름) 또는 QStyle.<constant>를 사용해 현재 애플리케이션 스타일을 통해 액세스할 수 있다. 기본 제공 아이콘 이름의 전체 표는 다음과 같다.

SP_ArrowBack	SP_DirIcon	SP_MediaSkipBackward
SP_ArrowDown	SP_DirLinkIcon	SP_MediaSkipForward
SP_ArrowForward	SP_DirOpenIcon	SP_MediaStop

SP_ArrowLeft	SP_DockWidgetCloseButton	SP_MediaVolume
SP_ArrowRight	SP_DriveCDIcon	SP_MediaVolumeMuted
SP_ArrowUp	SP_DriveDVDIcon	SP_MessageBoxCritical
SP_BrowserReload	SP_DriveFDIcon	SP_MessageBoxInformation
SP_BrowserStop	SP_DriveHDIcon	SP_MessageBoxQuestion
SP_CommandLink	SP_DriveNetIcon	SP_MessageBoxWarning
SP_ComputerIcon	SP_FileDialogBack	SP_TitleBarCloseButton
SP_CustomBase	SP_FileDialogContentsView	SP_TitleBarContextHelpButton
SP_DesktopIcon	SP_FileDialogDetailedView	SP_TitleBarMaxButton
SP_DialogApplyButton	SP_FileDialogEnd	SP_TitleBarMenuButton
SP_DialogCancelButton	SP_FileDialogInfoView	SP_TitleBarMinButton
SP_DialogCloseButton	SP_FileDialogListView	SP_TitleBarNormalButton
SP_DialogDiscardButton	SP_FileDialogNewFolder	SP_TitleBarShadeButton
SP_DialogHelpButton	SP_FileDialogStart	SP_TitleBarUnshadeButton
SP_DialogNoButton	SP_FileDialogToParent	SP_ToolBarHorizontalExtensionButton
SP_DialogOkButton	SP_FileIcon	SP_ToolBarVerticalExtensionButton
SP_DialogResetButton	SP_FileLinkIcon	SP_TrashIcon
SP_DialogSaveButton	SP_MediaPause	SP_VistaShield
SP_DialogYesButton	SP_MediaPlay	SP_DirClosedIcon
SP_MediaSeekBackward	SP_DirHomeIcon	SP_MediaSeekForward

다음과 같이 QStyle 네임스페이스를 통해 이러한 아이콘에 직접 액세스할 수 있다.

```
icon = QStyle.standardIcon(QStyle.SP_MessageBoxCritical)
button.setIcon(icon)
```

특정 위젯에서 스타일 객체를 사용할 수도 있다. 어차피 내장 기능에만 접근하기 때문에 무엇을 쓰던 상관없다.

```
style = button.style()      # 위젯에서 QStyle 객체 얻기
icon = style.standardIcon(style.SP_MessageBoxCritical)
button.setIcon(icon)
```

이 표준 집합에서 필요한 아이콘을 찾을 수 없는 경우 다음에 요약된 다른 방법 중 하나를 사용해야 한다.

 서로 다른 아이콘 세트의 아이콘을 함께 섞어 사용할 수 있지만 앱의 느낌을 일관되게 유지하려면 전체적으로 하나의 스타일을 사용하는 것이 좋다.

아이콘 파일

표준 아이콘이 원하는 아이콘이 아니거나 아이콘을 사용할 수 없는 경우 원하는 커스텀 아이콘을 사용할 수 있다. 아이콘은 플랫폼의 Qt를 지원하는 이미지 유형 중 하나일 수 있지만 대부분의 경우 PNG나 SVG 이미지가 더 좋다.

 자신의 플랫폼에서 지원되는 이미지 형식 리스트를 가져오려면 QtGui.QImageReader.supportedImageFormats()로 호출한다.

258

아이콘 세트

그래픽 디자이너가 아닌 경우 여러 아이콘 세트 중 하나를 사용하면 많은 시간과 어려움을 줄일 수 있다. 온라인에서 사용할 수 있는 수천 개의 라이선스가 있으며 오픈소스나 상용 소프트웨어에서의 사용에 따라 라이선스가 달라진다.

이 책과 예제 앱에서는 Fugu(http://p.yusukekamiyamane.com/) 아이콘 세트를 사용했는데, 이 아이콘 세트는 작성자의 승인을 받아 소프트웨어에서도 무료로 사용할 수 있다. 탱고 아이콘 세트는 리눅스에서 사용하기 위해 개발된 큰 아이콘 세트지만 라이선스 요구 사항이 없으며 모든 플랫폼에서 사용할 수 있다.

리소스	설명	라이선스
Fugue(http://p.yusukekamiyamane.com/)	3,570개 16×16 PNG 포맷 아이콘	CC BY 3.0
Diagona(http://p.yusukekamiyamane.com/)	400개 16×16, 10×10 PNG 포맷	CC BY 3.0
Tango 아이콘(http://tango.freedesktop.org/Tango_Icon_Library)	탱고 프로젝트 색상 테마를 사용하는 아이콘	퍼블릭 도메인

 메뉴 및 도구 모음에서 사용하는 아이콘의 크기를 제어할 수 있지만 대부분의 경우 이러한 아이콘의 크기를 그대로 유지해야 한다. 메뉴의 표준 아이콘 크기는 20 × 20 픽셀이다.

 이보다 작은 크기도 괜찮지만 아이콘의 크기가 커지면 확대되지 않고 가운데 위치한다.

직접 만들기

사용할 수 있는 아이콘 세트가 마음에 들지 않거나 프로그램에 고유한 모양을 원하는 경우 아이콘을 직접 디자인할 수 있다. 아이콘은 표준 그래픽 소프트웨어를 사용해 만들 수 있으며 투명한 배경의 PNG 이미지로 저장할 수 있다.

아이콘은 정사각형이어야 하며 프로그램에서 사용할 때 크기를 늘리거나 줄일 필요가 없다.

아이콘 파일 사용

아이콘 세트나 자체 제작한 아이콘 파일이 있으면 **QtGui.QIcon** 인스턴스를 만들어 Qt 애플리케이션에서 사용할 수 있다. 아이콘의 파일 이름을 직접 전달한다.

```
QtGui.QIcon("<filename>")
```

절대(전체) 및 상대(부분) 경로를 모두 사용해 파일을 지정할 수 있지만 애플리케이션을 배포할 때 절대 경로가 끊어지기 쉽다. 상대 경로는 아이콘 파일이 스크립트에 상대적인 동일한 위치에 저장돼 있는 한 작동하지만 패키징할 때 관리가 어려울 수 있다.

 아이콘 인스턴스를 만들려면 QApplication 인스턴스를 미리 만들어야 한다. 이를 보장하려면 소스 파일의 맨 위에 앱 인스턴스를 만들거나 __init__에 해당 인스턴스를 사용하는 위젯이나 윈도우에 대한 QIcon 인스턴스를 생성할 수 있다.

무료 데스크톱 아이콘 사양(리눅스)

리눅스 데스크톱에는 특정 작업에 대한 아이콘의 표준 이름을 정의하는 무료 데스크톱 사양이라는 것이 있다.

프로그램이 이러한 특정 아이콘 이름을 사용하는 경우('테마'에서 아이콘을 적재) 리눅스에서 바탕 화면에 활성화된 현재 아이콘 세트를 사용한다. 여기서 목표는 모든 애플리케이션이 동일한 모양과 느낌을 가지면서도 구성이 가능하게 하는 것이다.

Qt 디자이너에서 이런 아이콘을 사용하려면 드롭다운을 선택하고 Set Icon From Theme...를 선택한다.

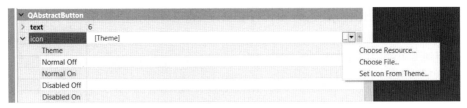

그림 4-5. 아이콘 테마 선택

그런 다음 사용할 아이콘의 이름(예, document-new)을 입력한다. 유효한 이름의 전체 리스트(https://specifications.freedesktop.org/icon-naming-spec/latest/ar01s04.100)를 참조한다.

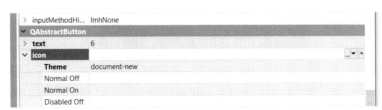

그림 4-6. 아이콘 테마 선택

코드에서는 `icon = QtGui.QIcon.fromTheme("document-new")`를 사용해 리눅스 데스크톱 테마에서 아이콘을 가져올 수 있다. 다음 코드는 활성 테마에서 새 문서 아이콘이 표시된 작은 윈도우(버튼)을 생성한다.

```python
from PyQt6.QtWidgets import QApplication, QPushButton
from PyQt6.QtGui import QIcon

import sys

app = QApplication(sys.argv)
button = QPushButton("Hello")
icon = QIcon.fromTheme("document-new")
button.setIcon(icon)
button.show()

app.exec()
```

결과 윈도우는 기본 아이콘 테마를 가진 우분투에서 다음과 같이 표시된다.

그림 4-7. 리눅스 무료 데스크톱 사양의 document-new 아이콘

크로스플랫폼 애플리케이션을 개발하는 경우에도 리눅스에서 이러한 표준 아이콘을 사용할 수 있다. 이를 위해 윈도우 및 맥OS용 아이콘을 사용하고 해당아이콘에 대해 무료 데스크톱 사양 이름을 사용해 Qt 디자이너에서 사용자지정 테마를 만든다.

4.4 Qt 스타일시트(QSS)

지금까지 **QPalette**를 사용해 PyQt6 앱에 맞춤 색상을 적용하는 방법을 알아봤다. 그러나 Qt5에서 위젯 모양을 사용자 정의할 수 있는 다른 여러 가지가 있다. 이러한 사용자 지정을 허용하고자 제공된 시스템을 QSS[Qt Style Sheet]라고 한다.

QSS는 개념적으로 웹 스타일링에 사용되는 CSS와 매우 유사한 구문과 접근 방식을 공유한다. 이 절에서는 QSS의 몇 가지 예와 이를 사용해 위젯 모양을 수정하는 방법을 살펴본다.

위젯을 다시 그릴 때 적절한 규칙을 검색해야 하므로 위젯에 QSS를 사용하면 성능에 거의 영향을 미치지 않는다. 그러나 위젯이 많이 사용되는 작업이 아니라면 이러한 작업은 중요하지 않다.

스타일 에디터

QSS 규칙을 좀 더 쉽게 실험할 수 있게 규칙을 입력하고 일부 예제 위젯에 적용할 수 있는 간단한 데모 앱을 만들 수 있다. 이를 사용해 다양한 스타일의 특성과 규칙을 테스트한다.

스타일 뷰어의 소스코드는 다음과 같지만 이 책과 함께 소스코드에서도 사용할 수 있다.

리스트 4-3. themes/qss_tester.py

```python
import sys

from PyQt6.QtCore import Qt
from PyQt6.QtGui import QColor, QPalette
```

```python
from PyQt6.QtWidgets import (
    QApplication,
    QCheckBox,
    QComboBox,
    QLabel,
    QLineEdit,
    QMainWindow,
    QPlainTextEdit,
    QPushButton,
    QSpinBox,
    QVBoxLayout,
    QWidget,
)


class MainWindow(QMainWindow):
    def __init__(self):
        super().__init__()

        self.setWindowTitle("QSS Tester")

        self.editor = QPlainTextEdit()
        self.editor.textChanged.connect(self.update_styles)

        layout = QVBoxLayout()
        layout.addWidget(self.editor)

        # 간단한 위젯 집합을 정의
        cb = QCheckBox("Checkbox")
        layout.addWidget(cb)

        combo = QComboBox()
        combo.setObjectName("thecombo")
        combo.addItems(["First", "Second", "Third", "Fourth"])
        layout.addWidget(combo)
```

```python
        sb = QSpinBox()
        sb.setRange(0, 99999)
        layout.addWidget(sb)

        l = QLabel("This is a label")
        layout.addWidget(l)

        le = QLineEdit()
        le.setObjectName("mylineedit")
        layout.addWidget(le)

        pb = QPushButton("Push me!")
        layout.addWidget(pb)

        self.container = QWidget()
        self.container.setLayout(layout)
        self.setCentralWidget(self.container)

    def update_styles(self):
        qss = self.editor.toPlainText()
        self.setStyleSheet(qss)

app = QApplication(sys.argv)
app.setStyle("Fusion")

w = MainWindow()
w.show()

app.exec()
```

이 앱을 실행하면 맨 위에 텍스트 편집기(QSS 규칙을 입력할 수 있음)와 이러한
규칙이 적용될 위젯 세트가 있는 다음 윈도우가 나타난다. 규칙 및 상속 적용
방법을 잠시 살펴보자.

그림 4-8. QSS 테스트 애플리케이션(적용된 규칙 없음)

상단의 상자에 다음 스타일 규칙을 입력하고 결과를 스크린샷과 비교해 제대로 작동하는지 확인한다.

```
QLabel { background-color: yellow }
```

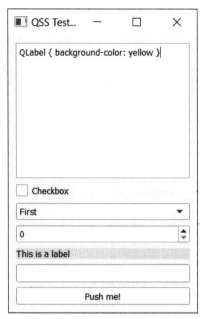

그림 4-9. QLabel에 노란 배경색 적용

```
QLineEdit { background-color: rgb(255, 0, 0) }
```

그림 4-10. QLineEdit에 빨간 배경색 rgb(255, 0, 0) 적용

```
QLineEdit {
    border-width: 7px;
    border-style: dashed;
    border-color: red;
}
```

그림 4-11. QLineEdit에 빨간 점선 경계 적용

다음으로 이러한 QSS 규칙이 어떻게 위젯을 스타일링하고 점차적으로 복잡한 규칙 집합을 만드는지 자세히 살펴본다.

 스타일리쉬한 위젯의 전체 리스트는 Qt 설명서(https://doc.qt.io/qt-5/stylesheet-reference.html)에서 확인할 수 있다.

스타일 속성

다음으로 QSS로 위젯 스타일을 지정하는 데 사용할 수 있는 속성을 살펴보자. 서로 관련된 속성들을 포함하는 논리적인 섹션들로 분류해서 더 쉽게 요약할 수 있다. 방금 만든 QSS 규칙 테스터 앱을 사용해 이러한 스타일을 다양한 위젯에서 테스트할 수 있다.

사용되는 유형은 다음 표와 같다. 그중 일부는 다른 항목으로 구성된 복합 유형이다.

 지금은 이 표를 건너뛸 수 있지만 각 속성에 대한 유효한 값을 해석하기 위한 참조로 필요하다.

속성	타입	설명
Alignment	top | bottom | left | right | center	수평 혹은 수직 정렬
Attachment	scroll | fixed	스크롤 혹은 고정 추가
Background	Brush | Url | Repeat | Alignment	복합 타입의 브러시, URl, 반복, 정렬
Boolean	0 | 1	참(1) 또는 거짓(0)
Border	Border Style | Length | Brush	약식 테두리 속성
Border Image	none | Url Number (stretch | repeat)	9개의 부분(좌상단, 중앙 상단, 우상단, 좌중앙, 중앙, 우중앙, 좌하단, 중앙 하단, 우측 하단)으로 구성된 이미지
Border Style	dashed | dot-dash | dot-dot-dash | dotted | double | groove | inset | outset | ridge | solid | none	테두리를 그리는 데 사용된 패턴
Box Colors	Brush	최대 4개의 Brush 값으로 상자의 위쪽, 오른쪽, 아래쪽, 왼쪽 가장자리를 각각 지정한다. 왼쪽 색상이 생략되면 오른쪽이 사용되며 하단이 생략되면 상단이 사용된다.
Box Lengths	Length	상자의 위쪽, 오른쪽, 아래쪽, 왼쪽 가장자리를 각각 지정하는 최대 4개의 길이 값이다. 왼쪽 색상이 생략되면 오른쪽이 사용되며 하단이 생략되면 상단이 사용된다.

(이어짐)

속성	타입	설명
Brush	Color | Gradient | PaletteRole	색상, 그래디언트 또는 팔레트의 항목
Color	rgb(r,g,b) | rgba(r,g,b,a) | hsv(h,s,v) | hsva(h,s,v,a) | hsl(h,s,l) | hsla(h,s,l,a) | #rrggbb | Color Name	RGB(빨간색, 녹색, 파란색), RGBA(빨간색, 녹색, 파란색, 알파), HSV(색조, 채도, 값), HSVA(색조, 채도, 값, 알파), HSL(색조, 채도, 밝기), HSLA(색조, 채도, 밝기, 알파) 또는 명명된 색상이다. rgb( ) 또는 rgba( ) 구문은 0에서 255 사이의 정수 값 또는 백분율과 함께 사용한다.
Font	(Font Style | Font Weight) Font Size	약식 글꼴 속성
Font Size	Length	글꼴 크기
Font Style	normal | italic | oblique	글꼴 스타일
Font Weight	normal | bold | 100 | 200... | 900	글꼴 두께
Gradient	qlineargradient | qradialgradient | qconicalgradient	시작점과 끝점 사이의 선형 그래디언트, 초점과 둘러싼 원의 끝점 사이의 방사형 그래디언트, 중심점 주변의 원뿔형 그래디언트다. 구문은 QLinearGradient 문서(https://doc.qt.io/qt-5/stylesheet-reference.html#gradient)를 참조한다.
Icon	Url(disabled | active | normal | selected) (on | off)	Url, QIcon.ModeandQIcon.State 리스트(예, file-icon: url(file.png), url(file_selected.png) selected;)
Length	Number(px | pt | em | ex)	숫자 다음에 측정 단위가 온다. 단위가 지정되지 않은 경우 대부분의 컨텍스트에서 픽셀을 사용한다. px: 픽셀, pt: 한 점의 크기(즉, 1/72인치), em: em '글꼴의 너비(즉, 'M'의 너비), ex: 너비 글꼴의 너비(즉, 'x'의 높이)

(이어짐)

속성	타입	설명
Number	A decimal integer or a real number	예, 123 또는 12.2312
Origin	margin | border | padding | content	자세한 내용은 상자 모델 참고
PaletteRole	alternate-base | base | bright-text | button | button-text | dark | highlight | highlighted- text | light | link | link-visited | mid | midlight | shadow | text | window | window-text	이 값은 위젯의 QPalette에 있는 Color 역할에 해당(예, color: palette(dark);)
Radius	Length	한두 번 길이의 발생
Repeat	repeat-x | repeat-y | repeat | no-repeat	repeat-x: 가로로 반복. repeat-y: 세로로 반복. repeat: 가로 및 세로로 반복. no-repeat: 반복하지 않음
Url	url(filename)	파일 이름은 디스크에 있거나 Qt 리소스 시스템을 사용해 저장된 파일의 이름

이러한 속성과 유형의 전체 세부 사항은 QSS 참조 문서(https://doc.qt.io/Qt-5/stylesheet-reference.html#list-of-properties)에서도 확인할 수 있다.

텍스트 스타일

텍스트의 글꼴, 색상, 스타일(굵게, 기울임꼴, 밑줄)을 수정하는 데 사용할 수 있는 텍스트 속성부터 시작한다. 위젯 또는 컨트롤에 적용할 수 있다.

속성	타입(기본)	설명
color	브러시(QPalette Foreground)	텍스트 렌더링에 사용되는 색상
font	글꼴	텍스트의 글꼴을 설정하기 위한 약식 표기법이다. font-family, font-size, font-style, font-weight 지정과 동일하다.
font-family	문자열	글꼴 패밀리
font-size	글꼴 크기	글꼴 크기. Qt에서 pt, px만 지원
font-style	normal | italic | oblique	글꼴 스타일
font-weight	글꼴 두께	글꼴의 두께
selection-background-color	브러시(QPalette Highlight)	선택한 텍스 혹은 항목의 배경
selection-color	브러시(Palette HighlightedText)	선택한 텍스트 또는 항목의 전경
text-align	정렬	위젯 콘텐츠 내에서 텍스트와 아이콘의 정렬
text-decoration	none | underline | overline | line-through	추가된 텍스트 효과

다음 예제 코드는 QLineEdit의 색상을 빨간색으로 설정하고, 선택한 텍스트의 배경색을 노란색으로 설정하고, 선택한 텍스트의 색상을 파란색으로 설정한다.

```
QLineEdit {
    color: red;
    selection-color: blue;
    selection-background-color: yellow;
}
```

QSS 테스터에서 QLineEdit에 미치는 영향을 확인하면 다음과 같은 결과가 나온다. 대상 위젯(QLineEdit)만 스타일의 영향을 받는다.

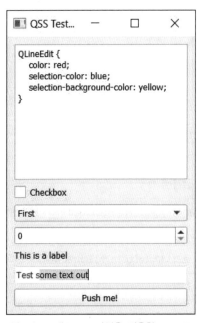

그림 4-12. 텍스트 스타일을 적용한 QLineEdit

쉼표로 구분해 두 가지 위젯 유형을 모두 대상으로 지정해 이 규칙을 적용할 수 있다.

```
QSpinBox, QLineEdit {
    color: red;
    selection-color: blue;
    selection-background-color: yellow;
}
```

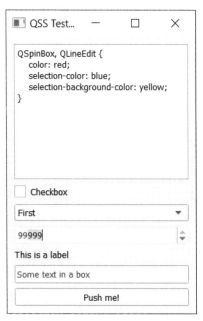

그림 4-13. 텍스트 스타일을 적용한 QLineEdit와 QSpinBox

이 마지막 예에서는 글꼴을 굵은 기울임꼴로 설정하고 텍스트 정렬을 오른쪽으로 설정해 QSpinBox, QLineEdit, QPushButton에 스타일을 적용한다.

```
QSpinBox, QLineEdit, QPushButton {
    color: red;
    selection-color: blue;
    selection-background-color: yellow;
    font-style: italic;
    font-weight: bold;
    text-align: right;
}
```

적용하면 다음과 같은 결과가 나온다. 텍스트 정렬 속성은 QSpinBox 또는 QLineEdit의 정렬에는 영향을 주지 않는다. 두 위젯 정렬 모두 스타일 대신

.setAlignment() 메서드를 사용해 설정해야 한다.

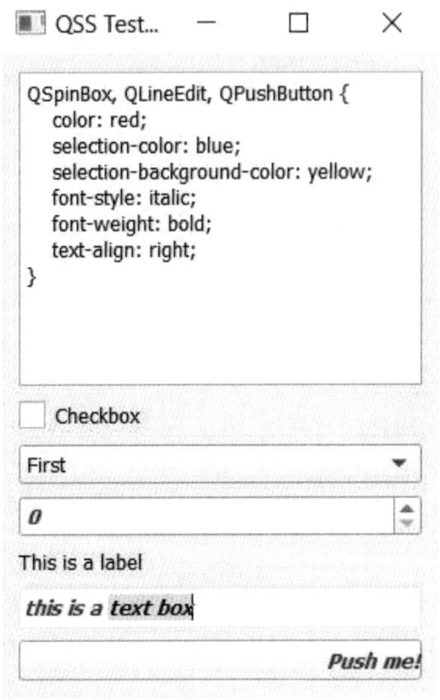

그림 4-14. 텍스트 스타일을 적용한 QPushButton, QLineEdit, QSpinBox

배경

문자 스타일 지정 외에도 단색 및 이미지로 위젯 배경 스타일을 지정할 수 있다. 이미지의 경우 위젯 영역 내에서 이미지가 반복되고 배치되는 방식을 정의하는 여러 가지 추가 속성이 있다.

속성	타입(기본)	설명
background	Background	배경 설정을 위한 약식 표기법이다. background-color, background-image, background-repeat, background-position 지정과 동일하다. background-origin, selection-background-color, background-clip, background-attachment, alternate-background-color도 참조한다.
background-color	Brush	위젯에 사용되는 배경색
background-image	Url	위젯에 사용되는 배경 이미지다. 이미지의 반투명 부분을 통해 배경색이 빛을 발한다.
background-repeat	Repeat(both)	배경 원본 사각형을 채우고자 배경 이미지가 반복되는지 여부와 방법
background-position	Alignment(top-left)	background-origin 사각형 내에서 배경 이미지의 정렬
background-clip	Origin(border)	배경이 그려지는 위젯의 사각형
background-origin	Origin(padding)	배경 위치 및 배경 이미지와 함께 사용할 위젯의 배경 사각형

다음 예제는 규칙 입력에 사용하는 QPlainTextEdit의 배경에 지정된 이미지를 적용한다.

```
QPlainTextEdit {
    color: white;
    background-image: url(../otje.jpg);
}
```

이미지는 url() 구문을 사용해 파일 경로를 통해 참조된다. 여기서는 상위 디렉터리에 있는 파일을 가리키고자 ../otje.jpg를 사용한다.

그림 4-15. 배경 이미지

ℹ️ 이 구문은 CSS에서 사용되는 것과 동일하지만 원격 파일은 URL로 로드할 수 없다.

위젯에서 배경을 배치하고자 background-position 속성을 사용할 수 있다. 이는 위젯의 원점 직사각형에서 동일한 점과 정렬될 이미지의 점을 정의한다. 기본적으로 원점 직사각형은 위젯의 패딩된 영역이다.

그림 4-16. 배경 위치의 예

따라서 center, center 위치는 이미지의 중심이 위젯의 중심과 두 축을 따라
정렬됨을 의미한다.

```
QPlainTextEdit {
    color: white;
    background-image: url(../otje.jpg);
    background-position: center center;
}
```

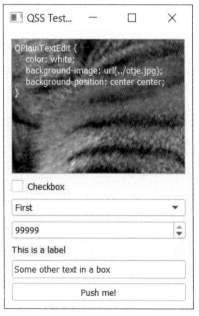

그림 4-17. 중앙의 배경 이미지

이미지의 오른쪽 하단을 위젯의 원래 직사각형 오른쪽 하단과 정렬하려면 다
음 명령을 사용한다.

```
QPlainTextEdit {
    color: white;
    background-image: url(../otje.jpg);
    background-position: bottom right;
}
```

원점 직사각형은 background-origin 속성을 사용해 수정할 수 있다. 이는 특정
상자를 배경 위치 정렬의 참조로 정의하는 margin, border, padding 또는 content
중 하나를 허용한다.

이것이 무엇을 의미하는지 이해하려면 위젯 상자 모델을 살펴봐야 한다.

위젯 상자 모델

상자 모델은 각 위젯을 둘러싸고 있는 상자(직사각형) 간의 관계와 이러한 상자
가 위젯의 크기나 레이아웃에 미치는 영향을 설명한다. 각 Qt 위젯은 content,
padding, border, margin 등과 같은 중심을 갖는 네 개의 상자로 둘러싸여 있다.

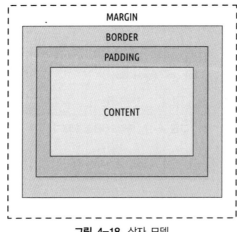

그림 4-18. 상자 모델

내부 상자의 크기를 늘리면 외부 상자의 크기가 증가한다. 예를 들어 위젯의 패딩을 늘리면 경계선 자체의 차원이 증가하는 동시에 경계선 내용 사이에 공간이 추가된다.

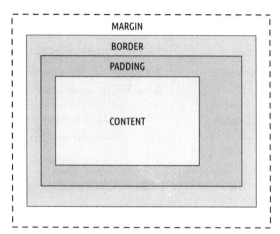

그림 4-19. 오른쪽에 패딩을 추가했을 때 다른 상자가 받는 영향

다양한 상자를 수정하는 데 사용할 수 있는 속성은 다음과 같다.

속성	타입(기본)	설명
border	Border	위젯의 테두리를 설정하기 위한 약식 표기법이다. 테두리 색상, 테두리 스타일, 테두리 너비를 지정하는 것과 동일하다. 또한 border-top, border-right, border-bottom, border-left가 있다.
border-color	Box Colors(QPalette Foreground)	모든 테두리 가장자리의 색상이다. 또한 특정 가장자리에 대해 border-top-color, border-right-color, border-bottom-color, border-left-color가 있다.
border-image	Border Image	테두리를 채우는 데 사용되는 이미지다. 이미지는 아홉 부분으로 자르고 필요한 경우 적절하게 늘어난다.

(이어짐)

속성	타입(기본)	설명
border-radius	Radius	테두리 모서리의 반경(곡선)이다. 또한 특정 모서리에 대한 border-top-left-radius, border-top-right-radius, border-bottom-right-radius, border-bottom-left-radius가 있다.
border-style	Border Style(none)	모든 테두리 가장자리의 스타일이다. 또한 특정 가장자리에 대해 border-top-style, border-right-style, border-bottom-style, border-left-style이 있다.
border-width	Box Lengths	테두리의 너비다. 또한 border-top-width, border-right-width, border-bottom-width, border-left-width가 있다.
margin	Box Lengths	위젯의 여백이다. 또한 margin-top, margin-right, margin-bottom, margin-left가 있다.
outline		객체의 테두리 주위에 그려진 윤곽선
outline-color	Color	윤곽선의 색상이다. 테두리 색상도 참조한다.
outline-offset	Length	위젯의 테두리에서 아웃라인의 오프셋
outline-style		윤곽을 그리는 데 사용되는 패턴을 지정한다. border-style도 참조한다.
outline-radius		윤곽선에 둥근 모서리를 추가한다. 또한 outline-bottom-left-radius, outline-bottom-right-radius, outline-top-left-radius, outline-top-right-radius` ".`padding, Box Lengths, " 위젯의 패딩이 있다. 또한 padding-top, padding-right, padding-bottom, padding-eft가 있다.

다음은 QPlainTextEdit 위젯의 여백, 테두리, 패딩을 수정하는 예제다.

```
QPlainTextEdit {
    margin: 10;
    padding: 10px;
    border: 5px solid red;
}
```

 유닛 단위 정리

이 예에서는 패딩과 테두리에 px 또는 픽셀 단위를 사용한다. 여백 값이 지정되지 않은 경우 기본 단위인 픽셀 단위다. 다음 구성 단위 중 하나를 사용할 수도 있다.

- px 픽셀
- pt 한 점의 크기(즉, 1/72인치)
- em 글꼴의 너비(즉, 'M' 너비)
- ex 글꼴의 너비(즉, 'x'의 높이)

QSS 테스터에서 결과를 보면 빨간색 테두리 안쪽의 패딩과 빨간색 테두리 바깥쪽의 여백을 볼 수 있다.

그림 4-20. 상자 모델

외곽선에 반지름을 추가해 곡선 모서리를 추가할 수도 있다.

```
QPlainTextEdit {
    margin: 10;
    padding: 10px;
    border: 5px solid red;
    border-radius: 15px;
}
```

그림 4-21. 15px 반경의 테두리(곡선)

위젯 크기 조정

QSS로 위젯 크기를 제어할 수 있다. 그러나 구체적인 너비와 높이 특성(나중에 참조)이 있지만 하위 컨트롤의 크기를 지정하는 데만 사용된다. 위젯을 제어하려면 대신 max- 및 min- 속성을 사용해야 한다.

속성	타입(기본)	설명
max-height	Length	위젯 또는 하위 컨트롤의 최대 높이
max-width	Length	위젯 또는 하위 컨트롤의 최대 너비
min-height	Length	위젯 또는 하위 컨트롤의 최소 높이
min-width	Length	위젯 또는 하위 컨트롤의 최소 너비

위젯보다 큰 최소 높이 속성을 제공하면 위젯이 확대된다.

```
QLineEdit {
    min-height: 50;
}
```

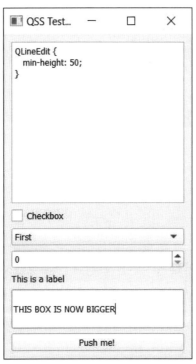

그림 4-22. QLineEdit에 min-height를 설정해서 확대

그러나 최소 높이를 설정할 때 위젯은 당연히 이보다 클 수 있다. 위젯의 정확한 크기를 지정하려면 치수의 최솟값과 최댓값을 모두 지정할 수 있다.

```
QLineEdit {
    min-height: 50;
    max-height: 50;
}
```

이렇게 하면 위젯이 이 높이로 잠겨 내용 변경에 따라 크기가 조정되지 않는다.

 위젯을 읽을 수 없게 만들 수 있으므로 이 항목을 사용할 때 주의하자.

특별한 위젯 스타일

지금까지 살펴본 스타일은 일반적이고 대부분의 위젯에서 사용할 수 있다. 그러나 설정할 수 있는 위젯 관련 속성도 많다.

속성	타입(기본)	설명
alternate-background-color	Brush(QPalette AlternateBase)	QAbstractItemView 서브클래스에서 사용되는 대체 배경색
background-attachment	Attachment(scroll)	뷰포트를 기준으로 QAbstractScrollArea의 배경 이미지가 스크롤되는지 고정되는지 여부를 결정
button-layout	Number(SH_ DialogButtonLayout)	QDialogButtonBox 또는 QMessageBox의 버튼 레이아웃이다. 가능한 값은 0(윈도우), 1(맥), 2(KDE), 3(Gnome), 5(안드로이드)가 있다.

(이어짐)

속성	타입(기본)	설명
dialogbuttonbox-buttons-have-icons	불리언	QDialogButtonBox의 버튼이 아이콘을 표시하는지 여부다. 이 속성이 1로 설정되면 QDialogButtonBox의 버튼은 아이콘을 표시한다. 0으로 설정하면 아이콘이 표시되지 않는다.
gridline-color	Color(SH_Table_GridLineColor)	QTableView의 격자선 색상
icon	Url+	위젯 아이콘이다. 현재 이 속성을 지원하는 유일한 위젯은 QPushButton이다.
icon-size	Length	위젯에 있는 아이콘의 너비와 높이
lineedit-password-character	숫자(SH_LineEdit_PasswordCharacter)	유니코드 숫자로서의 QLineEdit 암호 문자
lineedit-password-mask-delay	숫자(SH_LineEdit_PasswordMask Delay)	lineedit-password-character가 적용되기 전 QLineEdit 암호 마스크 지연(밀리초)
messagebox-text-interaction-flags	숫자(SH_MessageBox_TextInteractionFlags)	메시지 상자의 텍스트에 대한 상호작용 동작(Qt.TextInteractionFlags)
opacity	숫자(SH_ToolTipLabel_Opacity)	위젯의 불투명도(툴팁만) 0~255
paint-alternating-row-colors-for-empty-area	bool	QTreeView가 데이터 끝을 지나서 번갈아 행을 그리는지 여부
show-decoration-selected	불리언(SH_ItemView_ShowDecorationSelected)	QListView의 선택 항목이 전체 행을 덮는지 아니면 텍스트의 범위만 덮을지 제어
titlebar-show-tooltips-on-buttons	bool	도구 설명이 윈도우 제목 표시줄 버튼에 표시되는지 여부
widget-animation-duration	숫자	애니메이션 지속 시간(밀리초)

이는 설명에 지정된 위젯(또는 해당 하위 클래스)에만 적용된다.

타깃팅

다양한 QSS 속성을 보고 그 유형에 따라 위젯에 적용했다. 하지만 어떻게 개별 위젯을 대상으로 할 수 있으며 Qt는 어떤 규칙을 언제 어떤 위젯에 적용할 것인지 어떻게 결정할까? 다음은 QSS 규칙과 상속 효과를 대상으로 하는 다른 옵션을 알아보자.

타입	예	설명
Universal	*	모든 위젯에 매칭
Type	QPushButton	QPushButton 혹은 서브클래스의 인스턴스
Property	QPushButton[flat= "false"]	평평하지 않은 QPushButton의 인스턴스다. .toString()을 지원하는 모든 속성과 비교할 수 있다. class="classname"을 사용한다.
Property contains	QPushButton[property~="something"]	속성(QString의 리스트)이 주어진 값을 포함하지 않는 QPushButton의 인스턴스
Class	`.QPushButton	서브클래스를 제외한 QPushButton의 인스턴스
ID	QPushButton#okButton	객체 이름이 okButton인 QPushButton 인스턴스
Descendant	QDialog QPushButton	QDialog의 자손(자식, 손자 등)인 QPushButton의 인스턴스
Child	QDialog > QPushButton	QDialog의 직계 자식인 QPushButton의 인스턴스

이제 이러한 각 대상 지정 규칙을 차례대로 살펴보고 QSS 테스터와 함께 사용해본다.

타입

이미 QSS 테스터에서 타입 타깃팅^{type targeting}이 동작하는 것을 살펴봤다. 여기서는 `QComboBox`나 `QLineEdit`와 같은 개별 위젯의 타입 이름에 대해 규칙을 지정했다.

그림 4-23. QComboBox를 지정해도 관련 없는 다른 유형에는 영향이 없다.

그러나 이러한 방식의 타깃팅 유형은 해당 유형의 하위 클래스도 대상으로한다. 예를 들어 `QAbstractButton`을 대상으로 해서 파생되는 모든 유형을 대상으로 지정할 수 있다.

```
QAbstractButton {
    background: orange;
}
```

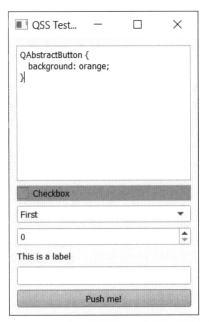

그림 4-24. QAbstractButton을 타깃팅하면 모든 하위 클래스에 영향을 준다.

이 동작은 QWidget을 사용해 모든 위젯을 대상으로 지정할 수 있음을 의미한다. 예를 들어 다음은 모든 위젯의 배경을 빨간색으로 설정한다.

```
QWidget {
    background: red;
}
```

그림 4-25. 부모 클래스를 통한 QSS 선택

클래스

그러나 하위 클래스가 아닌 특정 클래스의 위젯만 대상으로 지정하는 경우가 있다. 이렇게 하려면 타입명에 .을 추가해 클래스 타깃팅을 사용할 수 있다.

다음은 **QWidget**의 인스턴스를 대상으로 하지만 **QWidget**에서 파생된 클래스는 대상으로 하지 않는다. QSS 테스터에서 유일한 **QWidget**은 레이아웃을 유지하는 데 사용되는 중앙 위젯이다. 따라서 다음은 해당 컨테이너 위젯의 배경을 주황색으로 변경한다.

```
.QWidget {
    background: orange;
}
```

그림 4-26. 특정 클래스를 대상으로 하는 것은 하위 클래스를 대상으로 하지 않는다.

ID 타깃팅

모든 Qt 위젯은 이들을 고유하게 식별하는 객체 이름을 갖고 있다. Qt 디자이너에서 위젯을 작성할 때 객체 이름을 사용해 상위 윈도우에서 객체를 사용할 수 있는 이름을 지정한다. 그러나 이 관계는 편의상 이뤄지며 위젯에 사용할 객체 이름을 자체 코드에서 설정할 수 있다. 그런 다음 이 이름을 사용해 QSS 규칙을 특정 위젯으로 직접 지정할 수 있다.

QSS 테스터 앱에서 QComboBox와 QLineEdit에 ID를 설정해 테스트한다.

```
combo.setObjectName('thecombo')
le.setObjectName('mylineedit')
```

[property="⟨value⟩"] 속성

문자열로 사용할 수 있는 위젯 속성(또는 .toString() 메서드가 있는 값)을 기준으로 해서 위젯을 대상으로 지정할 수 있다. 이는 위젯에서 상당히 복잡한 상태를 정의하는 데 사용할 수 있다.

다음은 텍스트 레이블로 QPushButton을 타깃팅하는 간단한 예다.

```
QPushButton[text="Push me!"] {
    background: red;
}
```

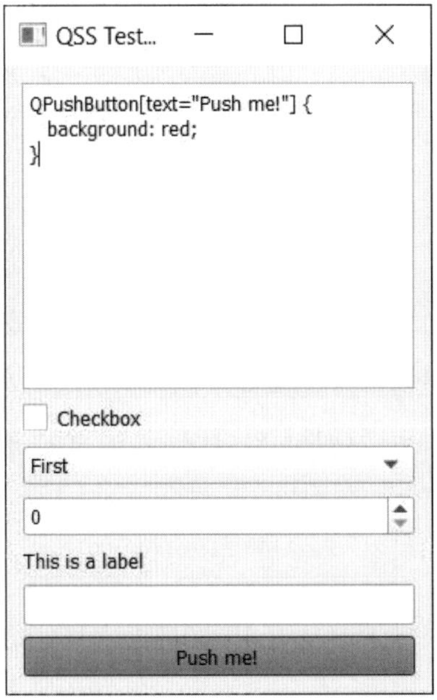

그림 4-27. 레이블 텍스트로 QPushButton 타깃팅

표시되는 텍스트에 따라 위젯을 대상으로 지정하는 것은 일반적으로 좋지 않은 생각이다. 애플리케이션을 변환하거나 레이블을 변경할 때 버그가 발생하기 때문이다.

스타일시트가 처음 설정될 때 위젯에 규칙이 적용되고 속성 변경에 응답하지 않는다. QSS 규칙의 대상 특성을 수정한 경우 스타일시트를 다시 설정하는 등의 방법으로 스타일시트를 다시 트리거해야 적용된다.

자손

지정된 위젯 유형의 하위 항목을 대상으로 위젯을 서로 연결할 수 있다. 다음은 QMainWindow의 자식 항목인 QComboBox를 타깃팅하는 예제다(즉, 직계 자식인지 또는 다른 위젯이나 레이아웃에 중첩된 항목인지 여부).

```
QMainWindow QComboBox {
    background: yellow;
}
```

그림 4-28. QMainWindow의 자식인 QComboBox 타깃팅

모든 자손 항목을 대상으로 지정하려면 전역 선택기를 타깃팅의 최종 요소로 사용할 수 있다. 또한 앱에서 해당 계층이 있는 대상으로 여러 유형을 함께 연결할 수 있다.

```
QMainWindow QWidget * {
    background: yellow;
}
```

QSS 테스터 애플리케이션에는 레이아웃을 포함하는 **QWidget** 중앙 위젯과 함께 외부 **QMainWindow**가 있으며 이 레이아웃에 위젯이 있다. 따라서 위의 규칙은 개별 위젯(모두 QMainWindow QWidget을 부모로 함)과 일치한다.

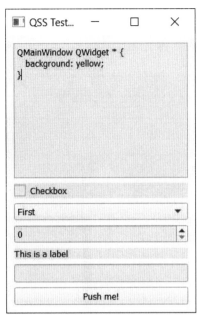

그림 4-29. QMainWindow의 자식 QComboBox 대상 지정

자식 〉

〉 선택기를 사용해 다른 위젯의 직계 하위 위젯을 대상으로 지정할 수도 있다. 이는 정확한 계층 구조가 있는 곳에만 일치한다.

예를 들어 다음은 QMainWindow의 직계 자식인 QWidget 컨테이너만 대상으로 한다.

```
QMainWindow > QWidget {
    background: green;
}
```

그러나 QSS 앱에서 **QComboBox** 위젯은 **QMainWindow**의 직계 자식이 아니기 때문에 다음 사항은 일치하지 않는다.

```
QMainWindow > QComboBox { /* 일치하는 것이 없음 */
    background: yellow;
}
```

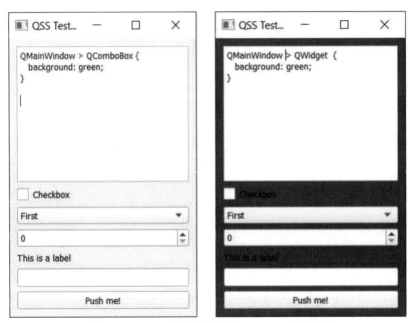

그림 4-30. QWidget의 직계 자식인 QComboBox 대상 지정

상속

스타일시트는 **QApplication**과 위젯에 적용할 수 있으며 스타일링된 위젯과 모든 하위 위젯에 적용된다. 위젯의 효과적인 스타일시트는 **QApplication** 자체의 스타일시트와 모든 상위 항목의 스타일시트를 결합해 결정한다.

규칙은 정의된 순으로 적용된다. 즉, ID별로 특정 위젯을 대상으로 하는 규칙은 해당 유형의 모든 위젯을 대상으로 하는 규칙을 재정의한다. 예를 들어 다음은 QSS 테스터 앱에서 QLineEdit의 배경을 파란색으로 설정한다. 특정 ID가 일반 위젯 규칙을 무시한다.

```
QLineEdit#mylineedit {
    background: blue;
}

QLineEdit {
    background: red;
}
```

그림 4-31. 특정 ID 타깃팅이 일반 위젯 타깃팅보다 우선한다.

두 가지 규칙이 상충되는 경우 위젯의 스타일시트가 상속된 스타일보다 우선시되고 더 가까운 조상(예, 부모)이 조부모보다 우선시된다.

상속되지 않은 속성

위젯은 특히 위젯을 대상으로 하는 규칙의 영향만 받는다. 부모에게 규칙을 설정할 수 있지만 규칙이 영향을 미치려면 대상 위젯을 참조해야 한다. 다음 규칙을 따른다.

```
QLineEdit {
   background: red;
}
```

QMainWindow에서 설정하면 해당 윈도우의 모든 QLineEdit 객체는 빨간색 배경으로 표시된다(다른 규칙은 없다고 가정함). 그러나 다음 항목이 설정된 경우 QMainWindow 자체만 빨간색 배경으로 설정된다.

```
QMainWindow {
   background: red;
}
```

배경색 자체는 자식 위젯에 적용되지 않는다.

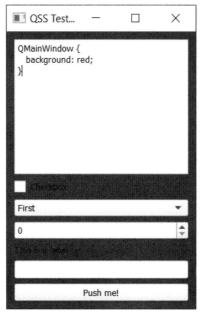

그림 4-32. QSS 속성은 자식에게 전파되지 않는다.

ℹ️ 그러나 자식 위젯의 배경이 투명한 경우 빨간색이 표시된다.

일치되는 규칙의 대상이 아닌 경우 위젯은 각 속성에 대해 기본 시스템 스타일 값을 사용한다. 위젯은 부모 위젯 심지어 복합 위젯 내부에서도 스타일 특성을 이어받지 않으며 위젯이 영향을 받으려면 규칙의 대상이 돼야 한다.

ℹ️ 이는 요소가 부모로부터 값을 물려받을 수 있는 CSS와는 대조적이다.

의사 선택기

지금까지 위젯의 기본 모양을 변경하는 특성을 사용한 정적 스타일링을 알아 봤다. 그러나 QSS를 사용하면 동적 위젯 상태에 따라 스타일을 지정할 수도 있다. 예를 들어 버튼을 마우스로 가리킬 때 나타나는 강조 표시다. 강조 표시 는 위젯에 포커스가 있음을 나타내며 위젯을 누르면 응답한다.

사용성(데이터 라인 강조 표시 또는 특정 탭)에서 데이터 계층 시각화에 이르기까 지 능동적인 스타일링을 위한 많은 것이 있다. 이들은 모두 QSS의 의사 선택기 pseudo-selectors를 사용해 수행할 수 있다. 의사 선택기는 QSS 규칙을 특정 상황에 서만 적용하게 한다.

위젯에 적용할 수 있는 의사 선택기는 매우 다양하다. 일부는 :hover처럼 일반 적이며 모든 위젯과 함께 사용할 수 있고 다른 일부는 위젯에 따라 다르다. 전체 리스트는 다음과 같다.

의사 상태	설명
:active	위젯이 활성 윈도우의 일부다.
:adjoins-item	QTreeView의 ::branch는 항목에 인접한다.
:alternate	QabstractItemView의 행을 페인팅할 때 모든 대체 행에 대해 설정한다 (QabstractItemView.alternatingRowColors()는 참이다).
:bottom	하단에 위치를 지정한다(예, 하단에 탭이 있는 QTabBar).
:checked	체크된 항목이다(예, QAbstractButton의 체크된 상태).
:closable	항목을 닫을 수 있다(예, QDockWidget은 QDockWidget.DockWidgetClosable 활성화).
:closed	항목이 닫힘 상태다(예, QtreeView에 확장되지 않는 항목).
:default	항목이 디폴트 동작이다(예, 기본 QPushButton 또는 QMenu 디폴트 동작).

(이어짐)

의사 상태	설명
:disabled	항목을 비활성화한다.
:editable	편집 가능한 QcomboBox다.
:enabled	항목을 활성화한다.
:exclusive	항목은 배타적 그룹의 일부다(예, 배타적 QActionGroup의 메뉴 항목).
:first	항목이 리스트의 첫 번째 항목이다(예, QtabBar의 첫 번째 탭).
:flat	항목이 플랫하다(예, 플랫한 QpushButton).
:floatable	항목은 플로팅 가능하다(예, QDockWidget.DockWidgetFloatable 활성화).
:focus	항목에 입력 포커스를 지정한다.
:has-children	항목에 자식이 있다(예, 자식 항목을 갖는 QTreeView).
:has-siblings	항목에 형제가 있다(예, 형제를 갖는 QTreeView의 항목).
:horizontal	항목이 수평 방향이다.
:hover	항목 위에 마우스를 호버링(hovering)한다.
:indeterminate	항목에 불확실한 상태에 있다(예, 부분적으로 체크된 QCheckBox 혹은 QRadioButton).
:last	리스트의 마지막 항목이다(예, QTabBar의 마지막 탭).
:left	좌측에 위치한 항목이다(예, 탭 왼쪽에 위치한 QTabBar).
:maximized	최대화된 항목이다(예, 최대화된 QMdiSubWindow).
:middle	리스트 중간의 항목이다(예, QTabBar에서 처음이나 끝이 아닌 탭바).
:minimized	최소화된 항목이다(예, 최소화된 QMdiSubWindow).
:movable	이동 가능한 항목이다(예, QDockWidget.DockWidgetMovable 활성화).
:no-frame	프레임 없는 항목이다(예, 프레임 없는 QSpinBox 또는 QLineEdit).
:non-exclusive	항목이 비배타적인 그룹의 일부다(예, 비배타적 QActionGroup의 메뉴 항목).

(이어짐)

의사 상태	설명
:off	토글 가능한 항목은 'off' 상태의 항목에 적용한다.
:on	토글 가능한 항목은 'on' 상태의 위젯에 적용한다.
:only-one	리스트에서 단 하나의 항목이다(예, QTabBar의 단일 탭).
:open	열린 상태의 항목이다(예, 오픈 메뉴의 QTreeView, QComboBox, QPushButton 의 확장 항목).
:next-selected	선택된 다음 항목이다(예, 선택된 탭바는 이 항목의 다음이다).
:pressed	마우스를 사용해서 눌려진 항목이다.
:previous-selected	선택된 이전 항목이다(예, 선택한 탭 옆에 있는 QTabBar의 탭).
:read-only	읽기 전용 혹은 편집 불가능한 항목이다(예, 읽기 전용 QLineEdit 또는 편집 불가능한 QComboBox).
:right	오른쪽에 위치한 항목이다(예, 오른쪽에 탭이 있는 QTabBar).
:selected	선택된 항목이다(예, QTabBar에서 선택된 탭 또는 QMenu에서 선택된 항목).
:top	위에 위치한 항목이다(예, 상단에 탭이 있는 QTabBar).
:unchecked	체크되지 않은 항목이다.
:vertical	수직 방향의 항목이다.
:window	위젯은 윈도우다(예, 최상위 위젯).

QSS 테스터를 사용해 의사 선택기가 작동하는 것을 확인할 수 있다. 예를 들어 다음은 마우스가 위젯 위에 있을 때 QPushButton의 배경이 빨간색으로 변경된다.

```
QPushButton:hover {
    background: red;
}
```

다음은 모든 위젯이 검색될 때 배경을 변경한다.

```
*:hover {
    background: red;
}
```

위젯을 가리킨다는 것은 다음 이미지와 같이 위젯의 모든 상위 항목도 가리킨다는 것을 의미한다(마우스는 경계 상자 안에 있음).

 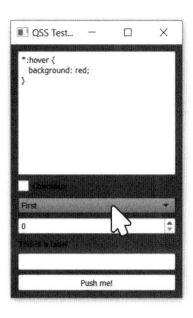

그림 4-33. 왼쪽은 마우스를 가져가면 QPushButton이 강조 표시된다.
오른쪽은 위젯이 호버링되면 모든 상위 위젯도 호버링된다.

!를 사용해 의사 선택기를 무효화할 수도 있다. 이는 해당 선택기가 비활성화될 때 규칙이 활성화됨을 의미한다. 예를 들어 다음과 같다.

```
QPushButton:!hover {
    background: yellow;
}
```

호버링하지 않을 때 `QPushButton`을 노란색으로 만든다.

여러 의사 선택기를 함께 엮을 수도 있다. 예를 들어 다음은 `QCheckBox`를 선택하고 호버링하지 않을 때 배경을 녹색으로 설정하고, 체크하고 호버링할 때 노란색으로 설정한다.

```
QCheckBox:checked:!hover {
    background: green;
}

QCheckBox:checked:hover {
    background: yellow;
}
```

그림 4-34. 호버 상태에 연결된 의사 선택기

다른 모든 규칙과 마찬가지로 ',' 구분 기호를 사용해 정의된 규칙이 두 가지(또는 많은) 경우에 모두 적용되도록 연결할 수도 있다. 예를 들어 다음은 checked나 hovered를 선택하면 체크박스 배경을 녹색으로 설정한다.

```
QCheckBox:checked, QCheckBox:hover {
    background: yellow;
}
```

하위 컨트롤 위젯 스타일링

많은 위젯은 다른 하위 위젯이나 컨트롤의 조합으로 구성된다. QSS는 이러한 하위 컨트롤의 주소를 직접 지정하기 위한 구문을 제공하므로 하위 컨트롤의 스타일을 개별적으로 변경할 수 있다. 이러한 하위 컨트롤은 ::(이중 콜론) 선택기를 사용해 주소를 지정할 수 있으며 그 뒤에 지정된 하위 컨트롤의 식별자가 온다.

이런 위젯의 좋은 예는 QComboBox이다. 다음 스타일 코드는 콤보 상자의 오른쪽에 있는 드롭다운 화살표에 직접 사용자 지정 스타일을 적용한다.

```
QComboBox::drop-down {
    background: yellow;
    image: url('puzzle.png')
}
```

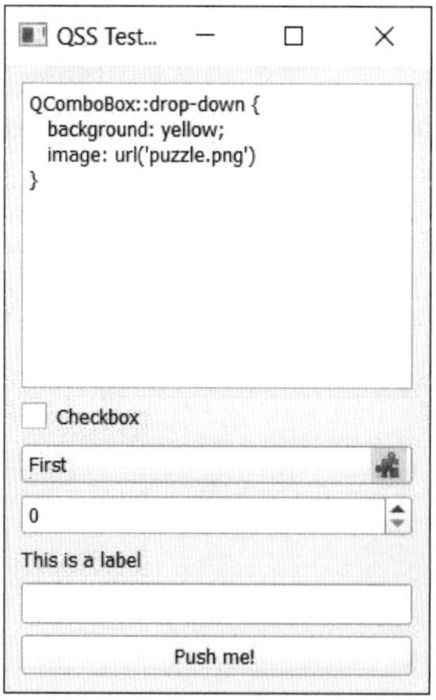

그림 4-35. QSS를 사용해 QComboBox 드롭다운에 대한 배경과 아이콘 설정.

QSS에서 사용할 수 있는 하위 제어 선택기가 다음에 나열돼 있다. 그중 많은 것이 특정 위젯(또는 위젯 유형)에만 적용된다는 것을 알 수 있다.

하위 컨트롤	설명
::add-line	QScrollBar에서 다음 줄로 이동하는 버튼
::add-page	QScrollBar의 add-line과 핸들 사이의 공간
::branch	QTreeView의 브랜치 인디케이터
::chunk	QProgressBar의 진행 묶음
::close-button	QDockWidget의 닫힘 버튼이나 QTabBar 탭
::corner	QAbstractScrollArea의 두 스크롤바 사이 모서리
::down-arrow	QComboBox, QHeaderView, QScrollBar, QSpinBox의 아래쪽 화살표
::down-button	QScrollBar, QSpinBox의 아래쪽 버튼
::drop-down	QComboBox의 드롭다운 버튼
::float-button	QDockWidget의 플로팅 버튼
::groove	QSlider의 그루브
::indicator	QAbstractItemView, QCheckBox, QRadioButton, 선택 가능한 QMenu 항목이나 선택 가능한 QGroupBox의 인디케이터
::handle	QScrollBar, QSplitter, QSlider의 핸들
::icon	QAbstractItemView, QMenu 아이콘
::item	QAbstractItemView, QMenuBar, QMenu, QStatusBar의 항목
::left-arrow	QScrollBar의 왼쪽 화살표
::left-corner	QTabWidget의 왼쪽 모서리(예, QTabWidget의 좌측 모서리 컨트롤)
::menu-arrow	메뉴의 QToolButton 화살표
::menu-button	QToolButton의 메뉴 버튼

(이어짐)

하위 컨트롤	설명
::menu-indicator	QPushButton의 메뉴 인디케이터
::right-arrow	QMenu 또는 QScrollBar의 오른쪽 화살표
::pane	QTabWidget의 프레임
::right-corner	QTabWidget의 오른쪽 모서리(예를 들어 이 컨트롤을 사용해 QTabWidget에서 오른쪽 모서리 위젯의 위치를 제어할 수 있다)
::scroller	QMenu 혹은 QTabBar 스크롤러
::section	QHeaderView의 섹션
::separator	QMenu 또는 QMainWindow 구분자
::sub-line	QScrollBar의 줄을 빼는 버튼
::sub-page	핸들(슬라이더)과 QScrollBar의 하위 라인 사이 영역
::tab	QTabBar 혹은 QToolBox의 탭
::tab-bar	QTabWidget의 탭 표시줄. 이 하위 컨트롤은 QTabWidget 내부의 QTabBar 위치를 제어하기 위해서만 존재한다. 탭의 스타일을 지정하려면 ::tab 하위 컨트롤을 사용한다.
::tear	QTabBar의 tear 인디케이터
::tearoff	QMenu의 tearoff 인디케이터
::text	QAbstractItemView의 텍스트
::title	QGroupBox 또는 QDockWidget의 제목
::up-arrow	QHeaderView(정렬 인디케이터), QScrollBar, QSpinBox의 위쪽 화살표
::up-button	QSpinBox의 위로 버튼

다음은 배경을 각각 빨간색과 녹색으로 바꾸는 QSpinBox의 위, 아래 버튼을 대상으로 한다.

```
QSpinBox::up-button {
    background: green;
}


QSpinBox::down-button {
    background: red;
}
```

그림 4-36. QSpinBox의 위, 아래 버튼에 배경 설정

위, 아래 버튼 내부의 화살표도 별도로 지정할 수 있다. 다음 코드에서는 사용자 정의 더하기 및 빼기 아이콘으로 설정한다. 버튼 크기도 그에 맞게 조정해야 한다.

```
QSpinBox {
    min-height: 50;
}

QSpinBox::up-button {
    width: 50;
}

QSpinBox::up-arrow {
    image: url('plus.png');
}

QSpinBox::down-button {
    width: 50;
}

QSpinBox::down-arrow {
    image: url('minus.png')
}
```

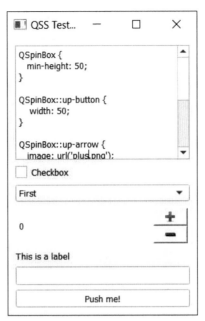

그림 4-37. QSpinBox의 위쪽 및 아래쪽 버튼으로 배경을 설정

하위 컨트롤 의사 상태

다른 위젯과 마찬가지로 의사 상태를 사용해 하위 컨트롤을 대상으로 지정할 수 있다. 이를 위해 컨트롤 뒤에 의사 상태를 연결하기만 하면 된다. 예를 들면 다음과 같다.

```
QSpinBox::up-button:hover {
    background: green;
}

QSpinBox::down-button:hover {
    background: red;
}
```

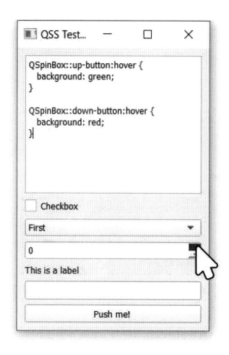

그림 4-38. 하위 컨트롤 선택기와 의사 선택기의 결합

하위 컨트롤 위치 조정

QSS를 사용하면 위젯 내부의 하위 컨트롤 위치를 정밀하게 제어할 수도 있다. 이를 통해 정상 위치에 상대적인 위치나 상위 위젯에 대한 절대 참조로 위치를 조정할 수 있다. 다음은 이러한 위치 지정 방법이다.

속성	타입(기본)	설명
position	relative | absolute (relative)	왼쪽, 오른쪽, 위쪽, 아래쪽을 사용해 지정된 오프셋이 상대 좌표인지 절대 좌표인지 여부다.

(이어짐)

속성	타입(기본)	설명
bottom	길이	상대 위치인 경우(기본값) 특정 오프셋만큼 하위 컨트롤을 위로 이동한다. bottom: y를 지정하는 것은 top: -y를 지정하는 것과 같다. 절대 위치인 경우 bottom 속성은 부모의 아래쪽 가장자리를 기준으로 하위 컨트롤의 아래쪽 가장자리를 지정한다(subcontrol-origin 참조).
left	길이	position=relative면 지정된 오프셋만큼 하위 컨트롤을 오른쪽으로 이동한다(즉, 왼쪽에 추가 공간을 지정함). 절대 위치면 부모의 왼쪽 가장자리로부터의 거리를 지정한다.
right	길이	position=relative면 지정된 오프셋만큼 하위 컨트롤을 왼쪽으로 이동한다(즉, 오른쪽에 추가 공간 지정). 절대 위치면 부모의 오른쪽 가장자리로부터의 거리를 지정한다.
top	길이	position=relative면 하위 컨트롤을 지정된 오프셋 아래로 이동한다(즉, 상단에 추가 공간 지정). 절대 위치면 부모의 위쪽 가장자리로부터의 거리를 지정한다.

기본적으로 위치 지정은 상대적이다. 이 모드에서 왼쪽, 오른쪽, 위쪽, 아래쪽 속성은 각 측면에 추가할 추가 공간을 정의한다. 이는 다소 혼란스럽게도 왼쪽이 위젯 오른쪽으로 이동한다는 것을 의미한다.

 기억을 돕고자 '왼쪽에 공백 추가'로 생각하자.

```
QSpinBox {
    min-height: 100;
}

QSpinBox::up-button {
    width: 50;
}
```

```
QSpinBox::down-button {
    width: 50;
    left: 5;
}
```

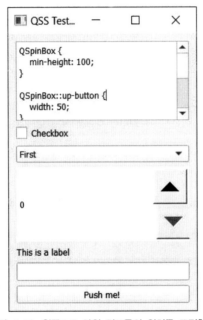

그림 4-39. 왼쪽으로 하위 컨트롤의 위치를 조정한다.

절대 위치로 설정되면 왼쪽, 오른쪽, 위쪽, 아래쪽 속성은 위젯 및 위젯 부모의
동일한 가장자리 사이 간격을 정의한다. 따라서 예를 들어 **top: 5, left:** 5는
위젯의 위치를 지정해 위쪽 및 왼쪽 가장자리가 부모의 위쪽 및 왼쪽 가장자리
에서 5픽셀 떨어져 있게 한다.

```
QSpinBox {
    min-height: 100;
```

```
}

QSpinBox::up-button {
    width: 50;
}

QSpinBox::down-button {
    position: absolute;
    width: 50;
    right: 25;
}
```

다음 그림에서 절대 위치를 사용해 아래쪽 버튼을 오른쪽에서 25픽셀 떨어진
위치에 배치한 효과를 볼 수 있다.

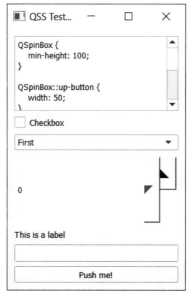

그림 4-40. 하위 컨트롤의 절대 위치를 조정한다.

가장 실용적인 예는 아니지만 이러한 방식으로 하위 컨트롤을 배치하는 데
대한 한 가지 제약을 보여준다. 즉, 부모의 경계 상자 밖에 하위 컨트롤을 배치
할 수 없다.

하위 컨트롤 스타일

마지막으로 스타일 지정을 위해 하위 컨트롤을 구체적 대상으로 하는 QSS 속
성이 많다. 다음은 영향을 받는 특정 위젯과 컨트롤에 대한 설명이다.

속성	타입(기본)	설명
image	Url+	하위 컨트롤의 콘텐츠 사각형에 그려지는 이미지다. 하위 컨트롤에서 이미지 속성을 설정하면 하위 컨트롤의 너비와 높이가 암시적으로 설정된다(이미지가 SVG가 아닌 경우).
image-position	정렬	이미지를 정렬한다. 이미지의 위치는 상대 또는 절대 위치를 사용해 지정한다. 설명은 상대 및 절대를 참조한다.
height	길이	하위 컨트롤의 높이다. 고정 높이의 위젯을 원하면 최소 높이와 최대 높이를 같은 값으로 설정한다.
spacing	길이	위젯의 내부 공간이다.
subcontrol-origin	Origin(패딩)	부모 요소 내 하위 컨트롤의 기본 사각형이다.
subcontrol-position	정렬	하위 컨트롤 원점에서 지정한 원점 직사각형 내에서 하위 컨트롤을 정렬한다.
width	길이	하위 컨트롤의 너비다. 고정된 너비의 위젯을 사용하려면 최소 너비와 최대 너비를 동일한 값으로 설정한다.

Qt 디자이너에서 스타일시트 편집

지금까지 살펴본 예제는 코드를 사용해 위젯에 QSS를 적용했다. 그러나 Qt 디자이너 내에서 위젯에 스타일시트를 설정할 수도 있다.

Qt 디자이너의 위젯에 QSS 스타일시트를 설정하려면 위젯을 마우스 오른쪽 버튼으로 클릭하고 컨텍스트 메뉴에서 Change stylesheet...을 선택한다.

그림 4-41. QSS 편집기에서 위젯 접근

그러면 QSS 규칙을 텍스트로 입력할 수 있는 다음 윈도우가 열리고 이 위젯(및 규칙과 일치하는 모든 하위 항목)에 적용된다.

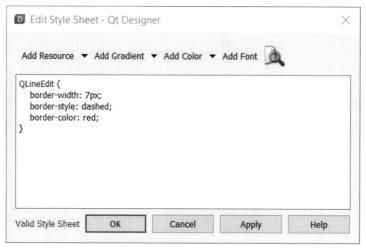

그림 4-42. Qt 디자이너의 QSS 편집기

규칙을 텍스트로 입력할 뿐만 아니라 Qt 디자이너의 QSS 편집기를 사용하면 리소스 조회 도구, 색상 선택 위젯, 그래디언트 디자이너에 액세스할 수 있다. 이 도구(아래 표시)는 규칙에 추가할 수 있는 여러 내장 그래디언트를 제공하지 만 원하는 경우 그래디언트를 사용자 정의할 수도 있다.

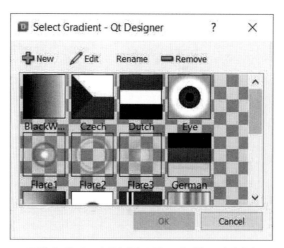

그림 4-43. Qt 디자이너의 QSS 그래디언트 디자이너

그래디언트는 QSS 규칙을 사용해 정의되므로 원하는 경우 재사용하려고 다른 곳에 복사해 붙여 넣을 수 있다(코드 포함).

리스트 4-4. QSS qlineargradient 규칙을 사용하는 더치 플래그

```
QWidget {
background: qlineargradient(spread:pad, x1:0, y1:0, x2:0, y2:1, stop :0
rgba(255, 0, 0, 255), stop:0.339795 rgba(255, 0, 0, 255), stop :0.339799 rgba(255,
255, 255, 255), stop:0.662444 rgba(255, 255, 255, 255), stop:0.662469 rgba(0, 0,
255, 255), stop:1 rgba(0, 0, 255, 255))
}
```

그림 4-44. Qt 디자이너의 QWidget에 적용된 '더치 플래그(Dutch flag)' QSS 그래디언트

5

모델 뷰 아키텍처

> ... 적절한 디자인으로 저렴하게 기능을 제공한다.
>
> – 데니스 리치

PyQt6으로 더 복잡한 애플리케이션을 구축하기 시작하면 위젯을 데이터와 동기화 상태로 유지하는 데 문제가 발생할 수 있다.

위젯에 저장된 데이터(예, 간단한 QListWidget)는 파이썬에서 조작하기 쉽지 않다. 변경하려면 항목을 가져와서 데이터를 얻은 다음 다시 설정해야 한다. 이에 대한 기본 솔루션은 파이썬에서 외부 데이터 표현을 유지한 다음 데이터와 위젯 모두에 대한 업데이트를 복제하거나 데이터에서 전체 위젯을 다시 작성하는 것이다. 더 큰 데이터로 작업하기 시작하면 이 접근 방식이 애플리케이션의 성능에 영향을 미치기 시작할 수 있다.

고맙게도 Qt에는 이에 대한 솔루션인 ModelViews가 있다. ModelViews는 표준화된 모델 인터페이스를 사용해 간단한 데이터 구조에서 외부 데이터베이스에 이르기까지 데이터 소스와 상호작용하는 표준 디스플레이 위젯에 대한 강력한 대안이다. 이를 통해 데이터가 분리된다. 즉, 원하는 구조로 데이터를 유지할 수 있으며 뷰는 프레젠테이션과 업데이트를 처리한다.

5장에서는 Qt의 모델 뷰^{ModelView} 아키텍처의 주요 측면을 소개하고 이를 사용해 PyQt6에서 간단한 데스크톱 할 일^{todo} 애플리케이션을 만든다.

5.1 모델 뷰 아키텍처: 모델 뷰 컨트롤러

MVC[Model-View-Controller]는 사용자 인터페이스 개발에 사용되는 아키텍처 패턴이다. 애플리케이션을 상호 연결된 세 부분으로 나눠 데이터의 내부 표현을 사용자에게 표시하고 사용자로부터 받아들이는 방식으로 분리한다.

MVC 패턴은 인터페이스를 다음 구성 요소로 나눈다.

- 모델은 앱이 작업하는 데이터 구조를 가진다.

- 뷰는 그래픽이든 테이블이든 사용자에게 표시되는 정보의 표현이다. 동일한 데이터에 여러 뷰가 허용된다.

- 컨트롤러는 사용자의 입력을 받아 명령으로 변환하고 이를 모델이나 뷰에 적용한다.

Qt에서는 뷰와 컨트롤러의 구분이 약간 모호해진다. Qt는 OS를 통해 사용자로부터 입력 이벤트를 수락하고 이를 처리할 위젯(컨트롤러)에 위임한다. 그러나 위젯은 사용자에게 자신의 상태를 표시하는 것도 처리해 뷰에 바로 배치한다. 선을 그릴 위치에 대해 고민하는 대신 Qt에서 뷰와 컨트롤러는 함께 병합돼 Model/ViewController 아키텍처를 만든다(단순함을 위해 'Model View'라고 함).

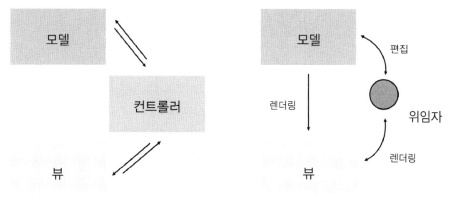

모델 뷰 컨트롤러 아키텍처　　　　　　　　Qt의 모델/뷰 아키텍처

그림 5-1. MVC 모델과 Qt 모델/뷰 아키텍처 비교

중요한 것은 데이터와 데이터가 표시되는 방식 간의 구분이 유지된다는 것이다.

모델 뷰

모델은 데이터 저장소와 ViewController 간의 인터페이스 역할을 한다. 모델은 데이터(또는 이에 대한 참조)를 저장하고 뷰를 사용해서 사용자에게 제공하는 표준화된 API를 통해 이 데이터를 제공한다. 다중 뷰는 완전히 다른 방식으로 동일한 데이터를 공유할 수 있다.

예를 들어 표준 파이썬 리스트, 딕셔너리 또는 데이터베이스(Qt 자체 또는 SQLAlchemy를 통해)를 포함해 모델에 '데이터 저장소'를 사용할 수 있다. 이는 전적으로 사용자에게 달려 있다.

두 부분은 본질적으로 다음을 담당한다.

1. 모델은 데이터나 이에 대한 참조를 저장하고 개별 또는 레코드 범위 및 관련 메타데이터 또는 표시 지침을 반환한다.

2. 뷰는 모델에서 데이터를 요청하고 위젯에 반환된 내용을 표시한다.

5.2 간단한 모델 뷰: 할 일 리스트

모델 뷰를 실제로 사용하는 방법을 보여주고자 데스크톱 할 일 리스트의 매우 간단한 구현을 함께 만든다. 항목 리스트를 위한 QListView, 새 항목을 입력하기 위한 QLineEdit, 항목을 추가, 삭제 또는 완료로 표시하는 버튼 세트로 구성된다.

 이 예제의 파일은 소스코드에 있다.

UI 구성

간단한 UI는 Qt 크리에이터를 사용해 배치하고 mainwindow.ui로 저장했다. .ui 파일은 이 책의 다운로드에 포함돼 있다.

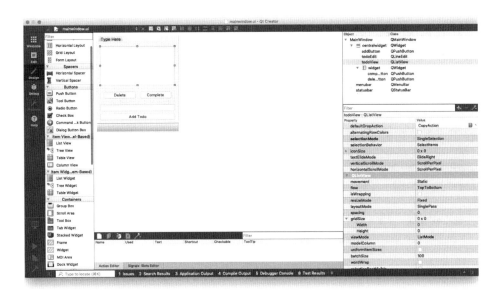

그림 5-2. Qt 크리에이터에서 UI 디자인하기

.ui 파일은 커맨드라인 도구를 사용해 앞에서 설명한 대로 파이썬 파일로 변환했다.

이는 Qt 디자이너에서 설계된 사용자 정의 윈도우 클래스를 포함하는 MainWindow.py 파일을 생성한다. 정상적으로 애플리케이션 코드에서 가져올 수 있다. UI를 표시하는 기본 스켈레톤 앱은 다음과 같다.

리스트 5-1. model-views/todo_skeleton.py

```python
import sys

from PyQt6 import QtCore, QtGui, QtWidgets
from PyQt6.QtCore import Qt

from MainWindow import Ui_MainWindow
```

```python
class MainWindow(QtWidgets.QMainWindow, Ui_MainWindow):
    def __init__(self):
        super().__init__()
        self.setupUi(self)


app = QtWidgets.QApplication(sys.argv)

window = MainWindow()
window.show()

app.exec()
```

🚀 **Run it!** 실행하면 아직 아무것도 작동하지 않지만 윈도우가 나타난다.

그림 5-3. 메인 윈도우

인터페이스의 위젯에는 다음 표에 표시된 ID가 할당됐다.

객체 이름	타입	설명
todoView	QListView	현재 할 일 리스트
todoEdit	QLineEdit	새로운 할 일 리스트를 위한 텍스트 입력
addButton	QPushButton	할 일 리스트에 추가되는 새로운 할 일 생성
deleteButton	QPushButton	현재 선택된 할 일을 삭제하고 할 일 리스트에서 제거
completeButton	QPushButton	현재 선택된 할 일을 완료 표시

나중에 이 식별자를 사용해 애플리케이션 로직을 연결한다.

모델

기본 구현에서 서브클래싱해 사용자 정의 모델을 정의해 모델 고유의 부분에 집중할 수 있다. Qt는 리스트, 트리, 테이블(스프레드시트에 이상적)을 포함한 다양한 모델 기반을 제공한다.

이 예에서는 결과를 QListView에 표시한다. 이에 대해 일치하는 기본 모델은 QAbstractListModel이다. 모델의 개요 정의는 다음과 같다.

리스트 5-2. model-views/todo_1.py

```python
class TodoModel(QtCore.QAbstractListModel):
    def __init__(self, todos=None):
        super().__init__()
        self.todos = todos or []

    def data(self, index, role):
        if role == Qt.ItemDataRole.DisplayRole:
```

```
        status, text = self.todos[index.row()]
        return text

    def rowCount(self, index):
        return len(self.todos)
```

.todos 변수는 데이터 저장소다. **rowcount()**와 **data()** 메서드는 리스트 모델에 대해 구현해야 하는 표준 모델 메서드다. 차례로 살펴보자.

.todos 리스트

모델의 데이터 저장소는 [(bool, str), (bool, str), (bool, str)] 형식으로 값의 튜플을 저장하는 간단한 파이썬 리스트인 **.todos**다. 여기서 **bool**은 주어진 항목의 완료 상태이고 **str**은 할 일의 텍스트다.

todos 키워드 인수를 통해 리스트가 전달되지 않으면 시작할 때 self.todo를 빈 리스트로 초기화한다.

 self.todos = todos 또는 []가 true이면 self.todos를 제공된 todos 값으로 설정한다(즉, 빈 리스트, bool ` False` 또는 None 이외의 기본값). 그렇지 않으면 빈 리스트 []으로 설정된다.

이 모델의 인스턴스를 간단하게 만들 수 있다.

```
model = TodoModel() # 빈 할 일 리스트 생성
```

또는 존재하는 리스트를 전달한다.

```
todos = [(False, 'an item'), (False, 'another item')]
model = TodoModel(todos)
```

.rowcount()

.rowcount() 메서드는 현재 데이터의 행 수를 가져오고자 뷰에서 호출된다.
이는 뷰가 데이터 저장소에서 요청할 수 있는 최대 인덱스를 알고자 필요하다
(rowcount - 1). 파이썬 리스트를 데이터 저장소로 사용하기 때문에 반환값은
단순히 리스트의 len()이다.

.data()

뷰의 데이터 요청을 처리하고 적절한 결과를 반환하는 모델의 핵심이다. 두
개의 매개변수 index와 role을 받는다.

인덱스는 뷰가 요청하는 데이터의 위치/좌표이며 각 차원의 위치를 제공하는
.row()와 .column() 두 메서드로 액세스할 수 있다. 리스트 뷰의 경우 열을
무시할 수 있다.

 QListView의 경우 열은 항상 0이며 무시할 수 있다. 그러나 스프레드시트 보기와
같은 2D 데이터에는 이를 사용해야 한다.

role은 뷰가 요청하는 데이터 유형을 나타내는 플래그다. 이는 .data() 메서드
가 실제로 핵심 데이터보다 더 많은 책임을 지기 때문이다. 또한 스타일 정보,
도구 설명, 상태 표시줄 등 기본적으로 데이터 자체에서 알 수 있는 모든 요청
을 처리한다.

`Qt.ItemDataRole.DisplayRole`의 이름은 약간 이상하지만 이는 뷰가 "표시할 데이터를 주세요."라고 묻는 것을 나타낸다. 스타일 요청이나 '편집 준비' 형식의 데이터 요청을 위해 데이터가 수신할 수 있는 다른 역할role이 있다.

롤(Role)	값	설명
`Qt.ItemDataRole.DisplayRole`	0	텍스트 형식으로 렌더링할 키 데이터. QString(https://doc.qt.io/qt-5/qstring.html)
`Qt.ItemDataRole.DecorationRole`	1	아이콘 형태의 장식으로 렌더링할 데이터. QColor(https://doc.qt.io/qt-5/qcolor.html), QIcon(https://doc.qt.io/qt-5/qicon.html) 또는 QPixmap(https://doc.qt.io/qt-5/qpixmap.html)
`Qt.ItemDataRole.EditRole`	2	편집기에서 편집하기에 적합한 형식의 데이터. QString (https://doc.qt.io/qt-5/qstring.html)
`Qt.ItemDataRole.ToolTipRole`	3	항목의 툴팁에 표시되는 데이터. QString(https://doc.qt.io/qt-5/qstring.html)
`Qt.ItemDataRole.StatusTipRole`	4	상태 표시줄에 표시되는 데이터. QString(https://doc.qt.io/qt-5/qstring.html)
`Qt.ItemDataRole.WhatsThisRole`	5	'What's This?'의 항목에 대해 표시되는 데이터. QString(https://doc.qt.io/qt-5/qstring.html)
`Qt.ItemDataRole.SizeHintRole`	13	보기에 제공될 항목의 크기 힌트. QSize(https://doc.qt.io/qt-5/qsize.html)

사용할 수 있는 role의 전체 리스트는 Qt의 **ItemDataRole** 문서(https://doc.qt.io/qt-5/qt.html#ItemDataRole-enum)를 참조한다. 할 일 리스트 앱에서는 **Qt.ItemDataRole.DisplayRole**과 **Qt.ItemDataRole.DecorationRole**만 사용할 것이다.

기본 구현

다음 코드는 애플리케이션 스켈레톤에서 생성한 기본 모델을 보여준다. 비어 있지만 이 모델에는 모델을 가져와서 표시하는 데 필요한 코드가 있다. 이 베이스에 모델 코드와 애플리케이션 로직을 추가한다.

리스트 5-3. model-views/todo_1b.py

```python
import sys

from PyQt6.QtCore import QAbstractListModel, Qt
from PyQt6.QtWidgets import QAppilcation, QMainWindow

from MainWindow import Ui_MainWindow

class TodoModel(QtCore.QAbstractListModel):
    def __init__(self, todos=None):
        super().__init__()
        self.todos = todos or []

    def data(self, index, role):
        if role == Qt.ItemDataRole.DisplayRole:
            status, text = self.todos[index.row()]
            return text

    def rowCount(self, index):
        return len(self.todos)

class MainWindow(QtWidgets.QMainWindow, Ui_MainWindow):
    def __init__(self):
        super().__init__()
        self.setupUi(self)
        self.model = TodoModel()
        self.todoView.setModel(self.model)
```

```
app = QtWidgets.QApplication(sys.argv)

window = MainWindow()
window.show()

app.exec()
```

TodoModel을 이전과 같이 정의하고 MainWindow 객체를 초기화한다. MainWindow
의 __init__에서 할 일 모델의 인스턴스를 만들고 이 모델을 todo_view에 설정
한다. 이 파일을 todo.py로 저장하고 다음과 같이 실행한다.

```
python3 todo.py
```

볼 것이 많지는 않지만 QListView와 모델은 실제로 작동하고 있다. MainWindow
클래스의 TodoModel에 기본 데이터를 추가하면 리스트에 나타나는 것을 볼 수
있다.

```
self.model = TodoModel(todos=[(False, 'my first todo')])
```

그림 5-4. 하드코딩된 할 일 항목을 보여주는 QListView

이와 같이 수동으로 항목을 계속 추가할 수 있으며 QListView에 순서대로 표시된다. 다음으로 애플리케이션 내에서 항목을 추가할 수 있게 한다.

먼저 MainWindow에 add라는 새 메서드를 만든다. 이는 입력의 현재 텍스트를 새 할 일로 추가하는 작업을 처리하는 콜백이다. 이 메서드를 __init__ 블록 끝에 있는 addButton.pressed 시그널에 연결한다.

리스트 5-4. model-views/todo_2.py

```python
class MainWindow(QMainWindow, Ui_MainWindow):
    def __init__(self):
        super().__init__()
        self.setupUi(self)
        self.model = TodoModel()
        self.todoView.setModel(self.model)
```

```
    # 버튼 연결
    self.addButton.pressed.connect(self.add)

def add(self):
    """
    할 일 리스트에 항목을 추가하고 QLineEdit .todoEdit에서
    텍스트를 가져온 다음 지운다.
    """
    text = self.todoEdit.text()
    text = text.strip() # 문자열 끝의 빈공간 제거
    if text: # 빈 문자열 추가하지 않기
        # 모델을 통해 리스트에 접근
        self.model.todos.append((False, text))
        # 새로 고침 트리거
        self.model.layoutChanged.emit() ❶
        # 빈 입력
        self.todoEdit.setText("")
```

❶ 데이터의 모양이 변경됐음을 뷰에 알리고자 모델 시그널 .layoutChanged를 보낸다. 이렇게 하면 뷰 전체가 새로 고쳐진다. 이 줄을 생략하면 할 일을 계속 추가해도 QListView는 업데이트되지 않는다.

데이터가 변경됐지만 행/열의 수가 영향을 받지 않으면 대신 .dataChanged() 시그널을 사용할 수 있다. 또한 전체 뷰를 다시 그리는 것을 방지하고자 왼쪽 위 및 오른쪽 아래 위치를 사용해 데이터의 변경된 영역을 정의한다.

다른 작업 연결

이제 나머지 버튼 시그널을 연결하고 삭제 및 완료 작업을 수행하기 위한 헬퍼 함수를 추가할 수 있다. 이전과 같이 __init__ 블록에 버튼 시그널을 추가한다.

```
        self.addButton.pressed.connect(self.add)
        self.deleteButton.pressed.connect(self.delete)
        self.completeButton.pressed.connect(self.complete)
```

그러고 나서 다음과 같이 새 삭제 메서드를 정의한다.

리스트 5-5. model-views/todo_3.py

```
class MainWindow(QMainWindow, Ui_MainWindow):

    def delete(self):
        indexes = self.todoView.selectedIndexes()
        if indexes:
            # 단일 선택 모드의 단일 항목 리스트의 인덱스
            index = indexes[0]
            # 항목을 삭제하고 새로 고침
            del self.model.todos[index.row()]
            self.model.layoutChanged.emit()
            # 더 이상 유효하지 않은 선택을 지우기
            self.todoView.clearSelection()
```

self.todoView.selectedIndexes를 사용해 인덱스(단일 선택 모드에 있으므로 실제로는 단일 항목 리스트)를 가져온 다음 .row()를 모델의 할 일 리스트에 대한 인덱스로 사용한다. 파이썬 del 연산자를 사용해 인덱스 항목을 삭제한 다음 데이터의 모양이 수정됐기 때문에 layoutChanged 시그널을 트리거한다.

마지막으로 선택한 항목이 이제 사라지고 위치 자체가 범위를 벗어날 수 있으므로 선택된 항목을 지운다(마지막 항목을 선택한 경우).

 이를 더 똑똑하게 만들고 대신 리스트에서 인접한 항목을 선택할 수 있다.

완전한 메서드는 다음과 같다.

리스트 5-6. model-views/todo_4.py

```python
class MainWindow(QtWidgets.QMainWindow, Ui_MainWindow):

    def complete(self):
        indexes = self.todoView.selectedIndexes()
        if indexes:
            index = indexes[0]
            row = index.row()
            status, text = self.model.todos[row]
            self.model.todos[row] = (True, text)
            # .dataChanged는 왼쪽 상단과 오른쪽 하단을 사용하며 동일하다.
            # 단일 선택
            self.model.dataChanged.emit(index, index)
            # 더 이상 유효하지 않은 선택 지우기
            self.todoView.clearSelection()
```

이는 삭제와 동일한 인덱싱을 사용하지만 이번에는 모델 .todos 리스트에서 항목을 가져온 다음 상태를 True로 바꾼다.

 데이터가 수정할 수 없는 파이썬 튜플로 저장되므로 이 가져오기 및 바꾸기를 수행해야 한다.

여기에서 표준 Qt 위젯과 주요 차이점은 데이터를 직접 변경하고 일부 변경이 발생했음을 Qt에 알리기만 하면 된다는 것이다. 위젯 상태 업데이트는 자동으로 처리된다.

338

DecorationRole 사용

애플리케이션을 실행하면 이제 추가 및 삭제가 모두 작동하지만 항목 완료가
작동하는 동안에는 뷰에 표시되지 않는다. 항목이 완료됐을 때 표시할 표시기
를 뷰에 제공하려면 모델을 업데이트해야 한다. 업데이트된 모델은 다음과
같다.

리스트 5-7. model-views/todo_5.py

```python
import os

base_dir = os.path.dirname(__file__)

tick =QImage(os.path.join(base_dir, 'tick.png'))

class TodoModel(QAbstractListModel):
    def __init__(self, *args, todos=None, **kwargs):
        super(TodoModel, self).__init__(*args, **kwargs)
        self.todos = todos or []

    def data(self, index, role):
        if role == Qt.ItemDataRole.DisplayRole:
            status, text = self.todos[index.row()]
            return text

        if role == Qt.ItemDataRole.DecorationRole:
            status, text = self.todos[index.row()]
            if status:
                return tick

    def rowCount(self, index):
        return len(self.todos)
```

이전에 소개한 basedir 기술을 사용해 아이콘을 로드해 스크립트가 실행되더라도 경로가 올바른지 확인한다. 사용하고 있는 아이콘은 p.yusukekamiyamane의 Fugue 세트에서 가져왔다(http://p.yusukekamiyamane.com/).

완료된 항목을 나타내고자 틱 아이콘 tick.png를 사용하고 있으며 이를 tick이라는 QImage 객체에 로드한다. 모델에서 상태가 True(완료)인 행에 대한 틱 아이콘을 반환하는 Qt.ItemDataRole.DecorationRole에 대한 핸들러를 구현했다.

 아이콘 대신 색상을 반환할 수도 있다. QtGui.QColor('green')은 단색 정사각형으로 그려진다.

앱을 실행하면 이제 항목을 완료로 표시할 수 있다.

그림 5-5. 완료된 할 일 앱

영구적인 데이터 저장소

할 일 앱은 훌륭하게 작동하지만 치명적인 결함이 하나 있다. 바로 애플리케이션을 닫는 즉시 할 일을 잊어버리는 것이다. 할 일이 없다고 생각할 때, 선^{Zen}과 같은 단기적인 감정에 기여하는 데 도움이 될 수 있지만 장기적으로 그것은 나쁜 생각일 것이다.

해결책은 일종의 영구 데이터 저장소를 구현하는 것이다. 가장 간단한 접근 방식은 시작할 때 JSON이나 Pickle 파일에서 항목을 로드하고 변경 사항을 다시 쓰는 간단한 파일 저장소다. 이를 위해 MainWindow 클래스에 load와 save라는 두 가지 새로운 메서드를 정의한다. 이들은 JSON 파일 이름 data.json(존재하는 경우 에러 무시)에서 self.model.todos로 데이터를 로드하고 현재 self.model.todos를 동일한 파일에 각각 쓴다.

리스트 5-8. model-views/todo_6.py

```python
def load(self):
    try:
        with open('data.json', 'r') as f:
            self.model.todos = json.load(f)
    except Exception:
        pass


def save(self):
    with open('data.json', 'w') as f:
        data = json.dump(self.model.todos, f)
```

데이터에 대한 변경 사항을 유지하려면 데이터를 수정하는 모든 메서드의 끝에 .save() 핸들러를 추가하고 모델이 생성된 후 __init__ 블록에 .load() 핸들러를 추가해야 한다. 최종 코드는 다음과 같다.

```python
import json
import os
import sys

from PyQt6.Qtcore import QAbstractListModel, Qt
from PyQt6.QtGui import QImage
from PyQt6.QtWidgets import QApplication, QMainWindow

from MainWindow import Ui_MainWindow

base_dir = os.path.dirname(__file__)

tick = QtGui.QImage(os.path.join(base_dir, "tick.png"))

class TodoModel(QtCore.QAbstractListModel):
    def __init__(self, todos=None):
        super().__init__()
        self.todos = todos or []

    def data(self, index, role):
        if role == Qt.ItemDataRole.DisplayRole:
            status, text = self.todos[index.row()]
            return text

        if role == Qt.ItemDataRole.DecorationRole: status,
            text = self.todos[index.row()]
            if status:
                return tick

    def rowCount(self, index):
        return len(self.todos)

class MainWindow(QtWidgets.QMainWindow, Ui_MainWindow):
```

```python
def __init__(self):
    super().__init__()
    self.setupUi(self)
    self.model = TodoModel()
    self.load()
    self.todoView.setModel(self.model)
    self.addButton.pressed.connect(self.add)
    self.deleteButton.pressed.connect(self.delete)
    self.completeButton.pressed.connect(self.complete)


def add(self):
    """
    할 일 리스트에 항목을 추가하고 QLineEdit .todoEdit에서
    텍스트를 가져온 다음 지운다.
    """
    text = self.todoEdit.text()
    if text: # 빈 문자열 추가하지 않기
        # 모델을 통해 리스트 접근
        self.model.todos.append((False, text))
        # 새로 고침 트리거
        self.model.layoutChanged.emit()
        # 빈 입력
        self.todoEdit.setText("")
        self.save()


def delete(self):
    indexes = self.todoView.selectedIndexes()
    if indexes:
        # 단일 선택 모드에서 단일 항목의 리스트 인덱스
        index = indexes[0]

        # 항목 제거 후 새로 고침
        del self.model.todos[index.row()]
        self.model.layoutChanged.emit()
```

```python
            # 더 이상 유효하지 않은 선택 지우기
            self.todoView.clearSelection()
            self.save()

    def complete(self):
        indexes = self.todoView.selectedIndexes()
        if indexes:
            index = indexes[0]
            row = index.row()
            status, text = self.model.todos[row]
            self.model.todos[row] = (True, text)
            # .dataChanged는 단일 선택에 대해
            # 동일한 왼쪽 위 및 오른쪽 아래를 사용
            self.model.dataChanged.emit(index, index)
            # 더 이상 유효하지 않은 선택 지우기
            self.todoView.clearSelection()
            self.save()

    def load(self):
        try:
            with open("data.json", "r") as f:
                self.model.todos = json.load(f)
        except Exception:
            pass

    def save(self):
        with open("data.json", "w") as f:
            data = json.dump(self.model.todos, f)


app = QtWidgets.QApplication(sys.argv)
window = MainWindow()
window.show()


app.exec()
```

애플리케이션의 데이터가 크거나 더 복잡해질 가능성이 있는 경우 실제 데이터베이스를 사용해 저장할 수 있다. Qt는 곧 다룰 SQL 데이터베이스와 상호작용하기 위한 모델을 제공한다.

 QListView의 또 다른 흥미로운 예는 미디어 플레이어 애플리케이션(https://www.pythonguis.com/apps/failamp-multimedia-player/)을 참조한다. 이는 Qt 내장 QMediaPlaylist를 데이터 저장소로 사용하며 콘텐츠는 QListView에 표시된다.

5.3 넘파이, 판다스가 있는 모델 뷰 테이블 데이터

앞 절에서 모델 뷰 아키텍처를 소개했다. 그러나 모델 뷰 중 하나인 QListView만 다뤘다. PyQt6에는 동일한 QStandardItemModel을 사용해 테이블 형식(Excel과 유사한) 및 트리(파일 디렉터리 브라우저와 같은) 뷰를 제공하는 QTableView와 QTreeView의 두 가지 다른 모델 뷰를 사용할 수 있다.

이 부분에서는 데이터를 모델링하고 표시할 값의 형식을 지정하고 조건부 형식을 추가하는 방법을 포함해 PyQt6에서 QTableView를 사용하는 방법을 살펴본다.

모델이 Qt가 이해할 수 있는 형식으로 데이터를 반환하는 한 모든 데이터 소스와 함께 모델 뷰를 사용할 수 있다. 파이썬에서 테이블 형식 데이터로 작업하면 해당 데이터를 로드하고 작업하는 방법에 대한 많은 가능성이 열린다.

여기서는 간단한 중첩 리스트의 리스트로 시작한 다음 Qt 애플리케이션을 인기 있는 넘파이^Numpy 및 판다스^Pandas 라이브러리와 통합하는 단계로 넘어간다. 이는 데이터 중심 애플리케이션을 구축하기 위한 훌륭한 기반을 제공한다.

QTableView 소개

QTableView는 스프레드시트와 같은 테이블 뷰로 데이터를 표시하는 Qt 뷰 위젯이다. 모델 뷰 아키텍처의 모든 위젯과 마찬가지로 별도의 모델을 사용해 뷰에 데이터과 프레젠테이션 정보를 제공한다. 모델의 데이터는 필요에 따라 업데이트할 수 있으며 뷰는 이러한 변경 사항을 다시 그리거나 변경 사항을 표시하도록 알림을 받는다. 모델을 사용자 지정하면 데이터가 표시되는 방식에 대한 엄청난 양의 제어가 가능하다.

모델을 사용하려면 기본 애플리케이션 구조와 일부 더미 데이터가 필요하다. 간단한 중첩 리스트를 데이터 저장소로 사용하는 사용자 정의 모델을 정의하는 간단한 작업 예제는 다음과 같다.

리스트 5-10. tableview_demo.py

```python
import sys
from PyQt6 import QtCore, QtGui, QtWidgets
from PyQt6.QtCore import Qt

class TableModel(QtCore.QAbstractTableModel):
    def __init__(self, data):
        super().__init__()
        self._data = data

    def data(self, index, role):
        if role == Qt.ItemDataRole.DisplayRole:
            # 중첩 리스트 데이터 구조
            # 외부 리스트에 .row() 인덱스
            # 하위 리스트에 .column() 인덱스
            return self._data[index.row()][index.column()]

    def rowCount(self, index):
```

```python
        # 외부 리스트의 길이
        return len(self._data)

    def columnCount(self, index):
        # 하위 리스트의 첫 번째를 가져와 그 길이를 리턴
        # 모든 행의 길이가 동일한 경우에만 작동
        return len(self._data[0])

class MainWindow(QtWidgets.QMainWindow):
    def __init__(self):
        super().__init__()

        self.table = QtWidgets.QTableView()

        data = [
            [4, 1, 3, 3, 7],
            [9, 1, 5, 3, 8],
            [2, 1, 5, 3, 9],
        ]

        self.model = TableModel(data)
        self.table.setModel(self.model)
        self.setCentralWidget(self.table)

app = QtWidgets.QApplication(sys.argv)

window = MainWindow()
window.show()

app.exec()
```

이전 모델 뷰 예제에서와 같이 QTableView 위젯을 생성한 다음 사용자 정의
모델의 인스턴스(데이터 소스를 매개변수로 받아들이도록 작성한)를 생성한 다음
뷰에 모델을 설정한다. 이것이 해야 할 전부다. 이제 뷰 위젯은 모델을 사용해
데이터를 가져오고 그리는 방법을 결정한다.

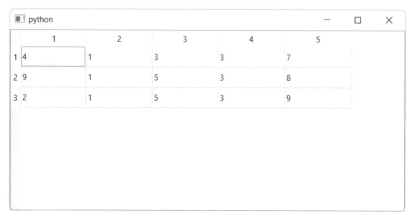

그림 5-6. 기본 테이블 예제

2차원 데이터 저장을 위한 중첩 리스트

테이블의 경우 열과 행이 있는 2차원 데이터 구조가 필요하다. 앞의 예에서
볼 수 있듯이 중첩된 파이썬 리스트를 사용해 간단한 2차원 데이터 구조를
모델링할 수 있다. 잠시 시간을 내서 이 데이터 구조와 제한 사항을 살펴보자.

```
table = [
  [4, 1, 3, 3, 7],
  [9, 1, 5, 3, 8],
  [2, 1, 5, 3, 9],
]
```

중첩된 리스트는 '리스트의 리스트 값'이다. 즉, 자체적으로 값을 포함하는 여러 하위 리스트를 포함하는 외부 리스트다. 이 구조를 사용해 개별 값(또는 '셀')을 인덱싱하려면 두 번 인덱싱해야 한다. 먼저 내부 리스트 객체 중 하나를 반환한 다음 다시 해당 리스트에 대한 인덱싱을 수행해야 한다.

일반적인 배열은 외부 리스트에 행을 포함하고 각 중첩 리스트에 열값을 포함하는 것이다. 인덱싱할 때 이 배열을 사용하면 먼저 행별로 인덱싱한 다음 열별로 인덱싱해 예제 테이블을 3행 5열 테이블로 만든다. 유용하게도 이는 소스 코드의 시각적 레이아웃과 일치한다.

테이블의 첫 번째 인덱스는 중첩된 하위 리스트를 반환한다.

```
row = 2
col = 4

>>> table[row]
[2, 1, 5, 3, 9]
```

그런 다음 값을 반환하고자 다시 인덱싱한다.

```
>>> table[row][col]
9
```

이 타입의 구조를 사용하면 전체 열을 쉽게 반환할 수 없으며 대신 모든 행을 반복해야 한다. 그러나 열이나 행으로 액세스하는 것이 더 유용한지에 따라 뒤집어서 첫 번째 인덱스를 열로 사용할 수 있다.

```
table = [
  [4, 9, 2],
  [1, 1, 1],
  [3, 5, 5],
  [3, 3, 2],
  [7, 8, 9],
]
row = 4        # 뒤집기
col = 2        # 뒤집기

>>> table[col]
[3, 5, 5]

>>> table[col][row]
9
```

ℹ️ 이 데이터 구조에 대해 동일한 행이나 열 길이를 적용하지 않는다. 한 행은 5개 요소, 다른 행은 200개 요소가 될 수 있다. 하지만 불일치로 인해 테이블 뷰에서 에러가 발생할 수 있다. 크거나 복잡한 데이터 테이블로 작업하는 경우 나중에 대체 데이터 저장소를 참조한다.

다음으로 사용자 정의 TableModel을 좀 더 자세히 살펴보고 이 간단한 데이터 구조와 함께 값을 표시하는 방법을 살펴본다.

사용자 정의 QAbstractTableModel 작성

모델 뷰 아키텍처에서 모델은 뷰에서 표시할 데이터와 프레젠테이션 메타데이터를 모두 제공하는 역할을 한다. 데이터 객체와 뷰 사이의 인터페이스를 위해 데이터 구조를 이해하는 사용자 지정 모델을 작성해야 한다.

사용자 정의 모델을 작성하고자 QAbstractTableModel의 하위 클래스를 만들 수 있다. 사용자 정의 테이블 모델에 필요한 유일한 메서드는 data, rowCount, columnCount다. 첫 번째는 테이블의 지정된 위치에 대한 데이터(또는 프레젠테이션 정보)를 반환하는 반면 후자는 데이터 소스의 차원에 대해 단일 정수 값을 반환해야 한다.

```python
class TableModel(QtCore.QAbstractTableModel):
    def __init__(self, data):
        super(TableModel, self).__init__()
        self._data = data

    def data(self, index, role):
        if role == Qt.ItemDataRole.DisplayRole:

            # 중첩 리스트 데이터 구조
            # 외부 리스트에 .row() 인덱스
            # 하위 리스트에 .column() 인덱스
            return self._data[index.row()][index.column()]

    def rowCount(self, index):
        # 외부 리스트의 길이
        return len(self._data)

    def columnCount(self, index):
        # 하위 리스트의 첫 번째를 가져와 그 길이를 리턴
        # 모든 행의 길이가 동일한 경우에만 작동
        return len(self._data[0])
```

ⓘ QtCore.QAbstractTableModel은 메서드에 대한 구현이 없음을 의미하는 추상 기본 클래스다. 직접 사용하려고 하면 작동하지 않는다. 서브클래싱해야 한다.

__init__ 생성자에서 인스턴스 속성 self._data로 저장하는 단일 매개변수 데이터를 허용하므로 메서드에서 액세스할 수 있다. 전달된 데이터 구조는 참조로 저장되므로 외부 변경 사항이 여기에 반영된다.

 변경 사항을 모델에 알리려면 self.model.layoutChanged.emit()를 사용해 모델의 layoutChanged 시그널을 트리거해야 한다.

데이터 메서드는 index와 role의 두 값으로 호출된다. index 매개변수는 정보가 현재 요청되고 있는 테이블의 위치를 제공하고 뷰의 행 및 열 번호를 각각 제공하는 .row()와 .column() 두 가지 메서드를 가진다. 이 예에서 데이터는 중첩 리스트로 저장되며 행 및 열 인덱스는 data[row][column]처럼 인덱스에 사용된다.

뷰는 소스 데이터의 구조에 대한 정보가 없으며 뷰의 행 및 열과 자체 데이터 저장소의 관련 위치 사이를 변환하는 건 모델의 책임이다.

role 매개변수는 이 호출에서 메서드가 반환해야 하는 정보의 종류를 설명한다. 그 뷰를 표시할 데이터를 가져오려면 Qt.ItemDataRole.DisplayRole 역할을 사용해 이 모델의 데이터 메서드를 호출한다. 그러나 역할은 각각 특정 값을 기대하는 Qt.ItemDataRole.BackgroundRole, Qt.ItemDataRole.CheckStateRole, Qt.ItemDataRole.DecorationRole, Qt.ItemDataRole.FontRole, Qt.ItemDataRole.TextAlignmentRole, Qt.ItemDataRole.ForegroundRole을 포함한 다른 많은 값을 응답으로 가질 수 있다(나중에 참조).

 Qt.ItemDataRole.DisplayRole은 실제로 문자열을 반환할 것으로 예상하지만 float, int, bool을 포함한 다른 기본 파이썬 타입도 기본 문자열 표현을 사용해 표시한다. 그러나 일반적으로 이러한 타입을 문자열로 형식화하는 것이 좋다.

이러한 다른 역할 타입을 사용하는 방법은 나중에 다룬다. 지금은 표시할 데이터를 반환하기 전에 역할 타입이 Qt.ItemDataRole.DisplayRole인지 확인해야한다는 점만 알면 된다.

두 가지 사용자 정의 메서드 columnCount, rowCount는 데이터 구조의 열과 행의 수를 반환한다. 여기에서 사용하는 배열의 중첩 리스트인 경우 행의 수는 단순히 외부 리스트의 요소 개수이고 열의 수는 내부 리스트 중 하나의 요소 개수다. 모두 동일하다고 가정한다.

 이러한 메서드가 너무 높은 값을 반환하면 범위를 벗어난 에러가 표시되고, 너무 낮은 값을 반환하면 테이블이 잘리는 것을 볼 수 있다.

숫자, 날짜 포매팅

보여주려고 모델에서 반환된 데이터는 문자열이어야 한다. 기본 문자열 표현을 사용해 int, float 값도 표시되지만 복잡한 파이썬 타입은 표시되지 않는다. 이를 표시하거나 float, int, bool 값의 기본 타입을 재정의하려면 직접 문자열로 타입을 지정해야 한다.

데이터를 미리 문자열 테이블로 변환해 이 작업을 수행하고 싶을 수 있다. 그러나 이렇게 하면 계산을 위해서든 업데이트를 위해서든 테이블의 데이터로 계속 작업하기가 매우 어렵다.

대신 모델의 데이터 메서드를 사용해 요청할 때 문자열 변환을 수행해야 한다. 이렇게 하면 원본 데이터로 계속 작업할 수 있지만 구성을 즉시 변경하는 것을 포함해 원본 데이터가 사용자에게 표시되는 방식을 완전히 제어할 수 있다.

다음은 데이터 테이블에서 값을 조회하고 데이터의 파이썬 타입에 따라 다양한 방식으로 표시하는 간단한 사용자 지정 포매터다.

```python
import sys
from datetime import datetime  ❶

from PyQt6 import QtCore, QtGui, QtWidgets
from PyQt6.QtCore import Qt

class TableModel(QtCore.QAbstractTableModel):
    def __init__(self, data):
        super().__init__()
        self._data = data

    def data(self, index, role):
        if role == Qt.ItemDataRole.DisplayRole:
            # 원시 값 가져오기
            value = self._data[index.row()][index.column()]

            # 타입별 검사를 수행하고 그에 따른 렌더링
            if isinstance(value, datetime):
                # YYY-MM-DD 로 시간 렌더링
                return value.strftime("%Y-%m-%d")

            if isinstance(value, float):
                # 소수점 둘째자리까지 렌더링
                return "%.2f" % value

            if isinstance(value, str):
                # 큰따옴표로 문자열 렌더링
                return '"%s"' % value

            # 기본값(위에서 캡처되지 않은 int 값)
            return value

    def rowCount(self, index):
```

```
        return len(self._data)

    def columnCount(self, index):
        return len(self._data[0])
```

❶ 파일 맨 위에서 `from datetime import datetime` 임포트를 확인한다.

다음의 수정된 샘플 데이터와 함께 이것을 사용해 실제로 작동하는지 확인한다.

```
data = [
    [4, 9, 2],
    [1, -1, 'hello'],
    [3.023, 5, -5],
    [3, 3, datetime(2017,10,1)],
    [7.555, 8, 9],
]
```

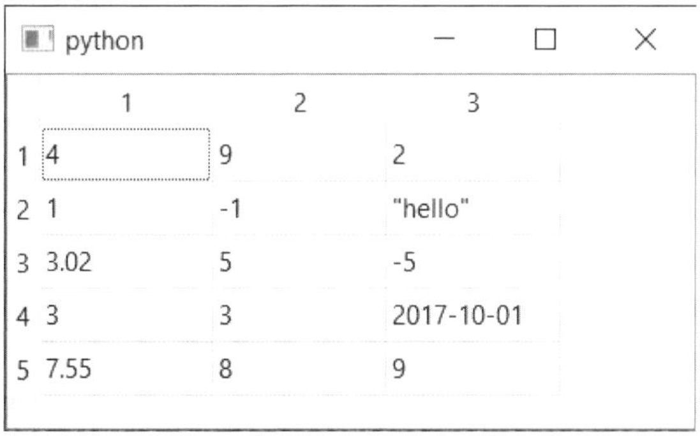

그림 5-7. 사용자 정의 데이터 포매팅

지금까지 데이터 자체의 형식을 지정하는 방법만 살펴봤다. 그러나 모델 인터페이스를 사용하면 색상과 아이콘을 포함한 표 셀의 표시를 훨씬 더 많이 제어

할 수 있다. 다음 절에서는 모델을 사용해 **QTableView** 모양을 사용자 정의하는
방법을 살펴본다.

역할에 따른 스타일, 색상

색상과 아이콘을 사용해 데이터 테이블의 셀을 강조 표시하면 데이터를 더
쉽게 찾고 이해하는 데 도움이 되거나 사용자가 관심 있는 데이터를 선택하거
나 표시하는 데 도움이 된다. Qt를 사용하면 데이터 메서드에 대한 관련 역할
에 응답해 모델에서 이러한 모든 것을 완벽하게 제어할 수 있다.

다양한 역할 유형에 따라 반환될 것으로 예상되는 응답 타입은 다음과 같다.

역할(Role)	타입
Qt.ItemDataRole.BackgroundRole	QBrush(또한 QColor)
Qt.ItemDataRole.CheckStateRole	Qt.CheckState
Qt.ItemDataRole.DecorationRole	QIcon, QPixmap, QColor
Qt.ItemDataRole.DisplayRole	QString(또한 int, float, bool)
Qt.ItemDataRole.FontRole	QFont
Qt.ItemDataRole.SizeHintRole	QSize
Qt.ItemDataRole.TextAlignmentRole	Qt.Alignment
Qt.ItemDataRole.ForegroundRole	QBrush(또한 QColor)

역할과 인덱스의 특정 조합에 응답해 테이블의 특정 셀, 열 또는 행 모양을
수정할 수 있다(예, 세 번째 열의 모든 셀에 파란색 배경 설정).

리스트 5-12. tableview_format_2.py

```python
def data(self, index, role):
    if (
        role == Qt.ItemDataRole.BackgroundRole
        and index.column()== 2
    ):

        # 데이터 구조는 아래 참조
        return QtGui.QColor(Qt.GlobalColor.blue)

    # 기존 `if role == Qt.ItemDataRole.DisplayRole:` 블록 숨김.
    # 명확성을 위해 숨김
```

인덱스를 사용해 자체 데이터에서 값을 조회함으로써 데이터의 값을 기반으로
표현을 사용자 정의할 수도 있다. 좀 더 일반적인 사용 사례를 살펴보자.

텍스트 정렬

이전 포매팅 예제에서는 소수점 이하 2자리까지 부동소수점을 표시하고자 텍
스트 포매팅했다. 그러나 숫자를 표시할 때 숫자 리스트를 쉽게 비교할 수 있
도록 오른쪽 정렬을 하는 것도 일반적이다. 이는 숫자 값에 대한 Qt.
ItemDataRole.TextAlignmentRole에 대한 응답으로 Qt.Alignment.AlignRight를
반환해 수행할 수 있다.

수정된 데이터 메서드는 다음과 같다. role == Qt.ItemDataRole.TextAlignmentRole
을 확인하고 이전과 같이 인덱스로 값을 찾은 다음 값이 숫자인지 확인한다.
그렇다면 Qt.Alignment.AlignVCenter + Qt.Alignment.AlignRight를 반환해 가
운데를 세로로, 오른쪽을 가로로 정렬할 수 있다.

```python
def data(self, index, role):
    if role == Qt.ItemDataRole.TextAlignmentRole:
        value = self._data[index.row()][index.column()]

        if isinstance(value, int) or isinstance(value, float):
            # 오른쪽, 세로 방향으로 가운데 정렬
            return (
                Qt.AlignmentFlag.AlignVCenter
                | Qt.AlignmentFlag.AlignRight
            )

    # 기존 `if role == Qt.ItemDataRole.DisplayRole:` 블록 숨김
    # 명확성을 위해 숨김
```

 Qt.Alignment.AlignHCenter를 포함해 중앙을 수평으로 정렬하는 다른 정렬이 가능하다. 예를 들어 Qt.Alignment.AlignBottom | Qt.Alignment.AlignRight처럼 OR 로 함께 결합할 수 있다.

	1	2	3
1	4	9	2
2	1	-1	"hello"
3	3.02	5	-5
4	3	3	2017-10-01
5	7.55	8	9

그림 5-8. QTableView 셀 정렬

텍스트 색상

엑셀과 같은 스프레드시트를 사용한 적이 있다면 조건부 서식의 개념에 익숙할 것이다. 값에 따라 셀의 텍스트와 배경색을 변경하는 셀(또는 행이나 열)에 적용할 수 있는 규칙이다.

예를 들어 음수에 빨간색을 사용하거나 파란색에서 빨간색으로 그라데이션을 사용해 숫자 범위(예, 낮음 ... 높음)를 강조 표시하는 등 데이터를 시각화하는 데 유용하다.

먼저 다음 예제는 인덱싱된 셀의 값이 숫자이고 0 미만인지 확인하는 핸들러를 구현한다. 그러면 핸들러는 텍스트(전경) 색상을 빨간색으로 반환한다.

리스트 5-14. tableview_format_4.py

```python
def data(self, index, role):
    if role == Qt.ItemDataRole.ForegroundRole:
        value = self._data[index.row()][index.column()]

        if (
            isinstance(value, int) or isinstance(value, float)
        ) and value < 0:
            return QtGui.QColor("red")

    # 기존 `if role == Qt.ItemDataRole.DisplayRole:` 블록 숨김
    # 명확성을 위해 숨김
```

이를 모델의 데이터 핸들러에 추가하면 모든 음수가 이제 빨간색으로 표시된다.

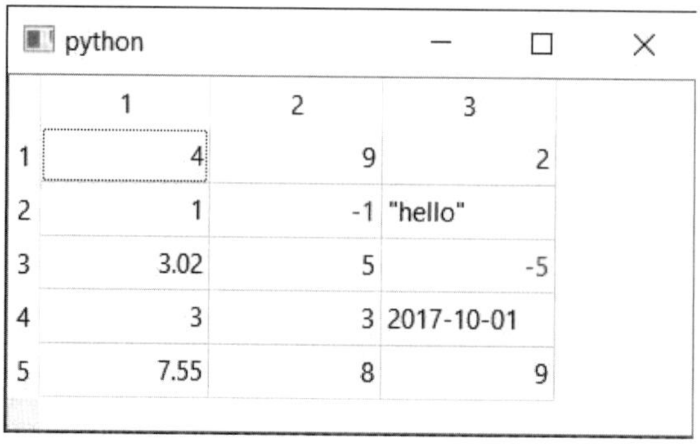

그림 5-9. 음수에 빨갛게 텍스트 포매팅하는 QTableView

숫자 범위 그라데이션

예를 들어 낮은 값과 높은 값을 강조 표시하고자 동일한 원리를 사용해 테이블의 숫자 값에 그라데이션을 적용할 수 있다. 먼저 colorbrewer2.org(http://colorbrewer2.org/#type=diverging&scheme=RdBu&n=11)에서 가져온 색상 스케일을 정의한다.

```
COLORS = ['#053061', '#2166ac', '#4393c3', '#92c5de', '#d1e5f0',
 '#f7f7f7', '#fddbc7', '#f4a582', '#d6604d', '#b2182b', '#67001f']
```

다음으로 이번에는 `Qt.ItemDataRole.BackgroundRole`에 대한 사용자 정의 핸들러를 정의한다. 이는 주어진 인덱스에서 값을 가져와 숫자인지 확인한 다음 리스트에 인덱싱하는 데 필요한 범위 0...10으로 제한하는 일련의 작업을 수행한다.

```python
def data(self, index, role):
    if role == Qt.ItemDataRole.BackgroundRole:
        value = self._data[index.row()][index.column()]
        if isinstance(value, int) or isinstance(value, float):
            value = int(value) # 인덱싱을 위해 정수로 변환

            # -5에서 +5 범위로 제한한 다음 0에서10으로 변환
            value = max(-5, value) # values < -5 become -5
            value = min(5, value) # valaues > +5 become +5
            value = value + 5 # -5 becomes 0, +5 becomes + 10

            return QtGui.QColor(COLORS[value])

    # 기존 `if role == Qt.ItemDataRole.DisplayRole:` 블록 숨김.
    # 명확성을 위해서 숨김.
```

여기에서 값을 그래디언트로 변환하는 데 사용되는 논리는 매우 기본적이며 높은/낮은 값을 잘라내고 데이터 범위를 조정하지 않는다. 그러나 핸들러의 최종 결과가 QColor나 QBrush를 반환하는 한 필요에 따라 이를 조정할 수 있다.

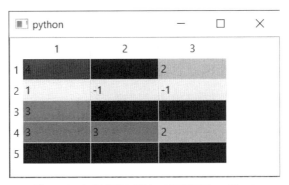

그림 5-10. 숫자 범위로 색상 그래디언트된 QTableView

아이콘, 이미지 장식

각 테이블 셀에는 데이터 옆의 왼쪽에 아이콘, 이미지 또는 단색 색상 블록을 표시하는 데 사용할 수 있는 작은 장식 영역이 있다. 이는 데이터 타입을 나타내는 데 사용할 수 있다. 예를 들면 날짜에 대한 달력, bool 값에 대한 체크(v) 및 엑스(x) 표시 또는 숫자 범위에 대한 좀 더 미묘한 조건부 서식 등이다.

다음은 이러한 아이디어의 몇 가지 간단한 구현이다.

아이콘으로 bool/날짜 데이터 타입 표시

날짜의 경우 파이썬의 내장 datatime 타입을 사용한다. 먼저 파일의 맨 위에 다음 import문을 추가해 이 타입을 가져온다.

```python
from datetime import datetime
```

그런 다음 데이터(MainWindow.__init__에서 설정)를 업데이트해서 datetime 및 bool(True 또는 False 값)을 추가한다.

```python
data = [
    [True, 9, 2],
    [1, 0, -1],
    [3, 5, False],
    [3, 3, 2],
    [datetime(2019, 5, 4), 8, 9],
]
```

이것들이 있으면 다음 코드와 같이 날짜 타입에 대한 아이콘과 형식이 지정된 날짜를 표시하도록 모델 데이터 메서드를 업데이트할 수 있다.

362

```python
import os

basedir = os.path.dirname(__file__)

class TableModel(QtCore.QAbstactTableModel):
    def __init__(self, data):
        super().__init__()
        self._data = data

    def data(self, index, role):
        if role == Qt.ItemDataRole.DisplayRole:
            value = self._data[index.row()][index.column()]
            if isinstance(value, datetime):
                return value.strftime("%Y-%m-%d")

            return value

        if role == Qt.ItemDataRole.DecorationRole:
            value = self._data[index.row()][index.column()]
            if isinstance(value, datetime):
                return QtGui.QIcon(
                    os.path.join(basedir, "calendar.png")
                )

    def rowCount(self, index):
        return len(self._data)

    def columnCount(self, index):
        return len(self._data[0])
```

스크립트가 실행되더라도 경로가 올바른지 확인하고자 앞에서 소개한 기본 기술을
사용해 아이콘을 로드한다.

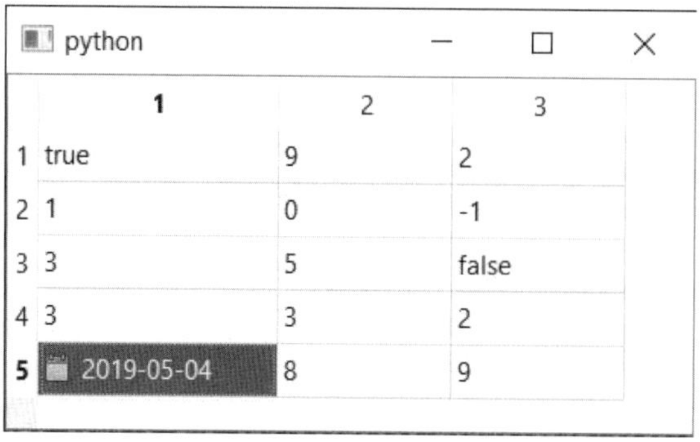

그림 5-11. QTableView에서 날짜 표시 아이콘

다음은 불리언 True 및 False 값에 각각 체크, 엑스 표시를 사용하는 방법을 보여준다.

리스트 5-17. tableview_format_7.py

```python
def data(self, index, role):
    if role == Qt.ItemDataRole.DecorationRole:
        value = self._data[index.row()][index.column()]
        if isinstance(value, bool):
            if value:
                return QtGui.QIcon("tick.png")

            return QtGui.QIcon("cross.png")
```

위의 것을 함께 결합하거나 Qt.ItemDataRole.DecorationRole, Qt.ItemDataRole.DisplayRole 핸들러의 다른 혼합을 결합할 수 있다. 일반적으로 각 유형을 동일한 if 분기 아래에 그룹화해 유지하거나 모델이 더 복잡해지면 각 역할을 처리하는 하위 메서드를 만드는 것이 더 간단하다.

364

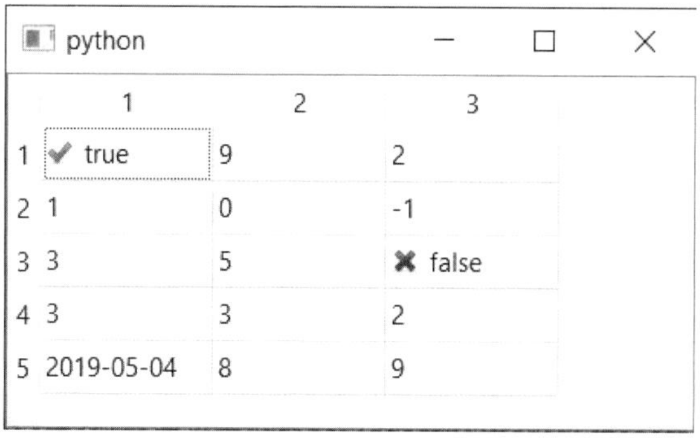

그림 5-12. QTableView 불리언 표시

색상 블록

Qt.ItemDataRole.DecorationRole에 대해 QColor를 반환하면 작은 사각형의 색
상이 셀 왼쪽의 아이콘 위치에 표시된다. 이는 Qt.ItemDataRole.DecorationRole
을 처리하고 이에 응답한다는 점을 제외하고는 Qt.ItemDataRole.BackgroundRole
조건부 서식 예제와 동일하다.

리스트 5-18. tableview_format_8.py

```python
def data(self, index, role):
    if role == Qt.ItemDataRole.DecorationRole:
        value = self._data[index.row()][index.column()]

        if isinstance(value, datetime):
            return QtGui.QIcon(
                os.path.join(basedir, "calendar.png")
            )

        if isinstance(value, bool):
            if value:
                return QtGui.QIcon(
                    os.path.join(basedir, "tick.png")
```

```
        )

        return QtGui.QIcon(os.path.join(basedir, "cross.png"))

    if isinstance(value, int) or isinstance(value, float):
        value = int(value)

        # -5에서 +5 사이로 제한한 다음 0..10 으로 변환한다.
        value = max(-5, value) # values < -5 become -5
        value = min(5, value) # valaues > +5 become +5
        value = value + 5 # -5 becomes 0, +5 becomes + 10

        return QtGui.QColor(COLORS[value])
```

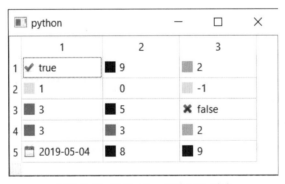

그림 5-13. QTableView 색상 블록 장식

파이썬 데이터 구조 대안

지금까지 예제에서 보여줄 데이터를 보관하고자 간단한 중첩 파이썬 리스트를
사용했다. 단순한 데이터 테이블에는 문제가 없지만 큰 데이터 테이블로 작업
하는 경우 파이썬에는 추가 이점이 있는 더 나은 옵션이 있다. 다음 부분에서

는 두 개의 파이썬 데이터 테이블 라이브러리 넘파이[Numpy]와 판다스[Pandas]를 살펴보고 이를 Qt와 통합하는 방법을 살펴본다.

넘파이

넘파이는 파이썬에서 대규모 다차원 배열이나 행렬 데이터 구조를 지원하는 라이브러리다. 큰 배열을 효율적이고 고성능으로 처리하므로 넘파이는 과학 및 수학 애플리케이션에 이상적이다. 또한 넘파이 배열을 PyQt6의 대형 단일 타입 데이터 테이블을 위한 좋은 데이터 저장소로 만든다.

데이터 소스로 넘파이 사용

넘파이 배열을 지원하려면 먼저 data 메서드에서 인덱싱을 수정한 다음 rowCount와 columnCount에 대한 행과 열 수 계산을 변경해 모델을 여러 번 변경해야 한다.

표준 넘파이 API는 동일한 슬라이싱 작업에서 행과 열을 전달해 2차원 배열에 대한 요소 수준 액세스 _data[index.row(), index.column()]을 제공한다. 이는 list의 list처럼 두 단계로 인덱싱하는 것보다 더 효율적이다.

넘파이에서 배열의 차원은 각 축을 따라 차원의 튜플을 차례로 반환하는 .shape를 통해 사용할 수 있다. 이 튜플에서 올바른 항목을 선택해 각 축의 길이를 얻는다. _data.shape[0]은 첫 번째 축의 크기를 가져온다.

다음의 완전한 예는 사용자 정의 모델을 통해 Qt의 QTableView를 사용해 넘파이 배열을 표시하는 방법을 보여준다.

```python
import sys

import numpy as np
from PyQt6 import QtCore, QtGui, QtWidgets
from PyQt6.QtCore import Qt

class TableModel(QtCore.QAbstractTableModel):
    def __init__(self, data):
        super().__init__()
        self._data = data

    def data(self, index, role):
        if role == Qt.ItemDataRole.DisplayRole:
            # 메모: self._data[index.row()][index.column()] 또한 동작한다.
            value = self._data[index.row(), index.column()]
            return str(value)

    def rowCount(self, index):
        return self._data.shape[0]

    def columnCount(self, index):
        return self._data.shape[1]

class MainWindow(QtWidgets.QMainWindow):
    def __init__(self):
        super().__init__()

        self.table = QtWidgets.QTableView()

        data = np.array(
            [
                [1, 9, 2],
                [1, 0, -1],
```

```
            [3, 5, 2],
            [3, 3, 2],
            [5, 8, 9],
        ]
    )

    self.model = TableModel(data)
    self.table.setModel(self.model)

    self.setCentralWidget(self.table)
    self.setGeometry(600, 100, 400, 200)

app = QtWidgets.QApplication(sys.argv)

window = MainWindow()
window.show()

app.exec()
```

ℹ️ int, float와 같은 간단한 파이썬 타입은 문자열로 변환하지 않고 표시되지만 넘파이
는 배열 값에 자체 타입(예, numpy.int32)을 사용한다. 이를 표시하려면 먼저 문자
열로 변환해야 한다.

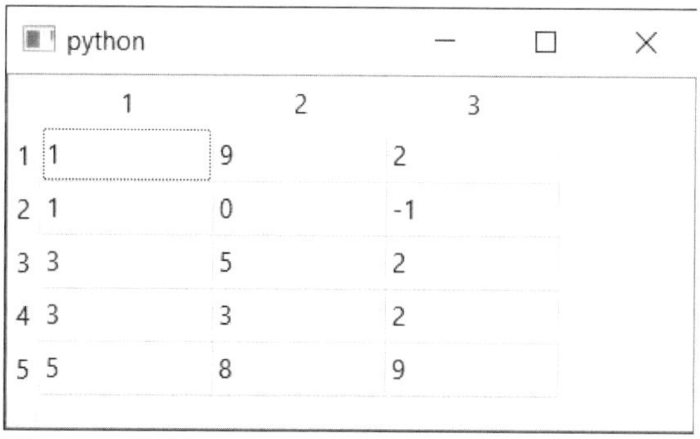

그림 5-14. QTableView 넘파이 배열

QTableView를 사용하면 2차원 배열만 표시할 수 있지만 더 높은 차원의 데이터 구조가 있는 경우 QTableView를 탭이나 스크롤바 UI와 결합해 더 높은 차원에 대한 액세스와 표시를 허용할 수 있다.

판다스

판다스는 데이터 조작과 분석에 일반적으로 사용하는 파이썬 라이브러리다. 다양한 데이터 소스에서 2차원 테이블 형식 데이터를 로드하고 이에 대한 데이터 분석을 수행하기 위한 멋진 API를 제공한다. 넘파이 DataTable을 QTableView 모델로 사용하면 이러한 API를 사용해 애플리케이션 내에서 바로 데이터를 로드하고 분석할 수 있다.

데이터 소스로 판다스 사용

넘파이와 함께 작동하도록 모델을 수정하는 것은 매우 미미하며 데이터 메서드의 인덱싱을 변경하고 rowCount와 columnCount를 수정해야 한다. rowCount와 columnCount에 대한 변경 사항은 _data.shape 튜플을 사용해 데이터 차원을 나타내는 판다스와 넘파이가 동일하다.

인덱싱된 위치에 대해 pandas.iloc 메서드를 사용한다. 예를 들어 열이나 행 인덱스로 조회한다. 이는 행과 열을 슬라이스 _data.iloc[index.row(), index.column()]에 전달해 수행한다.

다음의 완전한 예는 사용자 정의 모델을 통해 Qt의 QTableView를 사용해 판다스 데이터 프레임을 표시하는 방법을 보여준다.

```python
import sys

import pandas as pd
from PyQt6 import QtCore, QtGui, QtWidgets
from PyQt6.QtCore import Qt

class TableModel(QtCore.QAbstractTableModel):
    def __init__(self, data):
        super().__init__()
        self._data = data

    def data(self, index, role):
        if role == Qt.ItemDataRole.DisplayRole:
            value = self._data.iloc[index.row(), index.column()]
            return str(value)

    def rowCount(self, index):
        return self._data.shape[0]

    def columnCount(self, index):
        return self._data.shape[1]

    def headerData(self, section, orientation, role):
        if role == Qt.ItemDataRole.DisplayRole:
            if orientation == Qt.Orientation.Horizontal:
                return str(self._data.columns[section])

            if orientation == Qt.Orientation.Vertical:
                return str(self._data.index[section])

class MainWindow(QtWidgets.QMainWindow):
    def __init__(self):
        super().__init__()
```

```python
        self.table = QtWidgets.QTableView()

        data = pd.DataFrame(
            [
                [1, 9, 2],
                [1, 0, -1],
                [3, 5, 2],
                [3, 3, 2],
                [5, 8,9],
            ],
            columns=["A", "B", "C"],
            index=["Row 1", "Row 2", "Row 3", "Row 4", "Row 5"],
        )

        self.model = TableModel(data)
        self.table.setModel(self.model)
        self.setCentralWidget(self.table)
        self.setGeometry(600, 100, 400, 200)

app = QtWidgets.QApplication(sys.argv)

window = MainWindow()
window.show()

app.exec()
```

여기서 흥미로운 확장은 QTableView의 테이블 헤더를 사용해 DataFrame.index, DataFrame.columns에서 각각 가져올 수 있는 행 및 판다스 열 헤더 값을 표시하는 것이다.

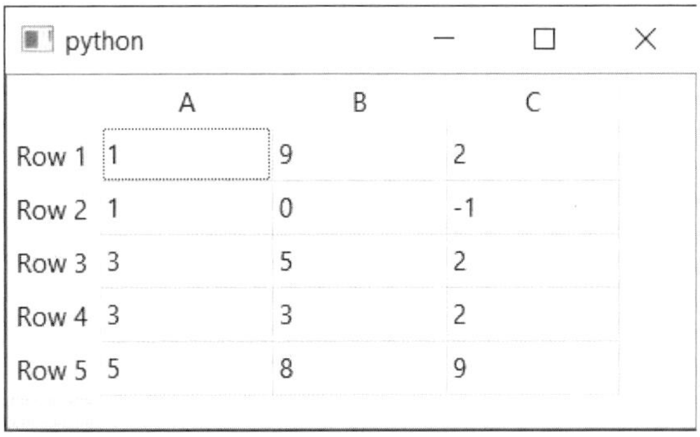

그림 5-15. QTableView 판다스 DataTable의 행과 열 헤더

이를 위해 사용자 정의 headerData 메서드에서 Qt.ItemDataRole.DisplayRole 핸들러를 구현해야 한다. 이는 섹션, 행/열의 인덱스(0...n), 열 헤더의 경우 Qt.Orientations.Horizontal 또는 행 헤더의 경우 Qt.Orientations.Vertical이 될 수 있는 방향 및 작동하는 역할을 수신한다. 데이터 메서드와 동일하다.

 headerData 메서드는 헤더의 모양을 추가로 사용자 지정하는 데 사용할 수 있는 다른 역할도 받는다.

결론

여기서는 QTableView와 사용자 정의 모델을 사용해 애플리케이션에서 테이블 형식 데이터를 표시하는 기본 사항을 다뤘다. 데이터 형식을 지정하고 셀을 아이콘과 색상으로 꾸미는 방법을 보여주고자 확장했다. 마지막으로 사용자 정의 열 및 행 머리글 표시를 포함해 넘파이 및 판다스 구조의 테이블 형식 데이터와 함께 QTableView를 사용해 시연했다.

테이블 데이터에 대해 계산을 실행하려면 스레드 풀 사용을 참조한다.

5.4 Qt 모델에서 SQL 데이터베이스 쿼리

지금까지 간단한 리스트의 리스트에서 넘파이와 판다스 테이블에 이르기까지 애플리케이션 자체에 로드되거나 저장된 데이터에 액세스하고자 테이블 모델을 사용했다. 그러나 이러한 모든 접근 방식에는 보고 있는 데이터가 완전히 메모리에 로드돼야 한다는 공통점이 있다.

SQL 데이터베이스와의 상호작용을 단순화하고자 Qt는 뷰에 연결해 SQL 쿼리나 데이터베이스 테이블의 출력을 표시할 수 있는 여러 SQL 모델을 제공한다. 5.4절에서는 QTableView에 데이터베이스 데이터를 표시하는 것과 데이터베이스 필드를 Qt 위젯에 매핑할 수 있는 QDataWidgetMapper를 사용해 두 가지 대안을 살펴본다.

사용하는 모델은 데이터베이스에 대한 읽기 전용 액세스, 읽기-쓰기 액세스 또는 관계가 있는 읽기 전용 액세스(둘 이상의 테이블 쿼리) 여부에 따라 다르다. 다음 절에서는 이러한 각 옵션을 차례로 살펴본다.

다음 예제는 이 간단한 기초에서 시작해 윈도우에 테이블 뷰를 보여주지만 모델 세트는 없다.

리스트 5-21. databases/tableview.py

```python
import os
import sys

from PyQt6.QtCore import Qt
from PyQt6.QtWidgets import QApplication, QMainWindow, QTableView

class MainWindow(QMainWindow):
    def __init__(self):
        super().__init__()
```

```
        self.table = QTableView()

        # self.model =
        # self.table.setModel(self.model)

        self.setCentralWidget(self.table)

app = QApplication(sys.argv)

window = MainWindow()
window.show()

app.exec()
```

모델을 연결하기 전에 코드를 실행하면 빈 윈도우가 표시된다.

 이 예제에서는 이 책의 다운로드에 포함된 SQLite 파일 데이터베이스 demo.sqlite를
사용한다.

 원하는 경우 SQLite 데이터베이스나 데이터베이스 서버(PostgreSQL, MySQL 등) 등
의 자체 데이터베이스를 사용할 수 있다. 원격 서버에 연결하는 방법에 대한 지침은
'QSqlDatabase로 인증'을 참조하자.

데이터베이스 연결

앱에서 데이터베이스의 데이터를 표시하려면 먼저 데이터베이스에 연결해야
한다. 서버(IP, 예, PostgreSQL 또는 MySQL)와 파일 기반(SQLite) 데이터베이스는
모두 Qt에서 지원하며 설정 방법만 다르다.

이 모든 예에서 테스트 및 데모용으로 설계된 샘플 데이터베이스인 Chinook
샘플 데이터베이스(https://github.com/lerocha/chinook-database)를 사용하고 있

다. 데이터베이스는 아티스트, 앨범, 미디어 트랙, 송장, 고객에 대한 테이블을 포함하는 디지털 미디어 저장소를 나타낸다.

 이 데이터베이스의 SQLite 버전 사본은 이 책의 코드 chinook.sqlite에 포함돼 있다. https://github.com/lerocha/chinook-database/raw/master/ChinookDatabase/ DataSources/Chinook_Sqlite.sqlite에서 최신 버전을 다운로드할 수도 있다.

```python
import os

from PyQt6.QtSql import QSqlDatabase

basedir = os.path.dirname(__file__)

db = QSqlDatabase("QSQLITE")
db.setDatabaseName(os.path.join(basedir, "chinook.sqlite"))
db.open()
```

 이 코드를 배치하는 위치는 애플리케이션에 따라 다르다. 종종 단일 데이터베이스 연결을 만들어 앱 전체에서 사용하고 싶을 때가 있다. 이 경우에는 별도의 모듈을 만드는 것이 가장 좋다. 예를 들어 db.py는 이 기능과 기타 관련 기능들을 포함한다.

프로세스는 모든 데이터베이스에 대해 동일하다. 데이터베이스 객체를 생성하고 이름을 설정한 다음 데이터베이스를 열어 연결을 초기화한다. 그러나 원격 데이터베이스에 연결하려는 경우 몇 가지 추가 매개변수가 있다. 자세한 내용은 'QSqlDatabase로 인증'을 참조하자.

QSqlTableModel로 테이블 표시

앱을 데이터베이스 저장소에 연결한 후 할 수 있는 가장 간단한 일은 애플리케이션에 단일 테이블을 표시하는 것이다. 이를 위해 QSqlTableModel을 사용할 수 있다. 이 모델은 테이블에서 직접 데이터를 표시하므로 편집할 수 있다.

먼저 앞에서 만든 데이터베이스 객체를 전달해 테이블 모델의 인스턴스를 만들어야 한다. 그런 다음 데이터를 쿼리할 소스 테이블을 설정한다. 이는 데이터베이스에 있는 테이블의 이름이다. 여기에서는 <table name>이다. 마지막으로 모델에서 .select()를 호출한다.

```
model = QSqlTableModel(db=db)
model.setTable('<table name>')
model.select()
```

.select()를 호출해 모델에 데이터베이스를 쿼리하고 결과를 보여줄 준비가 된 상태로 유지한다. 이 데이터를 QTableView에 표시하려면 .setModel() 메서드에 전달하기만 하면 된다.

```
table = QTableView()
table.setModel(self.model)
```

데이터는 테이블 모델에 표시되며 스크롤바를 사용해 탐색할 수 있다. 데이터베이스를 로드하고 뷰에 track 테이블을 표시하는 전체 코드는 다음과 같다.

```python
import os
import sys

from PyQt6.QtCore import QSize, Qt
from PyQt6.QtSql import QSqlDatabase, QSqlTableModel
from PyQt6.QtWidgets import QApplication, QMainWindow, QTableView

basedir = os.path.dirname(__file__)

db = QSqlDatabase("QSQLITE")
db.setDatabaseName(os.path.join(basedir, "chinook.sqlite"))
db.open()

class MainWindow(QMainWindow):
    def __init__(self):
        super().__init__()

        self.table = QTableView()

        self.model = QSqlTableModel(db=db)

        self.table.setModel(self.model)
        self.model.setTable("Track") self.model.select()

        self.setMinimumSize(QSize(1024, 600))
        self.setCentralWidget(self.table)

app = QApplication(sys.argv)

window = MainWindow()
window.show()

app.exec()
```

실행하면 다음과 같은 윈도우가 나타난다.

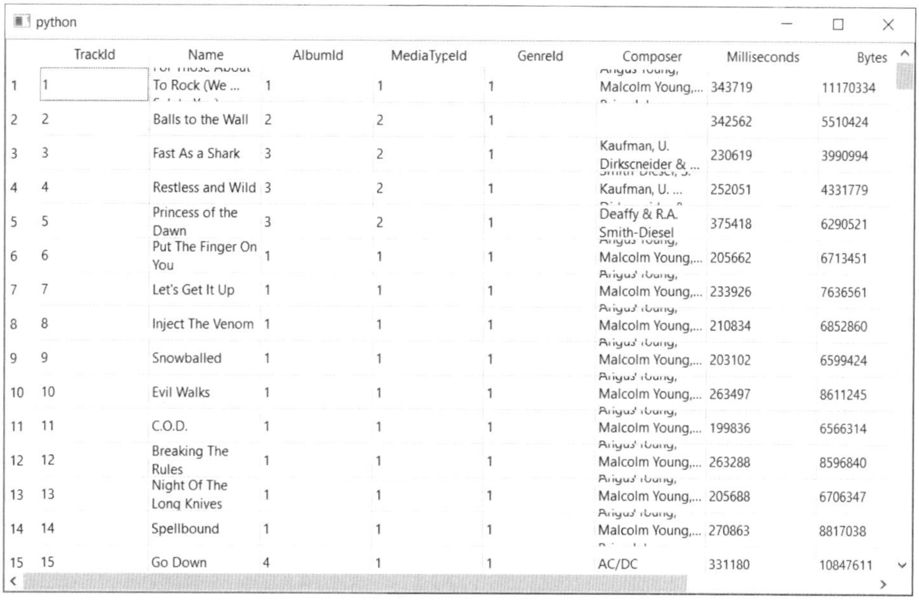

그림 5-16. QTableView에 표시되는 track 테이블.

💡 오른쪽 가장자리를 끌어 열의 크기를 조정할 수 있다. 오른쪽 가장자리를 두 번 클릭해 내용에 맞게 크기를 조정한다.

데이터 편집

QTableView에 표시된 데이터베이스 데이터는 기본적으로 편집할 수 있다. 아무 셀이나 두 번 클릭하기만 하면 내용을 수정할 수 있다. 변경 사항은 편집을 마친 직후 데이터베이스에 다시 유지된다.

Qt는 편집 동작에 대한 일부 제어를 제공하며 빌드 중인 앱 유형에 따라 변경할 수 있다. Qt는 이러한 행동에 편집 계획^{editing strategy}이라는 용어를 사용하며 다음 중 하나가 될 수 있다.

계획	설명
QSqlTableModel.EditStrategy.OnFieldChange	사용자가 편집된 셀의 선택을 취소하면 변경 사항이 자동으로 적용된다.
QSqlTableModel.EditStrategy.OnRowChange	사용자가 다른 행을 선택하면 변경 사항이 자동으로 적용된다.
QSqlTableModel.EditStrategy.OnManualSubmit	변경 사항은 모델에 캐시되고 .submitAll()이 호출될 때에만 데이터베이스에 기록되거나 revertAll()이 호출될 때 삭제된다.

.setEditStrategy를 호출해 모델에 대한 현재 편집 전략을 설정할 수 있다. 예를 들면 다음과 같다.

```
self.model.setEditStrategy(QSqlTableModel.EditStrategy.OnRowChange)
```

열 정렬

주어진 열을 기준으로 테이블을 정렬하려면 모델에서 .setSort()를 호출해 열 인덱스와 Qt.SortOrder.AscendingOrder 또는 Qt.SortOrder.DescendingOrder를 전달한다.

리스트 5-23. databases/tableview_tablemodel_sort.py

```
self.model.setTable("Track")
self.model.setSort(2, Qt.SortOrder.DescendingOrder)
self.model.select()
```

이는 .select()를 호출하기 전에 수행돼야 한다. 데이터를 얻은 후 정렬하려면 다른 .select() 호출을 수행해 새로 고칠 수 있다.

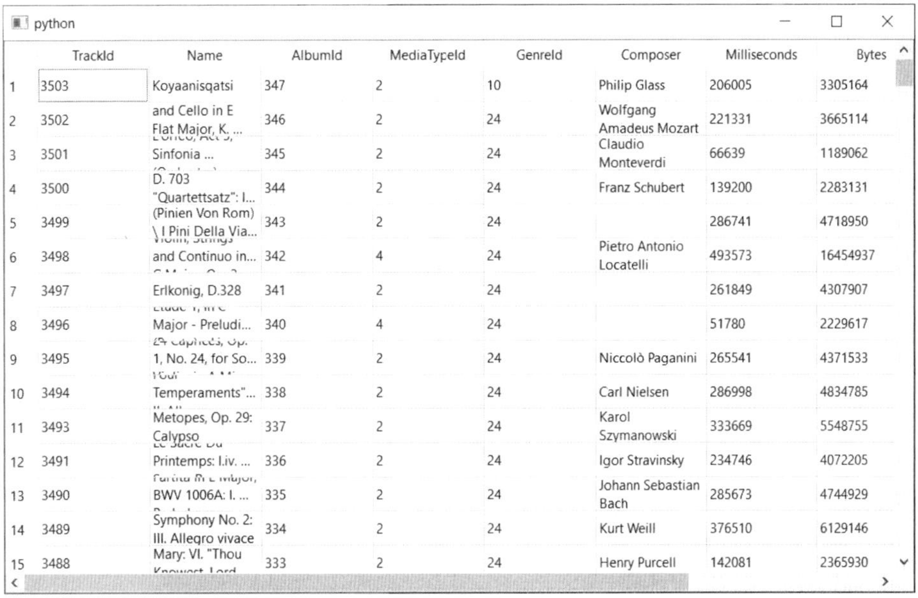

그림 5-17. 열 인덱스 2, album_id에 따라 정렬된 track 테이블

열 인덱스보다 열 이름을 사용해 테이블을 정렬하는 것을 선호할 수 있다. 이름으로 열 인덱스를 조회할 수 있다.

리스트 5-24. databases/tableview_tablemodel_sortname.py

```
self.model.setTable("Track")
idx = self.model.fieldIndex("Milliseconds")
self.model.setSort(idx, Qt.SortOrder.DescendingOrder)
self.model.select()
```

이제 테이블이 `milliseconds` 열을 기준으로 정렬된다.

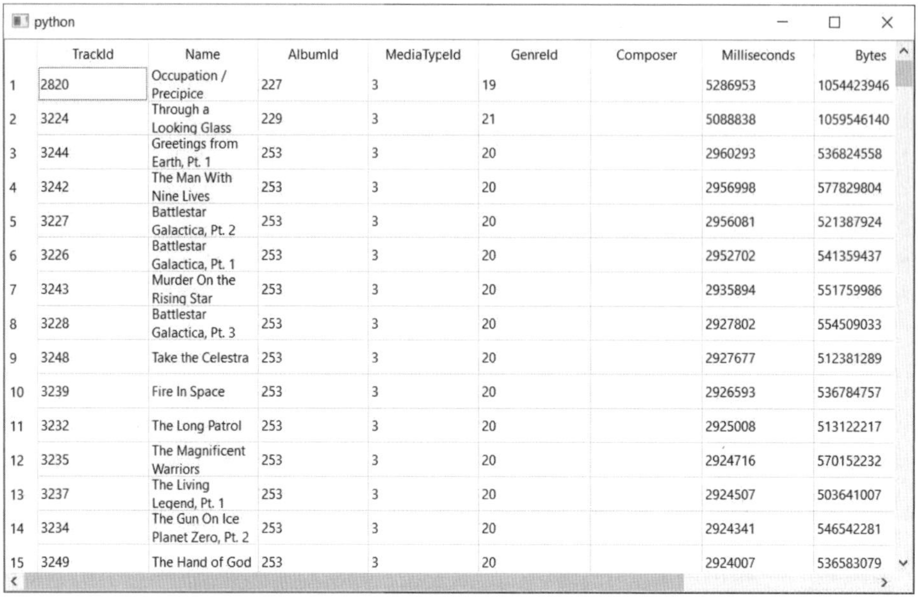

	TrackId	Name	AlbumId	MediaTypeId	GenreId	Composer	Milliseconds	Bytes
1	2820	Occupation / Precipice	227	3	19		5286953	1054423946
2	3224	Through a Looking Glass	229	3	21		5088838	1059546140
3	3244	Greetings from Earth, Pt. 1	253	3	20		2960293	536824558
4	3242	The Man With Nine Lives	253	3	20		2956998	577829804
5	3227	Battlestar Galactica, Pt. 2	253	3	20		2956081	521387924
6	3226	Battlestar Galactica, Pt. 1	253	3	20		2952702	541359437
7	3243	Murder On the Rising Star	253	3	20		2935894	551759986
8	3228	Battlestar Galactica, Pt. 3	253	3	20		2927802	554509033
9	3248	Take the Celestra	253	3	20		2927677	512381289
10	3239	Fire In Space	253	3	20		2926593	536784757
11	3232	The Long Patrol	253	3	20		2925008	513122217
12	3235	The Magnificent Warriors	253	3	20		2924716	570152232
13	3237	The Living Legend, Pt. 1	253	3	20		2924507	503641007
14	3234	The Gun On Ice Planet Zero, Pt. 2	253	3	20		2924341	546542281
15	3249	The Hand of God	253	3	20		2924007	536583079

그림 5-18. milliseconds 열을 기준으로 정렬된 track 테이블

열 제목

기본적으로 테이블의 열 머리글 제목은 데이터베이스의 열 이름에서 가져온다. 때로는 사용자 친화적이지 않으므로 **.setHeaderData**를 사용해 적절한 제목으로 교체하고 열 인덱스, 방향(수평(상단) 또는 수직(왼쪽) 헤더), 레이블을 전달할 수 있다.

리스트 5-25. database/tableview_tablemodel_titles.py

```
        self.model.setTable("Track")
        self.model.setHeaderData(
            1, Qt.Orientation.Horizontal, "Name"
        )
        self.model.setHeaderData(
```

```
        2, Qt.Orientation.Horizontal, "Album (ID)"
    )
    self.model.setHeaderData(
        3, Qt.Orientation.Horizontal, "Media Type (ID)"
    )
    self.model.setHeaderData(
        4, Qt.Orientation.Horizontal, "Genre (ID)"
    )
    self.model.setHeaderData(
        5, Qt.Orientation.Horizontal, "Composer"
    )
    self.model.select()
```

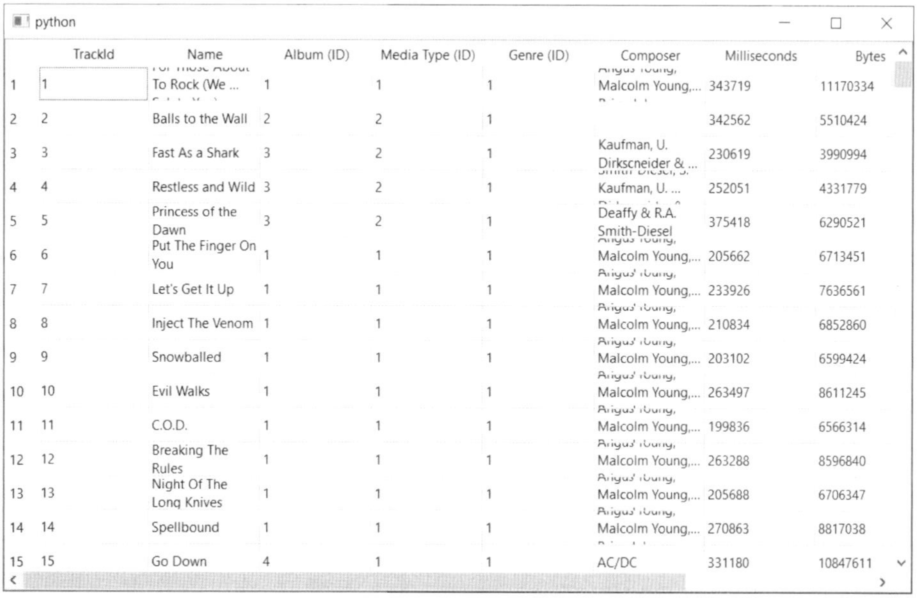

	TrackId	Name	Album (ID)	Media Type (ID)	Genre (ID)	Composer	Milliseconds	Bytes
1	1	For Those About To Rock (We ...	1	1	1	Angus Young, Malcolm Young,...	343719	11170334
2	2	Balls to the Wall	2	2	1		342562	5510424
3	3	Fast As a Shark	3	2	1	Kaufman, U. Dirkscneider & ...	230619	3990994
4	4	Restless and Wild	3	2	1	Kaufman, U. ...	252051	4331779
5	5	Princess of the Dawn	3	2	1	Deaffy & R.A. Smith-Diesel	375418	6290521
6	6	Put The Finger On You	1	1	1	Angus Young, Malcolm Young,...	205662	6713451
7	7	Let's Get It Up	1	1	1	Angus Young, Malcolm Young,...	233926	7636561
8	8	Inject The Venom	1	1	1	Angus Young, Malcolm Young,...	210834	6852860
9	9	Snowballed	1	1	1	Angus Young, Malcolm Young,...	203102	6599424
10	10	Evil Walks	1	1	1	Angus Young, Malcolm Young,...	263497	8611245
11	11	C.O.D.	1	1	1	Angus Young, Malcolm Young,...	199836	6566314
12	12	Breaking The Rules	1	1	1	Angus Young, Malcolm Young,...	263288	8596840
13	13	Night Of The Long Knives	1	1	1	Angus Young, Malcolm Young,...	205688	6706347
14	14	Spellbound	1	1	1	Angus Young, Malcolm Young,...	270863	8817038
15	15	Go Down	4	1	1	AC/DC	331180	10847611

그림 5-19. 더 나은 열 제목이 있는 track 테이블

정렬할 때와 마찬가지로 열 인덱스를 사용하는 것이 항상 편리한 것은 아니다. 데이터베이스에서 열 순서가 변경되면 애플리케이션에 설정된 이름이 동기화

되지 않는다. 이전과 마찬가지로 `.fieldIndex()`를 사용해 주어진 이름에 대한 인덱스를 조회할 수 있다. 한 단계 더 나아가 모델을 설정할 때 열 이름과 제목을 한 번에 적용할 파이썬 딕셔너리를 정의할 수 있다.

리스트 5-26. database/tableview_tablemodel_titlesname.py

```python
self.model.setTable("Track")
column_titles = {
    "Name": "Name",
    "AlbumId": "Album (ID)",
    "MediaTypeId": "Media Type (ID)",
    "GenreId": "Genre (ID)",
    "Composer": "Composer",
}
for n, t in column_titles.items():
    idx = self.model.fieldIndex(n)
    self.model.setHeaderData(idx, Qt.Orientation.Horizontal,t)

self.model.select()
```

열 선택

종종 테이블의 모든 열을 표시하고 싶지 않을 수 있다. 모델에서 열을 제거해서 표시할 열을 선택할 수 있다. 이를 위해 제거할 첫 번째 열의 인덱스와 그다음 열의 수를 전달하는 `.removeColumns()`를 호출한다.

```python
self.model.removeColumns(2, 5)
```

제거된 열은 더 이상 테이블에 표시되지 않는다. 열 레이블 지정에 사용된 것과 동일한 이름 조회 접근 방식을 사용해 이름으로 열을 제거할 수 있다.

```
columns_to_remove = ['name', 'something']

for cn in columns_to_remove:
    idx = self.model.fieldIndex(cn)
    self.model.removeColumns(idx, 1)
```

> 이 방법으로 열을 제거하면 뷰에서 열만 제거된다. SQL로 열을 필터링하려면 다음
> 쿼리 모델을 참조한다.

테이블 필터링

모델에서 .setFilter()를 호출하고 필터를 설명하는 매개변수를 전달해 테이블을 필터링할 수 있다. 필터 매개변수는 WHERE가 추가되지 않은 유효한 SQL WHERE절일 수 있다. 예를 들어 정확히 일치하려면 name="Martin"을, "Ma"로 시작하는 필드와 일치시키려면 LIKE "Ma%"로 이름을 지정한다.

SQL에 익숙하지 않은 경우를 위해 다양한 유형의 검색을 수행하는 데 사용할 수 있는 몇 가지 검색 패턴의 예는 다음과 같다.

패턴	설명
field="{}"	필드는 문자열과 정확히 일치한다.
field LIKE "{}%"	필드는 주어진 문자열로 시작한다.
field LIKE "%{}"	필드는 주어진 문자열로 끝난다.
field LIKE "%{}%"	필드는 주어진 문자열을 포함한다.

각 예시에서 {}는 검색 문자열이며 파이썬 "{}".format(search_str)을 사용해 보간한다. 정렬과 달리 필터는 .select()를 다시 호출할 필요 없이 데이터에

자동으로 적용된다.

 .select()가 아직 호출되지 않은 경우 필터가 처음 호출될 때 적용된다.

다음 예에서는 QLineEdit 필드를 추가하고 이를 연결해 트랙 이름 필드에서 테이블을 검색한다. 라인 편집 변경 시그널을 연결해 필터를 구성하고 모델에 적용한다.

리스트 5-27. databases/tableview_tablemodel_filter.py

```python
import os
import sys

from PyQt6.QtCore import QSize, Qt
from PyQt6.QtSql import QSqlDatabase, QSqlTableModel
from PyQt6.QtWidgets import (
    QApplication,
    QLineEdit,
    QMainWindow,
    QTableView,
    QVBoxLayout,
    QWidget,
)

basedir = os.path.dirname(__file__)

db = QSqlDatabase("QSQLITE")
db.setDatabaseName(os.path.join(basedir,"chinook.sqlite"))
db.open()

class MainWindow(QMainWindow):
    def __init__(self):
```

```
        super().__init__()

        container = QWidget()
        layout = QVBoxLayout():

        self.search = QLineEdit()
        self.search.textChanged.connect(self.update_filter)
        self.table = QTableView()

        layout.addWidget(self.search)
        layout.addWidget(self.table)
        container.setLayout(layout)

        self.model = QSqlTableModel(db=db)

        self.table.setModel(self.model)
        self.model.setTable("Track")
        self.model.select()

        self.setMinimumSize(QSize(1024, 600))
        self.setCentralWidget(container)

    def update_filter(self, s):
        filter_str = 'Name LIKE "%{}%"'.format(s)
        self.model.setFilter(filter_str)

app = QApplication(sys.argv)

window = MainWindow()
window.show()

app.exec()
```

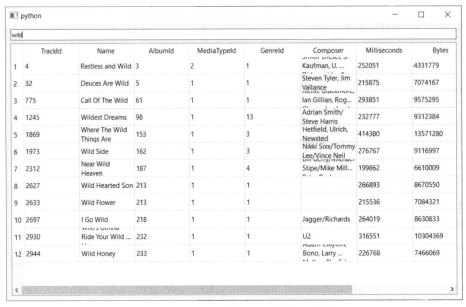

그림 5-20. 이름에 대한 track 테이블 필터링

 이 방식은 SQL 인젝션 공격에 취약하다.

이 방식이 작동하는 동안 사용자가 유효하지 않거나 악의적인 SQL문을 구성할 수 있기 때문에 테이블에서 검색을 활성화하는 것은 정말 나쁜 방법이다. 예를 들어 검색 상자에 단일 문자를 입력해보자. 필터링이 작동을 멈추고 앱을 다시 시작할 때까지 작동하지 않는다.

이는 잘못된 SQL문을 생성했기 때문이다.

```
'name LIKE "%"%"'
```

이 문제를 해결하는 이상적인 방법은 매개변수화된 쿼리를 사용하는 것이다. 위험하거나 잘못된 형식이 전달되지 않도록 데이터베이스에 대한 입력을 이스케이프 처리한다. 그러나 Qt 필터 인터페이스에서는 불가능하며 문자열만 전달할 수 있다.

단순한 일반 텍스트 검색의 경우 대신 문자열에서 영숫자가 아닌 문자나 공백 문자를 제거할 수 있다. 이것이 적절한지 여부는 사용 사례에 따라 다르다.

```python
import re

s = re.sub('[\W_]+', '', s)
query = 'field="%s"' % s
```

예제의 필터 메서드에 이를 넣은 코드는 다음과 같다.

리스트 5-28. databases/tableview_tablemodel_filter_clean.py

```python
def update_filter(self, s):
    s = re.sub("[\W_]+", "", s)
    filter_str = 'Name LIKE "%{}%"'.format(s)
    self.model.setFilter(filter_str)
```

예제를 다시 실행하고 생각할 수 있는 모든 가비지 값을 입력해보자. 검색이 계속 작동함을 알 수 있다.

QSqlRelationalTableModel로 관련 데이터 보여주기

이전 예제에서는 `QSqlTableModel`을 사용해 단일 테이블의 데이터를 표시했다. 그러나 관계형 데이터베이스에서 테이블은 다른 테이블과 관계를 가질 수 있으며 관련 데이터를 인라인으로 보는 것이 종종 유용하다.

관계형 데이터베이스의 관계는 외래키를 통해 처리된다. 이는 한 테이블의 열에 저장되는 (일반적으로) 숫자 값으로, 다른 테이블의 행에 대한 기본키를 참조한다.

예제 track 테이블에 있는 외래키의 예로는 album_id나 genre_id가 있다. 둘 다 각각 앨범과 장르 테이블의 레코드를 가리키는 숫자 값이다. 이러한 값(1, 2, 3... 등)을 사용자에게 표시하는 것은 그 자체로 의미가 없기 때문에 도움이 되지 않는다. 더 좋은 것은 앨범 이름이나 장르를 가져와 테이블 뷰에 보여주는 것이다. 이를 위해 QSqlRelationalTableModel을 사용할 수 있다.

이 모델의 설정은 이전 모델과 동일하다. 관계를 정의하고자 열 인덱스와 QSqlRelation 객체를 전달하는 .setRelation()을 호출한다.

```python
from PyQt6.QtSql import QSqlRelation, QSqlRelationalTableModel

self.model = QSqlRelationalTableModel(db=db)

relation = QSqlRelation('<related_table>',
'<related_table_foreign_key_column', '<column_to_display>')
self.model.setRelation(<column>, relation)
```

QSqlRelation 객체는 세 개의 인수를 허용한다. 데이터를 가져올 관련 테이블, 해당 테이블의 외래키 열, 마지막으로 데이터를 가져올 열이다.

테스트 데이터베이스 track 테이블의 경우 앨범 ID, 미디어 타입 ID, 장르 ID (각각 3, 4, 5열)에 대한 관련 테이블에서 데이터를 가져온다.

리스트 5-29. databases/tableview_relationalmodel.py

```python
        self.model.setTable("Track")
        self.model.setRelation(
```

```
        2, QSqlRelation("Album", "AlbumId", "Title")
    )
    self.model.setRelation(
        3, QSqlRelation("MediaType", "MediaTypeId", "Name")
    )
    self.model.setRelation(
        4, QSqlRelation("Genre", "GenreId", "Name")
    )
    self.model.select()
```

실행하면 세 개의 _id 열이 관련 테이블에서 가져온 데이터로 대체된 것을 볼 수 있다. 열은 충돌하지 않거나 구성된 이름이 있는 경우 관련 필드의 이름을 사용한다.

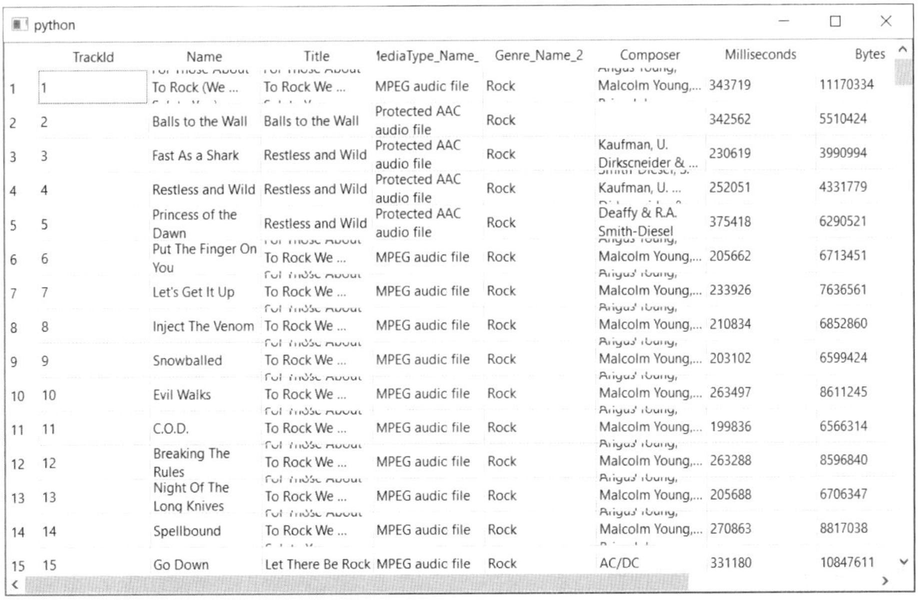

그림 5-21. 연관된 필드의 데이터 보여주기

QSqlRelationalDelegate로 관련 필드 편집

QSqlRelationalTableModel에서 필드를 편집하려고 하면 문제가 있음을 알 수 있다. 기본 테이블(여기에서는 tracks)의 필드를 편집할 수 있지만 관련 필드(예, 앨범 제목)에 대한 편집 내용은 저장되지 않는다. 이 필드는 현재 데이터에 대한 뷰 전용이다.

관련 필드의 유효한 값은 관련 테이블의 값으로 제한된다. 더 많은 선택을 하려면 관련 테이블에 다른 행을 추가해야 한다. 옵션이 제한돼 있기 때문에 QComboBox에 선택 항목을 표시하는 것이 좋다. Qt에는 이 조회 및 표시를 수행할 수 있는 모델 항목 위임자인 QSqlRelationalDelegate가 함께 제공된다.

리스트 5-30. databases/tableview_relationalmodel_delegate.py

```
self.model.setTable("Track")
self.model.setRelation(
  2, QSqlRelation("Album", "AlbumId", "Title")
)
self.model.setRelation(
  3, QSqlRelation("MediaType", "MediaTypeId", "Name")
)
self.model.setRelation(
  4, QSqlRelation("Genre", "GenreId", "Name")
)

delegate = QSqlRelationalDelegate(self.table)
self.table.setItemDelegate(delegate)

self.model.select()
```

이 위임자^{delegate}는 모든 관계형 필드에 대한 매핑을 자동으로 처리한다. QTableView 인스턴스를 전달하는 위임자를 생성한 다음 결과를 모델에 설정하기만 하면 모든 것이 자동으로 처리된다.

실행하면 관련 필드를 편집할 때 드롭다운이 표시된다.

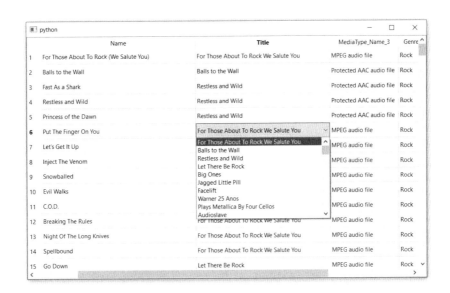

그림 5-22. QSqlRelationalDelegate를 사용해 드롭다운으로 관련 필드를 편집 가능하게 만들기

QSqlQueryModel을 사용한 일반 쿼리

지금까지 몇 가지 선택적 열 필터링과 정렬을 사용해 QTableView에 전체 데이 터베이스 테이블을 표시했다. 그러나 Qt는 QSqlQueryModel을 사용해 더 복잡한 쿼리를 표시할 수도 있다. 여기에서는 QSqlQueryModel을 사용해 SQL 쿼리를 표시하는 방법을 살펴본다. 먼저 간단한 단일 테이블 쿼리로 시작한 다음 관계 형 및 매개변수화된 쿼리로 시작한다.

이 모델로 쿼리하는 프로세스는 약간 다르다. 데이터베이스를 모델 생성자에 전달하는 대신 여기서 데이터베이스 연결을 취하는 QSqlQuery 객체를 생성한

다음 이를 모델에 전달한다.

```
query = QSqlQuery("SELECT name, composer FROM track ", db=db)
```

즉, 단일 **QSqlQueryModel**을 사용하고 원하는 경우 다른 데이터베이스에서 쿼리를 수행할 수 있다. 이 쿼리의 전체 작업 예는 다음과 같다.

리스트 5-31. databases/tableview_querymodel.py

```python
import os
import sys

from PyQt6.QtCore import QSize, Qt
from PyQt6.QtSql import QSqlDatabase, QSqlQuery, QSqlQueryModel
from PyQt6.QtWidgets import QApplication, QMainWindow, QTableView

basedir = os.path.dirname(__file__)

db = QSqlDatabase("QSQLITE")
db.setDatabaseName(os.path.join(basedir,"chinook.sqlite"))
db.open()

class MainWindow(QMainWindow):
    def __init__(self):
        super().__init__()

        self.table = QTableView()

        self.model = QSqlQueryModel()
        self.table.setModel(self.model)

        query = QSqlQuery("SELECT Name, Composer FROM track ", db=db)
```

394

```
        self.model.setQuery(query)

        self.setMinimumSize(QSize(1024, 600))
        self.setCentralWidget(self.table)


app = QApplication(sys.argv)


window = MainWindow()
window.show()


app.exec()
```

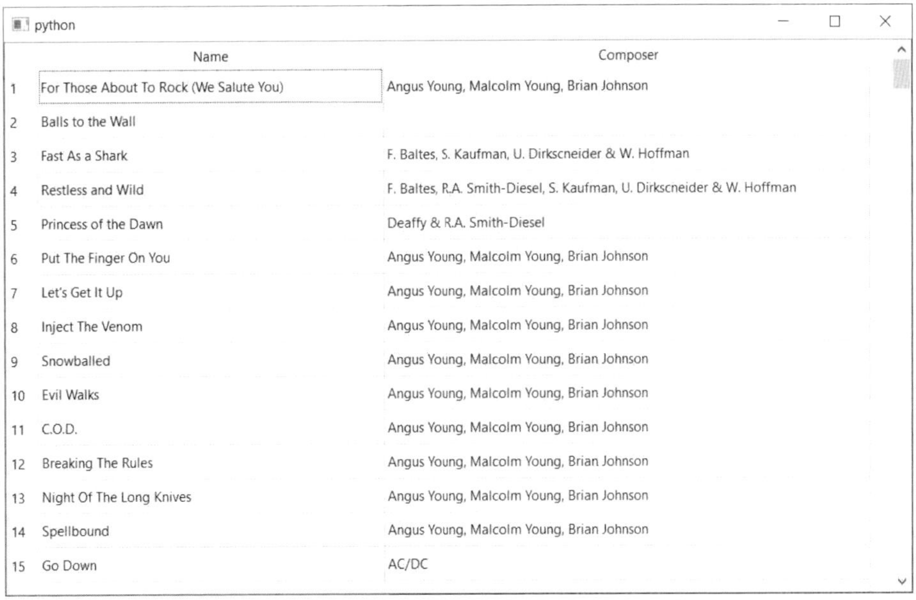

그림 5-23. 간단한 쿼리 실행

이 첫 번째 예에서는 track 테이블에 대해 매우 간단한 쿼리를 수행했으며 해당 테이블에서 두 개의 필드만 반환했다. 그러나 QSqlQuery 객체는 교차 테이블 조인 및 매개변수화된 쿼리를 포함해 좀 더 복잡한 쿼리에 사용할 수 있다. 여기서 쿼리를 수정하고자 값을 전달할 수 있다.

 매개변수화된 쿼리는 SQL 인젝션 공격으로부터 앱을 보호한다.

다음 예에서는 앨범 테이블에 관련된 조회를 추가하고자 간단한 쿼리를 확장한다. 또한 앨범 테이블에 대한 포함 검색에 사용되는 **album_title** 매개변수를 바인딩한다.

리스트 5-32. databases/tableview_querymodel_parameter.py

```python
import os
import sys

from PyQt6.QtCore import QSize, Qt
from PyQt6.QtSql import QSqlDatabase, QSqlQuery, QSqlQueryModel
from PyQt6.QtWidgets import QApplication, QMainWindow, QTableView


basedir = os.path.dirname(__file__)


db = QSqlDatabase("QSQLITE")
db.setDatabaseName(os.path.join(basedir,"chinook.sqlite"))
db.open()


class MainWindow(QMainWindow):
    def __init__(self):
        super().__init__()

        self.table = QTableView()

        self.model = QSqlQueryModel()
        self.table.setModel(self.model)
```

```
        query = QSqlQuery(db=db)
        query.prepare(
            "SELECT Name, Composer, Album.Title FROM Track "
            "INNER JOIN Album ON Track.AlbumId = Album.AlbumId "
            "WHERE Album.Title LIKE '%' || :album_title || '%' "
        )
        query.bindValue(":album_title", "Sinatra")
        query.exec()

        self.model.setQuery(query)
        self.setMinimumSize(QSize(1024, 600))
        self.setCentralWidget(self.table)

app = QApplication(sys.argv)

window = MainWindow()
window.show()

app.exec()
```

이제 쿼리에 매개변수를 추가하려고 하므로 생성될 때 QSqlQuery에 전달할 수 없다. 이렇게 하면 매개변수 교체 없이 즉시 실행된다. 대신 이제 쿼리를 .prepare()에 전달해 드라이버에게 쿼리의 매개변수를 식별하고 값을 기다리라고 지시해야 한다.

다음으로 .bindValue()를 사용해 각 매개변수를 바인딩하고 마지막으로 query.exec()를 호출해 데이터베이스에서 실제로 쿼리를 수행한다.

이 매개변수화된 쿼리는 다음 SQL과 동일하다.

```
SELECT Name, Composer, Album.Title FROM Track
INNER JOIN Album ON Track.AlbumId = Album.AlbumId
WHERE Album.Title LIKE '%Sinatra%'
```

이는 다음과 같은 결과를 제공한다.

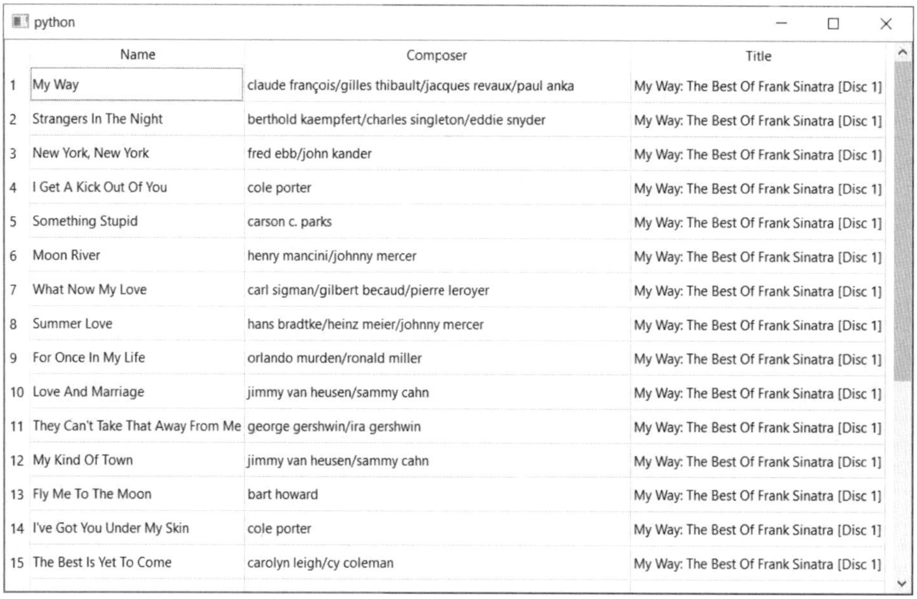
python

	Name	Composer	Title
1	My Way	claude françois/gilles thibault/jacques revaux/paul anka	My Way: The Best Of Frank Sinatra [Disc 1]
2	Strangers In The Night	berthold kaempfert/charles singleton/eddie snyder	My Way: The Best Of Frank Sinatra [Disc 1]
3	New York, New York	fred ebb/john kander	My Way: The Best Of Frank Sinatra [Disc 1]
4	I Get A Kick Out Of You	cole porter	My Way: The Best Of Frank Sinatra [Disc 1]
5	Something Stupid	carson c. parks	My Way: The Best Of Frank Sinatra [Disc 1]
6	Moon River	henry mancini/johnny mercer	My Way: The Best Of Frank Sinatra [Disc 1]
7	What Now My Love	carl sigman/gilbert becaud/pierre leroyer	My Way: The Best Of Frank Sinatra [Disc 1]
8	Summer Love	hans bradtke/heinz meier/johnny mercer	My Way: The Best Of Frank Sinatra [Disc 1]
9	For Once In My Life	orlando murden/ronald miller	My Way: The Best Of Frank Sinatra [Disc 1]
10	Love And Marriage	jimmy van heusen/sammy cahn	My Way: The Best Of Frank Sinatra [Disc 1]
11	They Can't Take That Away From Me	george gershwin/ira gershwin	My Way: The Best Of Frank Sinatra [Disc 1]
12	My Kind Of Town	jimmy van heusen/sammy cahn	My Way: The Best Of Frank Sinatra [Disc 1]
13	Fly Me To The Moon	bart howard	My Way: The Best Of Frank Sinatra [Disc 1]
14	I've Got You Under My Skin	cole porter	My Way: The Best Of Frank Sinatra [Disc 1]
15	The Best Is Yet To Come	carolyn leigh/cy coleman	My Way: The Best Of Frank Sinatra [Disc 1]

그림 5-24. 매개변수화된 쿼리의 결과

이 마지막 예에서는 세 개의 검색 필드를 추가한다. 트랙 제목, 아티스트, 앨범 제목이다. 이들 각각의 `.textChanged` 시그널을 쿼리의 매개변수를 업데이트하는 사용자 지정 메서드에 연결한다.

리스트 5-33. databases/tableview_querymodel_search.py

```
import os
import sys
```

```python
from PyQt6.QtCore import QSize, Qt
from PyQt6.QtSql import QSqlDatabase, QSqlQuery, QSqlQueryModel
from PyQt6.QtWidgets import (
    QApplication,
    QHBoxLayout,
    QLineEdit,
    QMainWindow,
    QTableView,
    QVBoxLayout,
    QWidget,
)

basedir = os.path.dirname(__file__)

db = QSqlDatabase("QSQLITE")
db.setDatabaseName(os.path.join(basedir,"chinook.sqlite"))
db.open()

class MainWindow(QMainWindow):
    def __init__(self):
        super().__init__()

        container = QWidget()
        layout_search = QHBoxLayout()

        self.track = QLineEdit()
        self.track.setPlaceholderText("Track name...")
        self.track.textChanged.connect(self.update_query)

        self.composer = QLineEdit()
        self.composer.setPlaceholderText("Artist name...")
        self.composer.textChanged.connect(self.update_query)

        self.album = QLineEdit()
```

```python
        self.album.setPlaceholderText("Album name...")
        self.album.textChanged.connect(self.update_query)

        layout_search.addWidget(self.track)
        layout_search.addWidget(self.composer)
        layout_search.addWidget(self.album)

        layout_view = QVBoxLayout()
        layout_view.addLayout(layout_search)

        self.table = QTableView()

        layout_view.addWidget(self.table)

        container.setLayout(layout_view)

        self.model = QSqlQueryModel()
        self.table.setModel(self.model)

        self.query = QSqlQuery(db=db)

        self.query.prepare(
            "SELECT Name, Composer, Album.Title FROM Track "
            "INNER JOIN Album ON Track.AlbumId=Album.AlbumId WHERE "
            "Track.Name LIKE '%' || :track_name || '%' AND "
            "Track.Composer LIKE '%' || :track_composer || '%' AND "
            "Album.Title LIKE '%' || :album_title || '%'"
        )

        self.update_query()

        self.setMinimumSize(QSize(1024, 600))
        self.setCentralWidget(container)
```

```python
    def update_query(self, s=None):

        # 위젯에서 텍스트 값을 가져온다.
        track_name = self.track.text()
        track_composer = self.composer.text()
        album_title = self.album.text()

        self.query.bindValue(":track_name", track_name)
        self.query.bindValue(":track_composer", track_composer)
        self.query.bindValue(":album_title", album_title)

        self.query.exec()
        self.model.setQuery(self.query)

app = QApplication(sys.argv)

window = MainWindow()
window.show()

app.exec()
```

실행하면 각 필드를 독립적으로 사용해 데이터베이스를 검색할 수 있으며 검
색 쿼리가 변경될 때마다 결과가 자동으로 업데이트된다.

그림 5-25. 다중 매개변수 검색 쿼리의 결과

QDataWidgetMapper

지금까지의 모든 예에서 **QTableView**를 사용해 데이터베이스의 출력 데이터를 테이블에 표시했다. 이는 종종 데이터를 보는 데 의미가 있지만 데이터 입력이나 편집을 위해서는 입력하고 탭으로 이동할 수 있는 형식으로 입력을 표시하는 것이 일반적으로 바람직하다.

 이를 CRUD(생성, 읽기, 업데이트, 삭제) 작업 및 인터페이스라고 한다.

전체 작업 예는 다음과 같다.

리스트 5-34. databases/widget_mapper.py

```python
import os
import sys

from PyQt6.QtCore import QSize, Qt
from PyQt6.QtSql import QSqlDatabase, QSqlTableModel
from PyQt6.QtWidgets import (
    QApplication,
    QComboBox,
    QDataWidgetMapper,
    QDoubleSpinBox,
    QFormLayout,
    QLabel,
    QLineEdit,
    QMainWindow,
    QSpinBox,
    QTableView,
    QWidget,
)

basedir = os.path.dirname(__file__)

db = QSqlDatabase("QSQLITE")
db.setDatabaseName(os.path.join(basedir,"chinook.sqlite"))
db.open()

class MainWindow(QMainWindow):
    def __init__(self):
        super().__init__()

        form = QFormLayout()

        self.track_id = QSpinBox()
        self.track_id.setRange(0, 2147483647)
```

```python
self.track_id.setDisabled(True)
self.name = QLineEdit()
self.album = QComboBox()
self.media_type = QComboBox()
self.genre = QComboBox()
self.composer = QLineEdit()

self.milliseconds = QSpinBox()
self.milliseconds.setRange(0, 2147483647) ❶
self.milliseconds.setSingleStep(1)

self.bytes = QSpinBox()
self.bytes.setRange(0, 2147483647)
self.bytes.setSingleStep(1)

self.unit_price = QDoubleSpinBox()
self.unit_price.setRange(0, 999)
self.unit_price.setSingleStep(0.01)
self.unit_price.setPrefix("$")

form.addRow(QLabel("Track ID"), self.track_id)
form.addRow(QLabel("Track name"), self.name)
form.addRow(QLabel("Composer"), self.composer)
form.addRow(QLabel("Milliseconds"), self.milliseconds)
form.addRow(QLabel("Bytes"), self.bytes)
form.addRow(QLabel("Unit Price"), self.unit_price)

self.model = QSqlTableModel(db=db)

self.mapper = QDataWidgetMapper() ❷
self.mapper.setModel(self.model)

self.mapper.addMapping(self.track_id, 0) ❸
self.mapper.addMapping(self.name, 1)
```

```
        self.mapper.addMapping(self.composer, 5)
        self.mapper.addMapping(self.milliseconds, 6)
        self.mapper.addMapping(self.bytes, 7)
        self.mapper.addMapping(self.unit_price, 8)

        self.model.setTable("Track")
        self.model.select() ❹

        self.mapper.toFirst() ❺

        self.setMinimumSize(QSize(400, 400))

        widget = QWidget()
        widget.setLayout(form)
        self.setCentralWidget(widget)

app = QApplication(sys.argv)

window = MainWindow()
window.show()

app.exec()
```

❶ 위젯은 테이블의 모든 유효한 값을 허용하도록 구성돼야 한다.

❷ 모든 위젯에 대한 하나의 QDataWidgetMapper다.

❸ 위젯은 _columns에 매핑된다.

❹ select를 수행해 모델을 채운다.

❺ 매퍼를 첫 번째 레코드로 이동한다.

이 예제를 실행하면 다음과 같은 윈도우가 나타난다. self.mapper.toFirst()
호출은 테이블에서 첫 번째 레코드를 선택하고 매핑된 위젯에 표시한다.

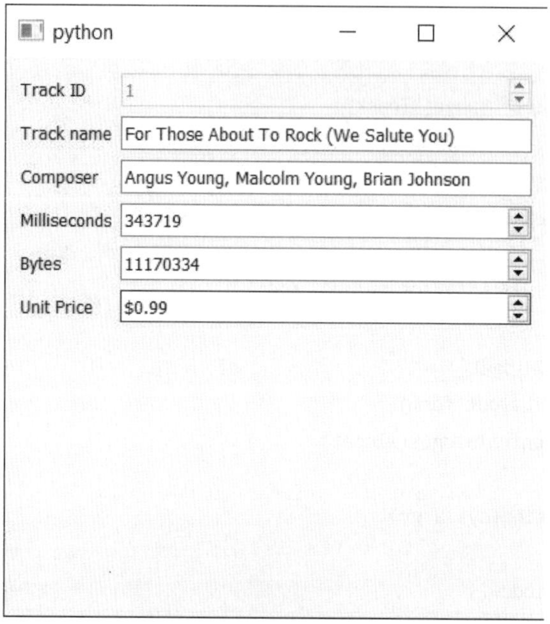

그림 5-26. 매핑된 위젯을 통해 레코드 보기

현재 보고 있는 레코드를 변경하거나 레코드에 대한 변경 사항을 저장할 수
없다. 이를 가능하게 하고자 3개의 버튼을 추가할 수 있다. 각 버튼은 레코드
를 통해 이전 및 다음 검색을 위해 하나씩 데이터베이스에 변경 사항을 커밋하
고자 저장한다. 이를 위해 일부 QPushButton 위젯을 매퍼 슬롯 .toPrevious,
.toNext, .submit에 연결할 수 있다.

__init__ 메서드의 끝에 다음 코드를 추가하고 위젯을 기존 레이아웃에 추가
한다.

리스트 5-35. databases/widget_mapper_controls.py

```python
        self.setMinimumSize(QSize(400, 400))
        controls = QHBoxLayout()

        prev_rec = QPushButton("Previous")
        prev_rec.clicked.connect(self.mapper.toPrevious)

        next_rec = QPushButton("Next")
        next_rec.clicked.connect(self.mapper.toNext)

        save_rec = QPushButton("Save Changes")
        save_rec.clicked.connect(self.mapper.submit)

        controls.addWidget(prev_rec)
        controls.addWidget(next_rec)
        controls.addWidget(save_rec)

        layout.addLayout(form)
        layout.addLayout(controls)

        widget = QWidget()
        widget.setLayout(layout)
        self.setCentralWidget(widget)
```

또한 QPushButton과 QHBoxLayout을 가져오려면 파일 상단에서 임포트문을 추가해야 한다.

리스트 5-36. databases/widget_mapper_controls.py

```python
from PyQt6.QtWidgets import (
    QApplication,
    QComboBox,
    QDataWidgetMapper,
```

```
    QDoubleSpinBox,
    QFormLayout,
    QHBoxLayout,
    QLabel,
    QLineEdit,
    QMainWindow,
    QPushButton,
    QSpinBox,
    QTableView,
    QVBoxLayout,
    QWidget,
)
```

이제 track 테이블의 레코드를 탐색하고 트랙 데이터를 변경하고 이러한 변경
사항을 데이터베이스에 적용할 수 있다. 이 예제의 전체 소스코드는 책 소스코
드의 databases/widget_mapper_controls.py에서 사용할 수 있다.

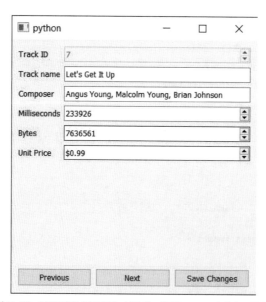

그림 5-27. 이전/다음 컨트롤을 사용해 기록을 보고 저장해 적용한다.

QSqlDatabase로 인증

지금까지 예제에서는 SQLite 데이터베이스 파일을 사용했다. 그러나 종종 원격 SQL 서버에 연결하고 싶을 것이다. 이를 위해서는 호스트 이름(데이터베이스가 있는 위치)과 해당하는 경우 사용자 이름, 비밀번호 등의 몇 가지 추가 매개변수가 필요하다.

```
# 데이터베이스 연결 생성
db = QSqlDatabase('<driver>')
db.setHostName('<localhost>')
db.setDatabaseName('<databasename>')
db.setUserName('<username>')
db.setPassword('<password>')
db.open()
```

 <driver>의 값은 ['QSQLITE', 'QMYSQL', 'QMYSQL3', 'QODBC', 'QODBC3', 'QPSQL', 'QPSQL7'] 중 하나일 수 있다. QSqlDatabase.drivers()를 실행하면 시스템에서 이 리스트를 얻을 수 있다.

이게 전부다. 연결이 설정되면 모델은 이전과 동일하게 작동한다.

6

사용자 정의 위젯

살펴봤듯이 Qt에는 애플리케이션을 구축하는 데 사용할 수 있는 다양한 위젯이 내장돼 있다. 그럼에도 때때로 이런 간단한 위젯으로는 충분하지 않다. 일부 사용자 정의 타입에 대한 입력이 필요하거나 고유한 방식으로 데이터를 시각화하려는 경우가 있다. Qt에서는 처음부터 또는 기존 위젯을 결합해서 자신만의 위젯을 자유롭게 만들 수 있다.

6장에서는 비트맵 그래픽과 사용자 정의 시그널을 사용해 자신만의 위젯을 만드는 방법을 살펴본다.

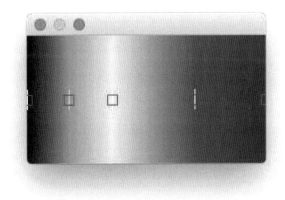

그림 6-1. 라이브러리의 위젯 중 하나인 사용자 정의 색상 그라데이션 입력.

사용자 정의 위젯 라이브러리(https://www.pythonguis.com/widgets/)도 확인할 수 있다.

6.1 Qt 비트맵 그래픽스

PyQt6에서 사용자 정의 위젯을 만드는 첫 번째 단계는 비트맵(픽셀 기반) 그래픽 작업을 이해하는 것이다. 모든 표준 위젯은 위젯의 모양을 형성하는 직사각형 '캔버스'에 비트맵으로 그린다. 어떻게 작동하는지 이해하면 원하는 사용자 정의 위젯을 그릴 수 있다.

 비트맵은 픽셀의 직사각형 그리드로, 각 픽셀(및 색상)은 여러 '비트'로 표시된다. 이미지를 형성하는 데 사용되는 일련의 선(또는 벡터)을 그리는 모양으로 이미지가 저장되는 벡터 그래픽과 다르다. 화면에서 벡터 그래픽을 보고 있다면 래스타화돼 비트맵 이미지로 변환돼 화면에 픽셀로 표시된 것이다.

여기에서는 비트맵 그래픽 작업을 수행하기 위한 Qt의 API이자 자신만의 위젯을 그리기 위한 기초인 QPainter를 살펴본다. 몇 가지 기본적인 그리기 작업을 거친 후 마지막으로 이 모든 작업을 결합해 작은 그림판 애플리케이션을 만들 것이다.

QPainter

Qt의 비트맵 그리기 작업은 QPainter 클래스로 처리한다. 예를 들어 QPixmap을 포함해 다양한 면에 그리는 데 사용할 수 있는 일반 인터페이스다. 이 장에서는 먼저 QPixmap 면에서 기본 작업을 사용한 다음 배운 것을 사용해 간단한 그림판 애플리케이션을 만드는 QPainter 그리기 메서드를 살펴본다.

이를 쉽게 해보고자 스텁 애플리케이션을 사용해 컨테이너(QLabel)를 만들고 이를 컨테이너에 설정하고 기본 윈도우에 컨테이너를 추가한다.

리스트 6-1. bitmap/stub.py

```python
import sys

from PyQt6.QtCore import Qt
from PyQt6.QtGui import QPixmap
from PyQt6.QtWidgets import QApplication, QLabel, QMainWindow

class MainWindow(QtWidgets.QMainWindow):
    def __init__(self):
        super().__init__()

        self.label = QtWidgets.QLabel()
        self.canvas = QtGui.QPixmap(400, 300) ❶
        self.canvas.fill(Qt.GlobalColor.white) ❷

        self.setCentralWidget(self.label)
        self.draw_something()

    def draw_something(self):
        pass

app = QtWidgets.QApplication(sys.argv)

window = MainWindow()
window.show()

app.exec()
```

❶ 그릴 QPixmap 객체를 생성한다.

❷ 선이 보이도록 전체 캔버스를 흰색으로 채운다.

> ⓘ QLabel을 사용해 그림을 그리는 이유는 무엇일까? QLabel 위젯은 이미지를 표시하는 데 사용할 수 있으며 QPixmap을 표시하는 데에도 사용할 수 있는 가장 간단한 위젯이기 때문이다.

플랫폼과 현재 다크 모드 여부에 따라 배경은 밝은 회색에서 검은색에 이르기까지 무엇이든 가능하므로 시작하려면 캔버스를 흰색으로 채워야 한다. 정말 간단한 것을 그리는 것으로 시작할 수 있다.

리스트 6-2. bitmap/line.py

```python
import sys

from PyQt6.QtCore import Qt
from PyQt6.QtGui import QPainter, QPixmap
from PyQt6.QtWidgets import QApplication, QLabel, QMainWindow

class MainWindow(QtWidgets.QMainWindow):
  def __init__(self):
    super().__init__()

    self.label = QtWidgets.QLabel()
    self.canvas = QtGui.QPixmap(400, 300)  ❶
    self.canvas.fill(Qt.GlobalColor.white)  ❷
    self.label.setPixmap(self.canvas)
    self.setCentralWidget(self.label)
    self.draw_something()

  def draw_something(self):
    painter = QtGui.QPainter(self.canvas)
    painter.drawLine(10, 10, 300, 200)  ❸
    painter.end()
```

```
        self.label.setPixmap(self.canvas)

app = QtWidgets.QApplication(sys.argv)

window = MainWindow()
window.show()

app.exec()
```

❶ 그릴 QPixmap 객체를 생성한다.

❷ 선이 보이도록 전체 캔버스를 흰색으로 채운다.

❸ (10, 10)에서 (300, 200)까지 선을 그린다. x, y 좌표이고 왼쪽 상단이 0, 0 이다.

파일에 저장하고 실행하면 다음과 같이 윈도우 프레임 내부에 검은색 선이 보여야 한다.

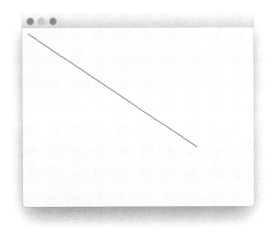

그림 6-2. 캔버스의 단일 검은색 선

모든 그리기는 draw_something 메서드에서 발생한다. 캔버스(self.label.pixmap())
를 전달하는 QPainter 인스턴스를 만든 다음 선을 그리는 명령을 실행한다.
마지막으로 .end()를 호출해 페인터를 닫고 변경 사항을 적용한다.

 일반적으로 위젯 새로 고침을 트리거하려면 .update()를 호출해야 하지만 애플리케
이션 윈도우가 표시되기 전에 그리기 때문에 새로 고침이 이미 자동으로 발생한다.

QPainter의 좌표계는 캔버스의 왼쪽 상단을 0, 0으로 지정하고 x는 오른쪽으로
증가하며 y는 이미지 아래로 증가한다. 0, 0이 왼쪽 하단에 있는 그래프를 그리
는 데 익숙하다면 이는 놀라울 수 있다.

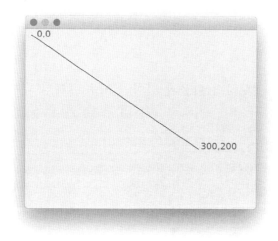

그림 6-3. 좌표를 표시한 검은색 선

기본 형식 그리기

QPainter는 비트맵 면에 모양과 선을 그리기 위한 수많은 방법을 제공한다(5.12
에는 192개의 QPainter 특정 비이벤트 방법이 있다). 좋은 소식은 이들 대부분이 동

일한 기본 메서드를 다른 방법으로 호출하는 오버로드된 메서드라는 것이다.

예를 들어 5개의 다른 drawLine 메서드가 있으며 모두 같은 선을 그리지만 그릴 대상의 좌표가 정의되는 방식이 다르다.

메서드	설명
drawLine(line)	QLine 인스턴스 그리기
drawLine(line)	QLineF 인스턴스 그리기
drawLine(x1, y1, x2, y2)	x1, y2와 x2, y2 사이에 선 그리기(모두 int)
drawLine(p1, p2)	점 p1과 p2 사이에 선 그리기(모두 QPoint)
drawLine(p1, p2)	점 p1과 p2 사이에 선 그리기(모두 QPointF)

QLine과 QLineF의 차이점은 후자의 좌표가 float로 지정된다는 점이다. 이는 다른 계산의 결과로 부동 위치가 있는 경우에 편리하지만 그 외에는 그렇지 않다.

F 변형을 무시하고 선을 그리는 3가지 고유한 방법이 있다. 선 객체, 두 세트의 좌표 (x1, y1), (x2, y2) 또는 두 개의 QPoint 객체가 있다. QLine 자체가 `QLine(const QPoint & p1, const QPoint & p2)` 또는 `QLine(int x1, int y1, int x2, int y2)`으로 정의돼 있음을 발견하면 사실 모두 같음을 알 수 있다. 다른 호출 시그니처는 단순히 편의를 위한 것이다.

 x1, y1, x2, y2 좌표가 주어지면 두 QPoint 객체는 QPoint(x1, y1) 및 QPoint(x2, y2)로 정의된다.

따라서 중복을 제외하면 drawArc, drawChord, drawConvexPolygon, drawEllipse, drawLine, drawPath, drawPie, drawPoint, drawPolygon, drawPolyline, drawRect, drawRects, drawRoundedRect 같은 그리기 작업이 있다. 압도 당하지 않도록 먼

저 기본 모양과 선에 중점을 두고 기본 사항을 숙지한 후에는 더 복잡한 작업
으로 돌아간다.

 각 예에 대해 스텁 애플리케이션에서 draw_something 메서드를 교체하고 다시 실행
해 출력을 확인한다.

drawPoint

캔버스의 주어진 지점에 포인트이나 픽셀을 그린다. drawPoint에 대한 각 호출
은 하나의 픽셀을 그린다. draw_something 코드를 다음으로 교체하자.

리스트 6-3. bitmap/point.py

```python
def draw_something(self):
    painter = QtGui.QPainter(self.canvas)
    painter.drawPoint(200, 150)
    painter.end()
    self.label.setPixmap(self.canvas)
```

파일을 다시 실행하면 윈도우가 표시되지만 이번에는 중간에 검은색 점이 하
나 나타난다. 윈도우를 이리저리 움직여야 찾을 수 있다.

그림 6-4. QPainter에 단일 점(픽셀) 그리기

정말 볼게 별로 없다. 더 흥미롭게 만들고자 그리는 포인트의 색상과 크기를 변경할 수 있다. PyQt6에서 선의 색상과 두께는 **QPainter**의 활성 펜을 사용해 정의된다. **QPen** 인스턴스를 생성하고 적용해 이를 설정할 수 있다.

리스트 6-4. bitmap/point_with_pen.py

```python
def draw_something(self):
    painter = QtGui.QPainter(self.canvas)
    pen = QtGui.QPen()
    pen.setWidth(40)
    pen.setColor(QtGui.QColor('red'))
    painter.setPen(pen)
    painter.drawPoint(200, 150)
    painter.end()
    self.label.setPixmap(self.canvas)
```

이는 다음과 같은 약간 더 흥미로운 결과를 보여준다.

그림 6-5. 큰 빨간 점

페인터가 끝날 때까지 QPainter로 여러 그리기 작업을 자유롭게 수행할 수 있다. 캔버스에 그리는 것은 매우 빠르다. 여기서는 무작위로 10,000개의 점을 그린다.

리스트 6-5. bitmap/points.py

```
from random import choice, randint ❶

def draw_something(self):
    painter = QtGui.QPainter(self.canvas)
    pen = QtGui.QPen()
    pen.setWidth(3)
    painter.setPen(pen)

    for n in range(10000):
        painter.drawPoint(
            200 + randint(-100, 100),
            150 + randint(-100, 100), #x #y
```

```
    )

    painter.end()
    self.label.setPixmap(self.canvas)
```

❶ 파일의 위쪽에 import 구문을 추가한다.

점은 3픽셀 너비의 검정색(기본 펜)이다.

그림 6-6. 캔버스에 그림 10,000개의 3픽셀 점

그리는 동안 현재 펜을 업데이트하는 경우가 많다. 다른 특성(너비)을 동일하
게 유지하면서 여러 점을 다른 색상으로 그린다. 새 QPen 인스턴스를 다시 만
들지 않고 이 작업을 수행하려면 pen = painting.pen()을 사용해 QPainter에서
현재 활성화된 펜을 가져올 수 있다. 기존 펜을 여러 번 다시 적용해 매번 변경
할 수도 있다.

```python
def draw_something(self):
    colors = [
        "#FFD141",
        "#376F9F",
        "#0D1F2D",
        "#E9EBEF",
        "#EB5160"
    ]

    painter = QtGui.QPainter(self.canvas)
    pen = QtGui.QPen()
    pen.setWidth(3)
    painter.setPen(pen)

    for n in range(10000):
        # pen = painter.pen() 여기에서 펜을 활성화할 수 있음
        pen.setColor(QtGui.QColor(choice(colors)))
        painter.setPen(pen)
        painter.drawPoint(
            200 + randint(-100, 100),
            150 + randint(-100, 100), #x #y
        )

    painter.end()
    self.label.setPixmap(self.canvas)
```

다음과 같이 출력된다.

그림 6-7. 너비 3인 점의 무작위 패턴

 QPainter에는 현재 펜인 QPen이 하나만 활성화될 수 있다.

화면에 점을 그리는 것만큼 흥분되는 것으로 다른 그리기 작업을 살펴본다.

drawLine

처음에 캔버스에 이미 선을 그려서 작업이 제대로 동작하는지 확인했다. 하지만 선 모양을 제어하도록 펜 설정은 시도하지 않았다.

리스트 6-7. bitmap/line_with_pen.py

```
def draw_something(self):
    painter = QtGui.QPainter(self.canvas)
    pen = QtGui.QPen()
    pen.setWidth(15)
    pen.setColor(QtGui.QColor("blue"))
```

```
painter.setPen(pen)
painter.drawLine(QtCore.QPoint(100, 100), QtCore.QPoint(300,200))
painter.end()
self.label.setPixmap(self.canvas)
```

이 예에서는 개별 매개변수 x1, y1, x2, y2를 전달하는 대신 QPoint를 사용해 선과 연결할 두 점을 정의한다. 두 방법 모두 기능적으로 동일하다는 것을 기억하자.

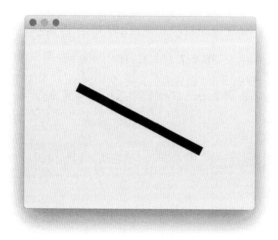

그림 6-8. 두꺼운 파란색 선

drawRect, drawRects, drawRoundedRect

이 함수는 모두 일련의 점이나 QRect 또는 QRectF 인스턴스로 정의된 직사각형을 그린다.

```python
def draw_something(self):
    painter = QtGui.QPainter(self.canvas)
    pen = QtGui.QPen()
    pen.setWidth(3)
    pen.setColor(QtGui.QColor("#EB5160"))
    painter.setPen(pen)
    painter.drawRect(50, 50, 100, 100)
    painter.drawRect(60, 60, 150, 100)
    painter.drawRect(70, 70, 100, 150)
    painter.drawRect(80, 80, 150, 100)
    painter.drawRect(90, 90, 100, 150)
    painter.end()
    self.label.setPixmap(self.canvas)
```

 정사각형은 같은 너비와 높이를 가진 직사각형일 뿐이다.

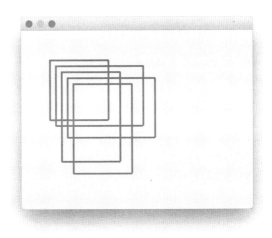

그림 6-9. 여러 사각형 그리기

또한 drawRect에 대한 여러 호출을 여러 QRect 객체를 전달하는 drawRect에 대한 단일 호출로 바꿀 수 있다. 이는 정확히 같은 결과를 출력한다.

```
painter.drawRects(
    QtCore.QRect(50, 50, 100, 100),
    QtCore.QRect(60, 60, 150, 100),
    QtCore.QRect(70, 70, 100, 150),
    QtCore.QRect(80, 80, 150, 100),
    QtCore.QRect(90, 90, 100, 150),
)
```

그려진 모양은 현재 활성 페인터 브러시를 설정하고 QBrush 인스턴스를 Painter.setBrush()로 전달해 PyQt6에서 채울 수 있다. 다음 예제에서는 패턴이 있는 노란색으로 모든 사각형을 채운다.

리스트 6-9. bitmap/rect_with_brush.py

```
def draw_something(self):
    painter = QtGui.QPainter(self.canvas)
    pen = QtGui.QPen()
    pen.setWidth(3)
    pen.setColor(QtGui.QColor("#376F9F"))
    painter.setPen(pen)

    brush = QtGui.QBrush()
    brush.setColor(QtGui.QColor("#FFD141"))
    brush.setStyle(Qt.BrushStyle.Dense1Pattern)
    painter.setBrush(brush)

    painter.drawRects(
        QtCore.QRect(50, 50, 100, 100),
        QtCore.QRect(60, 60, 150, 100),
```

```
        QtCore.QRect(70, 70, 100, 150),
        QtCore.QRect(80, 80, 150, 100),
        QtCore.QRect(90, 90, 100, 150),
    )
    painter.end()
    self.label.setPixmap(self.canvas)
```

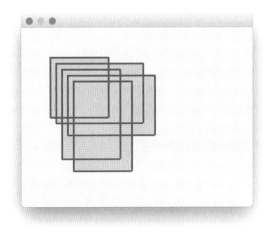

그림 6-10. 사각형 채우기

펜의 경우 주어진 페인터에 대해 활성 브러시가 하나만 있지만 그리는 동안
브러시 간에 전환하거나 변경할 수 있다. 다양한 브러시 스타일 패턴을 사용할
수 있다(https://doc.qt.io/qt-5/qt.html#BrushStyle-enum). 하지만 다른 어떤 것보다
Qt.BrushStyle.SolidPattern을 더 많이 사용한다.

 기본값은 Qt.BrushStyle.NoBrush이므로 채우기를 보려면 스타일을 설정해야 한다.

drawRoundedRect 메서드는 직사각형을 그리지만 모서리가 둥글기 때문에 모서리의 x와 y 반경에 대해 두 개의 추가 매개변수를 사용한다.

리스트 6-10. bitmap/roundrect.py

```python
def draw_something(self):
    painter = QtGui.QPainter(self.canvas)
    pen = QtGui.QPen()
    pen.setWidth(3)
    pen.setColor(QtGui.QColor("#376F9F"))
    painter.setPen(pen)
    painter.drawRoundedRect(40, 40, 100, 100, 10, 10)
    painter.drawRoundedRect(80, 80, 100, 100, 10, 50)
    painter.drawRoundedRect(120, 120, 100, 100, 50, 10)
    painter.drawRoundedRect(160, 160, 100, 100, 50, 50)
    painter.end()
    self.label.setPixmap(self.canvas)
```

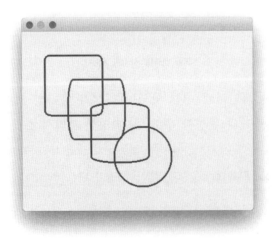

그림 6-11. 둥글게 처리된 사각형

절대 픽셀로 정의되는 모서리의 x와 y 타원 반지름을 전환하는 옵션 최종 매개변수나 0에서 100 사이의 값으로 전달되는 직사각형의 크기를 `Qt.SizeMode.RelativeSize`에 전달해 활성화시킨다.

drawEllipse

살펴볼 마지막 기본 그리기 방법은 타원이나 원을 그리는 데 사용할 수 있는 drawEllipse다.

리스트 6-11. bitmap/ellipse.py

```python
def draw_something(self):
    painter = QtGui.QPainter(self.canvas)
    pen = QtGui.QPen()
    pen.setWidth(3)
    pen.setColor(QtGui.QColor(204, 0, 0)) # r, g, b
    painter.setPen(pen)

    painter.drawEllipse(10, 10, 100, 100)
    painter.drawEllipse(10, 10, 150, 200)
    painter.drawEllipse(10, 10, 200, 300)
    painter.end()

    self.label.setPixmap(self.canvas)
```

이 예제에서 drawEllipse는 4개의 매개변수를 사용한다. 처음 두 개는 타원이 그려질 직사각형 왼쪽 상단의 x와 y 위치이고 마지막 두 개는 각각 해당 직사각형의 너비와 높이다.

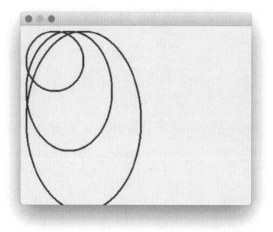

그림 6-12. x, y, 너비, 높이 또는 QRect로 타원을 그린다.

 QRect에 전달해 동일한 결과를 얻을 수 있다.

타원의 중심을 첫 번째 매개변수로 취하는 또 다른 호출 시그니처가 있으며, 이는 QPoint나 QPointF 객체로 제공된 다음 x와 y 반지름으로 제공된다. 다음 예는 실제 동작을 보여준다.

```
painter.drawEllipse(QtCore.QPoint(100, 100), 10, 10)
painter.drawEllipse(QtCore.QPoint(100, 100), 15, 20)
painter.drawEllipse(QtCore.QPoint(100, 100), 20, 30)
painter.drawEllipse(QtCore.QPoint(100, 100), 25, 40)
painter.drawEllipse(QtCore.QPoint(100, 100), 30, 50)
painter.drawEllipse(QtCore.QPoint(100, 100), 35, 60)
```

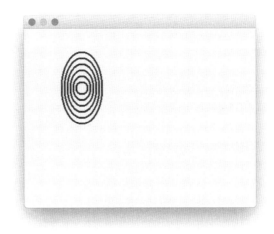

그림 6-13. 점과 반지름을 사용해 타원 그리기

직사각형에 대해 설명한 것과 동일한 **QBrush** 접근 방식을 사용해 타원을 채울 수 있다.

텍스트

마지막으로 **QPainter** 텍스트 그리기 방법을 간략하게 살펴본다. **QPainter**의 현재 글꼴을 제어하려면 **QFont** 인스턴스에서 전달하는 **setFont**를 사용한다. **setFont**로 작성하는 텍스트의 패밀리, 두께, 크기를 제어할 수 있다. 텍스트 색상은 여전히 현재 펜을 사용해 정의되지만 펜 너비는 영향을 주지 않는다.

리스트 6-12. bitmap/text.py

```python
def draw_something(self):
    painter = QtGui.QPainter(self.canvas)

    pen = QtGui.QPen()
```

```
pen.setWidth(1)
pen.setColor(QtGui.QColor("green"))
painter.setPen(pen)

font = QtGui.QFont()
font.setFamily("Times")
font.setBold(True)
font.setPointSize(40)
painter.setFont(font)

painter.drawText(100, 100, "Hello, world!")
painter.end()
self.label.setPixmap(self.canvas)
```

QPoint 또는 QPointF를 사용해 위치를 지정할 수도 있다.

그림 6-14. hello.world 비트맵 텍스트 예제

지정된 영역 내에서 텍스트를 그리는 방법도 있다. 여기에서 매개변수는 경계 상자의 x 및 y 위치와 너비 및 높이를 정의한다. 이 상자 외부의 텍스트는 잘려서 숨겨진다. 다섯 번째 매개변수 플래그^{flag}는 무엇보다도 상자 내의 텍스트 정렬을 제어하는 데 사용할 수 있다.

```
painter.drawText(100, 100, 100, 100, Qt.AlignmentFlag.AlignHCenter, 'Hello,
world!')
```

그림 6-15. drawText에서 잘린 경계 상자

QFont 객체를 통해 페인터의 활성 글꼴을 설정해 텍스트 표시를 완전히 제어할 수 있다. 자세한 내용은 QFont 문서(https://doc.qt.io/archives/qt-4.8/qfont.html)를 확인하자.

QPainter 즐기기

좀 힘들었으니 한숨 돌리고 재미있는 걸 만들어보자. 지금까지 **QPixmap** 표면에서 수행할 그리기 작업을 프로그래밍 방식으로 정의했다. 그러나 사용자 입력에 대한 응답으로 쉽게 그릴 수 있다. 예를 들어 사용자가 캔버스 전체에 낙서를 할 수 있게 허용한다. 지금까지 배운 내용을 바탕으로 기본적인 그림판 앱을 만들어보자.

그리기 메서드 대신 **MainWindow** 클래스에 **mouseMoveEvent** 핸들러를 추가해 간단한 동일 애플리케이션을 시작할 수 있다. 여기에서 사용자 마우스의 현재 위치를 가져와 캔버스에 그린다.

리스트 6-13. bitmap/paint_start.py

```python
import sys

from PyQt6.QtCore import Qt
from PyQt6.QtGui import QPainter, QPixmap
from PyQt6.QtWidgets import QApplication, QLabel, QMainWindow

class MainWindow(QMainWindow):
    def __init__(self):
        super().__init__()

        self.label = QtWidgets.QLabel()
        self.canvas = QtGui.QPixmap(400, 300)
        self.canvas.fill(Qt.GlobalColor.white)
        self.label.setPixmap(self.canvas)
        self.setCentralWidget(self.label)

    def mouseMoveEvent(self, e):
        pos = e.position()
        painter = QtGui.QPainter(self.canvas)
```

```
        painter.drawPoint(pos.x(), pos.y())
        painter.end()
        self.label.setPixmap(self.canvas)


app = QtWidgets.QApplication(sys.argv)

window = MainWindow()
window.show()

app.exec()
```

> ⓘ 기본적으로 위젯은 마우스 추적이 활성화돼 있지 않으면 마우스 버튼을 누를 때만
> 마우스 이동 이벤트를 수신한다. 이는 .setMouseTracking 메서드를 사용해 설정할
> 수 있다. True(기본값은 False)로 설정하면 마우스를 계속 추적한다.

저장 후 실행하면 화면 위로 마우스를 이동하고 클릭해 개별 점을 그릴 수
있다. 즉, 다음과 같이 보인다.

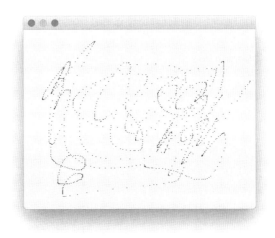

그림 6-16. 개별 mouseMoveEvent 점 그리기

여기서 문제는 마우스를 빠르게 움직일 때 한 장소에서 다음 장소로 부드럽게 움직이는 것이 아니라 실제로 화면의 위치 사이를 이동한다는 것이다. mouseMoveEvent는 마우스가 있는 각 위치에 대해 발생하지만 아주 천천히 움직이지 않는 한 연속선을 그리기에는 충분하지 않다.

이에 대한 해결책은 점 대신 선을 그리는 것이다. 각 이벤트에서 이전 위치(이전 e.x() 및 e.y())에서 현재 위치(현재 e.x() 및 e.y())까지 단순히 선을 그린다. last_x와 last_y를 스스로 추적해 이를 수행할 수 있다.

또한 마우스를 놓을 때 마지막 위치를 잊어버려야 한다. 그렇지 않으면 페이지를 가로질러 마우스를 이동한 후 해당 위치에서 다시 그리기 시작한다. 즉, 선을 끊을 수 없다.

리스트 6-14. bitmap/paint_line.py

```python
import sys

from PyQt6.QtCore import Qt
from PyQt6.QtGui import QPainter, QPixmap
from PyQt6.QtWidgets import QApplication, QLabel, QMainWindow

class MainWindow(QMainWindow):
    def __init__(self):
        super().__init__()

        self.label = QtWidgets.QLabel()
        self.canvas = QtGui.QPixmap(400, 300)
        self.canvas.fill(Qt.GlobalColor.white)
        self.label.setPixmap(self.canvas)
        self.setCentralWidget(self.label)

        self.last_x, self.last_y = None, None
```

```python
    def mouseMoveEvent(self, e):
        pos = e.position()
        if self.last_x is None: # 첫 이벤트
            self.last_x = pos.x()
            self.last_y = pos.y()
            return # 처음은 무시한다.

        painter = QtGui.QPainter(self.canvas)
        painter.drawLine(self.last_x, self.last_y, pos.x(), pos.y())
        painter.end()

        self.label.setPixmap(self.canvas)

        # 다음을 위해 원점 업데이트
        self.last_x = pos.x()
        self.last_y = pos.y()

    def mouseReleaseEvent(self, e):
        self.last_x = None
        self.last_y = None

app = QtWidgets.QApplication(sys.argv)
window = MainWindow()
window.show()

app.exec()
```

실행하면 예상한 대로 화면에 낙서할 수 있다.

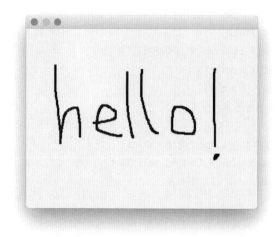

그림 6-17. 연속된 선을 사용해 마우스로 그리기

아직 약간 따분하니 간단한 팔레트를 추가해 펜 색상을 변경할 수 있게 해보자. 이를 위해서는 마우스 위치가 정확하게 감지되도록 약간의 재설계가 필요하다. 지금까지 QMainWindow에서 mouseMoveEvent를 사용했다. 윈도우에 단일 위젯만 있는 경우에는 괜찮다. 윈도우의 크기를 조정하지 않는 한 컨테이너의 좌표와 위젯이 단일 중첩으로 유지된다. 그러나 레이아웃에 다른 위젯을 추가하면 유지되지 않는다. QLabel의 좌표가 윈도우에서 오프셋돼 잘못된 위치에 그려진다.

이는 마우스 핸들링을 QLabel 자체로 이동해 쉽게 고칠 수 있다. 이벤트 좌표는 항상 상대적이다. 픽스맵 표면의 생성을 처리하고 x와 y 위치를 설정하고 현재 펜 색상(기본적으로 검은색으로 설정됨)을 유지하는 개별 Canvas 객체로 감싼다.

 자체 포함된 Canvas는 자신의 앱에서 사용 가능한 그릴 수 있는 표면이다.

리스트 6-15. bitmap/paint.py

```python
import sys

from PyQt6.QtCore import QPoint, QSize, Qt
from PyQt6.QtGui import QColor, QPainter, QPen, QPixmap
from PyQt6.QtWidgets import (
    QApplication,
    QHBoxLayout,
    QLabel,
    QMainWindow,
    QPushButton,
    QVBoxLayout,
    QWidget,
)


class Canvas(QtWidgets.QLabel):
    def __init__(self):
        super().__init__()
        self._pixmap = QtGui.QPixmap(600, 300)
        self._pixmap.fill(Qt.GlobalColor.white)
        self.setPixmap(self._pixmap)

        self.last_x, self.last_y = None, None
        self.pen_color = QtGui.QColor("#000000")

    def set_pen_color(self, c):
        self.pen_color = QtGui.QColor(c)

    def mouseMoveEvent(self, e):
        pos = e.position()
        if self.last_x is None:  # 첫 이벤트
            self.last_x = pos.x()
            self.last_y = pos.y()
            return  # 처음은 무시
```

```
    painter = QtGui.QPainter(self._pixmap)
    p = painter.pen()
    p.setWidth(4)
    p.setColor(self.pen_color)
    painter.setPen(p)
    painter.drawLine(self.last_x, self.last_y, pos.x(), pos.y())
    painter.end()
    self.setPixmap(self._pixmap)

    # 다음을 위해 원점 업데이트
    self.last_x = pos.x()
    self.last_y = pos.y()

def mouseReleaseEvent(self, e):
    self.last_x = None
    self.last_y = None
```

색상 선택을 위해 **QPushButton**을 기반으로 사용자 정의 위젯을 만든다. 이 위젯은 **QColor** 인스턴스, 색상 이름('빨간색', '검정색') 또는 16진수 값이 될 수 있는 색상 매개변수를 허용한다. 이 색상은 식별할 수 있도록 위젯의 배경으로 설정한다. 표준 **QPushButton.pressed** 시그널을 사용해 모든 작업에 연결할 수 있다.

리스트 6-16. bitmap/paint.py

```
COLORS = [
    # 17 undertones https://lospec.com/palette-list/17undertones "#000000",
    "#141923",
    "#414168",
    "#3a7fa7",
    "#35e3e3",
    "#8fd970",
    "#5ebb49",
```

```
    "#458352",
    "#dcd37b",
    "#fffee5",
    "#ffd035",
    "#cc9245",
    "#a15c3e",
    "#a42f3b",
    "#f45b7a",
    "#c24998",
    "#81588d",
    "#bcb0c2",
    "#ffffff",
]


class QPaletteButton(QtWidgets.QPushButton):
    def __init__(self, color):
        super().__init__()
        self.setFixedSize(QtCore.QSize(24, 24))
        self.color = color
        self.setStyleSheet("background-color: %s;" % color)
```

이 새로운 두 개의 부분이 정의되면 색상 리스트를 반복해서 QPaletteButton을
각각 만들고 색상을 전달하면 된다. 그런 다음 눌려진 시그널을 캔버스의 set_
pen_color 핸들러에 연결하고(추가 색상 데이터를 전달하기 위한 람다를 통해 간접
적으로) 팔레트 레이아웃에 추가한다.

리스트 6-17. bitmap/paint.py

```
class MainWindow(QtWidgets.QMainWindow):
    def __init__(self):
        super().__init__()
```

```python
        self.canvas = Canvas()

        w = QtWidgets.QWidget()
        l = QtWidgets.QVBoxLayout()
        w.setLayout(l)
        l.addWidget(self.canvas)

        palette = QtWidgets.QHBoxLayout()
        self.add_palette_buttons(palette)
        l.addLayout(palette)

        self.setCentralWidget(w)

    def add_palette_buttons(self, layout):
        for c in COLORS:
            b = QPaletteButton(c)
            b.pressed.connect(lambda c=c: self.canvas.set_pen_color(c))
            layout.addWidget(b)

app = QtWidgets.QApplication(sys.argv)

window = MainWindow()
window.show()

app.exec()
```

이렇게 하면 캔버스에 선을 그리고 팔레트에서 색상을 선택할 수 있는 완전한
기능의 다중 색상 페인트 애플리케이션이 제공된다.

그림 6-18. 불행히도 그다지 좋지는 않다.

불행히도 독자들을 훌륭한 예술가로 만들어주지는 않는다.

스프레이

마지막 재미를 위해 다음을 사용해 mouseMoveEvent를 전환해 선 대신 '스프레이 캔' 효과로 그릴 수 있다. drawPoint로 플로팅하는 현재 마우스 위치 주위에 일련의 정규 분포 점을 생성하고자 random.gauss를 사용해 시뮬레이션한다.

리스트 6-18. bitmap/spraypaint.py

```python
import random
import sys

from PyQt6.QtCore import QSize, Qt
from PyQt6.QtGui import QColor, QPainter, QPen, QPixmap
```

```python
from PyQt6.QtWidgets import (
    QApplication,
    QHBoxLayout,
    QLabel,
    QMainWindow,
    QPushButton,
    QVBoxLayout,
    QWidget,
)


SPRAY_PARTICLES = 100
SPRAY_DIAMETER = 10


class Canvas(QtWidgets.QLabel):
    def __init__(self):
        super().__init__()

        self._pixmap = QtGui.QPixmap(600, 300)
        self._pixmap.fill(Qt.GlobalColor.white)
        self.setPixmap(self._pixmap)
        self.pen_color = QtGui.QColor("#000000")

    def set_pen_color(self, c):
        self.pen_color = QtGui.QColor(c)

    def mouseMoveEvent(self, e):
        pos = e.position()
        painter = QtGui.QPainter(self._pixmap)
        p = painter.pen()
        p.setWidth(1)
        p.setColor(self.pen_color)
        painter.setPen(p)

        for n in range(SPRAY_PARTICLES):
```

```
        xo = random.gauss(0, SPRAY_DIAMETER)
        yo = random.gauss(0, SPRAY_DIAMETER)
        painter.drawPoint(pos.x() + xo, pos.y() + yo)

    self.setPixmap(self._pixmap)
```

> ℹ️ 스프레이 캔의 경우 항상 현재 지점을 중심으로 뿌리기 때문에 이전 위치를 추적할 필요가 없다.

파일 상단에 SPRAY_PARTICLES 및 SPRAY_DIAMETER 변수를 정의하고 임의의 표준 라이브러리 모듈을 가져온다. 아래 이미지는 다음 설정을 사용할 때의 스프레이 동작을 보여준다.

```
import random
SPRAY_PARTICLES = 100
SPRAY_DIAMETER = 10
```

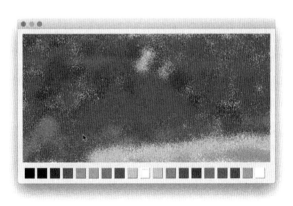

그림 6-19. 피카소가 그린 것 같은 그림

도전을 원한다면 그리기와 스프레이 모드 사이를 전환하는 버튼을 추가하거나 브러시/스프레이 직경을 정의하는 입력 위젯을 추가할 수 있다.

 파이썬 및 Qt로 작성된 완전한 기능의 드로잉 앱은 깃허브의 'Minute apps' 리포지터리(https://github.com/learnpyqt/15-minute-apps/tree/master/paint)에서 Piecasso를 확인하자.

이번에는 QPainter로 무엇을 할 수 있는지에 대한 좋은 아이디어를 제공했다. 설명했듯이 이 시스템은 모든 위젯 그리기의 기본이다. 더 자세히 보려면 위젯이 자체적으로 그릴 수 있도록 QPainter 인스턴스를 수신하는 위젯 .paint() 메서드를 확인하자. 여기에서 배운 것과 동일한 메서드를 .paint()에서 사용해 기본적인 사용자 정의 위젯을 그릴 수 있다.

6.2 커스텀 위젯 작성

앞 절에서 QPainter를 소개하고 QPixmap과 같은 QPainter 표면에 점, 선, 직사각형, 원을 그리는 데 사용할 수 있는 몇 가지 기본 비트맵 그리기 작업을 살펴봤다. QPainter를 사용해 표면에 그리는 이 프로세스는 실제로 Qt의 모든 위젯을 그리는 기초다. 이제 QPainter를 사용하는 방법과 사용자 정의 위젯을 그리는 방법을 알게 됐다. 여기에서는 지금까지 배운 내용을 사용해 완전히 새로운 사용자 정의 위젯을 구성한다. 실제 예제를 위해 다이얼 컨트롤이 있는 사용자 정의 가능한 PowerBar 미터 위젯을 만든다.

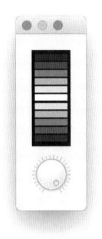

그림 6-20. PowerBar 미터

이 위젯은 실제로 다이얼에 내장된 Qt의 QDial 구성 요소를 사용하면서 전원 막대를 직접 그리는 복합 위젯과 사용자 정의 위젯이 혼합돼 있다. 그런 다음 이 두 부분을 함께 모아 상위 위젯으로 결합한다. 상위 위젯은 어떻게 결합되는지 알 필요 없이 모든 애플리케이션에서 매끄럽게 제자리에 놓을 수 있다. 결과 위젯은 막대 표시를 구성하기 위한 몇 가지 추가 기능이 있는 공통 QAbstractSlider 인터페이스를 제공한다.

이 예제를 따르면 내장된 위젯이든 완전히 새로운 자체 제작의 경이로운 그림이든 상관없이 자신만의 맞춤형 위젯을 구축할 수 있다.

시작하기

이전에 복합 위젯은 단순히 레이아웃이 적용된 위젯이며 그 자체에 1개 이상의 다른 위젯이 포함돼 있음을 살펴봤다. 결과 '위젯'은 원하는 대로 내부를 숨기거나 노출시켜 다른 것으로 사용할 수 있다.

PowerBar 위젯에 대한 개요는 다음에 나와 있다. 이 개요 스텝에서 사용자 정의 위젯을 점진적으로 구축한다.

리스트 6-19. custom-widgets/stub.py

```python
import sys

from PyQt6 import QtCore, QtGui, QtWidgets
from PyQt6.QtCore import Qt

class _Bar(QtWidgets.QWidget):
    pass

class PowerBar(QtWidgets.QWidget):
    """
        파워바와 다이얼을 표시하는 사용자 정의 Qt 위젯.
        복합 및 사용자 정의로 그린 위젯을 시연
    """

    def __init__(self, parent=None, steps=5):
        super().__init__(parent)

        layout = QtWidgets.QVBoxLayout()
        self._bar = _Bar()
        layout.addWidget(self._bar)
        self._dial = QtWidgets.QDial()
        layout.addWidget(self._dial)
        self.setLayout(layout)

app = QtWidgets.QApplication(sys.argv)

volume = PowerBar()
volume.show()
```

```
app.exec()
```

단순히 QWidget의 변경되지 않은 하위 클래스인 _Bar 객체에 정의된 사용자 정의 파워바를 정의한다. 완성된 PowerBar 위젯은 QVBoxLayout을 내장 QDial과 함께 사용해서 이를 결합해 함께 표시한다.

 부모가 없는 위젯은 그 자체로 윈도우이기 때문에 QMainWindow를 만들 필요가 없다. 사용자 정의 PowerBar 위젯은 일반 윈도우다.

언제든지 이 파일을 실행해 위젯이 작동하는 것을 볼 수 있다. 실행하면 다음과 같이 보인다.

그림 6-21. PowerBar 다이얼

윈도우를 아래로 늘리면 다이얼 위에 아래보다 더 많은 공간이 있는 것을 볼 수 있다. 이는 현재 보이지 않는 _Bar 위젯이 차지하는 것이다.

paintEvent

paintEvent 핸들러는 PyQt6의 모든 위젯 그리기의 핵심이다. 위젯의 전체 및 부분 다시 그리기는 위젯이 자체적으로 그리고자 처리하는 paintEvent를 통해 트리거된다. paintEvent는 다음에 의해 트리거될 수 있다.

- repaint()(https://doc.qt.io/qt-5/qwidget.html#repaint) 또는 update()(https://doc.qt.io/qt-5/qwidget.html#update)가 호출한다.

- 위젯이 가려졌다가 나타난다.

- 위젯의 크기가 조정된다.

그러나 다른 많은 이유로 발생할 수도 있다. 중요한 것은 paintEvent가 트리거될 때 위젯을 다시 그릴 수 있다는 것이다.

위젯이 충분히 단순하다면 어떤 일이 발생할 때마다 전체를 다시 그리는 것만으로 쉽게 벗어날 수 있다. 그러나 더 복잡한 위젯의 경우 이는 매우 비효율적일 수 있다. 이러한 경우 paintEvent에는 업데이트해야 하는 특정 영역이 포함된다. 나중에 더 복잡한 예제에서 이것을 사용한다.

지금은 매우 간단한 작업을 수행하고 전체 위젯을 단일 색상으로 채운다. 이렇게 하면 막대 그리기를 시작하고자 작업 중인 영역을 볼 수 있다. _Bar 클래스에 다음 코드를 추가한다.

리스트 6-20. custom-widgets/powerbar_1.py

```python
def paintEvent(self, e):
    painter = QtGui.QPainter(self)
    brush = QtGui.QBrush()
    brush.setColor(QtGui.QColor("black"))
    brush.setStyle(Qt.BrushStyle.SolidPattern)
```

```
rect = QtCore.QRect(
    0,
    0,
    painter.device().width(),
    painter.device().height()
)
painter.fillRect(rect, brush)
```

위치 조정

이제 위치와 크기를 조정할 수 있는 _Bar 위젯을 볼 수 있다. 윈도우 모양 주위를 드래그하면 사용 가능한 공간에 맞게 모양이 변경되는 두 개의 위젯을 볼 수 있다. 이는 원하는 것이지만 QDial도 수직으로 확장해야 하는 것보다 더 많이 확장되고 막대에 사용할 수 있는 빈 공간이 남는다.

그림 6-22. PowerBar가 늘어나서 남는 빈 공간

_Bar 위젯에서 setSizePolicy를 사용해 가능한 한 확장되게 할 수 있다.
QSizePolicy.MinimumExpanding을 사용하면 제공된 sizeHint가 최소한으로 사
용되며 위젯은 최대로 확장된다.

리스트 6-21. custom-widgets/powerbar_2.py

```python
class _Bar(QtWidgets.QWidget):
    def __init__(self):
        super().__init__()

        self.setSizePolicy(
            QtWidgets.QSizePolicy.Policy.MinimumExpanding,
            QtWidgets.QSizePolicy.Policy.MinimumExpanding,
```

```
    )

def sizeHint(self):
    return QtCore.QSize(40, 120)

def paintEvent(self, e):
    painter = QtGui.QPainter(self)
    brush = QtGui.QBrush()
    brush.setColor(QtGui.QColor("black"))
    brush.setStyle(Qt.BrushStyle.SolidPattern)
    rect = QtCore.QRect(
        0,
        0,
        painter.device().width(),
        painter.device().height()
    )
    painter.fillRect(rect, brush)
```

QDial 위젯의 크기가 약간 어색하게 조정되기 때문에 여전히 완벽하지는 않지만 사용 가능한 공간을 모두 채우고자 막대가 확장된다.

그림 6-23. PowerBar 설정을 QSizePolicy.MinimumExpanding로 설정

정렬된 위치 지정을 통해 이제 위젯의 상단 부분(현재 검은색)에 PowerBar 미터를 그리는 방법을 정의할 수 있다.

화면 업데이트

이제 캔버스가 완전히 검은색으로 채워졌다. 다음으로 QPainter 그리기 명령을 사용해 실제로 위젯에 무언가를 그린다. 바에서 시작하기 전에 다이얼 값으로 디스플레이를 업데이트할 수 있는지 확인하고자 수행해야 할 약간의 테스트가 있다. 다음 코드로 _Bar.paintEvent를 업데이트한다.

리스트 6-22. custom-widgets/powerbar_3.py

```python
def paintEvent(self, e):
    painter = QtGui.QPainter(self)

    brush = QtGui.QBrush()
    brush.setColor(QtGui.QColor("black"))
    brush.setStyle(Qt.BrushStyle.SolidPattern)
    rect = QtCore.QRect(
        0,
        0,
        painter.device().width(),
        painter.device().height()
    )
    painter.fillRect(rect, brush)

    # 현재 상태 가져오기
    dial = self.parent()._dial
    vmin, vmax = dial.minimum(), dial.maximum()
    value = dial.value()

    pen = painter.pen()
    pen.setColor(QtGui.QColor("red"))
    painter.setPen(pen)

    font = painter.font()
    font.setFamily("Times")
    font.setPointSize(18)
    painter.setFont(font)

    painter.drawText(
        25, 25, "{}-->{}<--{}".format(vmin, value, vmax)
    )
    painter.end()
```

이전과 같이 검정색 배경을 그린 다음 .parent()를 사용해 상위 PowerBar 위젯에 접근하고 _dial로 QDial에 접근한다. 그리고 현재 값과 허용 범위 최솟값 및 최댓값을 얻는다. 마지막으로 앞에서 했던 것처럼 페인터를 사용해 그것들을 그린다.

 현재 값, 최솟값, 최댓값 처리는 QDial에 맡기지만 해당 값을 직접 저장하고 시그널을 사용해 동기화를 유지할 수도 있다.

실행하고 다이얼을 돌리면 아무 일도 일어나지 않는다. paintEvent 핸들러를 정의했지만 다이얼이 변경될 때 다시 그리기를 트리거하지 않는다.

 윈도우 크기를 조정해 강제로 새로 고칠 수 있다. 이렇게 하는 즉시 텍스트가 표시돼야 한다. 깔끔하지만 설정을 보고자 앱 크기를 조정한다면 끔찍한 UX가 된다.

이 문제를 해결하려면 _Bar 위젯을 연결해 다이얼의 값 변경에 대한 응답으로 스스로를 다시 그려야 한다. QDial.valueChanged 시그널을 사용해 이 작업을 수행하고 .refresh()를 호출하는 사용자 정의 슬롯 메서드에 연결해 전체 다시 그리기를 트리거한다.

_Bar 위젯에 다음 메서드를 추가하자.

리스트 6-23. custom-widgets/powerbar_4.py

```python
def _trigger_refresh(self):
    self.update()
```

그리고 상위 PowerBar 위젯의 __init__ 블록에 다음을 추가한다.

```
    self._dial = QtWidgets.QDial()
    self._dial.valueChanged.connect(self._bar._trigger_refresh)
    layout.addWidget(self._dial)
```

지금 코드를 다시 실행하면 다이얼을 돌릴 때 디스플레이가 자동으로 업데이트되는 것을 볼 수 있다(마우스로 클릭하고 드래그). 현재 값이 텍스트로 표시된다.

그림 6-24. PowerBar에서 현재 값을 텍스트로 보여주기

막대 그리기

이제 화면이 업데이트되고 다이얼의 현재 값이 표시되므로 실제 막대를 그릴 수 있다. 막대 위치를 계산하기 위한 약간의 수학 때문에 조금 복잡하지만 진행 상황을 명확히 하고자 단계별로 설명하겠다.

다음 스케치에서는 위젯 가장자리부터 삽입된 N개의 상자 사이에 공간이 있는 일련의 상자를 목표로 한다.

그림 6-25. 목표로하는 바 세그먼트 레이아웃

계산해서 그리기

그려야 할 상자의 수는 현재 값과 QDial에 대해 구성된 최솟값과 최댓값 사이의 거리에 따라 결정된다. 앞의 예에 이미 해당 정보가 있다.

```
dial = self.parent()._dial
vmin, vmax = dial.minimum(), dial.maximum()
value = dial.value()
```

값이 vmin과 vmax의 중간이면 상자의 절반을 그린다(총 4개의 상자가 있는 경우 2개). 값이 vmax에 있으면 모두 그릴 수 있다. 이를 위해 먼저 값을 0과 1 사이의 숫자로 변환한다. 여기서 0 = vmin 및 1 = vmax다. 먼저 값에서 vmin을 빼서 가능한 값의 범위를 0에서 시작하도록 조정한다. 즉, `vmin...vmax`에서 `0...(vmax-vmin)`까지다. 이 값을 새로운 최댓값 `vmax-vmin`으로 나누면 0과 1 사이의 숫자가 나온다.

그런 다음 트릭은 `pc` 값에 단계 수를 곱하는 것이다. 그러면 그려야 할 상자 수는 0에서 5 사이의 숫자가 된다.

```
pc = (value - vmin) / (vmax - vmin)
n_steps_to_draw = int(pc * 5)
```

부분적으로 상자를 제거하고자 결과를 정수로 변환(반올림)해 래핑한다.

페인트 이벤트에서 이 숫자를 대신 작성해서 `drawText` 메서드를 업데이트한다.

리스트 6-25. custom-widgets/powerbar_5.py

```python
def paintEvent(self, e):
    painter = QtGui.QPainter(self)

    brush = QtGui.QBrush()
    brush.setColor(QtGui.QColor("black"))
    brush.setStyle(Qt.BrushStyle.SolidPattern)
    rect = QtCore.QRect(
        0,
        0,
        painter.device().width(),
        painter.device().height()
    )
    painter.fillRect(rect, brush)

    # 현재 상태 가져오기
```

```
dial = self.parent()._dial
vmin, vmax = dial.minimum(), dial.maximum()
value = dial.value()

pen = painter.pen()
pen.setColor(QtGui.QColor("red"))
painter.setPen(pen)

font = painter.font()
font.setFamily("Times")
font.setPointSize(18)
painter.setFont(font)

pc = (value - vmin) / (vmax - vmin)
n_steps_to_draw = int(pc * 5)
painter.drawText(25, 25, "{}".format(n_steps_to_draw))
painter.end()
```

다이얼을 돌리면 0에서 5 사이의 숫자가 표시된다.

상자 그리기

다음으로 이 숫자 0...5를 캔버스에 그려진 여러 막대로 변환하려고 한다. 더이상 필요하지 않으므로 drawText, 글꼴, 펜 설정을 제거하고 시작한다.

정확하게 그리려면 캔버스의 크기, 즉 위젯의 크기를 알아야 한다. 또한 가장자리 주위에 약간의 패딩을 추가해 검정색 배경에 대해 블록 가장자리 주위에 공간을 제공한다.

   QPainter의 모든 측정은 픽셀 단위다.

```
padding = 5

# 캔버스 정의
d_height = painter.device().height() - (padding * 2)
d_width = painter.device().width() - (padding * 2)
```

높이와 너비를 가져와 각각에서 **padding** * 2를 뺀다. 왼쪽과 오른쪽(그리고 위쪽과 아래쪽) 가장자리를 모두 패딩하기 때문에 2배다. 이는 **d_height** 및 **d_width** 크기의 결과 활성 캔버스 영역을 제공한다.

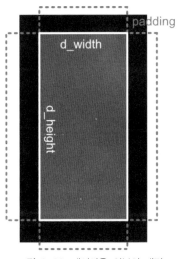

그림 6-26. 레이아웃 외부의 패딩

d_height를 각 블록에 대해 높이를 간단히 **d_height** / 5로 계산해서 5개의 동일한 부분으로 나눠야 한다. 또한 블록 사이에 공백이 필요하므로 이 단계 크기 중 공간(위쪽과 아래쪽, 따라서 반으로 쪼개짐)이 차지하는 블록의 양을 계산해야 한다.

리스트 6-27. custom-widgets/powerbar_6.py

```
step_size = d_height / 5
bar_height = step_size * 0.6
```

이 값이 캔버스에 블록을 그리는 데 필요한 전부다. 이를 위해 범위를 사용해 0부터 시작해 1단계씩 계산한 다음 각 블록의 영역에 fillRect를 그린다.

리스트 6-28. custom-widgets/powerbar_6.py

```
brush.setColor(QtGui.QColor("red"))

for n in range(n_steps_to_draw):
    ypos = (1 + n) * step_size
    rect = QtCore.QRect(
        padding,
        padding + d_height - int(ypos), d_width,
        int(bar_height),
    )
    painter.fillRect(rect, brush)
```

블록에 대한 배치 계산에서 많은 일이 진행 중이므로 먼저 블록을 단계별로 살펴보자.

fillRect로 그릴 상자는 왼쪽 x, 위쪽 y, 너비, 높이를 차례로 전달하는 QRect 객체로 정의한다.

너비는 전체 캔버스 너비에서 패딩을 뺀 값으로 이전에 계산해 d_width에 저장했다. 왼쪽 x는 마찬가지로 위젯 왼쪽의 패딩 값 5px다.

bar_height의 높이는 step_size의 0.6배로 계산했다.

그려야 할 직사각형의 상단 y 위치를 제공하는 두 번째 매개변수 d_height - ((1 + n) * step_size)를 남긴다. 이는 블록을 그릴 때 변경되는 유일한 계산이다.

 QPainter의 y 좌표는 상단에서 시작해 캔버스 아래로 증가한다는 것을 기억하자. 이는 d_height에서의 플로팅이 캔버스의 맨 아래에 플로팅되는 것을 의미한다.

 맨 아래에 블록을 그리려면 d_height - step_size에서 그리기 시작해야 한다. 즉, 아래쪽에 그릴 공간을 남겨두고자 한 블록 위에 그려야 한다.

막대 미터에서 차례로 아래쪽에서 시작해 위쪽으로 블록을 그린다. 따라서 첫 번째 블록은 d_height - step_size에, 두 번째 블록은 d_height - (step_size*2)에 위치해야 한다. 루프는 0에서 위쪽으로 반복하므로 다음 공식처럼 할 수 있다.

```
ypos = (1 + n) * step_size
y = d_height - ypos
```

그러면 다음 레이아웃이 생성된다.

 다음 그림에서 현재 n값이 상자 위에 출력돼 있고 전체 step_size 주위에 파란색 상자가 그려져 있어 패딩과 스페이서가 적용되는 것을 볼 수 있다.

그림 6-27. 각 세그먼트가 차지하는 전체 영역(파란색)을 표시

다음은 이 모든 것을 합쳐서 생성된 코드며 실행하면 빨간색 블록이 있는 작동하는 파워바 위젯이 생성된다. 휠을 앞뒤로 드래그할 수 있으며 이에 따라 막대가 위아래로 움직인다.

리스트 6-29. custom-widgets/powerbar_6.py

```python
import sys

from PyQt6 import QtCore, QtGui, QtWidgets
from PyQt6.QtCore import Qt

class _Bar(QtWidgets.QWidget):
    def __init__(self):
        super().__init__()

        self.setSizePolicy(
            QtWidgets.QSizePolicy.Policy.MinimumExpanding,
            QtWidgets.QSizePolicy.Policy.MinimumExpanding,
        )

    def sizeHint(self):
```

```python
        return QtCore.QSize(40, 120)

    def paintEvent(self, e):
        painter = QtGui.QPainter(self)
        brush = QtGui.QBrush()
        brush.setColor(QtGui.QColor("black"))
        brush.setStyle(Qt.BrushStyle.SolidPattern)
        rect = QtCore.QRect(
            0,
            0,
            painter.device().width(),
            painter.device().height()
        )
        painter.fillRect(rect, brush)

        # 현재 상태 가져오기
        dial = self.parent()._dial
        vmin, vmax = dial.minimum(), dial.maximum()
        value = dial.value()

        pc = (value - vmin) / (vmax - vmin)
        n_steps_to_draw = int(pc * 5)

        padding = 5

        # 캔버스 정의
        d_height = painter.device().height() - (padding * 2)
        d_width = painter.device().width() - (padding * 2)
        # end::dimensions[]

        step_size = d_height / 5
        bar_height = step_size * 0.6

        brush.setColor(QtGui.QColor("red"))
```

```python
        for n in range(n_steps_to_draw):
            ypos = (1 + n) * step_size
            rect = QtCore.QRect(
                padding,
                padding + d_height - int(ypos), d_width,
                int(bar_height),
            )
            painter.fillRect(rect, brush)
        painter.end()

    def _trigger_refresh(self):
        self.update()


class PowerBar(QtWidgets.QWidget):
    """
    파워바와 다이얼을 표시하는 사용자 정의 Qt 위젯
    복합 및 사용자 정의로 그린 위젯 표현
    """

    def __init__(self, parent=None, steps=5):
        super().__init__(parent)

        layout = QtWidgets.QVBoxLayout()
        self._bar = _Bar()
        layout.addWidget(self._bar)

        self._dial = QtWidgets.QDial()
        self._dial.valueChanged.connect(self._bar._trigger_refresh)
        layout.addWidget(self._dial)

        self.setLayout(layout)


app = QtWidgets.QApplication(sys.argv)
```

```
volume = PowerBar()
volume.show()

app.exec()
```

그림 6-28. 기본 완성 파워바

이미 작업을 수행하고 있지만 더 많은 사용자 정의를 제공하고 UX 개선 사항을 추가하고 위젯 작업을 위한 API를 개선하고자 더 나아갈 수 있다.

사용자 정의 막대

이제 다이얼로 제어할 수 있는 전원 막대가 있다. 그러나 위젯을 생성할 때 위젯의 동작을 설정해 더 유연하게 만드는 옵션을 제공하는 것이 좋다. 여기서는 사용자 정의 가능한 세그먼트 수, 색상, 패딩, 간격을 설정하는 방법을 추가한다.

사용자 정의 가능한 요소는 다음과 같다.

옵션	설명
막대 개수	위젯에 표시되는 막대 개수
색상	각 막대의 개별 색상
배경색	그리기 캔버스의 색상(기본 검정색)
패딩	위젯 가장자리 주변, 막대와 캔버스 가장자리 사이의 공간
막대 높이/막대 퍼센트	막대의 꽉찬 비율(0...1)(나머지는 인접한 막대 사이의 간격)

이들 각각을 _bar 객체의 속성으로 저장할 수 있으며 paintEvent 메서드에서 사용해 동작을 변경할 수 있다.

_Bar.__init__는 막대 개수(정수) 또는 막대 색상(QColor, 16진수 값 또는 이름 리스트)에 대한 초기 인수를 허용하도록 업데이트한다. 숫자가 제공되면 모든 막대가 빨간색으로 표시된다. 색상 리스트를 제공하면 막대 개수는 색상 리스트의 길이에 따라 결정된다. `self._bar_solid_percent`, self._background_color, self._padding에 대한 기본값도 설정된다.

리스트 6-30. custom-widgets/powerbar_7.py

```python
class _Bar(QtWidgets.QWidget):
    def __init__(self, steps):
        super().__init__()

        self.setSizePolicy(
            QtWidgets.QSizePolicy.Policy.MinimumExpanding,
            QtWidgets.QSizePolicy.Policy.MinimumExpanding,
        )

        if isinstance(steps, list):
```

```python
        # 색상 리스트
        self.n_steps = len(steps)
        self.steps = steps

    elif isinstance(steps, int):
        # 막대의 개수(정수), 기본은 빨강
        self.n_steps = steps
        self.steps = ["red"] * steps

    else:
        raise TypeError("steps must be a list or int")

    self._bar_solid_percent = 0.8
    self._background_color = QtGui.QColor("black")
    self._padding = 4 # 가장자리 주변의 n 픽셀 간격
```

마찬가지로 단계 매개변수를 허용하고 전달하도록 PowerBar.__init__를 업데이트한다.

리스트 6-31. custom-widgets/powerbar_7.py

```python
class PowerBar(QtWidgets.QWidget):
    """
    파워바와 다이얼을 표시하는 사용자 정의 Qt 위젯.
    복합 및 사용자 정의로 그린 위젯 표현
    """

    def __init__(self, parent=None, steps=5):
        super().__init__(parent)

        layout = QtWidgets.QVBoxLayout()
        self._bar = _Bar(steps)
        layout.addWidget(self._bar)
```

```
        self._dial = QtWidgets.QDial()
        self._dial.valueChanged.connect(self._bar._trigger_refresh)
        layout.addWidget(self._dial)
        self.setLayout(layout)
```

이제 paintEvent 메서드를 업데이트하기 위한 매개변수가 있다. 수정된 코드
는 다음과 같다.

리스트 6-32. custom-widgets/powerbar_7.py

```
    def paintEvent(self, e):
        painter = QtGui.QPainter(self)

        brush = QtGui.QBrush()
        brush.setColor(self._background_color)
        brush.setStyle(Qt.BrushStyle.SolidPattern)
        rect = QtCore.QRect(
            0,
            0,
            painter.device().width(),
            painter.device().height()
        )
        painter.fillRect(rect, brush)

        # 현재 상태 얻기
        dial = self.parent()._dial
        vmin, vmax = dial.minimum(), dial.maximum()
        value = dial.value()

        # 캔버스 정의
        d_height = painter.device().height() - (self._padding * 2)
        d_width = painter.device().width() - (self._padding * 2)
```

```
# 막대 그리기
step_size = d_height / self.n_steps
bar_height = step_size * self._bar_solid_percent

# 범위 내 값에서 y-스톱 위치를 계산
pc = (value - vmin) / (vmax - vmin)
n_steps_to_draw = int(pc * self.n_steps)

for n in range(n_steps_to_draw):
    brush.setColor(QtGui.QColor(self.steps[n]))
    ypos = (1 + n) * step_size
    rect = QtCore.QRect(
        self._padding,
        self._padding + d_height - int(ypos),
        d_width,
        int(bar_height),
    )
    painter.fillRect(rect, brush)

painter.end()
```

이제 __init__에 대한 다른 값을 PowerBar에 전달하는 실험을 할 수 있다. 막대 개수를 늘리거나 색상 리스트를 제공한다. 몇 가지 예가 다음에 나와 있다.

 16진수 색상 팔레트의 좋은 소스는 Bokeh 소스다(https://github.com/bokeh/bokeh/blob/master/bokeh/palettes.py).

```
PowerBar(10)
PowerBar(3)
PowerBar(["#5e4fa2", "#3288bd", "#66c2a5", "#abdda4", "#e6f598", "#ffffbf",
"#fee08b", "#fdae61", "#f46d43", "#d53e4f", "#9e0142"])
```

```
PowerBar(["#a63603", "#e6550d", "#fd8d3c", "#fdae6b", "#fdd0a2", "#feedde"])
```

그림 6-29. 파워바의 몇 가지 예

예를 들어 self._bar_solid_percent 변수를 통해 패딩 설정을 조작할 수 있지만 이를 설정하는 적절한 메서드를 제공하는 것이 더 좋다.

 QDial에서 상속된 다른 것들과의 일관성을 위해 이런 외부 메서드에 대한 camelCase 메서드 이름의 Qt 표준을 따르고 있다.

리스트 6-33. custom-widgets/powerbar_8.py

```python
    def setColor(self, color):
      self._bar.steps = [color] * self._bar.n_steps
      self._bar.update()


    def setColors(self, colors):
      self._bar.n_steps = len(colors)
      self._bar.steps = colors self._bar.update()


    def setBarPadding(self, i):
      self._bar._padding = int(i)
      self._bar.update()
```

```python
    def setBarSolidPercent(self, f):
        self._bar._bar_solid_percent = float(f)
        self._bar.update()

    def setBackgroundColor(self, color):
        self._bar._background_color = QtGui.QColor(color)
        self._bar.update()
```

각각의 경우에 _bar 객체에 비공개 변수를 설정한 다음 _bar.update()를 호출해 위젯 다시 그리기를 트리거한다. 이 메서드는 색상을 단일 색상으로 변경하거나 리스트를 업데이트하는 것을 지원한다. 색상 리스트를 설정해 막대 개수를 변경할 수도 있다.

 색상 리스트 확장이 어렵기 때문에 막대 개수를 설정하는 방법은 없다. 직접 추가해보자.

다음은 25px 패딩, 완전히 꽉찬 막대, 회색 배경을 사용하는 예다.

```python
bar = PowerBar(["#49006a", "#7a0177", "#ae017e", "#dd3497",
"#f768a1", "#fa9fb5", "#fcc5c0", "#fde0dd", "#fff7f3"])
bar.setBarPadding(2)
bar.setBarSolidPercent(0.9)
bar.setBackgroundColor('gray')
```

이 설정을 사용하면 다음과 같은 결과를 얻을 수 있다.

그림 6-30. 파워바 설정

QAbstractSlider 인터페이스 추가

파워바의 동작을 구성하는 방법을 추가했다. 그러나 현재 위젯에서 표준 **QDial** 메서드(예, 최소, 최대 또는 단계 크기 설정)를 구성하는 방법을 제공하지 않는다. 이 모든 것에 대해 래퍼 메서드를 추가하고 작업할 수 있지만 매우 지루할 것이다.

```python
# 이런 래퍼가 30개 이상 필요하다.
def setNotchesVisible(self, b):
    return self._dial.setNotchesVisible(b)
```

대신 외부 위젯에 작은 핸들러를 추가해 클래스에 직접 존재하지 않는 경우 **QDial** 인스턴스에서 메서드(또는 속성)를 자동으로 찾을 수 있다. 이런 식으로 자신만의 메서드를 구현하면서 여전히 모든 **QAbstractSlider** 장점을 무료로 얻을 수 있다.

474

래퍼는 사용자 정의 __getattr__ 메서드로 구현된 아래에 나와 있다.

리스트 6-34. custom-widgets/powerbar_8.py

```python
def __getattr__(self, name):
  if name in self.__dict__:
    return self[name]

  try:
    return getattr(self._dial, name)
  except AttributeError:
    raise AttributeError(
      "'{}' object has no attribute '{}'".format(
        self.__class__.__name__, name
      )
    )
```

속성(또는 메서드)에 액세스할 때, 예를 들어 PowerBar.setNotchesVisible(true)를 호출할 때 파이썬은 내부적으로 __getattr__을 사용해 현재 객체에서 속성을 가져온다. 이 핸들러는 객체 딕셔너리 self.__dict__를 통해 이를 수행한다. 사용자 정의 처리 로직을 제공하고자 이 메서드를 재정의했다.

이제 PowerBar.setNotchesVisible(true)를 호출하면 이 핸들러는 먼저 현재 객체(PowerBar 인스턴스)를 살펴보고 .setNotchesVisible이 존재하는지, 사용하는지 확인한다. 그렇지 않은 경우 self._dial에서 getattr()을 호출하는 대신 찾은 것을 반환한다. 이를 통해 사용자 정의 `PowerBar` 위젯에서 QDial의 모든 메서드에 접근할 수 있다.

QDial에도 속성이 없고 AttributeError가 발생하면 이를 포착하고 그것이 속한 사용자 정의 위젯에서 다시 발생시킨다.

이는 시그널을 포함한 모든 속성이나 메서드에서 작동한다. 따라서 .valueChanged와 같은 표준 QDial 시그널도 사용할 수 있다.

이러한 변경 덕분에 .parent()._dial이 아닌 .parent()에서 직접 현재 상태를 가져오고자 paintEvent의 코드를 단순화할 수도 있다. 이는 속성(또는 메서드)에 접근한다. 호출할 때 동작을 전혀 변경하지 않지만 더 읽기 쉽게 만든다.

리스트 6-35. custom-widgets/powerbar_8.py

```python
def paintEvent(self, e):
    painter = QtGui.QPainter(self)

    brush = QtGui.QBrush()
    brush.setColor(self._background_color)
    brush.setStyle(Qt.BrushStyle.SolidPattern)
    rect = QtCore.QRect(
        0,
        0,
        painter.device().width(),
        painter.device().height()
    )
    painter.fillRect(rect, brush)

    # 현재 상태 얻기
    parent = self.parent()
    vmin, vmax = parent.minimum(), parent.maximum()
    value = parent.value()

    # 캔버스 정의
    d_height = painter.device().height() - (self._padding * 2)
    d_width = painter.device().width() - (self._padding * 2)

    # 막대 그리기
    step_size = d_height / self.n_steps
```

```
        bar_height = step_size * self._bar_solid_percent

        # 범위 내 값에서 y 스탑 위치 계산
        pc = (value - vmin) / (vmax - vmin)
        n_steps_to_draw = int(pc * self.n_steps)

        for n in range(n_steps_to_draw):
            brush.setColor(QtGui.QColor(self.steps[n]))
            ypos = (1 + n) * step_size
            rect = QtCore.QRect(
                self._padding,
                self._padding + d_height - int(ypos), d_width,
                int(bar_height),
            )
            painter.fillRect(rect, brush)

        painter.end()
```

미터 화면 업데이트

현재 다이얼을 돌려 PowerBar 미터의 현재 값을 업데이트할 수 있다. 그러나 파워바의 위치를 클릭하거나 마우스를 위아래로 드래그해 값을 업데이트하면 좋을 것이다. 이를 위해 _Bar 위젯을 수정해서 마우스 이벤트를 처리할 수 있다.

리스트 6-36. custom-widgets/powerbar_9.py

```
class _Bar(QtWidgets.QWidget):

    clickedValue = QtCore.pyqtSignal(int)
    def _calculate_clicked_value(self, e):
```

```
        parent = self.parent()
        vmin, vmax = parent.minimum(), parent.maximum()
        d_height = self.size().height() + (self._padding * 2)
        step_size = d_height / self.n_steps
        click_y = e.y() - self._padding - step_size / 2

        pc = (d_height - click_y) / d_height
        value = int(vmin + pc * (vmax - vmin))
        self.clickedValue.emit(value)

    def mouseMoveEvent(self, e):
        self._calculate_clicked_value(e)

    def mousePressEvent(self, e):
        self._calculate_clicked_value(e)
```

PowerBar 위젯의 __init__ 블록에서 _Bar.clickedValue 시그널에 연결하고 값을 self._dial.setValue로 보내 다이얼의 현재 값을 설정할 수 있다.

```
# 미터기의 클릭이벤트에서 피드백을 받는다.
self._bar.clickedValue.connect(self._dial.setValue)
```

지금 위젯을 실행하면 막대 영역을 클릭할 수 있으며 값이 업데이트되고 다이얼이 동기화돼 회전한다.

최종 코드

다음은 PowerBar라고 하는 PowerBar 측정기 위젯의 완전한 최종 코드다.

```python
from PyQt6 import QtCore, QtGui, QtWidgets
from PyQt6.QtCore import Qt

class _Bar(QtWidgets.QWidget):

    clickedValue = QtCore.pyqtSignal(int):

    def __init__(self, steps):
        super().__init__()

        self.setSizePolicy(
            QtWidgets.QSizePolicy.Policy.MinimumExpanding,
            QtWidgets.QSizePolicy.Policy.MinimumExpanding,
        )

        if isinstance(steps, list):
            # 색상 리스트
            self.n_steps = len(steps)
            self.steps = steps

        elif isinstance(steps, int):
            # 막대의 수, 기본은 빨간색
            self.n_steps = steps
            self.steps = ["red"] * steps

        else:
            raise TypeError("steps must be a list or int")

        self._bar_solid_percent = 0.8
        self._background_color = QtGui.QColor("black")
        self._padding = 4 # 가장자리 주변의 n픽셀 공간

    def paintEvent(self, e):
```

```python
painter = QtGui.QPainter(self)

brush = QtGui.QBrush()
brush.setColor(self._background_color)
brush.setStyle(Qt.BrushStyle.SolidPattern)
rect = QtCore.QRect(
    0,
    0,
    painter.device().width(),
    painter.device().height()
)
painter.fillRect(rect, brush)

# 현재 상태 얻기
parent = self.parent()
vmin, vmax = parent.minimum(), parent.maximum()
value = parent.value()

# 캔버스 정의
d_height = painter.device().height() - (self._padding * 2)
d_width = painter.device().width() - (self._padding * 2)

# 막대 그리기
step_size = d_height / self.n_steps
bar_height = step_size * self._bar_solid_percent

# 범위 내 값에서 y 스탭 위치 계산
pc = (value - vmin) / (vmax - vmin)
n_steps_to_draw = int(pc * self.n_steps)

for n in range(n_steps_to_draw):
    brush.setColor(QtGui.QColor(self.steps[n]))
    ypos = (1 + n) * step_size
    rect = QtCore.QRect(
```

```python
                self._padding,
                self._padding + d_height - int(ypos), d_width,
                int(bar_height),
            )
            painter.fillRect(rect, brush)

        painter.end()

    def sizeHint(self):
        return QtCore.QSize(40, 120)

    def _trigger_refresh(self):
        self.update()

    def _calculate_clicked_value(self, e):
        parent = self.parent()
        vmin, vmax = parent.minimum(), parent.maximum()
        d_height = self.size().height() + (self._padding * 2)
        step_size = d_height / self.n_steps
        click_y = e.y() - self._padding - step_size / 2

        pc = (d_height - click_y) / d_height
        value = int(vmin + pc * (vmax - vmin))
        self.clickedValue.emit(value)

    def mouseMoveEvent(self, e):
        self._calculate_clicked_value(e)

    def mousePressEvent(self, e):
        self._calculate_clicked_value(e)


class PowerBar(QtWidgets.QWidget):
    """
    파워바와 다이얼을 표시하는 사용자 정의 Qt 위젯
```

복합 및 사용자 정의로 그린 위젯 표현
"""

```python
def __init__(self, parent=None, steps=5):
    super().__init__(parent)

    layout = QtWidgets.QVBoxLayout()
    self._bar = _Bar(steps) 1
    ayout.addWidget(self._bar)

    # Dial 위젯을 만들고 기본값을 설정
    # 이 클래스에 재정의할 접근자를 제공
    self._dial = QtWidgets.QDial()
    self._dial.setNotchesVisible(True)
    self._dial.setWrapping(False)
    self._dial.valueChanged.connect(self._bar._trigger_refresh)

    # 미터기의 클릭 이벤트에서 피드백을 받는다.
    self._bar.clickedValue.connect(self._dial.setValue)

    layout.addWidget(self._dial)
    self.setLayout(layout)

def __getattr__(self, name):
    if name in self.__dict__:
        return self[name]

    try:
        return getattr(self._dial, name)
    except AttributeError:
        raise AttributeError(
            "'{}' object has no attribute '{}'".format(
                self.__class__.__name__, name
            )
        )
```

```
        )

    def setColor(self, color):
        self._bar.steps = [color] * self._bar.n_steps
        self._bar.update()

    def setColors(self, colors):
        self._bar.n_steps = len(colors)
        self._bar.steps = colors
        self._bar.update()

    def setBarPadding(self, i):
        self._bar._padding = int(i)
        self._bar.update()

    def setBarSolidPercent(self, f):
        self._bar._bar_solid_percent = float(f)
        self._bar.update()

    def setBackgroundColor(self, color):
        self._bar._background_color = QtGui.QColor(color)
        self._bar.update()
```

이 버전의 파일은 QApplication이나 PowerBar 자체의 인스턴스를 생성하지 않음을 알 수 있다. 이는 라이브러리로 사용하기 위한 것이다. 이 파일을 자신의 프로젝트에 추가한 다음 from powerbar import PowerBar로 가져와 자신의 앱에서 이 위젯을 사용할 수 있다. 다음 예제는 표준 메인 윈도우 레이아웃에 PowerBar를 추가한다.

```python
import sys
from PyQt6.QtWidgets import (
    QApplication,
    QMainWindow,
    QVBoxLayout,
    QWidget,
)

from powerbar import PowerBar

class MainWindow(QMainWindow):
    def __init__(self):
        super().__init__()

        layout = QVBoxLayout()

        powerbar = PowerBar(steps=10)
        layout.addWidget(powerbar)

        container = QWidget()
        container.setLayout(layout)
        self.setCentralWidget(container)

app = QApplication(sys.argv)

w = MainWindow()
w.show()

app.exec()
```

사용자 정의 위젯을 만들 때 이러한 아이디어를 많이 사용할 수 있어야 한다.
더 많은 예를 보려면 Learn PyQt 위젯 라이브러리(https://www.pythonguis.com/

widgets/)를 살펴보자. 이 위젯은 모두 오픈소스이며 무료로 사용할 수 있다.

6.3 Qt 디자이너에서 사용자 정의 위젯 사용

앞 절에서 사용자 정의 PowerBar 위젯을 만들었다. 결과 위젯은 내장 위젯과 마찬가지로 레이아웃을 가져오고 추가해 자신의 애플리케이션에서 있는 그대로 사용할 수 있다. 그러나 Qt 디자이너를 사용해 애플리케이션 UI를 구축한다면 어떻게 될까? 거기에 맞춤 위젯도 추가할 수 있을까?

대답은 "그렇다"이다.

이번 절에서는 자신의 Qt 디자이너 애플리케이션에 사용자 정의 위젯을 추가하는 프로세스를 단계별로 설명한다. 프로세스가 약간 혼란스러울 수 있지만 다음 단계를 따르면 디자이너에서 만든 UI에서 사용자 정의 위젯을 사용할 수 있다.

 PyQtGraph 또는 matplotlib와 같은 다른 라이브러리에서 사용자 정의 위젯을 추가할 때도 동일한 접근 방식을 사용할 수 있다.

배경

가장 먼저 이해해야 할 것은 Qt 디자이너에서 사용자 정의 위젯을 로드하고 표시할 수 없다는 것이다. 디자이너에서 사용할 수 있는 위젯은 내장돼 있으며 생성한 것을 발견하고자 파이썬 코드를 해석할 방법이 없다.

대신 UI에 위젯을 삽입하려면 플레이스홀더 위젯을 추가한 다음 실행될 때 애플리케이션에서 플레이스홀더를 사용자 정의 위젯으로 바꾸겠다고 디자이너에 알린다.

Qt 디자이너 내부에는 플레이스홀더가 표시된다. 동일한 유형의 위젯에서와 같이 동일한 매개변수를 변경할 수 있으며 이는 사용자 정의 위젯으로 전달된다. 파이썬 애플리케이션에서 UI를 로드하면 PyQt6가 사용자 정의 위젯이 속한 위치를 대체한다.

Qt에서 플레이스홀더 위젯을 교체하는 이 프로세스를 프로모팅promoting이라고 한다. 내장 위젯이 사용자 정의 위젯으로 프로모팅된다.

사용자 정의 위젯 프로모팅

프로모팅 위젯은 Qt 디자이너에서 사용되는 플레이스홀더 위젯을 자신의 사용자 정의 위젯으로 전환할 수 있다. 사용자 정의 위젯을 구현할 때 다른 기존 PyQt6 위젯에서 하위 클래스를 생성해야 한다. 그것이 기본 **QWidget**인 경우에도 마찬가지다. 또한 사용자 정의 위젯이 하위 클래스로 만든 위젯의 기본 생성자를 구현하는지 확인해야 한다. 대부분의 경우 이는 부모를 **__init__** 메서드의 첫 번째 인수로 받아들이는 것을 의미한다.

 사용자 정의 위젯에서 에러가 발생하면 PyQt6가 컴파일된 UI 파일에서 전달하려고 하는 매개변수를 확인한다.

사용자 정의 위젯으로 프로모팅하려면 사용자 정의 위젯이 컴파일된 UI를 가져올 별도의 파일에 있어야 한다. 그러나 원하는 경우 동일한 파일에 여러 사용자 정의 위젯을 정의할 수 있다.

 이 제한은 순환 임포트를 방지하기 위한 것이다. 애플리케이션 파일이 컴파일된 UI 파일을 가져오고 이것이 차례로 애플리케이션 파일을 가져오는 경우 작동하지 않는다.

파일에 사용자 정의 위젯을 정의했으면 파일 이름과 클래스 이름을 기록해 둔다. Qt 디자이너에서 위젯을 프로모트하려면 이것들이 필요하다.

디자이너에서 위젯 생성과 프로모팅

UI에서 사용자 정의 위젯을 표시할 위치를 선택하고 플레이스홀더 위젯을 추가한다. 여기에는 규칙이 없지만 일반적으로 사용자 정의 위젯이 다른 Qt 위젯에서 상속되는 경우 해당 위젯을 플레이스홀더로 사용한다.

예를 들어 QLabel을 기반으로 사용자 정의 위젯을 만든 경우 Label을 플레이스홀더로 사용한다. 이를 통해 디자이너 내에서 레이블의 표준 속성에 액세스해 사용자 정의 위젯을 정의할 수 있다.

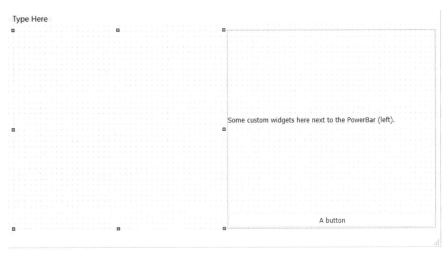

그림 6-31. 왼편에 플레이스홀더 위젯이 있는 간단한 UI 레이아웃

디자이너에서 사용자 정의 위젯 속성을 변경할 수 없다. Qt 디자이너는 사용자 정의 위젯이나 작동 방식에 대해 아무것도 모른다. 코드에서 이 작업을 수행한다.

위젯을 추가한 후에는 이를 프로모트할 수 있다. 프로모트할 위젯을 선택하고
마우스 오른쪽 버튼을 클릭한 다음 Promote to ...를 선택한다.

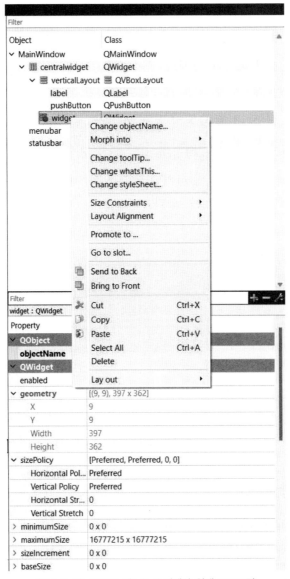

그림 6-32. 오른쪽 메뉴를 클릭해서 위젯 프로모팅

대화상자의 맨 아래에서 새 프로모트 클래스를 추가할 수 있다. 클래스 이름을 입력한다. 예를 들면 **PowerBar** 같은 사용자 정의 위젯의 파이썬 클래스 이름이며 .py 접미사를 생략한 헤더 파일로 클래스를 포함하는 파이썬 파일이다.

> ❗ Qt는 클래스 이름을 기반으로 파일 이름을 자동 제안하지만 .h(헤더 파일에 대한 C++ 표준 접미사)를 추가한다. 파일 이름이 정확하더라도 .h를 제거해야 한다.

사용자 정의 위젯이 하위 폴더의 클래스에 정의된 경우 다른 가져오기와 동일한 방식으로 파일에 전체 파이썬 점 표기법을 제공한다. 예를 들어 ui/widgets/powerbar.py 아래에 파일을 배치한 다음 헤더 파일로 **ui.widgets.powerbar**를 입력했을 수 있다.

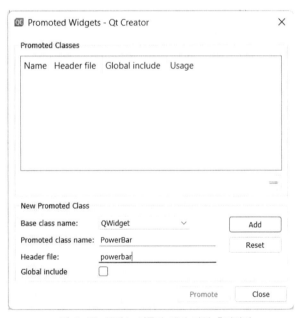

그림 6-33. 클래스 이름과 헤더 파일 추가하기

프로모션을 정의하려면 Add를 클릭한다. 그런 다음 상단의 리스트에서 Promote를 선택하고 클릭해 실제로 위젯을 프로모션할 수 있다.

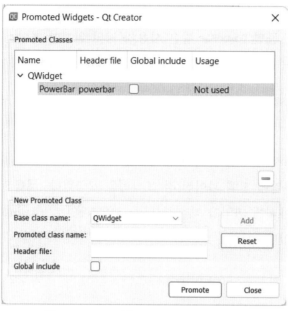

그림 6-34. 프로모션을 선택하고 위젯에 적용한다.

위젯이 프로모션된 새 클래스 이름인 PowerBar가 표시된다.

Object	Class
∨ MainWindow	QMainWindow
∨ ▓ centralwidget	QWidget
∨ ≣ verticalLayout	≣ QVBoxLayout
label	QLabel
pushButton	QPushButton
▓ widget	PowerBar
menubar	QMenuBar
statusbar	QStatusBar

그림 3-35. UI 계층 구조에 나타난 프로모팅된 위젯

UI 파일을 저장하고 이전과 같이 pyuic 도구를 사용해 컴파일한다.

```
pyuic6 mainwindow.ui -o MainWindow.py
```

생성된 파일을 열면 이제 사용자 정의 PowerBar 클래스를 사용해 setupUi 메서드에서 위젯을 구성하고 파일 맨 아래에 새로운 가져오기가 추가된 것을 볼 수 있다.

```python
class Ui_MainWindow(object):
    def setupUi(self, MainWindow):
        # etc...
        self.widget = PowerBar(self.centralwidget)

        # etc...

    def retranslateUi(self, MainWindow):
        _translate = QtCore.QCoreApplication.translate
        MainWindow.setWindowTitle(_translate("MainWindow", "MainWindow"))
        self.label.setText(_translate("MainWindow", "Some custom
widgets here next to the PowerBar (left)."))
        self.pushButton.setText(_translate("MainWindow", "A button"))
from powerbar import PowerBar
```

컴파일된 UI 파일은 정상적으로 사용할 수 있다. 컴파일된 UI 파일에서 처리되므로 사용자 정의 위젯을 애플리케이션으로 가져올 필요가 없다.

리스트 6-39. custom-widgets/promote_test.py

```python
import random
import sys

from PyQt6.QtCore import Qt
from PyQt6.QtWidgets import QApplication, QMainWindow

from MainWindow import Ui_MainWindow
```

```python
class MainWindow(QMainWindow, Ui_MainWindow):
    def __init__(self):
        super().__init__()
        self.setupUi(self)
        self.show()


app = QApplication(sys.argv)

w = MainWindow()

app.exec()
```

앱을 실행하면 사용자 정의 위젯이 로드돼 올바른 위치에 자동으로 나타난다.

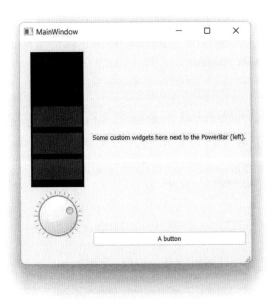

그림 6-36. 파워바 사용자 정의 위젯

492

표시되는 대부분의 에러는 임포트로 인해 발생한다. 첫 번째 단계는 컴파일된 UI 파일의 맨 아래에서 임포트를 확인해 의미가 있는지 확인하는 것이다. 대상 파일에 연결할 수 있을까?

서드파티 위젯

이 동일한 기술을 사용해 다른 서드파티 위젯을 애플리케이션에 추가할 수도 있다. 프로세스는 정확히 동일하다. 제대로 된 파이썬 임포트 경로로 위젯을 참조하고 적절한 클래스 이름을 사용하기만 하면 된다. 다음은 일반적인 서드파티 위젯에 대한 몇 가지 구성 예다.

 이 라이브러리를 사용하는 방법은 다음 장에서 다룬다.

PyQtGraph

Qt 디자이너에서 프로모트된 클래스 이름으로 `PlotWidget`을 사용하고 헤더 파일로 `pyqtgraph`를 사용하자. `QWidget`을 플레이스홀더 위젯으로 사용한다. `PyQtGraph` 플롯 위젯은 생성된 UI 파일에서 있는 그대로 작동한다.

작동하는 데모를 보려면 이 책의 소스코드 다운로드에서 custom-widgets/pyqtgraph_demo.py 파일을 참조한다.

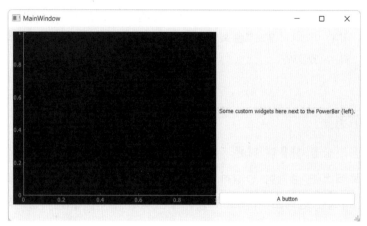

그림 6-37. 위젯 프로모션으로 추가된 PyQtGraph 플롯 위젯

matplotlib

matplotlib 사용자 정의 위젯 FigureCanvasQTAgg는 생성자가 부모를 첫 번째 매개변수로 받아들이지 않고 대신 그림 객체를 기대하기 때문에 Qt 디자이너에서 직접 사용할 수 없다.

다음에 정의된 간단한 래퍼 클래스를 추가해 이 문제를 해결할 수 있다.

리스트 6-40. custom-widgets/mpl.py

```python
from matplotlib.backends.backend_qtagg import FigureCanvasQTAgg
from matplotlib.figure import Figure

class MplCanvas(FigureCanvasQTAgg):
    def __init__(self, parent=None, width=5, height=4, dpi=100):
        fig = Figure(figsize=(width, height), dpi=dpi)
        self.axes = fig.add_subplot(111)
        super().__init__(fig)
```

이 파일을 mpl.py라는 프로젝트에 추가한 다음 MplCanvas를 프로모트된 클래스 이름으로 사용하고 mpl을 Qt 디자이너에서 헤더 파일로 사용한다. QWidget을 플레이스홀더 위젯으로 사용한다.

작동하는 데모를 보려면 이 책의 소스코드 다운로드에서 custom-widgets/matplotlib_demo.py 파일을 참조한다.

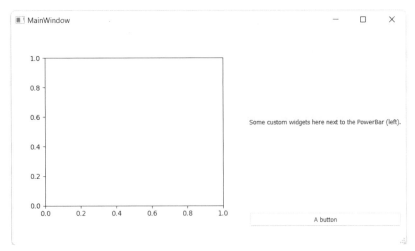

그림 6-38. 위젯 프로모션으로 추가된 matplotlib 플롯 위젯

이러한 기술을 사용하면 PyQt6 애플리케이션에서 접하는 모든 사용자 정의 위젯을 사용할 수 있어야 한다.

친숙함과 스큐어모피즘

사용자 인터페이스를 구축할 때 활용할 수 있는 가장 강력한 도구 중 하나는 친숙함이다. 즉, 사용자에게 인터페이스가 이전에 사용한 적이 있다는 느낌을 준다. 친숙한 인터페이스는 종종 직관적인 것으로 설명된다.

마우스 포인터를 화면 주위로 이동시키고 사각형의 돌기를 클릭하는 것은 자연스럽게 직관적인 것이 아니다. 하지만 그렇게 하는 데 몇 년을 보낸 후에야 그것은 매우 익숙한 것이 됐다.

사용자 인터페이스에서 친숙함을 찾는 것은 스큐어모피즘(skeuomorphism)으로 이어졌다. 스큐어모피즘은 디자인 요소가 기능하는 객체의 비기능적 디자인 단서를 적용하는 것이다. 이는 공통 인터페이스 요소를 사용하거나 실제 객체처럼 보이는 인터페이스를 만드는 것을 의미할 수 있다. 최근 몇 년 동안 GUI 트렌드는 추상적인 '평면' 디자인으로 돌아갔지만 모든 최신 사용자 인터페이스는 스큐어모픽 터치를 유지한다.

RealPhone– IBM의 RealThings^{TM} 제품

현대의 데스크톱 계산기가 좋은 예다. 계산을 수행할 때 결과를 아래에 둔다. 그렇다면 왜 스크린이 계산기 맨 위에 있을까? 그렇지 않으면 손으로 가려질 것이기 때문이다. 화면 위치가 기능적이다.

계산기와 위아래가 바뀐 계산기(윈도우 10)

컴퓨터의 계산기에서는 마우스 포인터가 화면을 가리지 않고 입력이 키보드를 통해 이뤄지는 경우가 많기 때문에 이 위치가 작동하지 않더라도 유지된다. 하지만 계산기를 열었는데 아래에 화면이 있다면 거꾸로 된 것 같아 혼란스러울 것이다. 이는 완벽하게 사용 가능함에도 불구하고 이상하거나 직관적이지 않다. 기존 객체에 대한 사용자의 친숙함을 이용해 사용자 인터페이스를 좀 더 직관적으로 느끼게 하는 것이 스큐어모피즘의 본질이다.

이 규모에서 여러분의 소프트웨어가 어디에 위치할지는 여러분에게 달려 있다. 중요한 것은 기존 인터페이스를 인식하고 가능한 경우 이를 활용해 자체 앱의 사용성을 개선하는 것이다. 사용자는 그에 대해 감사할 것이다.

할 것은 다음과 같다.

- 직접 디자인할 때 기존 인터페이스에서 영감을 얻어라.
- 사용자에게 도움이 되는 스큐어모픽 요소를 포함하라.

7

동시 실행

> 컴퓨터가 사용자의 시간을 낭비하거나 꼭 필요한 것보다 더 많은 일을 사용자에게 요구해서
> 는 안 된다.
>
> – 제프러스킨, 사용자 인터페이스 디자인 두 번째 법칙

QApplication 객체에서 .exec()를 호출해 시작된 이벤트 루프는 파이썬 코드와
동일한 스레드 내에서 실행된다. 이 이벤트 루프를 실행하는 스레드(일반적으
로 GUI 스레드라고 함)는 호스트 운영체제와의 모든 윈도우 통신도 처리한다.

기본적으로 이벤트 루프에 의해 트리거된 모든 실행도 이 스레드 내에서 동기
적으로 실행된다. 실제로 PyQt6 애플리케이션이 코드에서 무언가를 할 때마다
윈도우 통신과 GUI 상호작용이 정지되는 것을 의미한다.

하고 있는 작업이 간단하고 GUI 루프에 대한 제어를 빠르게 반환하는 경우
이 정지는 사용자가 감지할 수 없다. 그러나 예를 들어 큰 파일 열기/쓰기,
일부 데이터 다운로드 또는 복잡한 이미지 렌더링과 같이 더 오래 실행되는
작업을 수행해야 하는 경우 문제가 발생한다. 사용자에게 애플리케이션은 응
답하지 않는 것으로 나타난다. 앱이 OS와 더 이상 통신하지 않기 때문에 OS는
앱이 충돌했다고 생각할 것이다. 맥OS에서는 무한 로딩 중임을 알려주는 무지
개 휠 아이콘이 보이고 윈도우에서는 윈도우가 흐려진다. 좋은 모습이 아니다.

솔루션은 간단하다. GUI 스레드에서 작업을 가져온다. PyQt6는 정확히 이를 수행하기 위한 간단한 인터페이스를 제공한다.

7.1 스레드와 프로세스 소개

다음은 문제를 보여주고 나중에 수정하기 위한 PyQt6용 최소 스텁 애플리케이션이다. 이를 복사해 새 파일에 붙여 넣고 concurrent.py와 같은 적절한 파일 이름으로 저장할 수 있다.

리스트 7-1. bad_example_1.py

```python
import sys
import time

from PyQt6.QtCore import QTimer
from PyQt6.QtWidgets import (
    QApplication,
    QLabel,
    QMainWindow,
    QPushButton,
    QVBoxLayout,
    QWidget,
)


class MainWindow(QMainWindow):
    def __init__(self):
        super().__init__()

        self.counter = 0

        layout = QVBoxLayout()
```

```python
        self.l = QLabel("Start")
        b = QPushButton("DANGER!")
        b.pressed.connect(self.oh_no)

        layout.addWidget(self.l)
        layout.addWidget(b)

        w = QWidget()
        w.setLayout(layout)

        self.setCentralWidget(w)
        self.show()

        self.timer = QTimer()
        self.timer.setInterval(1000)
        self.timer.timeout.connect(self.recurring_timer)
        self.timer.start()

    def oh_no(self):
        time.sleep(5)

    def recurring_timer(self):
        self.counter += 1
        self.l.setText("Counter: %d" % self.counter)

app = QApplication(sys.argv)

window = MainWindow()

app.exec()
```

그림 7-1. 이벤트 루프가 실행되는 동안 숫자는 1초마다 1씩 증가한다.

초당 한 번 실행되는 간단한 반복 타이머에 의해 생성된다. 이를 이벤트 루프 표시기로 생각하자. 애플리케이션이 정상적으로 똑딱거린다는 것을 알려주는 간단한 방법이다. 'DANGER!'라는 단어가 있는 버튼도 있다. 눌러보자.

그림 7-2. 버튼을 누르자.

버튼을 누를 때마다 카운터가 똑딱거리지 않고 애플리케이션이 완전히 정지되는 것을 알 수 있다. 윈도우에서는 윈도우가 흐려져 응답하지 않음을 표시하고, 맥OS에서는 무지개 휠 아이콘을 볼 수 있다.

정지된 인터페이스로 나타나는 것은 실제로 Qt 이벤트 루프가 윈도우 이벤트 처리(및 응답)에서 차단돼 발생한다. 여전히 호스트 OS에 의해 등록되고 애플리케이션으로 전송되지만 큰 time.sleep 코드 덩어리에 있기 때문에 윈도우에 대한 클릭에 접근하거나 반응할 수 없다. 앱이 응답하지 않고 OS가 이를 정지 또는 중단으로 해석한다.

잘못된 접근

이 문제를 해결하는 가장 간단한 방법은 코드 내에서 이벤트를 허용하는 것이다. 이렇게 하면 Qt가 호스트 OS에 계속 응답할 수 있고 애플리케이션이 계속 응답할 수 있다. QApplication 클래스에서 정적 .processEvents() 함수를 사용하면 이 작업을 쉽게 수행할 수 있다. 오래 실행되는 코드 블록의 어딘가에 다음 줄을 추가하기만 하면 된다.

```
QApplication.processEvents()
```

오래 실행되는 time.sleep 코드를 여러 단계로 나누면 그 사이에 .processEvents를 삽입할 수 있다. 코드는 다음과 같다.

```
def oh_no(self):
    for n in range(5):
        QApplication.processEvents()
        time.sleep(1)
```

버튼을 누르면 이전과 같이 코드가 입력된다. 그러나 이제 QApplication.processEvents()는 간헐적으로 제어를 Qt에 다시 전달하고 정상적으로 OS 이벤트에 응답할 수 있다. Qt는 이제 이벤트를 허용하고 나머지 코드를 실행하고자 반환하기 전에 이벤트를 처리한다.

이는 효과가 있지만 몇 가지 이유로 끔찍하다.

첫째, 제어를 Qt로 다시 전달하면 코드가 더 이상 실행되지 않는다. 이는 수행하려는 긴 실행 작업이 더 오래 걸린다는 것을 의미하는데, 아마도 원하는 것이 아닐 것이다.

둘째, 메인 이벤트 루프 외부에서 이벤트를 처리하면 루프에 있는 동안 애플리케이션이 처리 코드(예, 트리거된 슬롯 또는 이벤트)로 분기된다. 코드가 외부 상태에 의존/응답하는 경우 정의되지 않은 동작이 발생할 수 있다. 다음 코드는 이를 실제로 보여준다.

리스트 7-2. bad_example_2.py

```python
import sys
import time

from PyQt6.QtCore import QTimer
from PyQt6.QtWidgets import (
    QApplication,
    QLabel,
    QMainWindow,
    QPushButton,
    QVBoxLayout,
    QWidget,
)


class MainWindow(QMainWindow):
    def __init__(self):
        super().__init__()
```

```python
        self.counter = 0
        layout = QVBoxLayout()

        self.l = QLabel("Start")
        b = QPushButton("DANGER!")
        b.pressed.connect(self.oh_no)

        c = QPushButton("?")
        c.pressed.connect(self.change_message)

        layout.addWidget(self.l)
        layout.addWidget(b)
        layout.addWidget(c)

        w = QWidget()
        w.setLayout(layout)

        self.setCentralWidget(w)
        self.show()

    def change_message(self):
        self.message = "OH NO"

    def oh_no(self):
        self.message = "Pressed"

        for _ in range(100): time.sleep(0.1)
            self.l.setText(self.message)
            QApplication.processEvents()

app = QApplication(sys.argv)
window = MainWindow()

app.exec()
```

이 코드를 실행하면 이전과 같이 카운터가 표시된다. 'DANGER!'를 누르면 oh_no 함수에 대한 진입점에 정의된 대로 표시된 텍스트를 'Pressed'로 변경한다. 그러나 oh_no가 여전히 실행 중인 동안 '?' 버튼을 누르면 메시지가 변경되는 것을 볼 수 있다. 상태가 루프 외부에서 변경되고 있다.

이는 재미로 든 예다. 그러나 애플리케이션 내에 여러 개의 오래 실행되는 프로세스가 있고 각 프로세스가 계속 작동하도록 QApplication.processEvents()를 호출하면 애플리케이션 동작을 빠르게 예측할 수 없게 될 수 있다.

스레드, 프로세스

한 걸음 물러서서 애플리케이션에서 어떤 일이 일어나길 원하는지 생각해보면 아마도 '다른 일이 일어날 때 동시에 일어날 일'이라고 요약할 수 있을 것이다. 컴퓨터에서 독립적인 작업을 실행하는 데에는 스레드threads와 프로세스processes라는 두 가지 주요 접근 방식이 있다.

스레드는 동일한 메모리 공간을 공유하므로 시작이 빠르고 최소한의 리소스를 소비한다. 공유 메모리를 사용하면 스레드 간에 데이터를 쉽게 전달할 수 있지만 다른 스레드에서 메모리를 읽거나 쓰면 경쟁 조건race conditions이나 세그폴트segfaults가 발생할 수 있다. 파이썬에는 여러 스레드가 동일한 GIL(전역 인터프리터 락)에 묶여 있다는 추가 문제가 있다. 즉, GIL을 해제하지 않는 파이썬 코드는 한 번에 하나의 스레드에서만 실행할 수 있다. 그러나 이는 대부분의 시간을 파이썬 외부에서 보내는 PyQt6의 주요 문제는 아니다.

프로세스는 별도의 메모리 공간 및 완전히 별도의 파이썬 인터프리터를 사용한다. 이렇게 하면 GIL의 잠재적인 문제를 피할 수 있지만 시작 시간이 느려지고 메모리 오버헤드가 커지고 데이터 송수신이 복잡해진다.

단순함을 위해 일반적으로 스레드를 사용하는 것이 좋다. Qt의 프로세스는 외부 프로그램을 실행하고 통신하는 데 더 적합하다. 이 절에서는 Qt 내에서 작업을 별도의 스레드와 프로세스로 이동하고자 사용할 수 있는 옵션을 살펴봤다.

7.2 스레드 풀 사용

Qt는 PyQt6에서 잘 드러난 다른 스레드에서 작업을 실행하기 위한 매우 간단한 인터페이스를 제공한다. QRunnable과 QThreadPool의 두 가지 클래스를 중심으로 구축됐다. 전자는 수행하려는 작업의 컨테이너이고 후자는 작업 스레드의 관리자다.

QThreadPool 사용의 깔끔한 점은 워커의 대기열과 실행을 처리한다는 것이다. 작업을 대기열에 넣고 결과를 검색하는 것 외에는 별로 할 일이 없다.

QRunnable 사용

사용자 정의 QRunnable을 정의하려면 기본 QRunnable 클래스를 서브클래싱한 다음 실행하려는 코드를 run() 메서드 내에 배치할 수 있다. 다음은 오래 실행되는 time.sleep 작업을 QRunnable로 구현한 것이다. multithread.py의 MainWindow 클래스 정의 위에 다음 코드를 추가한다.

리스트 7-3. concurrent/qrunnable_1.py

```
class Worker(QRunnable):
    """
    워커 스레드
    """
```

```
@pyqtSlot()
def run(self):
    """
        이 함수에 코드를 작성
    """
    print("Thread start")

    time.sleep(5)
    print("Thread complete")
```

다른 스레드에서 함수를 실행하는 것은 단순히 Worker 인스턴스를 생성한 다음 이를 QThreadPool 인스턴스에 전달하면 자동으로 실행된다.

__init__ 블록에 스레드 풀의 인스턴스를 만든다.

리스트 7-4. concurrent/qrunnable_1.py

```
class MainWindow(QMainWindow):
    def __init__(self):
        super().__init__()

        self.threadpool = QThreadPool()

        print(
            "Multithreading with maximum %d threads"
            % self .threadpool.maxThreadCount()
        )
```

마지막으로 oh_no 메서드를 다음으로 대체해 워커를 생성하고 풀에 넣는다.

```
    def oh_no(self):
      worker = Worker()
      self.threadpool.start(worker)
```

이제 버튼을 클릭하면 오래 실행되는 프로세스를 처리하는 워커가 생성되고 QThreadPool 풀을 통해 다른 스레드로 스핀오프spinoff된다. 들어오는 워커를 처리하는 데 사용할 수 있는 스레드가 충분하지 않으면 대기열에 추가돼 나중에 순서대로 실행된다.

> 🚀 **Run it!** 실행하면 이제 애플리케이션이 아무 문제없이 미친 듯이 눌리는 버튼을 처리하는 것을 볼 수 있다.

그림 7-3. 간단한 QRunner 앱. GUI 스레드가 실행 중인 경우 초당 1씩 카운터가 증가한다.

콘솔에서 출력을 보며 워커가 시작하고 완료되는지 확인한다.

```
Multithreading with maximum 12 threads
Thread start
Thread start
Thread start
Thread complete
```

```
Thread complete
Thread complete
```

버튼을 여러 번 누르면 어떻게 되는지 확인하자. .maxThreadCount에 의해 보고
된 개수까지 스레드가 즉시 실행되는 것을 볼 수 있다. 이미 이 개수의 활성
워커가 있는 상태에서 버튼을 다시 누르면 스레드를 사용할 수 있을 때까지
후속 워커가 대기열에 추가된다.

이 예에서 QThreadPool이 사용할 이상적인 활성 스레드 수를 결정했다. 이 숫
자는 컴퓨터마다 다르며 최적의 성능을 얻도록 설계됐다. 그러나 때때로 특정
개수의 스레드가 필요한 경우가 있다. 이 경우 .setMaxThreadCount를 사용해
이 값을 명시적으로 설정할 수 있다. 이 값은 스레드 풀마다의 값이다.

QThreadPool.start() 사용

이전 예에서 QRunnable 객체를 직접 생성하고 이를 QThreadPool에 전달해 실행
하게 했다. 그러나 간단한 사용 사례의 경우 Qt는 임의의 파이썬 함수와 메서
드 실행을 처리할 수 있는 QThreadPool.start()를 통해 편리한 메서드를 제공
한다. Qt는 필요한 QRunnable 객체를 생성하고 풀에 큐에 넣는다. 다음 예제에
서 작업을 do_some_work 메서드에 넣고 이것을 스레드 풀의 .start() 메서드에
전달하도록 oh_no 메서드를 수정했다.

리스트 7-6. concurrent/qthreadpool_start_1.py

```python
def oh_no(self):
    self.threadpool.start(self.do_some_work)
```

510

```python
    @pyqtSlot()
    def do_some_work(self):
      print("Thread start")
      time.sleep(5)
      print("Thread complete")

    def recurring_timer(self):
      self.counter += 1
      self.l.setText("Counter: %d" % self.counter)
```

버튼을 누르면 QThreadPool에서 do_some_work 메서드가 실행된다.

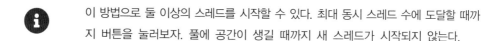 이 방법으로 둘 이상의 스레드를 시작할 수 있다. 최대 동시 스레드 수에 도달할 때까지 버튼을 눌러보자. 풀에 공간이 생길 때까지 새 스레드가 시작되지 않는다.

이 접근 방식은 많은 간단한 작업에 적합하다. 실행된 함수 내에서 시그널에 액세스할 수 있으며 시그널을 사용해 데이터를 내보낼 수 있다. 시그널을 수신할 수 없으며 연결할 곳이 없다. 하지만 self 객체를 통해 변수와 상호작용할 수 있다.

다음 custom_signal을 추가하도록 코드를 업데이트하고 이 시그널을 내보내고 self.counter 변수를 업데이트하도록 작업 메서드를 수정한다.

리스트 7-7. concurrent/qthreadpool_start_2.py

```python
class MainWindow(QMainWindow):

  custom_signal = pyqtSignal()

  def __init__(self):
    super().__init__()
```

```python
        # 사용자 정의 시그널을 핸들러에 연결
        self.custom_signal.connect(self.signal_handler)
        # etc.

    def oh_no(self):
        self.threadpool.start(self.do_some_work)

    @pyqtSlot()
    def do_some_work(self):
        print("Thread start")
        # Emit our custom signal.
        self.custom_signal.emit()
        for n in range(5):
            time.sleep(1)
        self.counter = self.counter - 10
        print("Thread complete")

    def signal_handler(self):
        print("Signal received!")

    def recurring_timer(self):
        self.counter += 1
        self.l.setText("Counter: %d" % self.counter)
```

이 예제를 실행하면 작업 메서드가 다른 스레드에서 실행되는 동안(sleep이 카운터를 중단하지 않음) 여전히 시그널을 내보내고 **self.counter** 변수를 수정할 수 있음을 알 수 있다.

> ❗ 다른 스레드에서 직접 GUI를 수정할 수 없다. 그렇게 하려고 하면 애플리케이션이 중단된다. 시그널을 사용해 GUI를 수정할 수 있다. 예를 들어 str 시그널을 레이블의 .setText 메서드에 연결해보자.

이것은 편리한 작은 인터페이스지만 종종 실행 중인 스레드를 더 많이 제어하거나 더 구조화된 통신을 원할 것이다. 다음으로 QRunnable을 사용해 가능한 것을 보여주는 좀 더 복잡한 예를 살펴보자.

확장된 QRunnable

사용자 정의 데이터를 실행 함수에 전달하려면 인수나 키워드를 사용하도록 러너를 설정한 다음 해당 데이터를 QRunner self 객체에 저장하도록 설정할 수 있다. 그러면 run 메서드 내에서 데이터에 접근할 수 있다.

리스트 7-8. concurrent/qrunnable_2.py

```python
class Worker(QRunnable):
    """
        워커 스레드
        :param args: 코드를 실행하게 하는 인수
        :param kwargs: 코드를 실행하게 하는 키워드 인수
    """

    def __init__(self, *args, **kwargs):
        super().__init__()
        self.args = args
        self.kwargs = kwargs

    @pyqtSlot()
    def run(self):
        """
            전달된 self.args, self.kwargs로 러너 함수를 초기화
        """
        print(self.args, self.kwargs)

    def oh_no(self):
```

```
worker = Worker("some", "arguments", keywords=2)
self.threadpool.start(worker)
```

 함수는 파이썬의 객체이기도 하므로 러너에게 실행할 함수를 전달할 수도 있다. 예를
보려면 '제네릭(Generic)'을 참고한다.

스레드 IO

때로는 실행 중인 워커의 상태와 데이터를 다시 전달할 수 있는 것이 도움이
된다. 여기에는 계산 결과, 발생한 예외 또는 진행 중인 진행 상황이 포함될
수 있다(프로그레스바$^{progress\ bar}$를 생각). Qt는 이를 가능하게 하는 시그널과 슬롯
프레임워크를 제공하며 스레드 안전$^{thread-safe}$하므로 실행 중인 스레드에서 GUI
프론트엔드로 직접 안전하게 통신할 수 있다. 시그널을 사용하면 값을 전달할
수 있으며, 이 값은 .connect와 연결된 슬롯 기능에 의해 코드의 다른 곳에서
선택된다.

다음은 여러 예제 시그널을 포함하도록 정의된 간단한 WorkerSignals 클래
스다.

 사용자 정의 시그널은 QObject에서 파생된 객체에서만 정의할 수 있다. QRunnable은
QObject에서 파생되지 않기 때문에 시그널을 직접 정의할 수 없다. 시그널을 유지하
는 사용자 정의 QObject가 가장 간단한 솔루션이다.

리스트 7-9. concurrent/qrunnable_3.py

```
class WorkerSignals(QObject):
    """
    실행 중인 워커 스레드에서 사용 가능한 시그널 정의
```

```
        지원 시그널

        finished: 데이터 없음

        error: `str` 예외 문자열

        result: `dict` 처리 후 반환된 데이터
        """

        finished = pyqtSignal()
        error = pyqtSignal(str)
        result = pyqtSignal(dict)
```

이 예에서는 3개의 사용자 정의 시그널을 정의했다.

1. 작업이 완료됐음을 나타내는 데이터가 없는 완료 시그널

2. 예외 유형, 예외 값, 형식화된 역추적의 튜플을 수신하는 에러 시그널

3. 실행된 함수에서 모든 객체 유형을 수신하는 결과 시그널

이러한 시그널이 모두 필요하지 않지만 가능한 시그널을 제공하고자 포함된다. 다음 코드에서는 이러한 시그널을 사용해 간단한 계산 워커의 완료 및 에러를 알려준다.

리스트 7-10. concurrent/qrunnable_3.py

```
import random
import sys
import time

from PyQt6.QtCore import (
```

```python
    QObject,
    QRunnable,
    QThreadPool,
    QTimer,
    pyqtSignal,
    pyqtSlot,
)

from PyQt6.QtWidgets import (
    QApplication,
    QLabel,
    QMainWindow,
    QPushButton,
    QVBoxLayout,
    QWidget,
)

class WorkerSignals(QObject):
    """
        실행 중인 워커 스레드에서 사용 가능한 시그널 정의
        지원 시그널

        finished: 데이터 없음

        error: `str` 예외 문자열

        result: `dict` 처리 후 반환된 데이터
    """

    finished = pyqtSignal()
    error = pyqtSignal(str)
    result = pyqtSignal(dict)

class Worker(QRunnable):
```

```python
    """
    워커 스레드

    :param args: 코드를 실행하게 하는 인수
    :param kwargs: 코드를 실행하게 하는 키워드 인수
    """

    def __init__(self, iterations=5):
        super().__init__()

        self.signals = WorkerSignals() # 시그널 클래스의 인스턴스 생성

        self.iterations = iterations

    @pyqtSlot()
    def run(self):
        """
        전달된 self.args, self.kwargs로 러너 함수를 초기화
        """
        try:
            for n in range(self.iterations):
                time.sleep(0.01)
                v = 5 / (40 - n)

            except Exception as e:
                self.signals.error.emit(str(e))

            else:
                self.signals.finished.emit()
                self.signals.result.emit({"n": n, "value": v})

class MainWindow(QMainWindow):
    def __init__(self):
        super().__init__()
```

```python
        self.threadpool = QThreadPool()
        print(
            "Multithreading with maximum %d threads"
            % self .threadpool.maxThreadCount()
        )

        self.counter = 0

        layout = QVBoxLayout()
        self.l = QLabel("Start")
        b = QPushButton("DANGER!")
        b.pressed.connect(self.oh_no)

        layout.addWidget(self.l)
        layout.addWidget(b)

        w = QWidget()
        w.setLayout(layout)

        self.setCentralWidget(w)
        self.show()

        self.timer = QTimer()
        self.timer.setInterval(1000)
        self.timer.timeout.connect(self.recurring_timer)
        self.timer.start()

    def oh_no(self):
        worker = Worker(iterations=random.randint(10, 50))
        worker.signals.result.connect(self.worker_output)
        worker.signals.finished.connect(self.worker_complete)
        worker.signals.error.connect(self.worker_error)
        self.threadpool.start(worker)
```

```python
    def worker_output(self, s):
        print("RESULT", s)

    def worker_complete(self):
        print("THREAD COMPLETE!")

    def worker_error(self, t):
        print("ERROR: %s" % t)

    def recurring_timer(self):
        self.counter += 1
        self.l.setText("Counter: %d" % self.counter)

app = QApplication(sys.argv)

window = MainWindow()

app.exec()
```

자신의 핸들러 함수를 이러한 시그널에 연결해 스레드의 완료(또는 결과) 알림을 받을 수 있다. 이 예제는 출력에서 볼 수 있는 0으로 나누기 예외를 가끔 발생시키도록 설계됐다.

```
Multithreading with maximum 12 threads
THREAD COMPLETE!
RESULT {'n': 16, 'value': 0.20833333333333334}
ERROR: division by zero
THREAD COMPLETE!
RESULT {'n': 11, 'value': 0.1724137931034483}
THREAD COMPLETE!
RESULT {'n': 22, 'value': 0.2777777777777778}
```

```
ERROR: division by zero
```

다음 절에서는 이 접근 방식에 대한 다양한 변형을 살펴보고 자신의 애플리케이션에서 QThreadPool을 사용해 몇 가지 흥미로운 작업을 수행할 수 있다.

7.3 QRunnable 예제

QThreadPool과 QRunnable은 다른 스레드에서 작업을 실행하는 매우 유연한 방법이다. 시그널과 매개변수를 조정해 상상할 수 있는 모든 작업을 수행할 수 있다. 이 절에서는 특정 시나리오에 대한 러너를 구성하는 방법의 몇 가지 예를 살펴본다.

모든 예제는 동일한 일반 패턴(사용자 정의 WorkerSignals가 있는 사용자 정의 QRunnable 클래스)을 따른다. 차이점은 러너에게 전달하는 내용, 해당 매개변수로 수행하는 작업과 시그널을 연결하는 방법에 있다.

리스트 7-11. concurrent/qrunnable_base.py

```python
import sys
import time
import traceback

from PyQt6.QtCore import (
    QObject,
    QRunnable,
    QThreadPool,
    pyqtSignal,
    pyqtSlot,
```

```python
)

from PyQt6.QtWidgets import QApplication, QMainWindow

class WorkerSignals(QObject):
    pass

class Worker(QRunnable):
    def __init__(self, *args, **kwargs):
        super().__init__()
        # 처리 재활용을 위한 인수 생성자 저장
        self.args = args
        self.kwargs = kwargs
        self.signals = WorkerSignals()

    @pyqtSlot()
    def run(self):
        pass

class MainWindow(QMainWindow):
    def __init__(self):
        super().__init__()

        self.show()

app = QApplication(sys.argv)

window = MainWindow()

app.exec()
```

프로그레스 와처

스레드를 사용해 오래 실행되는 작업을 수행하는 경우 사용자에게 작업 진행 상황을 알려야 한다. 이를 수행하는 일반적인 방법은 사용자에게 프로그레스바를 보여줘 왼쪽에서 오른쪽으로 채워지는 막대로 작업이 얼마나 완료됐는지를 나타내는 것이다. 작업에 대한 프로그레스바를 보여주려면 워커에서 현재 진행 상태를 내보내야 한다.

이를 위해 WorkerSignals 객체에 대해 progress라는 또 다른 시그널을 정의할 수 있다. 이 시그널은 '작업'이 진행됨에 따라 각 루프에서 0..100의 숫자를 내보낸다. 이 진행 시그널의 출력은 기본 윈도우의 상태 표시줄에 표시된 표준 QProgressBar에 연결된다.

리스트 7-12. concurrent/qrunner_progress.py

```python
import sys
import time

from PyQt6.QtCore import (
    QObject,
    QRunnable,
    QThreadPool,
    QTimer,
    pyqtSignal,
    pyqtSlot,
)
from PyQt6.QtWidgets import (
    QApplication,
    QLabel,
    QMainWindow,
    QProgressBar,
    QPushButton,
```

```python
    QVBoxLayout,
    QWidget,
)

class WorkerSignals(QObject):
    """
        실행 중인 워커 스레드에서 사용 가능한 시그널 정의
        progress: 정수 0-100 사이의 진행률
    """

    progress = pyqtSignal(int)

class Worker(QRunnable):
    """
        워커 스레드

        워커 스레드 설정, 시그널 및 종료를 처리하고자 QRunnable에서 상속
    """

    def __init__(self):
        super().__init__()

        self.signals = WorkerSignals()

    @pyqtSlot()
    def run(self):
        total_n = 1000
        for n in range(total_n):
            progress_pc = int(
                100 * float(n + 1) / total_n
            ) # 정수 0-100% 진행률
            self.signals.progress.emit(progress_pc)
            time.sleep(0.01)
```

```python
class MainWindow(QMainWindow):
    def __init__(self, *args, **kwargs):
        super().__init__(*args, **kwargs)

        layout = QVBoxLayout()
        self.progress = QProgressBar()

        button = QPushButton("START IT UP")
        button.pressed.connect(self.execute)

        layout.addWidget(self.progress)
        layout.addWidget(button)

        w = QWidget()
        w.setLayout(layout)

        self.setCentralWidget(w)
        self.show()

        self.threadpool = QThreadPool()
        print(
            "Multithreading with maximum %d threads"
            % self.threadpool.maxThreadCount()
        )

    def execute(self):
        worker = Worker()
        worker.signals.progress.connect(self.update_progress)

        # 실행
        self.threadpool.start(worker)

    def update_progress(self, progress):
        self.progress.setValue(progress)
```

```
app = QApplication(sys.argv)

window = MainWindow()

app.exec()
```

그림 7-4. 오래 실행되는 워커의 현재 진행률을 보여주는 프로그레스바

다른 러너가 이미 작업 중일 때 버튼을 누르면 문제가 있음을 알 수 있다. 두 러너가 진행률을 동일한 프로그레스바로 내보내므로 값이 앞뒤로 점프한다.

단일 프로그레스바로 여러 워커를 추적하는 것이 가능하다. 두 가지만 있으면 된다. 각 워커의 진행률 값을 저장할 위치와 각 워커의 고유 식별자다. 각 진행률 업데이트에서 모든 워커의 평균 진행률을 계산하고 표시할 수 있다.

리스트 7-13. concurrent/qrunnable_progress_many.py

```
import random
import sys
import time
import uuid

from PyQt6.QtCore import (
    QObject,
```

```python
    QRunnable,
    QThreadPool,
    QTimer,
    pyqtSignal,
    pyqtSlot,
)
from PyQt6.QtWidgets import (
    QApplication,
    QLabel,
    QMainWindow,
    QProgressBar,
    QPushButton,
    QVBoxLayout,
    QWidget,
)


class WorkerSignals(QObject):
    """
        실행 중인 워커 스레드에서 사용 가능한 시그널 정의

        progress: 정수 0-100 사이의 진행률
    """

    progress = pyqtSignal(str, int)
    finished = pyqtSignal(str)


class Worker(QRunnable):
    """
        워커 스레드

        워커 스레드 설정, 시그널 및 종료를 처리하고자 QRunnable에서 상속
    """

    def __init__(self):
```

```python
        super().__init__()

        self.job_id = uuid.uuid4().hex ❶
        self.signals = WorkerSignals()

    @pyqtSlot()
    def run(self):
        total_n = 1000
        delay = random.random() / 100    # 임의의 지연 값
        for n in range(total_n):
            progress_pc = int(100 * float(n + 1) / total_n) ❷
            self.signals.progress.emit(self.job_id, progress_pc)
            time.sleep(delay)

        self.signals.finished.emit(self.job_id)

class MainWindow(QMainWindow):
    def __init__(self):
        super().__init__()

        layout = QVBoxLayout()

        self.progress = QProgressBar()

        button = QPushButton("START IT UP")
        button.pressed.connect(self.execute)

        self.status = QLabel("0 workers")

        layout.addWidget(self.progress)
        layout.addWidget(button)
        layout.addWidget(self.status)

        w = QWidget()
```

```python
        w.setLayout(layout)

        # 현재 워커의 진행률을 딕셔너리에 저장
        self.worker_progress = {}
        self.setCentralWidget(w)

        self.show()

        self.threadpool = QThreadPool()
        print(
            "Multithreading with maximum %d threads"
            % self .threadpool.maxThreadCount()
        )

        self.timer = QTimer()
        self.timer.setInterval(100)
        self.timer.timeout.connect(self.refresh_progress)
        self.timer.start()

    def execute(self):
        worker = Worker()
        worker.signals.progress.connect(self.update_progress)
        worker.signals.finished.connect(self.cleanup) ❸

        # 실행
        self.threadpool.start(worker)

    def cleanup(self, job_id):
        if job_id in self.worker_progress:
            del self.worker_progress[job_id] ❹

            # 값을 제거한 경우 프로그레스바를 업데이트
            self.refresh_progress()
```

```python
    def update_progress(self, job_id, progress):
        self.worker_progress[job_id] = progress

    def calculate_progress(self):
        if not self.worker_progress:
            return 0

        return sum(v for v in self.worker_progress.values()) / \
                len(self.worker_progress)

    def refresh_progress(self):
        # 전체 진행률 계산
        progress = self.calculate_progress()
        print(self.worker_progress)
        self.progress.setValue(progress)
        self.status.setText("%d workers" % len(self.worker_progress))

app = QApplication(sys.argv)

window = MainWindow()

app.exec()
```

❶ 이 러너에 대해 고유한 UUID4 식별자를 사용

❷ 정수로 0-100% 진행률

❸ 작업이 끝나면 작업자 진행 상황을 정리(삭제)

❹ 완료된 작업자의 진행 상황을 삭제

실행하면 실행 중인 활성 워커 수를 보여주는 표시기와 함께 전역 프로그레스
바가 표시된다.

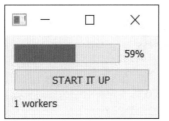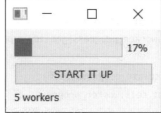

그림 7-5. 전역 진행 상태 및 활성 작업자 수를 표시하는 윈도우

스크립트에 대한 콘솔 출력을 확인하면 각 개별 워커의 실제 상태를 확인할 수 있다.

```
Command Prompt - python qrunner_progress_many.py

{1891514120: 44, 1891513832: 42, 1891514696: 41, 1891514984: 39, 1891514408: 38}
{1891514120: 45, 1891513832: 43, 1891514696: 42, 1891514984: 40, 1891514408: 39}
{1891514120: 46, 1891513832: 44, 1891514696: 43, 1891514984: 41, 1891514408: 40}
{1891514120: 47, 1891513832: 45, 1891514696: 44, 1891514984: 42, 1891514408: 41}
{1891514120: 48, 1891513832: 46, 1891514696: 45, 1891514984: 43, 1891514408: 42}
{1891514120: 49, 1891513832: 47, 1891514696: 46, 1891514984: 44, 1891514408: 43}
{1891514120: 50, 1891513832: 48, 1891514696: 47, 1891514984: 45, 1891514408: 44}
{1891514120: 51, 1891513832: 49, 1891514696: 48, 1891514984: 46, 1891514408: 45}
{1891514120: 52, 1891513832: 50, 1891514696: 49, 1891514984: 47, 1891514408: 46}
{1891514120: 53, 1891513832: 51, 1891514696: 50, 1891514984: 48, 1891514408: 47}
{1891514120: 54, 1891513832: 52, 1891514696: 51, 1891514984: 49, 1891514408: 48}
{1891514120: 55, 1891513832: 53, 1891514696: 52, 1891514984: 50, 1891514408: 49}
```

그림 7-6. 개별 워커의 진행 상태를 콘솔 출력으로 확인

워커를 즉시 제거한다는 것은 작업이 완료될 때 진행 상황이 뒤로 이동한다는 것을 의미한다. 평균 계산에서 100을 제거하면 평균이 떨어지게 된다. 원하는 경우 정리를 미룰 수 있다. 예를 들어 다음은 모든 프로그레스바가 100에 도달할 때만 항목을 제거한다.

리스트 7-14. concurrent/qrunner_progress_many_2.py

```python
import random
import sys
import time
import uuid
```

```python
from PyQt6.QtCore import (
    QObject,
    QRunnable,
    QThreadPool,
    QTimer,
    pyqtSignal,
    pyqtSlot,
)
from PyQt6.QtWidgets import (
    QApplication,
    QLabel,
    QMainWindow,
    QProgressBar,
    QPushButton,
    QVBoxLayout,
    QWidget,
)


class WorkerSignals(QObject):
    """
    실행 중인 워커 스레드에서 사용 가능한 시그널 정의

    progress: 정수 0-100 사이의 진행률
    """

    progress = pyqtSignal(str, int)
    finished = pyqtSignal(str)


class Worker(QRunnable):
    """
    워커 스레드

    워커 스레드 설정, 시그널 및 종료를 처리하고자 QRunnable에서 상속
    """
```

```python
    def __init__(self):
        super().__init__()

        self.job_id = uuid.uuid4().hex
        self.signals = WorkerSignals()

    @pyqtSlot()
    def run(self):
        total_n = 1000
        delay = random.random() / 100    # 랜덤 지연 값
        for n in range(total_n):
            progress_pc = int(100 * float(n + 1) / total_n)
            self.signals.progress.emit(self.job_id, progress_pc)
            time.sleep(delay)

        self.signals.finished.emit(self.job_id)

class MainWindow(QMainWindow):
    def __init__(self):
        super().__init__()

        layout = QVBoxLayout()

        self.progress = QProgressBar()
        button = QPushButton("START IT UP")
        button.pressed.connect(self.execute)

        self.status = QLabel("0 workers")

        layout.addWidget(self.progress)
        layout.addWidget(button)
        layout.addWidget(self.status)

        w = QWidget()
```

```python
        w.setLayout(layout)

        # 현재 워커의 진행률을 딕셔너리에 저장
        self.worker_progress = {}

        self.setCentralWidget(w)

        self.show()

        self.threadpool = QThreadPool()
        print(
            "Multithreading with maximum %d threads"
            % self .threadpool.maxThreadCount()
        )

        self.timer = QTimer()
        self.timer.setInterval(100)
        self.timer.timeout.connect(self.refresh_progress)
        self.timer.start()

    def execute(self):
        worker = Worker()
        worker.signals.progress.connect(self.update_progress)
        worker.signals.finished.connect(self.cleanup)

        # 실행
        self.threadpool.start(worker)

    def cleanup(self, job_id):
        if all(v == 100 for v in self.worker_progress.values()):
            self.worker_progress.clear() # 딕셔너리 비우기

            # 값을 제거한 경우 프로그레스바를 업데이트
            self.refresh_progress()
```

```python
    def update_progress(self, job_id, progress):
        self.worker_progress[job_id] = progress

    def calculate_progress(self):
        if not self.worker_progress:
            return 0

        return sum(v for v in self.worker_progress.values()) /
            len(self.worker_progress)

    def refresh_progress(self):
        # 전체 진행률 계산
        progress = self.calculate_progress()
        print(self.worker_progress)
        self.progress.setValue(progress)
        self.status.setText("%d workers" % len(self.worker_progress))

app = QApplication(sys.argv)

window = MainWindow()

app.exec()
```

이것이 작동하면 간단한 사용 사례에는 문제가 없지만 이 워커 상태(및 제어)가 기본 윈도우를 통해 처리되는 것보다 자체 관리자 구성 요소로 래핑될 수 있다면 더 좋다. 나중에 '관리자' 절에서 이를 수행하는 방법을 살펴본다.

계산기

스레딩은 복잡한 계산을 수행해야 할 때 좋은 옵션이다. 파이썬 numpy, scipy 또는 pandas 라이브러리를 사용하는 경우 이러한 계산에서 파이썬 GIL^{Global}

Interpreter Lock이 해제될 수도 있다. 즉, GUI와 계산 스레드가 모두 최고 속도로 실행될 수 있다.

이 예에서 모두 몇 가지 간단한 계산을 수행하는 많은 워커를 만든다. 이러한 계산의 결과는 GUI 스레드로 반환되고 플롯에 표시된다.

 PyQtGraph로 플로팅에서 PyQtGraph를 자세히 다룬다. 지금은 QRunnable에만 초점을 맞춘다.

리스트 7-15. concurrent/qrunner_calculator.py

```python
import random
import sys
import time
import uuid

from PyQt6.QtCore import (
    QObject,
    QRunnable,
    QThreadPool,
    QTimer,
    pyqtSignal,
    pyqtSlot,
)
from PyQt6.QtWidgets import (
    QApplication,
    QMainWindow,
    QPushButton,
    QVBoxLayout,
    QWidget,
)

import pyqtgraph as pg
```

```python
class WorkerSignals(QObject):
    """
    실행 중인 워커 스레드에 사용 가능한 시그널 정의

    data: 데이터 포인트 튜플 (worker_id, x, y)
    """

    data = pyqtSignal(tuple)  ❶

class Worker(QRunnable):
    """
    워커 스레드

    워커 스레드 설정, 시그널 및 종료를 처리하고자 QRunnable에서 상속
    """

    def __init__(self):
        super().__init__()

        self.worker_id = uuid.uuid4().hex # 유니크한 워커 ID
        self.signals = WorkerSignals()

    @pyqtSlot()
    def run(self):

        total_n = 1000
        y2 = random.randint(0, 10)
        delay = random.random() / 100 # 랜덤 지연 값
        value = 0

        for n in range(total_n):
            # y & y2 랜덤 값 때문에
            # 다른 값을 만드는 워커에 대한 더미 계산
            y = random.randint(0, 10)
```

```python
            value += n * y2 - n * y

            self.signals.data.emit((self.worker_id, n, value))  ❷
            time.sleep(delay)

class MainWindow(QMainWindow):
    def __init__(self):
        super().__init__()

        self.threadpool = QThreadPool()

        self.x = {} # 타임 포인트 저장
        self.y = {} # 데이터 저장
        self.lines = {} # 업데이트를 위한 플롯된 선의 참조를 저장

        layout = QVBoxLayout()
        self.graphWidget = pg.PlotWidget()
        self.graphWidget.setBackground("w")
        layout.addWidget(self.graphWidget)

        button = QPushButton("Create New Worker")
        button.pressed.connect(self.execute)

        # layout.addWidget(self.progress)
        layout.addWidget(button)

        w = QWidget()
        w.setLayout(layout)

        self.setCentralWidget(w)

        self.show()

    def execute(self):
```

```python
        worker = Worker()
        worker.signals.data.connect(self.receive_data)

        # 실행
        self.threadpool.start(worker)

    def receive_data(self, data):
        worker_id, x, y = data ❸

        if worker_id not in self.lines:
            self.x[worker_id] = [x]
            self.y[worker_id] = [y]

            # 랜덤 색상 생성
            pen = pg.mkPen(
                width=2,
                color=(
                    random.randint(100, 255),
                    random.randint(100, 255),
                    random.randint(100, 255),
                ),
            )
            self.lines[worker_id] = self.graphWidget.plot(
                self.x[worker_id], self.y[worker_id], pen=pen
            )
            return

        # 존재하는 plot/data 업데이트
        self.x[worker_id].append(x)
        self.y[worker_id].append(y)

        self.lines[worker_id].setData(
            self.x[worker_id], self.y[worker_id]
        )
```

```
app = QApplication(sys.argv)

window = MainWindow()

app.exec()
```

❶ 데이터를 전달하도록 사용자 정의 시그널을 설정한다. 튜플을 사용하면 튜플에 래핑된 값을 원하는 수만큼 보낼 수 있다.

❷ 여기에서는 worker_id, x, y 값을 내보내고 있다.

❸ 수신기 슬롯이 데이터의 압축을 푼다.

워커에서 데이터를 받으면 원하는 작업을 수행할 수 있다. 아마도 테이블이나 모델 뷰에 추가할 수 있을 것이다. 여기에서는 worker_id로 키가 지정된 dict 객체에 x 및 y 값을 저장한다. 이렇게 하면 각 워커에 대한 데이터가 별도로 유지되고 개별적으로 플롯에 그릴 수 있다.

이 예제를 실행하고 버튼을 누르면 플롯에 선이 나타나고 점차적으로 확장되는 것을 볼 수 있다. 버튼을 다시 누르면 다른 워커가 시작해 더 많은 데이터를 반환하고 플롯에 다른 라인을 추가한다. 각 워커는 100개의 값을 생성하는 서로 다른 속도로 데이터를 생성한다.

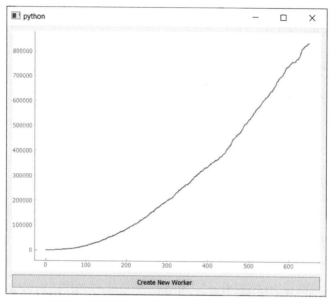

그림 7-7. 몇 번의 반복 후에 단독 러너의 출력을 플롯팅

시스템에서 사용 가능한 최대 스레드까지 새 워커를 시작할 수 있다. 100개의 값을 생성한 후 워커는 종료되고 다음 대기열 워커가 시작돼 값을 새 줄로 추가한다.

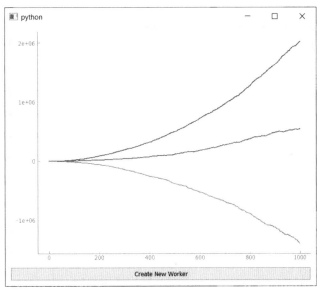

그림 7-8. 다중 러너의 플롯팅

튜플은 물론 선택 사항이다. 러너가 하나만 있거나 출력을 소스와 연결할 필요가 없는 경우 원본 문자열을 다시 보낼 수 있다. 시그널을 적절하게 설정해 bytestring이나 다른 유형의 데이터를 보낼 수도 있다.

실행 중인 QRunnable 멈추기

QRunnable을 시작하면 기본적으로 중지할 수 있는 방법이 없다. 이것은 사용성 관점에서 그다지 좋지 않다. 사용자가 실수로 작업을 시작하면 앉아서 완료될 때까지 기다려야 한다. 불행히도 러너를 죽일 수 있는 방법은 없지만 멈추게 요청할 수는 있다. 이 예에서는 플래그를 사용해 러너가 중지해야 함을 알리는 방법을 살펴본다.

 컴퓨팅에서 플래그는 현재 또는 상태 변경을 알리는 데 사용되는 변수다. 선박이 깃발을 사용해 서로 통신하는 방법을 생각해보자.

그림 7-9. 리마(Lima) - 당장 배를 멈춰야 한다.

다음 코드는 왼쪽에서 오른쪽으로 0.01초마다 증가하는 프로그레스바와 [Stop]
버튼이 있는 간단한 러너를 구현한다. [Stop]을 클릭하면 워커가 종료되고 프
로그레스바를 영구적으로 중지한다.

리스트 7-16. concurrent/qrunner_stop.py

```python
import sys
import time

from PyQt6.QtCore import (
    QObject,
    QRunnable,
    Qt,
    QThreadPool,
    pyqtSignal,
    pyqtSlot,
)
from PyQt6.QtWidgets import (
    QApplication,
    QHBoxLayout,
    QMainWindow,
    QProgressBar,
    QPushButton,
    QWidget,
)

class WorkerKilledException(Exception):
    pass
```

```python
class WorkerSignals(QObject):
    progress = pyqtSignal(int)


class JobRunner(QRunnable):
    signals = WorkerSignals()

    def __init__(self):
        super().__init__()

        self.is_killed = False  ❶

    @pyqtSlot()
    def run(self):
        try:
            for n in range(100):
                self.signals.progress.emit(n + 1)
                time.sleep(0.1)

                if self.is_killed:  ❷
                    raise WorkerKilledException

        except WorkerKilledException:
            pass  ❸

    def kill(self):  ❹
        sel f.is_killed = True


class MainWindow(QMainWindow):
    def __init__(self):
        super().__init__()

        # 버튼
        w = QWidget()
        l = QHBoxLayout()
```

```python
        w.setLayout(l)

        btn_stop = QPushButton("Stop")

        l.addWidget(btn_stop)

        self.setCentralWidget(w)

        # 상태 표시줄 생성
        self.status = self.statusBar()
        self.progress = QProgressBar()
        self.status.addPermanentWidget(self.progress)

        # 스레드 러너
        self.threadpool = QThreadPool()

        # 러너 생성
        self.runner = JobRunner()
        self.runner.signals.progress.connect(self.update_progress)
        self.threadpool.start(self.runner)

        btn_stop.pressed.connect(self.runner.kill)

        self.show()

    def update_progress(self, n):
        self.progress.setValue(n)

app = QApplication(sys.argv)

w = MainWindow()

app.exec()
```

❶ 러너를 죽여야 하는지 여부를 나타내는 플래그는 .is_killed다.

❷ 각 루프에서 .is_killed가 True인지 여부를 테스트해 예외를 던진다.

❸ 예외를 포착하면 여기서 완료 또는 에러 시그널을 내보낼 수 있다.

❹ .kill() 편의 함수를 사용해 worker.kill()을 호출해 종료할 수 있다.

에러를 발생시키지 않고 워커를 중지하려면 run 메서드에서 간단히 반환할 수 있다.

```python
def run(self):
  for n in range(100):
    self.signals.progress.emit(n + 1)
    time.sleep(0)

    if self.is_killed:
      return
```

위의 예에서는 단일 워커만 있다. 그러나 많은 애플리케이션에서 더 많이 사용할 수 있다. 여러 러너가 실행 중일 때 워커 중지를 어떻게 처리할까?

중지가 모든 워커를 중지하게 하려면 아무것도 바꾸지 않는다. 모든 워커를 동일한 'Stop' 시그널에 연결하고 해당 시그널이 발생하면 간단히 연결할 수 있다. 버튼을 누르면 모든 워커가 동시에 멈춘다.

개별 워커를 중지할 수 있으려면 각 러너에 대해 UI 어딘가에 별도의 버튼을 생성하거나 워커를 추적하고 죽이는 더 나은 인터페이스를 제공하는 관리자를 구현해야 한다. 실제 사례를 보려면 '관리자' 절을 살펴보자.

러너 일시 중지

러너를 일시 중지하는 것은 드문 요구 사항이다. 일반적으로 가능한 한 빨리 진행되기를 원한다. 그러나 때때로 워커를 '잠자기' 상태로 전환해 데이터 소스에서 읽기를 일시적으로 중지할 수 있다. 워커를 멈추는 데 사용되는 접근 방식을 약간 수정하면 이 작업을 수행할 수 있다. 이를 수행하는 코드는 다음에 나와 있다.

 일시 중지된 러너는 여전히 스레드 풀에서 슬롯을 차지해 실행할 수 있는 동시 작업 수를 제한한다. 주의해서 사용하자.

리스트 7-17. concurrent/qrunner_pause.py

```python
import sys
import time

from PyQt6.QtCore import (
    QObject,
    QRunnable,
    Qt,
    QThreadPool,
    pyqtSignal,
    pyqtSlot,
)
from PyQt6.QtWidgets import (
    QApplication,
    QHBoxLayout,
    QMainWindow,
    QProgressBar,
    QPushButton,
    QWidget,
)
```

```python
class WorkerKilledException(Exception):
    pass

class WorkerSignals(QObject):
    progress = pyqtSignal(int)

class JobRunner(QRunnable):
    signals = WorkerSignals()

    def __init__(self):
        super().__init__()

        self.is_paused = False
        self.is_killed = False

    @pyqtSlot()
    def run(self):
        for n in range(100):
            self.signals.progress.emit(n + 1)
            time.sleep(0.1)

            while self.is_paused:
                time.sleep(0)  ❶

            if self.is_killed:
                raise WorkerKilledException

    def pause(self):
        self.is_paused = True

    def resume(self):
        self.is_paused = False

    def kill(self):
```

```python
        self.is_killed = True

class MainWindow(QMainWindow):
    def __init__(self):
        super().__init__()

        # 버튼
        w = QWidget()
        l = QHBoxLayout()
        w.setLayout(l)

        btn_stop = QPushButton("Stop")
        btn_pause = QPushButton("Pause")
        btn_resume = QPushButton("Resume")

        l.addWidget(btn_stop)
        l.addWidget(btn_pause)
        l.addWidget(btn_resume)

        self.setCentralWidget(w)

        # 상태 표시줄 생성
        self.status = self.statusBar()
        self.progress = QProgressBar()
        self.status.addPermanentWidget(self.progress)

        # 스레드 러너
        self.threadpool = QThreadPool()

        # 러너 생성
        self.runner = JobRunner()
        self.runner.signals.progress.connect(self.update_progress)
        self.threadpool.start(self.runner)
```

```
        btn_stop.pressed.connect(self.runner.kill)
        btn_pause.pressed.connect(self.runner.pause)
        btn_resume.pressed.connect(self.runner.resume)


        self.show()

    def update_progress(self, n):
        self.progress.setValue(n)

app = QApplication(sys.argv)

w = MainWindow()

app.exec()
```

❶ 자주 깨어나는지 확인하고 싶지 않다면 sleep 호출에 0보다 높은 값을 넣을
  수 있다.

이 예제를 실행하면 프로그레스바가 왼쪽에서 오른쪽으로 이동하는 것을 볼
수 있다. [Pause]를 클릭하면 워커가 일시 중지된다. 그런 다음 [Resume]을 클
릭하면 워커가 시작된 위치에서 계속된다. [Stop]을 클릭하면 워커가 이전과
같이 영구적으로 중지된다.

is_paused 시그널을 수신할 때 예외를 던지는 대신 일시 중지 루프를 입력한
다. 이는 워커의 실행을 중지하지만 실행 메서드를 종료하거나 작업자를 종료
하지 않는다.

이 루프에 대해 while self.is_paused:를 사용해 워커가 일시 중지를 해제하는
즉시 루프를 종료하고 이전에 하던 작업을 재개한다.

time.sleep() 호출을 포함해야 한다. 0초 일시 중지를 통해 파이썬은 GIL을 해제할 수 있으므로 이 루프는 다른 실행을 차단하지 않는다. sleep이 없으면 아무것도 하지 않는 동안 자원을 낭비하는 바쁜 반복 작업이 있다. 덜 자주 확인하려면 sleep 값을 높이자.

커뮤니케이터

스레드를 실행할 때는 실제로 일어나고 있는 일에서 출력을 얻고 싶은 경우가 많다.

이 예제에서는 별도의 스레드에서 원격 서버에 대한 요청을 수행하고 출력을 로거에 덤프하는 러너를 만든다. 또한 요청에서 관심 있는 추가 데이터로 사용자 정의 파서를 러너에 전달하는 방법도 살펴본다.

 스레드가 아닌 외부 프로세스의 데이터를 로깅하려면 외부 프로세스 실행 및 외부 명령 및 프로세스 실행을 살펴본다.

데이터 덤프

이 첫 번째 예에서는 사용자 정의 시그널을 사용해 각 요청의 원시 HTML 데이터를 출력으로 덤프한다.

리스트 7-18. concurrent/qrunnable_io.py

```
import sys

import requests
from PyQt6.QtCore import (
    QObject,
    QRunnable,
```

```python
    QThreadPool,
    QTimer,
    pyqtSignal,
    pyqtSlot,
)
from PyQt6.QtWidgets import (
    QApplication,
    QLabel,
    QMainWindow,
    QPlainTextEdit,
    QPushButton,
    QVBoxLayout,
    QWidget,
)


class WorkerSignals(QObject):
    """
        실행 중인 워커 스레드에서 사용 가능한 시그널 정의

        data: (identifier, data) 튜플
    """

    data = pyqtSignal(tuple)


class Worker(QRunnable):
    """
        워커 스레드

        워커 스레드 설정, 시그널 및 종료를 처리하고자 QRunnable에서 상속

        :param id: 워커 id
        :param url: 가져올 url
    """
```

```python
    def __init__(self, id, url):
        super().__init__()

        self.id = id
        self.url = url

        self.signals = WorkerSignals()

    @pyqtSlot()
    def run(self):
        r = requests.get(self.url)

        for line in r.text.splitlines():
            self.signals.data.emit((self.id, line))

class MainWindow(QMainWindow):
    def __init__(self):
        super().__init__()

        self.urls = [
            "https://www.pythonguis.com/",
            "https://www.mfitzp.com/",
            "https://www.google.com",
            "https://www.udemy.com/create-simple-gui-applications-
with-python-and-qt/",
        ]

        layout = QVBoxLayout()

        self.text = QPlainTextEdit()
        self.text.setReadOnly(True)

        button = QPushButton("GO GET EM!")
        button.pressed.connect(self.execute)
```

```python
        layout.addWidget(self.text)
        layout.addWidget(button)

        w = QWidget()
        w.setLayout(layout)

        self.setCentralWidget(w)
        self.show()

        self.threadpool = QThreadPool()
        print(
            "Multithreading with maximum %d threads" % self
            .threadpool.maxThreadCount()
        )

    def execute(self):
        for n, url in enumerate(self.urls):
            worker = Worker(n, url)
            worker.signals.data.connect(self.display_output)

            # 실행
            self.threadpool.start(worker)

    def display_output(self, data):
        id, s = data
        self.text.appendPlainText("WORKER %d: %s" % (id, s))


app = QApplication(sys.argv)

window = MainWindow()

app.exec()
```

이 예제를 실행하고 버튼을 누르면 웹 사이트를 검색하는 워커 ID가 앞에 붙은 여러 웹 사이트의 HTML 출력을 볼 수 있다. 다른 워커의 출력은 교차 처리된다.

그림 7-10. 여러 워커의 출력을 기본 윈도우에 로깅한다.

튜플은 물론 선택 사항이다. 러너가 하나만 있거나 출력을 소스와 연결할 필요가 없는 경우 원본 문자열을 다시 보낼 수 있다. 시그널을 적절하게 설정해 **bytestring**이나 다른 데이터 타입을 보낼 수도 있다.

데이터 파싱

종종 스레드의 원시 데이터(서버 또는 다른 외부 장치의 데이터)에 관심이 없고 대신 어떤 방식으로든 먼저 데이터를 처리하길 원한다. 이 예에서는 요청된 페이지에서 특정 데이터를 추출할 수 있는 사용자 정의 파서를 만든다. 각각 다른 사이트 및 파서 리스트를 수신하는 여러 워커를 만들 수 있다.

```python
        self.parsers = { ❶
            # HTML에서 데이터를 추출하는 정규 표현식 파서
            "title": re.compile(r"<title.*?>(.*?)<\/title>", re.M | re.S),
            "h1": re.compile(r"<h1.*?>(.*?)<\/h1>", re.M | re.S),
            "h2": re.compile(r"<h2.*?>(.*?)<\/h2>", re.M | re.S),
        }
```

❶ 파서는 일련의 컴파일된 정규식으로 정의된다. 그러나 원하는 대로 파서를 정의할 수 있다.

리스트 7-20. concurrent/qrunnable_io_parser.py

```python
    def execute(self):
        for n, url in enumerate(self.urls):
            worker = Worker(n, url, self.parsers) ❶
            worker.signals.data.connect(self.display_output)

            # 실행
            self.threadpool.start(worker)
```

❶ 파서 리스트를 각 워커에게 전달한다.

리스트 7-21. concurrent/qrunnable_io_parser.py

```python
    class Worker(QRunnable):
        """
            워커 스레드

            워커 스레드 설정, 시그널 및 종료를 처리하고자 QRunnable에서 상속

            :param id: 워커 id
```

```
        :param url: 가져올 url
    """

    def __init__(self, id, url, parsers):
        super().__init__()

        self.id = id
        self.url = url
        self.parsers = parsers

        self.signals = WorkerSignals()

    @pyqtSlot()
    def run(self):
        r = requests.get(self.url)

        data = {}
        for name, parser in self.parsers.items(): ❶
            m = parser.search(r.text)
            if m: ❷
                data[name] = m.group(1).strip()

        self.signals.data.emit((self.id, data))
```

❶ 워커에게 전달한 파서 리스트를 반복한다. 이 페이지의 데이터에 대해 각 파서를 실행한다.

❷ 정규식이 일치하면 데이터를 데이터 딕셔너리에 추가한다.

실행하면 H1, H2, TITLE 태그가 추출된 각 워커의 출력을 볼 수 있다.

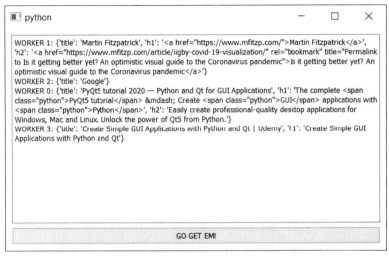

WORKER 1: {'title': 'Martin Fitzpatrick', 'h1': '<a href="https://www.mfitzp.com/">Martin Fitzpatrick</a>', 'h2': '<a href="https://www.mfitzp.com/article/iigby-covid-19-visualization/" rel="bookmark" title="Permalink to Is it getting better yet? An optimistic visual guide to the Coronavirus pandemic">Is it getting better yet? An optimistic visual guide to the Coronavirus pandemic</a>'}
WORKER 2: {'title': 'Google'}
WORKER 0: {'title': 'PyQt5 tutorial 2020 — Python and Qt for GUI Applications', 'h1': 'The complete <span class="python">PyQt5 tutorial</span> — Create <span class="python">GUI</span> applications with <span class="python">Python</span>', 'h2': 'Easily create professional-quality desktop applications for Windows, Mac and Linux. Unlock the power of Qt5 from Python.'}
WORKER 3: {'title': 'Create Simple GUI Applications with Python and Qt | Udemy', 'h1': 'Create Simple GUI Applications with Python and Qt'}

그림 7-11. 여러 워커의 구문 분석 출력을 표시한다.

 웹 사이트에서 데이터를 추출하는 도구를 만들고 있다면 정규식을 사용하는 것보다 훨씬 강력한 BeautifulSoup 4(https://www.crummy.com/software/BeautifulSoup/bs4/doc/)를 살펴보자.

제네릭

워커를 사용하려는 목적을 미리 알 수는 없다. 또는 수행할 유사한 기능이 많고 이를 실행하기 위한 일반 API가 필요할 수 있다. 이 경우 파이썬 함수는 인수뿐만 아니라 실행할 함수까지 허용하는 제네릭 러너를 구축하는 객체라는 점을 활용할 수 있다.

다음 예제에서는 단일 워커 클래스를 만든 다음 이를 사용해 다양한 기능을 실행한다. 이 설정을 사용하면 모든 파이썬 함수를 전달하고 별도의 스레드에서 실행할 수 있다.

러너 및 진행 시그널과 함께 사용자 정의 QRunnable 워커를 보여주는 전체 작업 예제는 다음과 같다. 이 코드를 개발하는 모든 애플리케이션에 적용할 수 있어야 한다.

리스트 7-22. concurrent/qrunner_generic.py

```python
import sys
import time
import traceback

from PyQt6.QtCore import (
    QObject,
    QRunnable,
    QThreadPool,
    QTimer,
    pyqtSignal,
    pyqtSlot,
)
from PyQt6.QtWidgets import (
    QApplication,
    QLabel,
    QMainWindow,
    QPushButton,
    QVBoxLayout,
    QWidget,
)


def execute_this_fn():
    for _ in range(0, 5):
        time.sleep(1)

    return "Done."


class WorkerSignals(QObject):
    """
```

```
    실행 중인 워커 스레드에서 사용 가능한 시그널 정의

    지원하는 시그널

    finished: 데이터 없음

    error: `tuple` (exctype, value, traceback.format_exc() ) 튜플

    result: `object` 처리에서 반환되는 데이터
    """

    finished = pyqtSignal()
    error = pyqtSignal(tuple)
    result = pyqtSignal(object)

class Worker(QRunnable):
    """
    워커 스레드

    워커 스레드 설정, 시그널 및 종료를 처리하고자 QRunnable에서 상속

    :param callback: 워커 스레드에서 실행할 콜백 함수 러너에 전달된 args, kwargs 제공
    :type 콜백 함수
    :param args: 콜백 함수에 전달하는 인수
    :param kwargs: 콜백 함수에 전달하는 키워드 인수
    """

    def __init__(self, fn, *args, **kwargs):
        super().__init__()

        # 처리에 재사용할 생성자 인수 저장
        self.fn = fn
        self.args = args
        self.kwargs = kwargs
```

```python
        self.signals = WorkerSignals()

    @pyqtSlot()
    def run(self):
        """
            전달된 args, kwargs로 러너 함수 초기화
        """

        # args,kwargs를 가져와 프로세싱 처리
        try:
            result = self.fn(*self.args, **self.kwargs)
        except:
            traceback.print_exc()
            exctype, value = sys.exc_info()[:2]
            self.signals.error.emit(
                (exctype, value, traceback.format_exc())
            )
        else:
            self.signals.result.emit(result) # 처리 결과 반환
        finally:
            self.signals.finished.emit() # 완료


class MainWindow(QMainWindow):
    def __init__(self):
        super().__init__()

        self.counter = 0

        layout = QVBoxLayout()

        self.l = QLabel("Start")

        b = QPushButton("DANGER!")
        b.pressed.connect(self.oh_no)
```

```python
        layout.addWidget(self.l)
        layout.addWidget(b)

        w = QWidget()
        w.setLayout(layout)

        self.setCentralWidget(w)

        self.show()

        self.threadpool = QThreadPool()
        print(
            "Multithreading with maximum %d threads" % self
            .threadpool.maxThreadCount()
        )

        self.timer = QTimer()
        self.timer.setInterval(1000)
        self.timer.timeout.connect(self.recurring_timer)
        self.timer.start()

    def print_output(self, s):
        print(s)

    def thread_complete(self):
        print("THREAD COMPLETE!")

    def oh_no(self):
        # 실행할 함수 전달
        worker = Worker(
            execute_this_fn
        ) # 실행 중인 함수에 다른 args, kwargs 전달
        worker.signals.result.connect(self.print_output)
        worker.signals.finished.connect(self.thread_complete)
```

```python
    # 실행
    self.threadpool.start(worker)

  def recurring_timer(self):
    self.counter += 1
    self.l.setText("Counter: %d" % self.counter)


app = QApplication(sys.argv)

window = MainWindow()

app.exec()
```

제네릭 함수 접근 방식은 즉시 명확하지 않을 수 있는 제한을 추가한다. 실행 함수는 러너의 자체 객체에 접근할 수 없으므로 데이터 자체를 내보내는 시그널에 접근할 수 없다. 함수가 종료된 후에만 함수의 반환값을 내보낼 수 있다. 튜플과 같은 복합 유형을 반환해 여러 값을 반환할 수 있지만 진행 시그널이나 진행 중인 데이터는 가져올 수 없다.

그러나 이 문제를 해결할 수 있는 방법이 있다. 사용자 정의 함수에 원하는 것을 전달할 수 있으므로 **self** 또는 **self.signals** 객체를 전달해 사용할 수도 있다.

리스트 7-23. concurrent/qrunner_generic_callback.py

```python
import sys
import time
import traceback

from PyQt6.QtCore import (
    QObject,
```

```python
    QRunnable,
    QThreadPool,
    QTimer,
    pyqtSignal,
    pyqtSlot,
)
from PyQt6.QtWidgets import (
    QApplication,
    QLabel,
    QMainWindow,
    QPushButton,
    QVBoxLayout,
    QWidget,
)


def execute_this_fn(signals):
    for n in range(0, 5):
        time.sleep(1)
        signals.progress.emit(n * 100 / 4)

    return "Done."


class WorkerSignals(QObject):
    """
    실행 중인 워커 스레드에서 사용 가능한 시그널 정의

    지원하는 시그널:
    finished : 데이터 없음
    error: `tuple` (exctype, value, traceback.format_exc() ) 튜플
    result: `object` 처리 후 반환되는 데이터
    progress: `int` 진행상태 정수 % 값
    """

    finished = pyqtSignal()
```

```python
    error = pyqtSignal(tuple)
    result = pyqtSignal(object)
    progress = pyqtSignal(int)


class Worker(QRunnable):
    """
    워커 스레드

    워커 스레드 설정, 시그널 및 종료를 처리하고자 QRunnable에서 상속
    :param callback: 워커 스레드에서 실행할 함수 콜백.
                     제공된 args 및 kwargs는 러너에게 전달
    :type callback: 함수
    :param args: 콜백 함수에 전달할 인수
    :param kwargs: 콜백 함수에 전달할 키워드
    """

    def __init__(self, fn, *args, **kwargs):
        super().__init__()

        # 처리에 재사용할 생성자 인수 저장
        self.fn = fn
        self.args = args
        self.kwargs = kwargs
        self.signals = WorkerSignals()

        # kwargs를 콜백 함수에 추가
        kwargs["signals"] = self.signals

    @pyqtSlot()
    def run(self):
        """
        전달된 args, kwargs로 러너 함수 초기화
        """
```

```python
        # args,kwargs를 가져와 프로세싱 처리
        try:
            result = self.fn(*self.args, **self.kwargs)
        except Exception:
            traceback.print_exc()
            exctype, value = sys.exc_info()[:2]
            self.signals.error.emit(
                (exctype, value, traceback.format_exc())
            )
        else:
            self.signals.result.emit(result) # 처리 결과 반환
        finally:
            self.signals.finished.emit() # 완료


class MainWindow(QMainWindow):
    def __init__(self):
        super().__init__()

        self.counter = 0

        layout = QVBoxLayout()

        self.l = QLabel("Start")
        b = QPushButton("DANGER!")
        b.pressed.connect(self.oh_no)

        layout.addWidget(self.l)
        layout.addWidget(b)

        w = QWidget()
        w.setLayout(layout)

        self.setCentralWidget(w)
```

```python
        self.show()

        self.threadpool = QThreadPool()
        print(
            "Multithreading with maximum %d threads" %
            self.threadpool.maxThreadCount()
        )

        self.timer = QTimer()
        self.timer.setInterval(1000)
        self.timer.timeout.connect(self.recurring_timer)
        self.timer.start()

    def progress_fn(self, n):
        print("%d%% done" % n)

    def print_output(self, s):
        print(s)

    def thread_complete(self):
        print("THREAD COMPLETE!")

    def oh_no(self):
        # 실행할 함수 전달
        worker = Worker(
            execute_this_fn
        ) # 실행 중인 함수에 전달할 다른 args,kwargs
        worker.signals.result.connect(self.print_output)
        worker.signals.finished.connect(self.thread_complete)
        worker.signals.progress.connect(self.progress_fn)

        # 실행
        self.threadpool.start(worker)
```

```
    def recurring_timer(self):
        self.counter += 1
        self.l.setText("Counter: %d" % self.counter)


app = QApplication(sys.argv)


window = MainWindow()


app.exec()
```

이것이 작동하려면 사용자 정의 함수가 추가 인수를 받을 수 있어야 한다. 추가 인수가 사용되지 않는 경우 자동으로 가리도록 **kwargs로 함수를 정의해 이를 수행할 수 있다.

```
def execute_this_fn(**kwargs): ❶
    for _ in range(0, 5):
        time.sleep(1)

    return "Done."
```

❶ 시그널 키워드 인수는 **kwargs에 의해 가려진다.

외부 프로세스 실행

지금까지 다른 스레드에서 파이썬 코드를 실행하는 방법을 살펴봤다. 그러나 때로는 커맨드라인 프로그램과 같은 외부 프로그램을 다른 프로세스에서 실행해야 한다.

실제로 PyQt6로 외부 프로세스를 시작할 때 두 가지 옵션이 있다. 파이썬 내장 subprocess 모듈을 사용해 프로세스를 시작하거나 Qt의 QProcess를 사용할 수 있다.

 QProcess를 사용해 외부 프로세스를 실행하는 방법에 대한 자세한 내용은 '2.5 외부 명령과 프로세스 실행' 절을 참조한다.

새 프로세스를 시작하는 것은 항상 작은 실행 비용이 생기며 일시적으로 GUI를 차단한다. 이는 일반적으로 감지할 수 없지만 사용 사례에 따라 추가되고 성능에 영향을 미칠 수 있다. 다른 스레드에서 프로세스를 시작해 이 문제를 해결할 수 있다.

실시간으로 프로세스와 통신하려면 GUI 차단을 피하고자 별도의 스레드가 필요하다. QProcess는 내부적으로 이 별도의 스레드를 처리하지만 파이썬 하위 프로세스를 사용하면 이 작업을 직접 수행해야 한다.

이 QRunner 예제에서는 워커 인스턴스를 사용해 파이썬 하위 프로세스를 통해 외부 프로세스 시작을 처리한다. 이는 GUI 스레드에서 프로세스의 시작 비용을 유지하고 파이썬을 통해 직접 프로세스와 상호작용할 수 있다.

리스트 7-24. concurrent/qrunnable_process.py

```python
import subprocess
import sys
import time
import traceback
import uuid

from collections import namedtuple
from PyQt6.QtCore import (
    QObject,
```

```python
    QRunnable,
    Qt,
    QThreadPool,
    QTimer,
    pyqtSignal,
    pyqtSlot,
)
from PyQt6.QtWidgets import (
    QApplication,
    QMainWindow,
    QPlainTextEdit,
    QPushButton,
    QVBoxLayout,
    QWidget,
)


class WorkerSignals(QObject):
    """
        진행 중인 워커 스레드에 사용 가능한 시그널 정의

        지원하는 시그널:
        finished: 데이터 없음
        result: 문자열
    """

    result = pyqtSignal(
        str
    ) # 프로세스의 출력을 문자열로 다시 보내기
    finished = pyqtSignal()


class SubProcessWorker(QRunnable):
    """
        ProcessWorker 워커 스레드
```

작업자 스레드 설정, 시그널 및 종료를 처리하고자 QRunnable에서 상속

    :param command: `subprocess`를 실행하는 명령
    """

    def __init__(self, command):
        super().__init__()

        # 처리에 재사용될 생성자 인수 저장
        self.signals = WorkerSignals()

        # 실행할 명령
        self.command = command

    @pyqtSlot()
    def run(self):
        """
            명령을 실행하고 결과 반환
        """
        output = subprocess.getoutput(self.command)
        self.signals.result.emit(output)
        self.signals.finished.emit()

class MainWindow(QMainWindow):
    def __init__(self):
        super().__init__()

        # 버튼
        layout = QVBoxLayout()

        self.text = QPlainTextEdit()
        layout.addWidget(self.text)

        btn_run = QPushButton("Execute")

```
            btn_run.clicked.connect(self.start)

            layout.addWidget(btn_run)

            w = QWidget()
            w.setLayout(layout)
            self.setCentralWidget(w)

            # 스레드 러너
            self.threadpool = QThreadPool()

            self.show()

        def start(self):
            # 러너 생성
            self.runner = SubProcessWorker("python dummy_script.py")
            self.runner.signals.result.connect(self.result)
            self.threadpool.start(self.runner)

        def result(self, s):
            self.text.appendPlainText(s)

app = QApplication(sys.argv)

w = MainWindow()

app.exec()
```

 이 예에서 '외부 프로그램'은 간단한 파이썬 스크립트 python dummy_script.py다. 그러나 이것을 원하는 다른 프로그램으로 대체할 수 있다.

실행 중인 프로세스에는 표준 출력과 표준 에러의 두 가지 출력 스트림이 있다. 표준 출력은 실행의 실제 결과를 반환하는 반면 표준 에러는 에러 또는 로깅 정보를 반환한다.

이 예에서는 subprocess.getoutput을 사용해 외부 스크립트를 실행하고 있다. 이렇게 하면 외부 프로그램이 실행돼 반환되기 전에 완료될 때까지 기다린다. 완료되면 getoutput은 표준 출력과 표준 에러를 모두 단일 문자열로 반환한다.

결과 해석

출력을 있는 그대로 전달할 필요는 없다. 명령의 출력에 대해 수행할 사후 처리가 있는 경우 워커 스레드에서도 이를 처리해 자체 포함된 상태로 유지하는 것이 합리적일 수 있다. 그런 다음 워커는 사용할 준비가 된 구조화된 형식으로 데이터를 GUI 스레드에 반환할 수 있다.

다음 예에서는 관심 값을 딕셔너리로 추출하고자 데모 스크립트의 결과를 사후 처리하는 함수를 전달한다. 이 데이터는 GUI 측에서 위젯을 업데이트하는 데 사용된다.

리스트 7-25. concurrent/qrunnable_process_result.py

```python
import subprocess
import sys
import time
import traceback
import uuid

from collections import namedtuple
from PyQt6.QtCore import (
    QObject,
    QRunnable,
    Qt,
    QThreadPool,
```

```python
    QTimer,
    pyqtSignal,
    pyqtSlot,
)
from PyQt6.QtWidgets import (
    QApplication,
    QLineEdit,
    QMainWindow,
    QPushButton,
    QSpinBox,
    QVBoxLayout,
    QWidget,
)


def extract_vars(l):
    """
    라인에서 변수 추출, 라인 찾기
    등호를 포함하고 키=값으로 분할
    """
    data = {}
    for s in l.splitlines():
        if '=' in s:
            name, value = s.split('=')
            data[name] = value

    data['number_of_lines'] = len(l)
    return data


class WorkerSignals(QObject):
    """
    진행 중인 워커 스레드에 사용 가능한 시그널 정의

    지원하는 시그널:
    finished: 데이터 없음
```

```
        result: 딕셔너리
    """

    result = pyqtSignal(dict) # 딕셔너리로 출력 보내기
    finished = pyqtSignal()


class SubProcessWorker(QRunnable):
    """
        ProcessWorker 워커 스레드

        워커 스레드 설정, 시그널 및 마무리를 처리하고자 QRunnable에서 상속
        :param command: `subprocess`로 실행할 명령어
    """

    def __init__(self, command, process_result=None):
        super().__init__()

        # 처리에 재사용을 위한 생성자 인수 저장
        self.signals = WorkerSignals()

        # 실행할 명령
        self.command = command

        # 이후 실행할 함수
        self.process_result = process_result

    @pyqtSlot()
    def run(self):
        """
            명령을 실행하고 결과를 반환
        """
        output = subprocess.getoutput(self.command)

        if self.process_result:
```

```python
            output = self.process_result(output)

        self.signals.result.emit(output)
        self.signals.finished.emit()


class MainWindow(QMainWindow):
    def __init__(self):
        super().__init__()

        # 버튼
        layout = QVBoxLayout()

        self.name = QLineEdit()
        layout.addWidget(self.name)

        self.country = QLineEdit()
        layout.addWidget(self.country)

        self.website = QLineEdit()
        layout.addWidget(self.website)

        self.number_of_lines = QSpinBox()
        layout.addWidget(self.number_of_lines)

        btn_run = QPushButton("Execute")
        btn_run.clicked.connect(self.start)

        layout.addWidget(btn_run)

        w = QWidget()
        w.setLayout(layout)
        self.setCentralWidget(w)

        # 스레드 러너
```

```python
        self.threadpool = QThreadPool()

        self.show()

    def start(self):
        # 러너 생성
        self.runner = SubProcessWorker(
            "python dummy_script.py", process_result=extract_vars
        )
        self.runner.signals.result.connect(self.result)
        self.threadpool.start(self.runner)

    def result(self, data):
        print(data)
        self.name.setText(data['name'])
        self.country.setText(data['country'])
        self.website.setText(data['website'])
        self.number_of_lines.setValue(data['number_of_lines'])


app = QApplication(sys.argv)

w = MainWindow()

app.exec()
```

이 경우 간단한 파서는 그 안에 =가 있는 행을 찾고 이를 분할해 이름과 값을 생성한 다음 dict에 저장한다. 그러나 원하는 도구를 사용해 문자열 출력에서 데이터를 추출할 수 있다.

getoutput은 프로그램이 완료될 때까지 차단되기 때문에 진행 정보를 얻고자 프로그램이 어떻게 실행되고 있는지 볼 수 없다. 다음 예제에서는 실행 중인 프로세스에서 라이브 출력을 얻는 방법을 보여준다.

프로세스 추적

종종 외부 프로그램은 진행 정보를 콘솔에 출력한다. 이를 캡처해 사용자에게 표시하거나 프로그레스바를 생성하는 데 사용할 수 있다.

실행 결과에 대해 일반적으로 표준 에러를 캡처하는 진행 상황을 위해 표준 출력을 캡처하려고 한다. 다음 예에서는 둘 다 캡처한다. 명령과 함께 사용자 정의 파서 함수를 워커에게 전달해 현재 워커 진행 상황을 캡처하고 0 - 99 사이의 숫자로 내보낸다.

이 예제는 상당히 복잡하다. 전체 소스코드는 책의 소스코드에서 사용할 수 있지만 여기서는 주요 차이점을 다룬다.

리스트 7-26. concurrent/qrunnable_process_parser.py

```python
@pyqtSlot()
def run(self):
    """
        전달된 args, kwargs로 러너 함수를 초기화
    """

    result = []

    with subprocess.Popen( ❶
        self.command,
        bufsize=1,
        stdout=subprocess.PIPE,
        stderr=subprocess.STDOUT, ❷
        universal_newlines=True,
    ) as proc:
        while proc.poll() is None:
            data = proc.stdout.readline() ❸
            result.append(data)
```

```
        if self.parser: ❹
            value = self.parser(data)
            if value:
                self.signals.progress.emit(value)


    output = "".join(result)


    self.signals.result.emit(output)
```

❶ Popen을 사용해 출력 스트림에 대한 액세스 권한을 부여한다.

❷ 표준 출력과 함께 표준 에러를 파이프로 연결한다.

❸ 프로세스에서 라인을 읽거나 대기한다.

❹ 지금까지 수집된 모든 데이터를 파서에 전달한다.

구문 분석은 문자열을 받아 정규식 Total complete: (\d+)%와 일치하는 이 간단한 구문 분석기 함수에 의해 처리된다.

리스트 7-27. concurrent/qrunnable_process_parser.py

```
progress_re = re.compile("Total complete: (\d+)%")

def simple_percent_parser(output):
    """
    progress. progress_re 정규식을 사용해 행을 일치시키고
    % 진행률에 대해 단일 정수를 반환한다.
    """
    m = progress_re.search(output)
    if m:
        pc_complete = m.group(1)
        return int(pc_complete)
```

파서는 명령과 함께 러너로 전달된다. 즉, 모든 하위 프로세스에 제네릭 러너를 사용하고 다른 명령에 대해 출력을 다르게 처리할 수 있다.

리스트 7-28. concurrent/qrunnable_process_parser.py

```python
def start(self):
    # 러너 생성
    self.runner = SubProcessWorker(
        command="python dummy_script.py", parser=simple_percent_parser
    )
    self.runner.signals.result.connect(self.result)
    self.runner.signals.progress.connect(self.progress.setValue)
    self.threadpool.start(self.runner)
```

이 간단한 예에서는 사용자 정의 스크립트가 Total complete: 25%와 같은 행을 출력하기 때문에 프로세스의 최신 행만 전달한다. 즉, 현재 진행 상황을 계산할 수 있는 최신 라인만 필요하다.

그러나 때로는 스크립트가 도움이 덜 될 수 있다. 예를 들어 ffmpeg 비디오 인코더는 처음에 한 번 처리할 비디오 파일의 시간을 출력한 다음 현재 처리된 시간을 출력한다. 진행률을 계산하려면 두 값이 모두 필요하다.

그렇게 하려면 수집된 출력을 대신 파서에 전달할 수 있다. 이 책의 소스코드에는 concurrent/qrunner_process_parser_elapsed.py라는 이름의 예제가 있다.

관리자

이전 예에서는 애플리케이션에서 다양한 목적으로 사용할 수 있는 다양한 QRunner를 구현했다. 모든 경우에 동일한 또는 여러 QThreadPool 풀에서 원하는 만큼 이러한 러너를 실행할 수 있다. 그러나 때로는 출력으로 작업을 수행하거나 사용자에게 러너를 직접 제어할 수 있게 하고자 실행 중인 러너를 추적하고 싶을 수 있다.

QThreadPool 자체는 현재 실행 중인 러너에 대한 액세스를 제공하지 않으므로 워커를 시작하고 제어하는 자체 관리자를 만들어야 한다.

다음 예는 이미 도입된 다른 워커 기능(진행률, 일시 중지 및 중지 제어)을 모델 뷰와 함께 결합해 개별 프로그레스바를 표시한다. 이 관리자는 스레드를 실행하기 위한 대부분의 사용 사례에서 드롭인으로 작동한다.

 이는 상당히 복잡한 예이며 전체 소스코드는 책의 리소스에서 사용할 수 있다. 여기에서는 QRunner 관리자의 주요 부분을 차례로 살펴본다.

워커 관리자

워커 관리자 클래스는 스레드 풀, 워커, 진행 상황, 상태 정보를 가진다. QAbstractListModel에서 파생됐으며, 이는 Qt 모델과 유사한 인터페이스도 제공해 QListView의 모델을 사용해 워커별 프로그레스바와 상태 표시기를 제공함을 의미한다. 상태 추적은 추가된 모든 워커에게 자동으로 연결되는 여러 내부 시그널을 통해 처리된다.

리스트 7-29. concurrent/qrunner_manager.py

```python
class WorkerManager(QAbstractListModel):
    """
    워커 대기열 및 상태를 처리하는 관리자
    뷰에 대한 Qt 데이터 모델로도 기능
    각 워커의 진행 상황을 표시
    """

    _workers = {}
```

```python
    _state = {}

    status = pyqtSignal(str)

    def __init__(self):
        super().__init__()

        # 워커 스레드 풀 생성
        self.threadpool = QThreadPool()
        # self.threadpool.setMaxThreadCount(1)
        self.max_threads = self.threadpool.maxThreadCount()
        print(
            "Multithreading with maximum %d threads" % self.max_threads
        )

        self.status_timer = QTimer()
        self.status_timer.setInterval(100)
        self.status_timer.timeout.connect(self.notify_status)
        self.status_timer.start()

    def notify_status(self):
        n_workers = len(self._workers)
        running = min(n_workers, self.max_threads)
        waiting = max(0, n_workers - self.max_threads)
        self.status.emit(
            "{} running, {} waiting, {} threads".format(
                running, waiting, self.max_threads
            )
        )

    def enqueue(self, worker):
        """
        워커를 QThreadPool에 전달해 실행할 워커를 대기열에 넣기
        """
```

```python
        worker.signals.error.connect(self.receive_error)
        worker.signals.status.connect(self.receive_status)
        worker.signals.progress.connect(self.receive_progress)
        worker.signals.finished.connect(self.done)

        self.threadpool.start(worker)
        self._workers[worker.job_id] = worker

        # 기본 상태를 대기, 진행률 0으로 설정
        self._state[worker.job_id] = DEFAULT_STATE.copy()

        self.layoutChanged.emit()

    def receive_status(self, job_id, status):
        self._state[job_id]["status"] = status
        self.layoutChanged.emit()

    def receive_progress(self, job_id, progress):
        self._state[job_id]["progress"] = progress
        self.layoutChanged.emit()

    def receive_error(self, job_id, message):
        print(job_id, message)

    def done(self, job_id):
        """
        작업/워커가 완료. 활성 워커 딕셔너리에서 제거
        과거/완료된 워커도 표시하는 데 사용되므로 worker_state에 그대로 유지
        """
        del self._workers[job_id]
        self.layoutChanged.emit()

    def cleanup(self):
        """
```

```
        worker_state에서 완료되거나 실패한 워커 제거
        """
        for job_id, s in list(self._state.items()):
            if s["status"] in (STATUS_COMPLETE, STATUS_ERROR):
                del self._state[job_id]
        self.layoutChanged.emit()


    # 모델 인터페이스
    def data(self, index, role):
        if role == Qt.ItemDataRole.DisplayRole:
            # 데이터 구조 확인
            job_ids = list(self._state.keys())
            job_id = job_ids[index.row()]
            return job_id, self._state[job_id]


    def rowCount(self, index):
        return len(self._state)
```

워커는 관리자 외부에서 생성되고 .enqueue()를 통해 전달된다. 이는 모든 시그널을 연결하고 워커를 스레드 풀에 추가한다. 스레드를 사용할 수 있게 되면 정상적으로 실행된다.

워커는 워커 ID로 키가 지정된 내부 딕셔너리 _workers에 저장된다. 워커에 대한 상태 및 진행 정보를 저장하는 별도의 딕셔너리 _state가 있다. 작업이 완료되면 정확한 개수를 유지하면서 작업을 삭제할 수 있도록 별도로 유지하지만 완료될 때까지 완료된 작업에 대한 정보를 계속 표시한다.

제출된 각 워커의 시그널은 _state 딕셔너리를 업데이트하고 에러 메시지를 출력하거나 완료된 작업을 삭제하는 관리자의 슬롯에 연결된다. 상태가 업데이트되면 .layoutChanged()를 호출해 모델 뷰의 새로 고침을 트리거해야 한다. _clear_ 메서드는 _state 리스트를 반복하고 완료됐거나 실패한 항목을 제거한다.

마지막으로 현재 스레드 수를 상태 메시지로 내보내는 메서드를 정기적으로 트리거하도록 타이머를 설정한다. 활성 스레드 수는 _workers 수와 max_threads 수 중 최솟값이다. 대기 스레드는 0보다 크면 _workers_minus_max_threads의 수다. 메시지는 기본 윈도우 상태 표시줄에 표시된다.

워커

워커 자체는 이전의 모든 예제와 동일한 패턴을 따른다. 관리자의 유일한 요구 사항은 워커가 생성될 때 설정되는 .job_id 속성을 추가하는 것이다.

워커의 시그널에는 이 워커 ID가 포함돼야 관리자가 시그널을 보낸 워커를 알 수 있다. 올바른 상태, 진행률, 완료 상태를 업데이트한다.

워커 자체는 100번(각 % 진행률에 대해 1회)을 반복하고 간단한 계산을 수행하는 단순한 더미 워커다. 이 워커 계산은 일련의 숫자를 생성하지만 때때로 0으로 나누기 에러가 발생하도록 구성된다.

리스트 7-30. concurrent/qrunner_manager.py

```python
class WorkerSignals(QObject):
    """
        실행 중인 워커 스레드에서 사용 가능한 시그널 정의

        지원하는 시그널:
        finished: 데이터 없음
        error: `tuple` (exctype, value, traceback.format_exc() ) 튜플
        result: `object` 처리 후 반환되는 데이터
        progress: `int` 진행 상태 정수 % 값
    """

    error = pyqtSignal(str, str)
```

```python
    result = pyqtSignal(str, object) # 무엇이든 반환 가능

    finished = pyqtSignal(str)
    progress = pyqtSignal(str, int)
    status = pyqtSignal(str, str)


class Worker(QRunnable):
    """
        워커 스레드

        워커 스레드 설정, 시그널 및 마무리를 처리하고자 QRunnable에서 상속

        :param args: 워커에 전달할 인수
        :param kwargs: 워커에 전달할 키워드
    """

    def __init__(self, *args, **kwargs):
        super().__init__()

        # 처리에 재사용할 생성자 인수 저장
        self.signals = WorkerSignals()

        # 작업에 유니크 ID 지정
        self.job_id = str(uuid.uuid4())

        # 워커용 인수
        self.args = args
        self.kwargs = kwargs

        self.signals.status.emit(self.job_id, STATUS_WAITING)

        self.is_killed = False

    @pyqtSlot()
```

```python
def run(self):
    """
    전달된 args, kwargs로 러너 함수 초기화
    """

    self.signals.status.emit(self.job_id, STATUS_RUNNING)

    x, y = self.args

    try:

        value = random.randint(0, 100) * x
        delay = random.random() / 10
        result = []

        for n in range(100):
            # Generate some numbers.
            value = value / y
            y -= 1

            # 0으로 나누기 에러를 가끔 발생
            result.append(value)

            # 현재 진행률을 전달
            self.signals.progress.emit(self.job_id, n + 1)
            time.sleep(delay)

        if self.is_killed:
            raise WorkerKilledException

    except WorkerKilledException:
        self.signals.status.emit(self.job_id, STATUS_STOPPED)

    except Exception as e:
```

```
        print(e)
        # 에러를 받고 계속 진행
        self.signals.error.emit(self.job_id, str(e))
        self.signals.status.emit(self.job_id, STATUS_ERROR)

    else:
        self.signals.result.emit(self.job_id, result)
        self.signals.status.emit(self.job_id, STATUS_COMPLETE)

    self.signals.finished.emit(self.job_id)
```

이전에 살펴본 진행 시그널 외에도 다음 상태 중 하나를 내보내는 상태 시그널도 있다. 예외가 포착되고 예외 텍스트와 에러 상태가 모두 error 및 status를 사용해 내보내진다.

리스트 7-31. concurrent/qrunnable_manager.py

```
STATUS_WAITING = "waiting"
STATUS_RUNNING = "running"
STATUS_ERROR = "error"
STATUS_COMPLETE = "complete"

STATUS_COLORS = {
    STATUS_RUNNING: "#33a02c",
    STATUS_ERROR: "#e31a1c",
    STATUS_COMPLETE: "#b2df8a",
}

DEFAULT_STATE = {"progress": 0, "status": STATUS_WAITING}
```

각 활성 상태에는 프로그레스바에 그리는 데 사용할 색상이 할당돼 있다.

사용자 정의 행 표시

프로그레스바 표시를 위해 **QListView**를 사용하고 있다. 일반적으로 리스트 뷰는 각 행에 대한 간단한 텍스트 값을 표시한다. 이를 수정하고자 각 행에 대한 사용자 정의 위젯을 그릴 수 있는 **QItemDelegate**를 사용한다.

리스트 7-32. concurrent/qrunner_manager.py

```python
class ProgressBarDelegate(QStyledItemDelegate):
    def paint(self, painter, option, index):
        # 데이터는 진행 상황, ID, 상태를 포함하는 상태 딕셔너리
        job_id, data = index.model().data(
            index, Qt.ItemDataRole.DisplayRole
        )
        if data["progress"] > 0:
            color = QColor(STATUS_COLORS[data["status"]])

            brush = QBrush()
            brush.setColor(color)
            brush.setStyle(Qt.BrushStyle.SolidPattern)

            width = option.rect.width() * data["progress"] / 100

            rect = QRect(
                option.rect
            ) # 복사본 rect를 수정가능
            rect.setWidth(width)

            painter.fillRect(rect, brush)

        pen = QPen()
        pen.setColor(Qt.GlobalColor.black)
        painter.drawText(option.rect, Qt.AlignmentFlag.AlignLeft, job_id)
```

index.model().data(index, Qt.ItemDataRole.DisplayRole)를 사용해 모델에서 현재 행에 대한 데이터를 가져온다. 이는 인덱스와 롤을 전달하는 사용자 정의 모델(관리자)에서 .data() 메서드를 호출하는 것이다. .data() 메서드에서 두 개의 데이터 비트를 반환한다. job_id와 상태 딕셔너리, 진행률, 상태 키를 포함한다.

활성 작업의 경우(진행률 > 0) 상태는 막대의 색상을 선택하는 데 사용된다. 이는 항목 행 크기 option.rect()의 직사각형으로 그려지며 너비는 완료율에 의해 조정된다. 마지막으로 이 위에 job_id 텍스트를 쓴다.

```python
pen = QPen()
pen.setColor(Qt.GlobalColor.black)
painter.drawText(option.rect, Qt.AlignmentFlag.AlignLeft,
```

작업 시작

모든 것이 준비되면 워커에게 인수를 전달하는 .self.worker.enqueue()를 호출해 작업을 대기열에 넣을 수 있다.

리스트 7-33. concurrent/qrunner_manager.py

```python
def start_worker(self):
    x = random.randint(0, 1000)
    y = random.randint(0, 1000)

    w = Worker(x, y)
    w.signals.result.connect(self.display_result)
    w.signals.error.connect(self.display_result)

    self.workers.enqueue(w)
```

.enqueue() 메서드는 생성된 워커를 허용하고 내부 시그널을 워커에 연결해 진행 상황을 추적한다. 그러나 여전히 원하는 다른 외부 시그널을 연결할 수 있다.

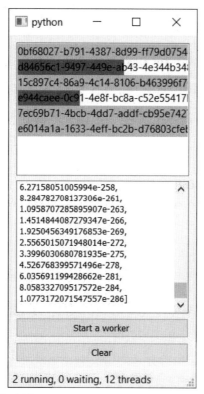

그림 7-12. 새 작업을 시작하고 진행 상황을 볼 수 있는 관리자 인터페이스

또한 이 예제에는 단일 워커 클래스만 있지만 동일한 시그널을 사용할 수 있는 한 다른 QRunner 파생 클래스와 함께 이 동일한 관리자를 사용할 수 있다. 즉, 단일 워커 관리자를 사용해 앱의 모든 워커를 관리할 수 있다.

 이 책과 함께 소스 파일의 전체 코드를 살펴보고 필요에 따라 관리자를 수정하는 실험을 해보자. 예를 들어 종료 및 일시 중지 기능, 일반 기능 러너를 추가해본다.

작업 중지

작업이 시작되고 그중 일부는 에러로 인해 죽는다. 하지만 너무 오래 걸리는 작업을 중단하려면 어떻게 해야 할까? QListView를 사용하면 행을 선택할 수 있으며 선택한 행을 통해 특정 워커를 죽일 수 있다. 다음의 메서드는 버튼과 연결돼 있으며 리스트에서는 현재 선택된 항목에서 워커를 조회한다.

리스트 7-34. concurrent/qrunnable_manager_stop.py

```python
def stop_worker(self):
    selected = self.progress.selectedIndexes()
    for idx in selected:
        job_id, _ = self.workers.data(
            idx, Qt.ItemDataRole .DisplayRole
        )
        self.workers.kill(job_id)
```

이 외에도 현재 선택된 항목을 그리도록 델리게이트를 수정하고 kill 시그널을 통과하도록 워커와 관리자를 업데이트해야 한다. 이 예제의 전체 소스를 살펴보고 모든 것이 어떻게 조화를 이루는지 확인한다.

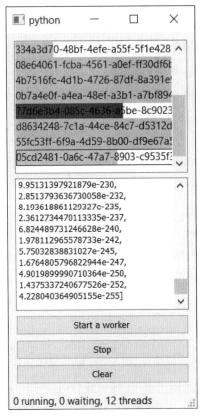

그림 7–13. 관리자에서 작업을 선택하면 중지할 수 있다.

7.4 장기 실행 스레드

지금까지 살펴본 예제에서 QRunnable 객체를 사용해 QThreadPool로 작업을 실행했다. 실행된 작업은 스레드 풀에 의해 순서대로 처리됐으며 최대 동시성은 풀에 의해 제한됐다.

하지만 무슨 일이 일어나고 있는지와 상관없이 지금 당장 실행하기를 원한다면 어떻게 될까? 또는 일부 원격 서비스 또는 하드웨어와 상호작용하거나 처리를 위해 데이터를 스트리밍하고자 애플리케이션이 실행되는 동안 백그라운드에서 스레드를 계속 실행하고 싶을 수도 있다. 이 경우 스레드 풀 아키텍처가 적절하지 않을 수 있다.

이 절에서는 PyQt6의 영구 스레드 인터페이스 QThread를 살펴본다. 이미 본 QRunnable 객체와 매우 유사한 인터페이스를 제공하지만 스레드가 실행되는 시기와 방법을 완전히 제어할 수 있다.

QThread 사용

QRunnable 예제와 마찬가지로 QThread 클래스는 다른 스레드에서 실행하려는 코드를 감싸는 래퍼 역할을 한다. 이는 작업의 시작과 별도 스레드로의 이동을 처리할 뿐만 아니라 완료되면 스레드를 관리하고 종료한다. 실행할 코드를 제공하기만 하면 된다. 이는 QThread를 서브클래싱하고 run() 메서드를 구현해 수행된다.

간단한 스레드

간단한 예부터 시작하자. 산술 연산을 수행할 수 있는 워커 스레드를 구현했다. 스레드에서 데이터를 보내는 데 사용할 수 있는 단일 시그널을 스레드에 추가했다.

리스트 7-35. concurrent/qthread_1.py

```
import sys
import time

from PyQt6.QtCore import QThread, pyqtSignal, pyqtSlot
```

```python
from PyQt6.QtWidgets import QApplication, QLabel, QMainWindow

class Thread(QThread):
    """
        워커 스레드
    """

    result = pyqtSignal(str)  ❶

    @pyqtSlot()
    def run(self):
        """
            필요한 코드 작성
        """
        print("Thread start")
        counter = 0
        while True:
            time.sleep(0.1)
            # 형식화된 문자열로 숫자 출력
            self.result.emit(f"The number is {counter}")
            counter += 1
        print("Thread complete")

class MainWindow(QMainWindow):
    def __init__(self):
        super().__init__()

        # 스레드 생성 및 시작
        self.thread = Thread()
        self.thread.start()  ❷

        label = QLabel("Output will appear here")

        # 레이블에 출력을 표시하기 위한 시그널 연결
```

```python
        self.thread.result.connect(label.setText)

        self.setCentralWidget(label)
        self.show()

app = QApplication(sys.argv)

window = MainWindow()

app.exec()
```

❶ QRunnable과 달리 QThread 클래스는 QObject에서 상속하므로 스레드 객체 자체에 대한 시그널을 정의할 수 있다.

❷ 스레드를 시작하려면 .run()이 아니라 .start()를 호출한다.

이 예제를 실행하면 윈도우에 숫자를 세는 것을 볼 수 있다. 별로 흥미롭지 않다. 그러나 이 계산은 GUI와 별도의 스레드에서 발생하고 결과는 시그널을 사용해 내보내진다. 이는 일반 파이썬 GIL 규칙이 적용되지만 GUI가 발생하는 작업에 의해 차단되지 않음을 의미한다.

그림 7-14. 시그널을 통해 결과를 보여주는 QThread 카운터

sleep() 호출 시간을 늘리면 스레드가 차단된 경우에도 기본 GUI가 계속 정상적으로 실행되는 것을 볼 수 있다.

 일반적으로 넘파이 또는 다른 라이브러리로 작업하는 경우 이를 사용해 스레드에서 더 복잡한 계산을 수행하는 실험을 해보자.

 일반적으로 통신을 위해 스레드에 어떤 종류의 시그널을 추가하고 싶을 것이다.

스레드 컨트롤

이제 스레드를 시작할 수 있지만 중지할 방법이 없다. QRunnable과 달리 QThread 클래스에는 실행 중인 스레드를 즉시 종료하는 데 사용할 수 있는 내장 메서드 .terminate()가 있다. 이는 완전한 종료가 아니고 스레드는 어디에서나 단순히 중지되고 파이썬 예외가 발생하지 않는다.

리스트 7-36. concurrent/qthread_2.py

```python
class MainWindow(QMainWindow):
    def __init__(self):
        super().__init__()

        # 스레드 생성 및 시작
        self.thread = Thread()
        self.thread.start()

        label = QLabel("Output will appear here")
        button = QPushButton("Kill thread")
        # 스레드 즉시 종료하기
        button.pressed.connect(self.thread.terminate)

        # 시그널을 연결해서 출력을 레이블에 표시
```

```python
        self.thread.result.connect(label.setText)

        container = QWidget()
        layout = QVBoxLayout()
        layout.addWidget(label)
        layout.addWidget(button)
        container.setLayout(layout)

        self.setCentralWidget(container)
        self.show()
```

이것을 실행하면 스레드의 메인 루프 이후에 추가한 'Thread complete' 메시지가 표시되지 않는 것을 알 수 있다. .terminate()를 호출하면 실행이 중지되고 코드의 해당 지점에 도달하지 않기 때문이다.

그림 7-15. 버튼 컨트롤을 사용해 스레드를 종료할 수 있다.

그러나 QThread에는 스레드가 완료된 후 일부 작업을 트리거하는 데 사용할 수 있는 완료된 시그널이 있다. 스레드가 종료되거나 완전히 종료되는지 여부에 관계없이 항상 발생한다.

스레드 객체는 스레드 실행이 완료된 후에도 유지되며 일반적으로 이를 사용해 스레드 상태를 쿼리할 수 있다. 그러나 주의하자. 스레드가 종료된 경우 스레드 객체와 상호작용하면 애플리케이션이 충돌할 수 있다. 다음 예제에서는 스레드 객체가 종료된 후 해당 객체에 대한 일부 정보를 출력하려고 시도해 이를 보여준다.

리스트 7-37. concurrent/qthread_2b.py

```python
class MainWindow(QMainWindow):
    def __init__(self):
        super().__init__()

        # 스레드 생성 및 시작
        self.thread = Thread()
        self.thread.start()

        label = QLabel("Output will appear here")
        button = QPushButton("Kill thread")
        # 스레드 즉시 종료하기
        button.pressed.connect(self.thread.terminate)

        # 시그널을 연결해서 출력을 레이블에 표시
        self.thread.result.connect(label.setText)
        self.thread.finished.connect(self.thread_has_finished) ❶

        container = QWidget()
        layout = QVBoxLayout()
        layout.addWidget(label)
        layout.addWidget(button)
        container.setLayout(layout)

        self.setCentralWidget(container)
        self.show()

    def thread_has_finished(self):
        print("Thread has finished.")
```

```
    print(
        self.thread,
        self.thread.isRunning(),
        self.thread.isFinished(),
    ) ❷
```

❶ 완성된 시그널을 커스텀 슬롯에 연결한다.

❷ 스레드를 종료하면 애플리케이션이 여기에서 충돌할 수 있다

내부에서 스레드를 종료할 수 있지만 run() 메서드에서 반환하는 것이 더 깔끔하다. run() 메서드를 종료하면 스레드가 자동으로 종료되고 안전하게 정리되고 완료된 시그널이 실행된다.

리스트 7-38. concurrent/qthread_2c.py

```python
class Thread(QThread):
    """
        워커 스레드
    """
    result = pyqtSignal(str)

    @pyqtSlot()
    def run(self):
        """
            메서드에 코드 작성
        """
        print("Thread start")
        counter = 0
        while True:
            time.sleep(0.1)
            # 포맷된 문자열로 숫자 출력
            self.result.emit(f"The number is {counter}")
```

```
        counter += 1
        if counter > 50:
            return ❶
```

❶ run() 메서드에서 return을 호출하면 스레드가 종료되고 종료된다

앞의 예를 실행하면 run() 메서드에서 반환되기 때문에 카운터는 50에서 멈춘다. 이 일이 발생한 후 종료 버튼을 누르고 시도하면 스레드 완료 시그널을 두 번째로 받지 못한 것을 알 수 있다. 스레드는 이미 종료됐으므로 종료할 수 없다.

데이터 전송

이전 예제에서 스레드는 실행 중이었지만 외부에서 데이터를 수신할 수 없었다. 일반적으로 장기 실행 스레드를 사용할 때 작업을 전달하거나 다른 방식으로 동작을 제어하고자 스레드와 통신할 수 있기를 바란다.

스레드를 깔끔하게 종료하는 것이 얼마나 중요한지 이야기했다. 이제 스레드가 종료되기를 원하는 스레드와 통신하는 방법을 살펴보자. QRunnable 예제와 마찬가지로 스레드에서 내부 플래그를 사용해 기본 루프를 제어하고 플래그가 True인 동안 루프가 계속되는 방식으로 이를 수행할 수 있다.

스레드를 종료하려면 이 플래그의 값을 변경한다. 다음은 스레드에서 is_running이라는 플래그와 사용자 정의 메서드 .stop()을 사용해 이를 구현했다. 이 메서드는 호출되면 is_running 플래그를 False로 전환한다. 플래그를 False로 설정하면 메인 루프가 종료되고 스레드가 run() 메서드를 종료하고 스레드가 종료된다.

리스트 3-39. concurrent/qthread_3.py

```python
class Thread(QThread):
    """

        워커 스레드
    """

    result = pyqtSignal(str)

    @pyqtSlot()
    def run(self):
        """

            메서드에 코드 작성
        """
        self.data = None
        self.is_running = True
        print("Thread start")
        counter = 0
        while self.is_running:
            time.sleep(0.1)
            # 포맷된 문자열로 숫자 출력
            self.result.emit(f"The number is {counter}")
            counter += 1

    def stop(self):
        self.is_running = False
```

그런 다음 종료하지 않고 사용자 정의 stop() 메서드를 호출하도록 버튼을 수정할 수 있다.

리스트 7-40. concurrent/qthread_3.py

```python
button = QPushButton("Shutdown thread")
# 스레드를 제대로 종료
```

```
        button.pressed.connect(self.thread.stop)
```

스레드가 완전히 종료됐기 때문에 충돌 위험 없이 스레드 객체에 액세스할 수 있다. thread_has_finished 메서드에 print문을 다시 추가하자.

리스트 7-41. concurrent/qthread_3.py

```python
    def thread_has_finished(self):
      print("Thread has finished.")
      print(
        self.thread,
        self.thread.isRunning(),
        self.thread.isFinished(),
      )
```

이것을 실행하면 이전과 같이 숫자가 카운트업되는 것을 볼 수 있지만 버튼을 누르면 스레드가 멈춘다. 스레드가 충돌하지 않았기 때문에 종료 후 스레드에 대한 메타데이터를 표시할 수 있다.

그림 7-16. 이제 스레드를 버튼을 사용해 완전히 멈출 수 있다.

이와 동일한 일반적인 접근 방식을 사용해 원하는 스레드에 데이터를 보낼 수 있다. 다음 코드에서는 단일 인수를 받고 self를 통해 스레드에 내부적으로 저장하는 send_data 메서드를 추가하고자 사용자 정의 Thread 클래스를 확장했다.

이를 사용해 스레드 run() 메서드 내에서 액세스할 수 있는 데이터를 보내고 이를 사용해 동작을 수정할 수 있다.

리스트 7-42. concurrent/qthread_4.py

```python
import sys
import time

from PyQt6.QtCore import QThread, pyqtSignal, pyqtSlot
from PyQt6.QtWidgets import (
    QApplication,
    QLabel,
    QMainWindow,
    QPushButton,
    QSpinBox,
    QVBoxLayout,
    QWidget,
)


class Thread(QThread):
    """
    워커 스레드
    """

    result = pyqtSignal(str)

    @pyqtSlot()
    def run(self):
```

```python
        """
            메서드에 코드 작성
        """
        self.data = None
        self.is_running = True
        print("Thread start")
        counter = 0
        while self.is_running:
            while self.data is None:
                time.sleep(0.1) # data <1> 기다리기
                # 포맷된 문자열로 숫자 출력
                counter += self.data
                self.result.emit(f"The cumulative total is {counter}")
                self.data = None

    def send_data(self, data):
        """
            내부 변수에 데이터 수신
        """
        self.data = data

    def stop(self):
        self.is_running = False

class MainWindow(QMainWindow):
    def __init__(self):
        super().__init__()

        # 스레드 생성 및 시작
        self.thread = Thread()
        self.thread.start()

        self.numeric_input = QSpinBox()
        button_input = QPushButton("Submit number")
```

```python
        label = QLabel("Output will appear here")

        button_stop = QPushButton("Shutdown thread") # 스레드를 제대로 종료
        button_stop.pressed.connect(self.thread.stop)

        # 시그널을 연결해서 출력을 레이블에 표시
        button_input.pressed.connect(self.submit_data)
        self.thread.result.connect(label.setText)
        self.thread.finished.connect(self.thread_has_finished)

        container = QWidget()
        layout = QVBoxLayout()
        layout.addWidget(self.numeric_input)
        layout.addWidget(button_input)
        layout.addWidget(label)
        layout.addWidget(button_stop)
        container.setLayout(layout)

        self.setCentralWidget(container)
        self.show()

    def submit_data(self):
        # numeric_input 위젯의 값을 스레드에 보내기
        self.thread.send_data(self.numeric_input.value())

    def thread_has_finished(self):
        print("Thread has finished.")


app = QApplication(sys.argv)

window = MainWindow()

app.exec()
```

이 예제를 실행하면 다음 윈도우가 표시된다. **QSpinBox**를 사용해 번호를 선택한 다음 버튼을 눌러 스레드에 보낸다. 스레드는 들어오는 숫자를 현재 카운터에 추가하고 결과를 반환한다.

그림 7-17. QSpinBox와 버튼을 이용해 스레드에 데이터를 보낼 수 있다.

스레드 종료 버튼을 사용해 스레드를 중지하면 약간 이상한 점을 발견할 수 있다. 스레드가 종료되지만 종료되기 전에 하나 더 번호를 보낼 수 있으며 계산은 계속 수행된다. 시도해보자.

루프의 맨 위에서 is_running 검사를 수행한 다음 스레드가 입력을 기다리기 때문이다.

이 문제를 해결하려면 is_running 플래그의 검사를 대기 루프로 이동해야 한다.

리스트 7-43. concurrent/qthread_4b.py

```python
@pyqtSlot()
def run(self):
```

```
"""
    메서드에 코드 작성
"""
print("Thread start")
self.data = None
self.is_running = True
counter = 0
while True:
    while self.data is None:
        if not self.is_running:
            return # 스레드 나가기
        time.sleep(0.1) # data <1> 기다리기

    # 포맷한 문자열로 숫자 출력
    counter += self.data
    self.result.emit(f"The cumulative total is {counter}")
    self.data = None
```

지금 예제를 실행하면 스레드가 기다리는 동안 버튼을 누르면 즉시 종료된다
는 것을 알 수 있다.

> ❗ 예기치 않은 부작용을 피하고자 스레드에 스레드 종료 제어 조건을 배치할 때 주의하
> 자. 새로운 작업/계산을 수행하기 전과 데이터를 내보내기 전에 시도하고 확인한다.

종종 스레드의 후속 실행을 제어하기 위한 구성 옵션과 같은 일부 초기 상태
데이터도 전달하고 싶을 것이다. __init__ 블록에 인수를 추가해 QRunnable에
대해 했던 것처럼 전달할 수 있다. 제공된 인수는 run() 메서드에서 사용할
수 있도록 self 객체에 저장돼야 한다.

```python
class Thread(QThread):
    """

        위커 스레드
    """

    result = pyqtSignal(str)

    def __init__(self, initial_data):
        super().__init__()
        self.data = initial_data

class MainWindow(QMainWindow):
    def __init__(self):
        super().__init__()

        # 스레드 생성 및 시작
        self.thread = Thread(500)
        self.thread.start()
        # ...
```

이 두 가지 접근 방식을 사용하면 스레드에 필요한 모든 데이터를 제공할 수 있다. 스레드에서 데이터를 기다리고(슬립 루프 사용), 데이터를 처리하고 시그널을 통해 반환하는 이 패턴은 Qt 애플리케이션에서 장기 실행 스레드로 작업할 때 가장 일반적인 패턴이다.

여러 데이터 유형을 전달하는 방법을 보여주고자 예제를 한 번 더 확장해본다. 이 예에서 True와 False 사이를 토글할 수 있는 wait_for_data라는 명시적 잠금을 사용하도록 스레드를 수정한다.

```python
class Thread(QThread):
    """
    워커 스레드
    """

    def __init__(self, initial_counter):
        super().__init__()
        self.counter = initial_counter

    @pyqtSlot()
    def run(self):
        """
        메서드에 코드 작성
        """
        print("Thread start")
        self.is_running = True
        self.waiting_for_data = True
        while True:
            while self.waiting_for_data:
                if not self.is_running:
                    return     # 스레드 나가기
                time.sleep(0.1)     # data <1> 기다리기

            # 포맷된 문자열로 숫자 출력
            self.counter += self.input_add
            self.counter *= self.input_multiply
            self.result.emit(f"The cumulative total is {self.counter}")
            self.waiting_for_data = True
            result = pyqtSignal(str)

    def send_data(self, add, multiply):
        """
        내부 변수에 데이터 수신
```

```python
        """
        self.input_add = add
        self.input_multiply = multiply
        self.waiting_for_data = False

    def stop(self):
        self.is_running = False

class MainWindow(QMainWindow):
    def __init__(self):
        super().__init__()

        # 스레드 생성 및 시작
        self.thread = Thread(500)
        self.thread.start()

        self.add_input = QSpinBox()
        self.mult_input = QSpinBox()
        button_input = QPushButton("Submit number")

        label = QLabel("Output will appear here")

        button_stop = QPushButton("Shutdown thread")
        # 스레드 완전히 종료
        button_stop.pressed.connect(self.thread.stop)

        # 시그널을 연결해서 출력을 레이블에 표시
        button_input.pressed.connect(self.submit_data)
        self.thread.result.connect(label.setText)
        self.thread.finished.connect(self.thread_has_finished)

        container = QWidget()
        layout = QVBoxLayout()
        layout.addWidget(self.add_input)
```

610

```
        layout.addWidget(self.mult_input)
        layout.addWidget(button_input)
        layout.addWidget(label)
        layout.addWidget(button_stop)
        container.setLayout(layout)

        self.setCentralWidget(container)
        self.show()

    def submit_data(self):
        # numeric_input 위젯의 값을 스레드에 보내기
        self.thread.send_data(
            self.add_input.value(), self.mult_input.value()
        )

    def thread_has_finished(self):
        print("Thread has finished.")
```

또한 제출 데이터 메서드를 값별로 별도의 메서드로 분할하고 잠금을 해제하는 명시적 계산 메서드를 구현할 수도 있다. 이 접근 방식은 항상 모든 값을 업데이트하지 않으려는 경우에 적합하다. 예를 들어 외부 서비스나 하드웨어에서 데이터를 읽는 경우다.

리스트 7-46. concurrent/qthread_6b.py

```
class Thread(QThread):
    def send_add(self, add):
        self.input_add = add

    def send_multiply(self, multiply):
        self.input_multiply = multiply
```

```
    def calculate(self):
        self.waiting_for_data = False      # 락을 풀고 계산하기


class MainWindow(QMainWindow):
    def submit_data(self):
        # numeric_input 위젯의 값을 스레드에 보내기
        self.thread.send_add(self.add_input.value())
        self.thread.send_multiply(self.mult_input.value())
        self.thread.calculate()
```

이 예제를 실행하면 이전과 정확히 동일한 동작을 볼 수 있다. 애플리케이션에
서 어떤 접근 방식이 가장 의미가 있는지는 특정 스레드가 수행하는 작업에
따라 다르다.

 배운 다양한 스레딩 기술을 혼합하고 맞추는 것을 두려워하지 말자. 예를 들어 일부
애플리케이션에서는 영구 스레드를 사용해 애플리케이션의 특정 부분을 실행하고 스
레드 풀을 사용해 다른 부분을 실행하는 것이 좋다.

진행 감각

사용자가 애플리케이션에서 어떤 작업을 수행할 때 해당 작업의 결과는 작업 자체의 결과를
통해 또는 결과를 제공할 작업이 수행되고 있다는 표시를 통해 명백해야 한다. 이는 피드백
부족으로 인해 사용자가 반복적으로 버튼을 누르고 아무것도 볼 수 없는 계산 또는 네트워크
요청과 같은 장기 실행 작업에 특히 중요하다.

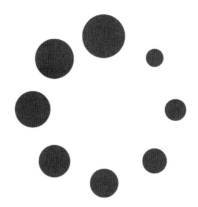

작업 기간을 알 수 없거나 매우 짧은 경우 스피너 또는 대기 아이콘을 사용할 수 있다.

한 가지 간단한 방법은 작업이 트리거되면 버튼을 비활성화하는 것이다. 그러나 다른 표시기가 없으면 이것은 깨진 것처럼 보인다. 더 나은 대안은 '작업 중' 메시지와 근처에 있는 스피너와 같은 활성 진행 표시기로 버튼을 업데이트하는 것이다.

프로그레스바는 사용자에게 진행 상황과 소요 시간을 알려줌으로써 이 문제를 해결하는 일반적인 방법이다. 그러나 프로그레스바가 항상 유용하다고 생각하는 함정에 빠지지 말자. 작업에 대한 선형 진행 상황을 제시할 수 있는 경우에만 사용해야 한다.

다음과 같은 경우 프로그레스바가 도움이 되지 않는다.

- 앞뒤로 진행이 가능할 때

- 진행이 선형적으로 증가하지 않을 때

- 너무 빨리 완료될 때

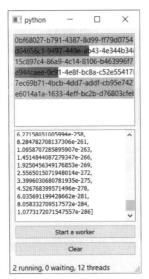

일부 복잡한 애플리케이션에는 여러 동시 태스크가 있을 수 있다.

이러한 행동 중 하나는 사용자에게 무언가 잘못됐다는 느낌을 줄 수 있어 혼란에 빠지게 만든다. "내가 놓친 대화가 뭐야?" 사용자가 느끼기에 좋지 않으므로 가능한 한 피해야 한다.

사용자는 애플리케이션 내부에서 무슨 일이 일어나고 있는지 알지 못한다. 사용자의 유일한 통찰력은 제공한 데이터를 통해서다. 사용자에게 유용한 데이터를 공유하고 나머지는 모두 숨긴다. 디버깅 출력이 필요한 경우 메뉴 뒤에 넣을 수 있다.

할 것은 다음과 같다.

- 장기 실행 작업에 대한 프로그레스바를 제공한다.

- 적절한 경우 하위 작업에 대한 세부적인 세부 정보를 제공한다.

- 할 수 있다면 시간이 얼마나 걸릴지 예상한다.

하지 말 것은 다음과 같다.

- 사용자가 어떤 작업이 길거나 짧은지 알고 있다고 가정하지 않는다.

- 위아래로 또는 불규칙하게 움직이는 프로그레스바를 사용하지 않는다.

614

7.5 외부 명령과 프로세스 실행

지금까지 파이썬 하위 프로세스를 사용하는 외부 프로그램을 포함해 별도의 스레드에서 작업을 실행하는 방법을 살펴봤다. 그러나 PyQt6에서는 외부 프로그램인 QProcess를 실행하고자 Qt 기반 시스템을 사용할 수도 있다. QProcess로 작업을 만들고 실행하는 것은 비교적 간단하다.

가능한 가장 간단한 예가 다음에 나와 있다. QProcess 객체를 만든 다음 실행할 명령과 문자열 인수 리스트를 전달해 .start를 호출한다. 이 경우 파이썬 python dummy_script.py 명령을 사용해 데모 스크립트를 실행했다.

```
p = QProcess()
p.start("python", ["dummy_script.py"])
```

환경에 따라 python 대신 python3를 지정해야 할 수도 있다.

실행되는 동안 생성된 QProcess 인스턴스에 대한 참조를 자체 또는 다른 곳에서 유지해야 한다.

프로그램을 실행하고 무슨 일이 일어나는지 신경 쓰지 않는다면 간단한 예제로 충분하다. 그러나 프로그램이 수행하는 작업을 더 알고 싶다면 QProcess는 프로세스의 진행 상황과 상태를 추적하는 데 사용할 수 있는 여러 시그널을 제공한다.

가장 유용한 것은 표준 출력과 프로세스에서 읽을 준비가 된 표준 에러가 있을 때마다 발생하는 .readyReadStandardOutput 및 .readyReadStandardError다. 실행 중인 모든 프로세스에는 표준 출력과 표준 에러의 두 가지 출력 스트림이 있다. 표준 출력은 실행의 실제 결과(있는 경우)를 반환하는 반면 표준 에러는 에러나 로깅 정보를 반환한다.

```
p = QProcess()
p.readyReadStandardOutput.connect(self.handle_stdout)
p.readyReadStandardError.connect(self.handle_stderr)
p.stateChanged.connect(self.handle_state)
p.finished.connect(self.cleanup)
p.start("python", ["dummy_script.py"])
```

또한 프로세스가 완료될 때 발생하는 .finished 시그널과 프로세스 상태가 변경될 때 발생하는 .stateChanged 시그널이 있다. QProcess.ProcessState 열거형에 정의된 유효한 값은 다음과 같다.

상수	값	설명
QProcess.NotRunning	0	프로세스가 실행 중이 아님
QProcess.Starting	1	프로세스가 시작됐지만 프로그램이 아직 호출되지 않음
QProcess.Running	2	프로세스가 실행 중이며 읽고 쓸 준비가 됨

다음 예에서는 이 기본 QProcess 설정을 확장해 표준 출력 및 표준 에러에 대한 핸들러를 추가한다. 사용 가능한 데이터를 알리는 시그널은 이러한 핸들러에 연결되고 .readAllStandardError() 및 .readAllStandardOutput()을 사용해 프로세스에서 데이터 요청을 트리거한다.

 메서드는 원시 바이트를 출력하므로 먼저 디코딩해야 한다.

이 예에서 데모 스크립트 dummy_script.py는 진행 정보와 구조화된 데이터를 제공하고자 구문 분석된 일련의 문자열을 반환한다. 프로세스 상태는 상태 표

616

시줄에도 표시된다.

전체 코드는 다음과 같다.

리스트 7-47. concurrent/qprocess.py

```python
import re
import sys

from PyQt6.QtCore import Qprocess
from PyQt6.QtWidgets import (
    QApplication,
    QMainWindow,
    QPlainTextEdit,
    QProgressBar,
    QPushButton,
    QVBoxLayout,
    QWidget,
)

STATES = {
    QProcess.ProcessState.NotRunning: "Not running",
    QProcess.ProcessState.Starting: "Starting...",
    QProcess.ProcessState.Running: "Running...",
}

progress_re = re.compile("Total complete: (\d+)%")

def simple_percent_parser(output):
    """
        progress_re 정규식을 사용해 행을 일치시키고
        % 진행률에 대해 단일 정수를 반환
    """
    m = progress_re.search(output)
    if m:
```

```python
        pc_complete = m.group(1)
        return int(pc_complete)


def extract_vars(l):
    """
    라인에서 변수를 추출하고 등호가 포함된 줄을 찾고
    key=value로 분할한다.
    """
    data = {}
    for s in l.splitlines():
        if "=" in s:
            name, value = s.split("=")
            data[name] = value
    return data


class MainWindow(QMainWindow):
    def __init__(self):
        super().__init__()

        # 프로세스 참조 보류
        self.p = None

        layout = QVBoxLayout()

        self.text = QPlainTextEdit()
        layout.addWidget(self.text)

        self.progress = QProgressBar()
        layout.addWidget(self.progress)

        btn_run = QPushButton("Execute")
        btn_run.clicked.connect(self.start)

        layout.addWidget(btn_run)
```

```python
        w = QWidget()
        w.setLayout(layout)
        self.setCentralWidget(w)

        self.show()

    def start(self):
        if self.p is not None:
            return

        self.p = QProcess()
        self.p.readyReadStandardOutput.connect(self.handle_stdout)
        self.p.readyReadStandardError.connect(self.handle_stderr)
        self.p.stateChanged.connect(self.handle_state)
        self.p.finished.connect(self.cleanup)
        self.p.start("python", ["dummy_script.py"])

    def handle_stderr(self):
        result = bytes(self.p.readAllStandardError()).decode("utf8")
        progress = simple_percent_parser(result)

        self.progress.setValue(progress)

    def handle_stdout(self):
        result = bytes(self.p.readAllStandardOutput()).decode("utf8")
        data = extract_vars(result)

        self.text.appendPlainText(str(data))

    def handle_state(self, state):
        self.statusBar().showMessage(STATES[state])

    def cleanup(self):
        self.p = None
```

```
app = QApplication(sys.argv)

w = MainWindow()

app.exec()
```

이 예제에서는 프로세스에 대한 참조를 self.p에 저장한다. 즉, 한 번에 하나의 프로세스만 실행할 수 있다. 그러나 애플리케이션과 함께 원하는 만큼의 프로세스를 자유롭게 실행할 수 있다. 그들로부터 정보를 추적할 필요가 없다면 단순히 리스트에 프로세스에 대한 참조를 저장할 수 있다.

그러나 진행 상황을 추적하고 작업자의 출력을 개별적으로 구문 분석하려면 모든 프로세스를 처리하고 추적하는 관리자 클래스를 만드는 것을 고려할 수 있다. qprocess_manager.py라는 소스 파일에 예가 있다.

예제의 전체 소스코드는 책의 소스코드에서 얻을 수 있지만 다음 코드에서 **JobManager** 클래스 자체를 살펴보자.

리스트 7-48. concurrent/qprocess_manager.py

```
class JobManager(QAbstractListModel):
    """
        활성 작업, stdout, stderr, 진행 파서를 처리하는 관리자

        또한 각 프로세스의 진행 상황을 표시하는 뷰에 대한
        Qt 데이터 모델의 기능을 한다.
    """

    _jobs = {}
    _state = {}
    _parsers = {}
```

```python
status = pyqtSignal(str)
result = pyqtSignal(str, object)

def __init__(self):
    super().__init__()

    self.status_timer = QTimer()
    self.status_timer.setInterval(100)
    self.status_timer.timeout.connect(self.notify_status)
    self.status_timer.start()

def notify_status(self):
    n_jobs = len(self._jobs)
    self.status.emit("{} jobs".format(n_jobs))

def execute(self, command, arguments, parsers=no_parsers):
    """
    새로운 프로세스를 시작해 명령 실행
    """
    job_id = uuid.uuid4().hex

    # 기본적으로 시그널을 보낸 프로세스에 대한 정보에 접근할 수 없다.
    # 따라서 이 생성자를 사용해 job_id로 각 시그널에 주석을 달았다.

    def fwd_signal(target):
        return lambda *args: target(job_id, *args)

    self._parsers[job_id] = parsers

    # 기본 상태를 대기, 진행률 0으로 설정
    self._state[job_id] = DEFAULT_STATE.copy()

    p = QProcess()
    p.readyReadStandardOutput.connect(
```

```python
            fwd_signal(self.handle_output)
        )
        p.readyReadStandardError.connect(
            fwd_signal(self.handle_output)
        )
        p.stateChanged.connect(fwd_signal(self.handle_state))
        p.finished.connect(fwd_signal(self.done))

        self._jobs[job_id] = p

        p.start(command, arguments)

        self.layoutChanged.emit()

    def handle_output(self, job_id):
        p = self._jobs[job_id]
        stderr = bytes(p.readAllStandardError()).decode("utf8")
        stdout = bytes(p.readAllStandardOutput()).decode("utf8")
        output = stderr + stdout

        parser = self._parsers.get(job_id)
        if parser.progress:
            progress = parser.progress(output)
            if progress:
                self._state[job_id]["progress"] = progress
                self.layoutChanged.emit()

        if parser.data:
            data = parser.data(output)
            if data:
                self.result.emit(job_id, data)

    def handle_state(self, job_id, state):
        self._state[job_id]["status"] = state
```

```python
        self.layoutChanged.emit()

    def done(self, job_id, exit_code, exit_status):
        """
        작업/워커가 완료. 활성 워커 딕셔너리에서 제거한다.
        과거/완료 워커도 표시하는 데 사용되므로 worker_state에 그대로 둔다.
        """
        del self._jobs[job_id]
        self.layoutChanged.emit()

    def cleanup(self):
        """
        worker_state에서 완료/실패 작업자를 제거한다.
        """
        for job_id, s in list(self._state.items()):
            if s["status"] == QProcess.ProcessState.NotRunning:
                del self._state[job_id]
        self.layoutChanged.emit()

    # 모델 인터페이스
    def data(self, index, role):
        if role == Qt.ItemDataRole.DisplayRole:
            # 데이터 구조 참고
            job_ids = list(self._state.keys())
            job_id = job_ids[index.row()]
            return job_id, self._state[job_id]

    def rowCount(self, index):
        return len(self._state)
```

이 클래스는 QListView의 기초로 사용할 수 있게 하는 모델 뷰 인터페이스를 제공한다. 사용자 정의 ProgressBarDelegate 위임자는 작업 식별자와 함께 각 항목에 대한 프로그레스바를 그린다. 프로그레스바의 색상은 프로세스 상태에 따라 결정된다. 활성화된 경우 짙은 녹색, 완료된 경우 밝은 녹색이다.

.readyReadStandardError 및 .readyReadStandardOutput 시그널이 데이터 또는
준비된 작업에 대한 정보를 전달하지 않기 때문에 이 설정에서 워커의 진행
정보를 구문 분석하는 것은 까다롭다. 이 문제를 해결하고자 사용자 정의
job_id를 정의하고 시그널을 가로채 이 데이터를 추가한다.

작업에 대한 파서는 명령을 실행할 때 전달되고 _parsers에 저장된다. 각 작업
에서 수신된 출력은 해당 파서를 통해 전달되고 데이터를 내보내거나 작업
진행률을 업데이트하는 데 사용된다. 다음은 두 개의 간단한 파서를 정의한다.
하나는 현재 진행 상황을 추출하기 위한 것이고 다른 하나는 출력 데이터를
가져오기 위한 것이다.

리스트 7-49. concurrent/qprocess_manager.py

```python
progress_re = re.compile("Total complete: (\d+)%", re.M)

def simple_percent_parser(output):
    """
    progress_re 정규식을 사용해 행을 일치시키고
    % 진행률에 대해 단일 정수를 반환한다.
    """
    m = progress_re.search(output)
    if m:
        pc_complete = m.group(1)
        return int(pc_complete)

def extract_vars(l):
    """
    라인에서 변수를 추출한 후 등호가 포함된 줄을 찾고
    key=value로 분할한다.
    """
```

```python
    data = {}
    for s in l.splitlines():
        if "=" in s:
            name, value = s.split("=")
            data[name] = value
    return data
```

파서는 파서로 사용할 함수와 내보낼 시그널의 이름을 포함하는 간단한 튜플 리스트로 전달된다. 시그널은 JobManager에서 getattr을 사용해 이름으로 조회된다. 예제에서 데이터/결과 출력을 위한 시그널과 프로그레스를 위한 시그널 2개만 정의했다. 그러나 원하는 만큼 시그널과 파서를 추가할 수 있다. 이 접근 방식을 사용하면 원하는 경우 특정 작업에 대해 특정 파서를 생략하게 선택할 수 있다(예, 진행률 정보가 없는 경우).

예제 코드를 실행하고 다른 프로세스에서 실행 중인 작업을 실험한다. 여러 작업을 시작하고 완료되는 것을 지켜보고 현재 진행 상황을 업데이트할 수 있다. 자신의 작업에 대한 추가 명령과 파서를 추가해 실험하자.

7608cea7dbfe4bb78adaae8c0dbe37fe
376e7ce2f37648798b7a12cbd139b352
7ea63b6473a142d8b85df17882f87ac4
fb69a8d513224092a575f0800834ad9f
1a3e2989a79f4247b3309849f7effeb1
dfc7f9a33aaf43abad1dd3a3a7ca902c

7ea63b6473a142d8b85df17882f87ac4:
{'website': 'www.learnpyqt.com'}
WORKER
fb69a8d513224092a575f0800834ad9f:
{'website': 'www.learnpyqt.com'}
WORKER
1a3e2989a79f4247b3309849f7effeb1:
{'website': 'www.learnpyqt.com'}
WORKER
dfc7f9a33aaf43abad1dd3a3a7ca902c:
{'website': 'www.learnpyqt.com'}

그림 7-18. 프로세스 관리자에서 진행 중인 과정 보여주기

플로팅

파이썬의 주요 강점 중 하나는 데이터 분석을 위해 판다스, 넘파이, sklearn과 같은 도구를 사용하는 데이터 과학 및 시각화에 있다. PyQt6로 GUI 애플리케이션을 구축하면 앱 내에서 직접 이러한 모든 파이썬 도구에 액세스할 수 있으므로 복잡한 데이터 기반 앱과 대화형 대시보드를 구축할 수 있다. 이미 리스트와 테이블에 데이터를 표시할 수 있는 모델 뷰를 다뤘다. 8장에서는 퍼즐의 마지막 조각인 플로팅 데이터를 살펴본다.

PyQt6로 앱을 빌드할 때 두 가지 주요 선택이 있다. 판다스 플롯에 대한 접근도 제공하는 matplotlib과 Qt 네이티브 그래픽으로 플롯을 생성하는 PyQtGraph를 사용하는 것이다. 8장에서는 이러한 라이브러리를 사용해 애플리케이션에서 데이터를 시각화하는 방법을 살펴본다.

8.1 PyQtGraph 플로팅

PyQt6에 matplotlib 플롯을 포함하는 것이 가능하지만 경험이 완전히 네이티브처럼 느껴지지는 않는다. 간단하고 고도의 대화형 플롯의 경우 PyQtGraph 사용을 대신 고려할 수 있다. PyQtGraph는 PyQt6의 기본 QGraphicsScene을 기반으로 구축돼 특히 라이브 데이터에 대해 더 나은 그리기 성능을 제공할 뿐만 아니라 Qt 그래픽 위젯으로 플롯을 쉽게 사용자 정의하고 상호작용성을 제공하는 기능을 제공한다.

이 장에서는 PyQtGraph를 사용해 플롯 위젯을 만드는 첫 번째 단계를 살펴본 다음 선 색상, 선 유형, 축 레이블, 배경색, 여러 선 플로팅을 사용해 플롯 사용자 정의를 보여준다.

시작하기

PyQt6에서 PyQtGraph를 사용하려면 먼저 파이썬 환경에 패키지를 설치해야 한다. pip를 사용해 이 작업을 수행할 수 있다.

이 글을 쓰는 시점에 PyQt6는 매우 새롭기 때문에 개발자 버전의 PyQtGraph를 설치해야 한다.

```
pip install git+https://github.com/pyqtgraph/pyqtgraph@master
```

설치가 완료되면 정상적으로 모듈을 가져올 수 있다.

PyQtGraph 위젯 생성

PyQtGraph에서 모든 플롯은 PlotWidget 위젯을 사용해 생성된다. 이 위젯은 모든 유형의 플롯을 추가하고 설정할 수 있는 캔버스를 제공한다. 내부적으로 이 플롯 위젯은 Qt 기본 QGraphicsScene을 사용하므로 빠르고 효율적이며 나머지 앱과 통합하기 쉽다. 다른 위젯과 마찬가지로 PlotWidget을 생성할 수 있다.

QMainWindow에 단일 PlotWidget이 있는 기본 템플릿 앱은 다음과 같다.

다음 예제에서는 코드에서 PyQtGraph 위젯을 생성한다. 그러나 Qt 디자이너에서 PyQtGraph 위젯을 포함할 수도 있다.

리스트 8-1. plotting/pyqtgraph_1.py

```python
import sys

from PyQt6 import QtWidgets
import pyqtgraph as pg    # Qt 이후에 PyQtGraph를 임포트

class MainWindow(QtWidgets.QMainWindow):
    def __init__(self):
        super().__init__()

        self.graphWidget = pg.PlotWidget()
        self.setCentralWidget(self.graphWidget)

        hour = [1, 2, 3, 4, 5, 6, 7, 8, 9, 10]
        temperature = [30, 32, 34, 32, 33, 31, 29, 32, 35, 45]

        # x,y 값 플롯팅
        self.graphWidget.plot(hour, temperature)

app = QtWidgets.QApplication(sys.argv)

main = MainWindow()
main.show()

app.exec()
```

 다음의 모든 예에서 import pyqtgraph as pg로 사용해 PyQtGraph를 가져온다. 이는 PyQtGraph 예제에서 코드를 깔끔하게 유지하고 타이핑을 줄이기 위한 일반적인 규칙이다. 원하는 경우 import pyqtgraph로 임포트할 수 있다.

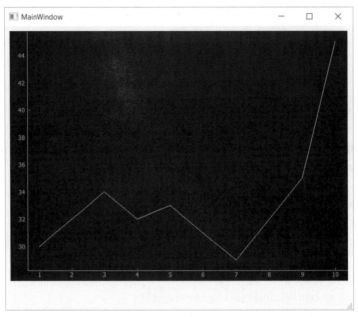

그림 8-1. 사용자 정의 PyQtGraph 위젯에서 더미 데이터 표시하기

PyQtGraph의 기본 플롯 스타일은 거의 보이지 않는 얇은 흰색 선이 있는 검은색 배경이다. 다음 절에서는 플롯의 모양과 유용성을 개선하고자 PyQtGraph에서 사용할 수 있는 옵션을 살펴보자.

플롯 스타일링

PyQtGraph는 Qt의 QGraphicsScene을 사용해 그래프를 렌더링한다. 이를 통해 플롯에 사용할 모든 표준 Qt 선과 모양 스타일 옵션에 접근할 수 있다. 그러나 PyQtGraph는 이를 사용해 플롯을 그리고 플롯 캔버스를 관리하기 위한 API를 제공한다.

다음으로 자신만의 플롯을 만들고 사용자 정의하는 데 필요한 가장 일반적인 스타일 기능을 살펴보자.

배경색

앱 골격부터 시작해 PlotWidget 인스턴스(self.graphWidget)에서 .setBackground 를 호출해 배경색을 변경할 수 있다. 다음 코드는 'w' 문자열을 전달해 배경을 흰색으로 설정한다.

```
self.graphWidget.setBackground('w')
```

플롯의 배경색은 언제든지 설정(및 업데이트)할 수 있다.

리스트 8-2. plotting/pyqtgraph_2.py

```python
import sys

from PyQt6 import QtWidgets
import pyqtgraph as pg       # Qt 이후에 PyQtGraph를 임포트한다.

class MainWindow(QtWidgets.QMainWindow):
    def __init__(self):
        super().__init__()

        self.graphWidget = pg.PlotWidget()
        self.setCentralWidget(self.graphWidget)

        hour = [1, 2, 3, 4, 5, 6, 7, 8, 9, 10]
        temperature = [30, 32, 34, 32, 33, 31, 29, 32, 35, 45]

        self.graphWidget.setBackground("w")
        self.graphWidget.plot(hour, temperature)

app = QtWidgets.QApplication(sys.argv)

main = MainWindow()
```

```
main.show()

app.exec()
```

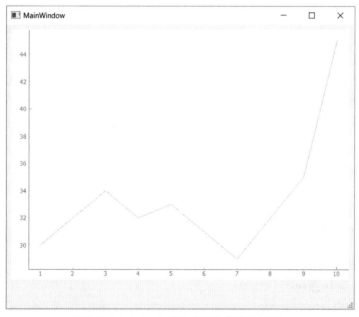

그림 8-2. PyQtGraph 플롯 배경을 흰색으로 변경.

matplotlib에서 사용되는 표준 색상을 기반으로 한 알파벳으로 사용할 수 있는 간단한 색상이 많다. 검은색에 'k'가 사용된다는 점을 제외하고는 놀랍지 않다.

표 8-1. 일반 색상 코드

색상	코드 값
blue	b
green	g

(이어짐)

색상	코드 값
red	r
cyan(bright blue-green)	c
magenta(bright pink)	m
yellow	y
black	k
white	w

이러한 단일 문자 코드 외에도 문자열 #672922 같이 16진수 표기법을 사용해 색상을 설정할 수도 있다.

```
self.graphWidget.setBackground('#bbccaa')          # 16진수
```

RGB 및 RGBA 값은 0-255 값을 사용해 각각 3개 혹은 4개의 튜플로 전달할 수 있다.

```
self.graphWidget.setBackground((100,50,255))       # RGB 각 0-255
self.graphWidget.setBackground((100,50,255,25))    # RGBA(A = 알파 투명도)
```

마지막으로 Qt의 **QColor** 유형을 직접 사용해 색상을 지정할 수도 있다.

```
self.graphWidget.setBackground(QtGui.QColor(100,50,254,25))
```

이는 애플리케이션의 다른 곳에서 특정 **QColor** 객체를 사용하거나 플롯 배경을 기본 GUI 배경색으로 설정하는 경우에 유용할 수 있다.

```
color = self.palette().color(QtGui.QPalette.Window) # 윈도우 기본 배경색 가져오기
self.graphWidget.setBackground(color)
```

선 색상, 너비, 스타일

PyQtGraph의 선은 표준 Qt QPen 타입을 사용해 그린다. 이렇게 하면 다른 QGraphicsScene 도면에서와 같이 선 그리기를 완전히 제어할 수 있다. 펜을 사용해 선을 그리려면 새 QPen 인스턴스를 만들고 그것을 plot 메서드에 전달하면 된다.

다음으로 RGB 값(완전한 빨간색)을 지정하는 3 튜플의 int 값을 전달해 QPen 객체를 만든다. 'r' 또는 QColor 객체를 전달해 정의할 수도 있다. 그런 다음 pen 매개변수를 사용해 plot에 전달한다.

```
pen = pg.mkPen(color=(255, 0, 0))
self.graphWidget.plot(hour, temperature, pen=pen)
```

전체 코드는 다음과 같다.

리스트 8-3. plotting/pyqtgraph_3.py

```
import sys

from PyQt6 import QtWidgets
import pyqtgraph as pg    # Qt 후에 PyQtGraph 임포트

class MainWindow(QtWidgets.QMainWindow):
    def __init__(self):
        super().__init__()
```

```
        self.graphWidget = pg.PlotWidget()
        self.setCentralWidget(self.graphWidget)

        hour = [1, 2, 3, 4, 5, 6, 7, 8, 9, 10]
        temperature = [30, 32, 34, 32, 33, 31, 29, 32, 35, 45]

        self.graphWidget.setBackground("w")
        pen = pg.mkPen(color=(255, 0, 0))

        self.graphWidget.plot(hour, temperature, pen=pen)

app = QtWidgets.QApplication(sys.argv)

main = MainWindow()
main.show()

app.exec()
```

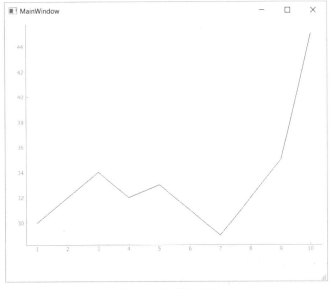

그림 8-3. 선 색상 바꾸기

QPen 객체를 변경하면 표준 Qt 선 스타일을 사용해 선 너비(픽셀 단위, 점선, 점선 등)를 모두 포함해 선 모양을 변경할 수 있다. 예를 들어 다음 예제에서는 빨간색으로 15px 너비의 점선을 만든다.

```
pen = pg.mkPen(color=(255, 0, 0), width=15, style=QtCore.Qt.PenStyle.DashLine)
```

결과는 다음과 같으며 15px의 빨간색 점선이 표시된다.

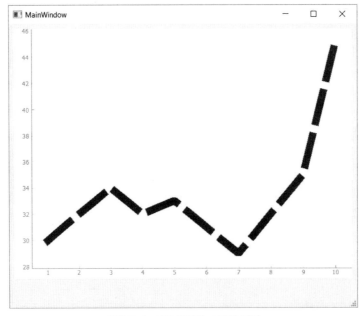

그림 8-4. 선의 굵기와 스타일 변경

Qt.PenStyle.SolidLine, Qt.PenStyle.DashLine, Qt.PenStyle.DotLine, Qt.PenStyle.DashDotLine, Qt.PenStyle.DashDotDotLine 등의 표준 Qt 선 스타일을 모두 사용할 수 있다. 이러한 각 행의 예는 아래 이미지에 표시돼 있으며 Qt 문서에서 자세한 내용을 읽을 수 있다(https://doc.qt.io/qt-5/qpen.html#pen-style).

선 마커

많은 플롯의 경우 플롯에 선 대신이나 추가로 마커를 배치하는 것이 도움이
될 수 있다. 플롯에 마커를 그리려면 다음와 같이 .plot을 호출할 때 마커로
사용할 기호를 전달한다.

```
self.graphWidget.plot(hour, temperature, symbol='+')
```

symbol 외에도 symbolSize, symbolBrush, symbolPen 매개변수를 전달할 수도 있
다. symbolBrush로 전달된 값은 모든 색상이나 QBrush 타입이 될 수 있지만
symbolPen은 모든 색상이나 QPen 인스턴스를 전달할 수 있다. 펜은 모양의 윤
곽을 그리는 데 사용되며 브러시는 채우기에 사용된다.

예를 들어 다음 코드는 두꺼운 빨간색 선에 크기 30의 파란색 십자 표시를
제공한다.

```
pen = pg.mkPen(color=(255, 0, 0), width=15, style=QtCore.Qt.PenStyle.DashLine)
self.graphWidget.plot(hour, temperature, pen=pen, symbol='+', symbolSize=30,
symbolBrush=('b'))
```

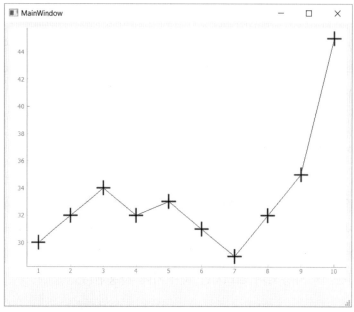

그림 8-5. 라인의 각 데이터 포인트에 기호를 표시

+ 플롯 마커 외에도 `PyQtGraph`는 다음 표에 표시된 다음과 같은 표준 마커를 지원한다. 모두 같은 방식으로 사용할 수 있다.

변수	마커 타입
o	원
s	사각형
t	삼각형
d	다이아몬드
+	십자 표시

 더 복잡한 요구 사항이 있는 경우 `QPainterPath` 객체를 전달할 수도 있으므로 완전히 사용자 정의 마커 모양을 그릴 수 있다.

플롯 제목

차트 제목은 주어진 차트에 표시되는 내용에 대한 컨텍스트를 제공하는 데 중요하다. PyQtGraph에서 PlotWidget의 setTitle() 메서드를 사용해 메인 플롯 제목을 추가하고 제목 문자열을 전달할 수 있다.

```
self.graphWidget.setTitle("Your Title Here")
```

추가 인수를 전달해 제목(및 PyQtGraph의 다른 레이블)에 색상, 글꼴 크기, 두께를 포함한 텍스트 스타일을 적용할 수 있다. 사용 가능한 **style** 인수는 다음과 같다.

스타일	타입
color	문자열(예. 'CCFF00')
size	문자열(예. '8pt')
bold	불리언(True, False)
italic	불리언(True, False)

다음 코드는 글꼴 크기가 30pt이고 색상을 파란색으로 설정한다.

```
self.graphWidget.setTitle("Your Title Here", color="b", size="30pt")
```

가독성은 떨어지지만 원하는 경우 HTML 태그 구문으로 헤더의 스타일을 지정할 수도 있다.

```
self.graphWidget.setTitle("<span style=\"color:blue;font-size:30pt
\">Your Title Here</span>")
```

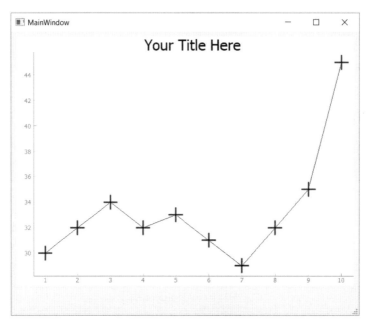

그림 8-6. 제목이 있는 플롯

축 레이블

제목과 유사하게 setLabel() 메서드를 사용해 축 제목을 만들 수 있다. position과 text라는 두 개의 매개변수가 필요하다. position은 'left', 'right', 'top', 'bottom' 중 하나가 될 수 있으며, 이는 text가 위치하는 축의 위치를 나타낸다. 두 번째 매개변수 text는 레이블에 사용할 텍스트다.

추가 스타일 매개변수를 메서드에 전달할 수 있다. 유효한 CSS 이름-값 쌍이어야 한다는 점에서 제목과 약간 다르다. 예를 들어 크기는 font-size다. fontsize라는 이름에는 하이픈이 있기 때문에 매개변수로 직접 전달할 수 없지만 **dictionary 메서드를 사용해야 한다.

```
styles = {'color':'r', 'font-size':'30pt'}
self.graphWidget.setLabel('left', 'Temperature (°C)', **styles)
self.graphWidget.setLabel('bottom', 'Hour (H)', **styles)
```

원하는 경우 HTML 구문도 지원한다.

```
self.graphWidget.setLabel('left', "<span style=\"color:red;font-size:30px\">
Temperature (°C)</span>")
self.graphWidget.setLabel('bottom', "<span style=\"color:red;font-size:
30px\"> Hour (H)</span>")
```

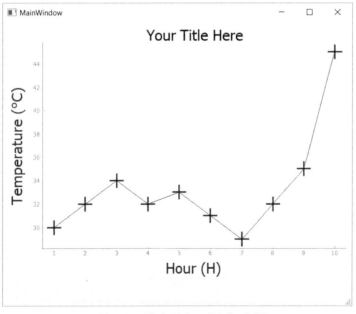

그림 8-7. 사용자 정의 스타일 축 레이블

범례

축 및 플롯 제목 외에도 종종 주어진 라인이 나타내는 것을 식별하는 범례를 표시하기 원할 수 있다. 이는 플롯에 여러 줄을 추가할 때 특히 중요하다. 플롯에 범례를 추가하려면 PlotWidget에서 .addLegend를 호출하면 된다.

다음 예에서는 .plot()으로 플로팅하는 라인에 "Sensor 1"이라는 이름을 할당한다. 이 이름은 범례에서 줄을 식별하는 데 사용된다.

```
self.graphWidget.plot(hour, temperature, name = "Sensor 1", pen = NewPen,
symbol='+', symbolSize=30, symbolBrush=('b'))
self.graphWidget.addLegend()
```

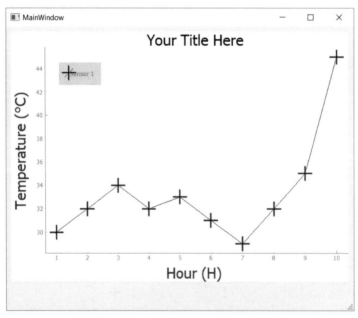

그림 8-8. 단일 항목을 보여주는 범례가 있는 플롯

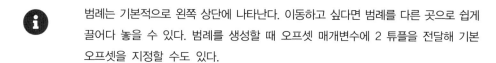

범례는 기본적으로 왼쪽 상단에 나타난다. 이동하고 싶다면 범례를 다른 곳으로 쉽게 끌어다 놓을 수 있다. 범례를 생성할 때 오프셋 매개변수에 2 튜플을 전달해 기본 오프셋을 지정할 수도 있다.

배경 그리드

배경 그리드를 추가하면 특히 상대 x 및 y 값을 서로 비교할 때 플롯을 더 쉽게 읽을 수 있다. PlotWidget에서 .showGrid를 호출해 플롯의 배경 그리드를 켤 수 있다. x 및 y 그리드를 독립적으로 토글할 수 있다.

다음은 X 및 Y축 모두에 대한 그리드를 생성한다.

```
self.graphWidget.showGrid(x=True, y=True)
```

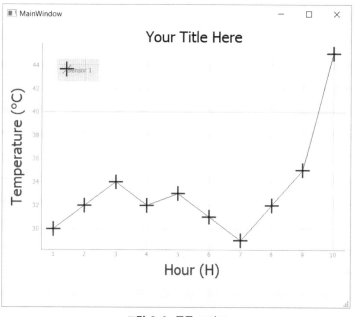

그림 8-9. 플롯 그리드

축 제한 설정

때로는 플롯에 표시되는 데이터 범위를 제한하거나 데이터 입력(예, 알려진 최소-최대 범위)에 관계없이 일관된 범위로 축을 잠그는 것이 유용할 수 있다. PyQtGraph에서는 .setXRange() 및 .setYRange() 메서드를 사용해 할 수 있다. 이렇게 하면 플롯이 각 축의 지정된 범위 내의 데이터만 표시한다.

다음 코드에서는 각 축에 하나씩 두 개의 범위를 설정한다. 첫 번째 인수는 최솟값이고 두 번째 인수는 최댓값이다.

```
self.graphWidget.setXRange(5, 20, padding=0)
self.graphWidget.setYRange(30, 40, padding=0)
```

선택적 패딩 인수를 사용하면 범위가 지정된 분수(ViewBox의 크기에 따라 기본적으로 0.02에서 0.1 사이)로 지정된 것보다 크게 설정된다. 이 패딩을 완전히 제거하려면 0을 전달한다.

```
self.graphWidget.setXRange(5, 20, padding=0)
self.graphWidget.setYRange(30, 40, padding=0)
```

지금까지의 전체 코드는 다음과 같다.

리스트 8-4. plotting/pyqtgraph_4.py

```
import sys

from PyQt6 import QtWidgets
import pyqtgraph as pg        # Qt 이후에 PyQtGraph를 임포트
```

```python
class MainWindow(QtWidgets.QMainWindow):
    def __init__(self):
        super().__init__()

        self.graphWidget = pg.PlotWidget()
        self.setCentralWidget(self.graphWidget)

        hour = [1, 2, 3, 4, 5, 6, 7, 8, 9, 10]
        temperature = [30, 32, 34, 32, 33, 31, 29, 32, 35, 45]

        # 흰 배경색 추가
        self.graphWidget.setBackground("w")
        # 제목 추가
        self.graphWidget.setTitle(
            "Your Title Here", color="b", size="30pt"
        )

        # 축 레이블 추가
        styles = {"color": "#f00", "font-size": "20px"}
        self.graphWidget.setLabel("left", "Temperature (°C)", **styles)
        self.graphWidget.setLabel("bottom", "Hour (H)", **styles) # 범례 추가
        self.graphWidget.addLegend()
        # 그리드 추가
        self.graphWidget.showGrid(x=True, y=True)
        # 범위 설정
        self.graphWidget.setXRange(0, 10, padding=0)
        self.graphWidget.setYRange(20, 55, padding=0)

        pen = pg.mkPen(color=(255, 0, 0))
        self.graphWidget.plot(
            hour,
            temperature,
            name="Sensor 1",
            pen=pen,
```

```
                    symbol="+",
                    symbolSize=30,
                    symbolBrush=("b"), )


app = QtWidgets.QApplication(sys.argv)


main = MainWindow()
main.show()


app.exec()
```

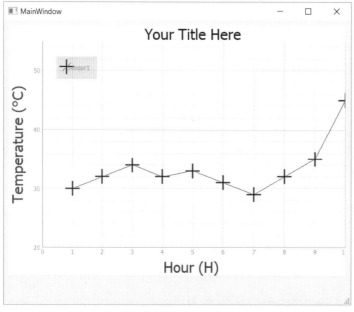

그림 8-10. 축의 범위 제한하기

다중선 플로팅

플롯에 둘 이상의 라인이 포함되는 것이 일반적이다. PyQtGraph에서는 동일한 PlotWidget에서 .plot()을 여러 번 호출하는 것처럼 간단하다. 다음 예에서는 각각에 대해 동일한 선 스타일, 두께 등을 사용하지만 선 색상을 변경해 유사한 데이터의 두 선을 그린다.

이를 단순화하고자 MainWindow에서 고유한 사용자 정의 플롯 메서드를 만들수 있다. 이는 플롯할 x 및 y 매개변수, 선 이름(범례용), 색상을 허용한다. 선과 마커 색상 모두에 색상을 사용한다.

```python
def plot(self, x, y, plotname, color):
    pen = pg.mkPen(color=color)
    self.graphWidget.plot(x, y, name=plotname, pen=pen, symbol ='+',
        symbolSize=30, symbolBrush=(color))
```

별도의 선을 표시하고자 temperature_2라는 새 배열을 만들고 이를 temperature (현재 temperature_1)와 유사한 임의의 숫자로 채운다. 이들을 나란히 플로팅하면 함께 비교할 수 있다. 이제 plot 함수를 두 번 호출하면 플롯에 2개의 선이 생성된다.

```python
self.plot(hour, temperature_1, "Sensor1", 'r')
self.plot(hour, temperature_2, "Sensor2", 'b')
```

리스트 8-5. plotting/pyqtgraph_5.py

```python
import sys

from PyQt6 import QtWidgets
```

```python
import pyqtgraph as pg    # Qt 이후에 PyQtGraph를 임포트

class MainWindow(QtWidgets.QMainWindow):
    def __init__(self):
        super().__init__()

        self.graphWidget = pg.PlotWidget()
        self.setCentralWidget(self.graphWidget)

        hour = [1, 2, 3, 4, 5, 6, 7, 8, 9, 10]
        temperature_1 = [30, 32, 34, 32, 33, 31, 29, 32, 35, 45]
        temperature_2 = [50, 35, 44, 22, 38, 32, 27, 38, 32, 44]

        # 흰색 배경 추가
        self.graphWidget.setBackground("w")
        # 제목 추가
        self.graphWidget.setTitle(
            "Your Title Here", color="b", size="30pt"
        )

        # 축 레이블 추가
        styles = {"color": "#f00", "font-size": "20px"}
        self.graphWidget.setLabel("left", "Temperature (°C)", **styles)
        self.graphWidget.setLabel("bottom", "Hour (H)", **styles) # 범례 추가
        self.graphWidget.addLegend()

        # 그리드 추가
        self.graphWidget.showGrid(x=True, y=True)
        # 범위 설정
        self.graphWidget.setXRange(0, 10, padding=0)
        self.graphWidget.setYRange(20, 55, padding=0)

        self.plot(hour, temperature_1, "Sensor1", "r")
        self.plot(hour, temperature_2, "Sensor2", "b")
```

```python
    def plot(self, x, y, plotname, color):
        pen = pg.mkPen(color=color)
        self.graphWidget.plot(
            x,
            y,
            name=plotname,
            pen=pen,
            symbol="+",
            symbolSize=30,
            symbolBrush=(color)
        )


app = QtWidgets.QApplication(sys.argv)

main = MainWindow()
main.show()

app.exec()
```

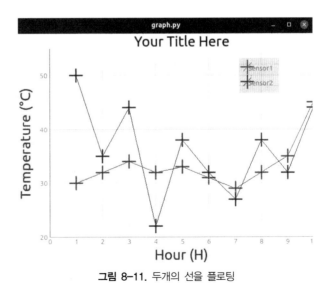

그림 8-11. 두개의 선을 플로팅

이 함수를 사용해 마커, 선 너비, 색상, 기타 매개변수를 사용자 정의한다.

플롯 지우기

때때로 플롯을 주기적으로 지우고 새로 고치고 싶을 수 있다. .clear()를 호출하면 쉽게 할 수 있다.

```
self.graphWidget.clear()
```

이렇게 하면 플롯에서 선이 제거되지만 다른 모든 속성은 동일하게 유지된다.

플롯 업데이트

단순히 플롯을 지우고 모든 요소를 다시 그릴 수 있지만 Qt가 모든 QGraphicsScene 객체를 파괴하고 다시 생성해야 함을 의미한다. 작거나 단순한 플롯의 경우 눈에 띄지 않을 수 있지만 고성능 스트리밍 플롯을 생성하려면 사용 중인 데이터를 업데이트하는 것이 훨씬 좋다. PyQtGraph는 새 데이터를 가져와 플롯의 다른 요소에 영향을 주지 않고 일치하도록 플롯된 선을 업데이트한다.

선을 업데이트하려면 선 객체에 대한 참조가 필요하다. 이 참조는 .plot을 사용해 처음 선을 생성할 때 반환되며 이를 간단히 변수에 저장할 수 있다. 이는 플롯이 아닌 선에 대한 참조다.

```
my_line_ref = graphWidget.plot(x, y)
```

참조가 있으면 플롯 업데이트는 참조에서 .setData를 호출해 새 데이터를 적용하는 경우다.

리스트 8-6. plotting/pyqtgraph_6.py

```python
import sys
from random import randint

from PyQt6 import QtWidgets, QtCore
import pyqtgraph as pg    # Qt 이후에 PyQtGraph 임포트

class MainWindow(QtWidgets.QMainWindow):
  def __init__(self):
    super().__init__()

    self.graphWidget = pg.PlotWidget()
    self.setCentralWidget(self.graphWidget)
    self.x = list(range(100)) # 100 time points
    self.y = [randint(0, 100) for _ in range(100)] # 100 개 데이터 포인트
    self.graphWidget.setBackground("w")
    pen = pg.mkPen(color=(255, 0, 0))
    self.data_line = self.graphWidget.plot(
      self.x, self.y, pen =pen
    ) ❶

    self.timer = QtCore.QTimer() self.timer.setInterval(50)
    self.timer.timeout.connect(self.update_plot_data)
    self.timer.start()

  def update_plot_data(self):
    self.x = self.x[1:]   # 첫 y 요소 제거
    self.x.append(self.x[-1] + 1) # 마지막보다 1 이 큰 새로운 값 추가
    self.y = self.y[1:]   # 처음 값을 제거
    self.y.append(randint(0, 100)) # 새로운 랜덤값 추가
```

```
        self.data_line.setData(self.x, self.y) # 데이터 업데이트

app = QtWidgets.QApplication(sys.argv)

w = MainWindow()
w.show()

app.exec()
```

❶ 여기에서 플롯팅한 라인에 대한 참조를 가져와 **self.data_line**으로 저장한다.

QTimer를 사용해 50ms마다 데이터를 업데이트하고 데이터를 변경할 사용자 정의 슬롯 메서드 **update_plot_data**를 호출하도록 트리거를 설정한다. 이 타이머는 **__init__** 블록에 정의돼 자동으로 시작된다.

앱을 실행하면 임의의 데이터가 왼쪽으로 빠르게 스크롤되는 플롯을 볼 수 있으며 X 값도 스트리밍 데이터처럼 시간에 따라 업데이트되고 스크롤된다. 임의의 데이터를 실시간 센서 판독 값 또는 API에서 가져온 실제 데이터로 교체할 수 있다. **PyQtGraph**는 이 메서드를 사용해 여러 플롯을 지원할 만큼 충분히 성능이 있다.

결론

PyQtGraph로 간단한 플롯을 그리는 방법과 선, 마커, 레이블을 사용자 정의하는 방법을 살펴봤다. **PyQtGraph** 메서드 및 함수에 대한 전체 개요는 **PyQtGraph** 문서와 API를 참조한다(http://www.pyqtgraph.org/documentation/). 깃허브의 **PyQtGraph** 리포지터리에는 Plotting.py(아래 참조)에 더 복잡한 예제 플롯의 완전한 세트도 있다(https://github.com/pyqtgraph/pyqtgaph).

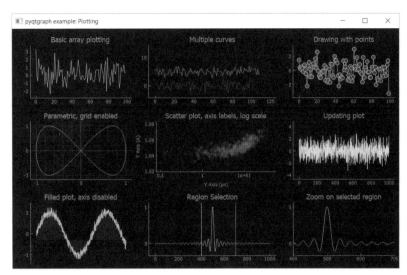

그림 8-12. PyQtGraph 문서에서 가져온 예제 플롯

8.2 Matplotlib으로 플로팅

앞에서는 PyQt6에서 PyQtGraph를 사용해 플로팅을 다뤘다. 이 라이브러리는 Qt 벡터 기반 QGraphicsScene을 사용한 플롯과 대화형 및 고성능 플로팅을 위한 훌륭한 인터페이스를 제공한다.

그러나 훨씬 더 널리 사용되는 파이썬용 플로팅 라이브러리가 있다. 이 Matplotlib(https://www.matplotlib.org) 라이브러리는 다양한 플롯을 제공한다. 기존 데이터 분석 도구를 PyQt6 GUI로 마이그레이션하거나 단순히 Matplotlib이 제공하는 플롯 기능에 액세스하려는 경우 Matplotlib 플롯을 애플리케이션에 포함하는 방법을 알고 싶을 것이다.

이 절에서는 PyQt6 애플리케이션에 Matplotlib 플롯을 포함하는 방법을 다룬다.

seaborn(https://github.com/mwaskom/seaborn), pandas(https://pandas.pydata. org/pandas-docs/version/0.13/visualization.html)와 같은 다른 많은 파이썬 라이 브러리는 플로팅을 위해 `Matplotlib`을 사용한다. 이 플롯은 여기에 표시된 것과 동 일한 방식으로 PyQt6에 포함할 수 있으며 플로팅할 때 전달되는 축에 대한 참조다. 이 절의 끝에 판다스 예제를 살펴본다.

Matplotlib 설치

다음 예에서는 `Matplotlib`이 설치돼 있다고 가정한다. 그렇지 않은 경우 pip을 사용해 설치할 수 있다.

개발 당시 PyQt6는 매우 새로웠다. Qt6를 지원하는 실험용 브랜치를 다음처럼 설치할 수 있다(https://github.com/matplotlib/matplotlib/pull/19255).

```
pip install git+https://github.com/anntzer/matplotlib.git@qt6
```

간단한 예제

다음의 작은 예제는 `Matplotlib` 캔버스 `FigureCanvasQTAgg`를 설정해 그래프를 만들고 여기에 단일 축 집합을 추가한다. 이 캔버스 객체는 **QWidget**이기도 하 므로 다른 Qt 위젯처럼 애플리케이션에 직접 포함할 수 있다.

리스트 8-7. plotting/matplotlib_1.py

```
import sys

from PyQt6 import QtWidgets    # matplotlib 이전에 PyQt6 임포트
```

```
import matplotlib
from matplotlib.backends.backend_qtagg import FigureCanvasQTAgg
from matplotlib.Figure import Figure

matplotlib.use("QtAgg")

class MplCanvas(FigureCanvasQTAgg):
    def __init__(self, parent=None, width=5, height=4, dpi=100):
        fig = Figure(figsize=(width, height), dpi=dpi)
        self.axes = fig.add_subplot(111) super().__init__(fig)

class MainWindow(QtWidgets.QMainWindow):
    def __init__(self):
        super().__init__()

        # self.axes를 단일 축 세트로 정의하는
        # maptlotlib FigureCanvasQTAgg 객체를 생성
        sc = MplCanvas(self, width=5, height=4, dpi=100)
        sc.axes.plot([0, 1, 2, 3, 4], [10, 1, 20, 3, 40])
        self.setCentralWidget(sc)

        self.show()

app = QtWidgets.QApplication(sys.argv)

w = MainWindow()

app.exec()
```

이 경우 .setCentralWidget()을 사용해 MplCanvas 위젯을 윈도우의 중앙 위젯으로 추가한다. 즉, 윈도우 전체를 차지하고 크기가 함께 조정된다. 플롯된 데이터 [0, 1, 2, 3, 4], [10, 1, 20, 3, 40]은 .plot 메서드에서 요구하는 대로 두 개의 숫자 리스트(각각 x 및 y)로 제공된다.

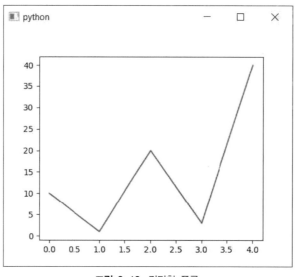

그림 8-13. 간단한 플롯

플롯 제어

PyQt6에 표시된 `Matplotlib`의 플롯은 실제로 `Agg` 백엔드에 의해 간단한 비트맵 이미지로 렌더링된다. `FigureCanvasQTAgg` 클래스는 이 백엔드를 래핑하고 Qt 위젯에 결과 이미지를 표시한다. 이 아키텍처의 효과는 Qt가 선 및 기타 플롯 요소의 위치를 인식하지 못한다는 것이다. 위젯 위의 클릭과 마우스 움직임의 x, y 좌표만 인식한다.

그러나 Qt 마우스 이벤트를 처리하고 플롯의 상호작용으로 변환하는 지원은 `Matplotlib`에 내장돼 있다. 이는 플롯과 함께 애플리케이션에 추가할 수 있는 사용자 정의 도구 모음을 통해 제어할 수 있다. 이 절에서는 임베디드 `Matplotlib` 플롯에서 데이터를 확대/축소, 패닝, 가져올 수 있도록 이러한 컨트롤을 추가하는 방법을 살펴본다.

도구 모음 위젯 NavigationToolbar2QT를 가져와서 QVBoxLayout 내의 인터페이스에 추가하는 전체 코드는 다음과 같다.

리스트 8-8. plotting/matplotlib_2.py

```python
import sys
from PyQt6 import QtWidgets # matplotlib 이전에 PyQt6 임포트

import matplotlib
from matplotlib.backends.backend_qtagg import FigureCanvasQTAgg
from matplotlib.backends.backend_qtagg import (
    NavigationToolbar2QT as NavigationToolbar
)
from matplotlib.Figure import Figure

matplotlib.use("QtAgg")

class MplCanvas(FigureCanvasQTAgg):
    def __init__(self, parent=None, width=5, height=4, dpi=100):
        fig = Figure(figsize=(width, height), dpi=dpi)
        self.axes = fig.add_subplot(111)
        super().__init__(fig)

class MainWindow(QtWidgets.QMainWindow):
    def __init__(self):
        super().__init__()

        sc = MplCanvas(self, width=5, height=4, dpi=100)
        sc.axes.plot([0, 1, 2, 3, 4], [10, 1, 20, 3, 40])

        # 캔버스를 첫 번째 매개변수로 전달하고 부모(자신, MainWindow)를
        # 두 번째 매개변수로 전달해 도구 모음을 만든다.
        toolbar = NavigationToolbar(sc, self)
        layout = QtWidgets.QVBoxLayout()
```

```
        layout.addWidget(toolbar)
        layout.addWidget(sc)

        # 툴바, 캔버스를 위해 플레이스홀더 위젯을 생성
        widget = QtWidgets.QWidget()
        widget.setLayout(layout)
        self.setCentralWidget(widget)

        self.show()

app = QtWidgets.QApplication(sys.argv)

w = MainWindow()

app.exec()
```

변경 사항을 단계별로 살펴보자.

먼저 matplotlib.backends.backend_qt5agg.NavigationToolbar2QT에서 도구 모음 위젯을 가져와 더 간단한 이름인 NavigationToolbar로 바꾼다. 두 개의 매개변수를 사용해 NavigationToolbar를 호출해 도구 모음의 인스턴스를 만든다. 첫 번째는 캔버스 객체 sc이고 그다음에는 도구 모음의 부모(이 경우 MainWindow 객체 자체)다. 캔버스에 전달하면 생성된 도구 모음이 캔버스에 연결돼 제어할 수 있다. 결과 도구 모음 객체는 변수 도구 모음에 저장된다.

윈도우에 두 개의 위젯을 추가해야 하므로 QVBoxLayout을 사용한다. 먼저 도구 모음에 위젯 도구 모음을 추가한 다음 이 레이아웃에 캔버스 위젯 sc를 추가한다. 마지막으로 이 레이아웃을 윈도우의 중앙 위젯으로 설정된 간단한 위젯 레이아웃 컨테이너에 설정한다.

앞의 코드를 실행하면 다음과 같은 윈도우 레이아웃이 생성돼 하단에 플롯이 표시되고 상단에 컨트롤이 도구 모음으로 표시된다.

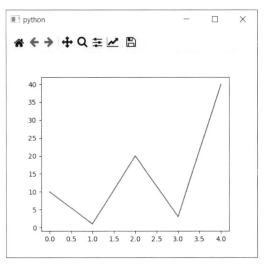

그림 8-14. 도구 모음과 Matplotlib 캔버스

NavigationToolbar2QT에서 제공하는 버튼을 사용하면 다음 작업을 제어할 수 있다.

- 플롯을 탐색하는 데 사용되는 홈, 뒤로/앞으로, 패닝 및 확대/축소. 뒤로/앞으로 버튼은 탐색 단계를 앞뒤로 이동할 수 있다. 예를 들어 확대한 다음 뒤로를 클릭하면 이전 확대/축소로 돌아간다. 홈은 플롯의 초기 상태로 돌아간다.

- 윈도우 내에서 플롯을 조정할 수 있는 플롯 여백/위치를 설정한다.

- 플롯 선 색상 및 선 스타일 설정과 함께 플롯 제목 및 축 스케일을 수정할 수 있는 축/곡선 스타일 편집기다. 색상 선택은 플랫폼 기본 컬러 피커를 사용해 사용 가능한 색상을 선택할 수 있다.

- 저장, 결과 그림을 이미지로 저장한다(모든 Matplotlib 지원 형식).

이러한 설정 중 일부는 다음과 같다.

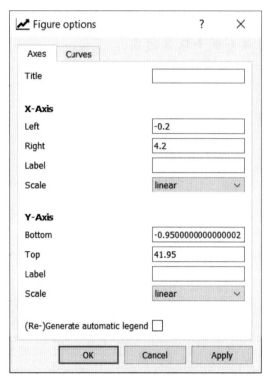

그림 8-15. Matplotlib 그림 옵션

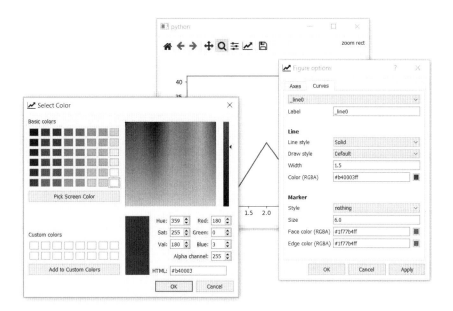

그림 8-16. Matplotlib 커브 옵션

Matplotlib 플롯 탐색 및 구성에 대한 자세한 내용은 공식 Matplotlib 도구
모음 문서를 참조한다(https://matplotlib.org/3.1.1/users/navigation_toolbar.html).

플롯 업데이트

애플리케이션에서 사용자의 입력에 대한 응답이든 API의 업데이트된 데이터이
든 상관없이 플롯에 표시된 데이터를 업데이트하는 경우가 많다. Matplotlib에
서 플롯을 업데이트하는 방법에는 두 가지가 있다.

1. 캔버스 지우고 다시 그리기(더 간단하지만 더 느림)

2. 그려진 선에 대한 참조를 유지하고 데이터를 업데이트

앱의 성능이 중요한 경우 후자를 수행하는 것이 좋지만 전자가 더 간단하다.
먼저 다음과 같이 간단한 지우고 다시 그리기 방법으로 시작한다.

지우고 다시 그리기

리스트 8-9. plotting/matplotlib_3.py

```python
import random
import sys

from PyQt6 import (
    QtCore,
    QtWidgets
) # matplotlib 이전에 PyQt6 임포트하기

import matplotlib
from matplotlib.backends.backend_qtagg import FigureCanvasQTAgg
from matplotlib.Figure import Figure

matplotlib.use("QtAgg")

class MplCanvas(FigureCanvasQTAgg):
    def __init__(self, parent=None, width=5, height=4, dpi=100):
        fig = 그림(figsize=(width, height), dpi=dpi)
        self.axes = fig.add_subplot(111)
        super().__init__(fig)

class MainWindow(QtWidgets.QMainWindow):
    def __init__(self):
        super().__init__()

        self.canvas = MplCanvas(self, width=5, height=4, dpi=100)
        self.setCentralWidget(self.canvas)
```

```
        n_data = 50
        self.xdata = list(range(n_data))
        self.ydata = [random.randint(0, 10) for i in range(n_data)]
        self.update_plot()
        self.show()

        # update_plot을 호출해 다시 그리기를 트리거하도록 타이머를 설정
        self.timer = QtCore.QTimer()
        self.timer.setInterval(100)
        self.timer.timeout.connect(self.update_plot)
        self.timer.start()

    def update_plot(self):
        # 첫 y 요소를 삭제하고 새 요소 추가
        self.ydata = self.ydata[1:] + [random.randint(0, 10)]
        self.canvas.axes.cla() # 캔버스 지우기
        self.canvas.axes.plot(self.xdata, self.ydata, "r")
        # 캔버스를 트리거해 업데이트하고 다시 그리기
        self.canvas.draw()

app = QtWidgets.QApplication(sys.argv)

w = MainWindow()

app.exec()
```

이 예제에서 자체 포함된 상태로 플로팅을 유지하고자 update_plot 메서드로
이동했다. 이 메서드에서 ydata 배열을 취하고 [1:]으로 첫 번째 값을 삭제한
다음 0과 10 사이의 새로운 임의의 정수를 추가한다. 이는 데이터를 왼쪽으로
스크롤하는 효과가 있다.

다시 그리려면 axis.cla()를 호출해 축(전체 캔버스)을 지우고 axes.plot(...)

을 호출해 업데이트된 값을 포함해 데이터를 다시 플로팅한다. 그런 다음 결과 캔버스는 canvas.draw()를 호출해 위젯에 다시 그린다.

update_plot 메서드는 QTimer를 사용해 100msec마다 호출된다. 지우고 새로 고침 메서드는 이 속도로 플롯을 업데이트할 만큼 충분히 빠르지만 속도가 증가하면 흔들리게 된다.

내부 다시 그리기

플롯된 라인을 내부에서 업데이트하는 데 필요한 변경 사항은 매우 최소화돼 플롯된 라인에 대한 참조를 저장하고 검색하는 데 추가 변수만 필요하다. 업데이트된 MainWindow 코드는 다음과 같다.

리스트 8-10. plotting/matplotlib_4.py

```python
class MainWindow(QtWidgets.QMainWindow):
  def __init__(self):
    super().__init__()

    self.canvas = MplCanvas(self, width=5, height=4, dpi=100)
    self.setCentralWidget(self.canvas)

    n_data = 50
    self.xdata = list(range(n_data))
    self.ydata = [random.randint(0, 10) for i in range(n_data)]

    # 새 데이터를 적용할 수 있게 표시된 선에 대한 참조를
    # 어딘가에 저장해야 한다.
    self._plot_ref = None
    self.update_plot()
    self.show()
```

```python
        # update_plot을 호출해 다시 그리기를 트리거하도록 타이머를 설정
        self.timer = QtCore.QTimer()
        self.timer.setInterval(100)
        self.timer.timeout.connect(self.update_plot)
        self.timer.start()

    def update_plot(self):
        # 첫 y 요소를 삭제하고 새 요소 추가
        self.ydata = self.ydata[1:] + [random.randint(0, 10)]

        # 메모: 더 이상 축을 지울 필요 없음
        if self._plot_ref is None:
            # 처음엔 플롯 참조가 없으므로 일반 플롯을 수행
            # 첫 번째 요소를 취할 수 있는 것은 하나만 가져오기 때문에
            # .plot은 <참조> 행의 리스트를 반환.
            plot_refs = self.canvas.axes.plot(
                self.xdata, self.ydata,"r"
            )
            self._plot_ref = plot_refs[0]
        else:
            self._plot_ref.set_ydata(self.ydata)

        # 캔버스를 트리거해 업데이트하고 다시 그린다.
        self.canvas.draw()
```

먼저 업데이트하려는 플롯된 라인에 대한 참조를 보유할 변수가 필요하다. 여기서 _plot_ref를 호출한다. self._plot_ref를 None으로 초기화하고 나중에 그 값을 확인해 선이 이미 그려졌는지 확인할 수 있다. 값이 여전히 None이면 아직 선을 그리지 않은 것이다.

여러 줄을 그리는 경우 리스트나 dict 데이터 구조를 사용해 여러 참조를 저장하고 어느 것이 어떤 것인지 추적하고 싶을 것이다.

마지막으로 이전과 같이 ydata 데이터를 업데이트하고 왼쪽으로 회전해서 새임의의 값을 추가한다.

1. self._plot_ref가 None인 경우(즉, 아직 선을 그리지 않은 경우) 선을 그리고 self._plot_ref에 참조를 저장한다.

2. self._plot_ref.set_ydata(self.ydata)를 호출해 해당 라인을 업데이트한다.

.plot을 호출할 때 그려진 선에 대한 참조를 얻는다. 그러나 .plot은 리스트를 반환한다(단일 .plot 호출이 둘 이상의 선을 그릴 수 있는 경우를 지원하고자). 이 경우에는 하나의 라인만 플로팅하므로 해당 리스트의 첫 번째 요소인 단일 Line2D 객체만 필요하다. 이 단일 값을 변수에 가져오고자 임시 변수 plot_refs에 할당한 다음 첫 번째 요소를 self._plot_ref 변수에 할당할 수 있다.

```
plot_refs = self.canvas.axes.plot(self.xdata, self.ydata, 'r')
self._plot_ref = plot_refs[0]
```

튜플을 언패킹해서 리스트의 첫 번째 요소를 다음과 같이 선택할 수도 있다.

```
self._plot_ref, = self.canvas.axes.plot(self.xdata, self.ydata, 'r')
```

결과 코드를 실행하면 이 속도에서 이 방법과 이전 방법 사이에 눈에 띄는 성능 차이가 없다. 그러나 플롯을 더 빨리 업데이트하려고 하면(예, 10msec마다) 플롯을 지우고 다시 그리는 데 시간이 더 오래 걸리고 업데이트가 타이머를 따라가지 못한다는 것을 알게 될 것이다. 이 성능 차이가 애플리케이션에서 문제가 될 만큼 충분한지 여부는 구축 대상에 따라 달라지며, 플롯된 라인에 대한 참조를 유지하고 관리하는 추가 복잡성과 비교해야 한다.

판다스에서 플롯 임베딩

판다스는 테이블(데이터 프레임) 및 시리즈 데이터 구조 작업에 중점을 둔 파이썬 패키지로, 데이터 분석 워크플로에 특히 유용하다. `Matplotlib`으로 플로팅을 지원하는 기능이 내장돼 있으며 여기에서 이러한 플롯을 PyQt6에 포함하는 방법을 간단히 살펴본다. 이를 통해 판다스를 기반으로 구축된 PyQt6 데이터 분석 애플리케이션 구축을 시작할 수 있다.

판다스 플로팅 기능은 `DataFrame` 객체에서 직접 접근할 수 있다. 함수 시그니처는 플롯을 그리는 방법을 제어할 수 있는 많은 옵션을 제공해 매우 복잡하다.

```
DataFrame.plot(
    x=None, y=None, kind='line', ax=None, subplots=False, sharex=None,
    sharey=False, layout=None, figsize=None, use_index=True, title=None,
    grid=None, legend=True, style=None, logx=False, logy=False, loglog=False,
    xticks=None, yticks=None, xlim=None, ylim=None, rot=None, fontsize=None,
    colormap=None, table=False, yerr=None, xerr=None, secondary_y=False,
    sort_columns=False, **kwargs
)
```

가장 관심을 갖고 있는 매개변수는 판다스가 `DataFrame`을 그릴 자신의 `matplotlib.Axes` 인스턴스를 전달할 수 있게 해주는 `ax`다.

```python
import sys

from PyQt6 import (
    QtCore,
    QtWidgets
) # matplotlib 이전에 PyQt6 임포트

import matplotlib
import pandas as pd
from matplotlib.backends.backend_qtagg import FigureCanvasQTAgg
from matplotlib.Figure import Figure

matplotlib.use("QtAgg")

class MplCanvas(FigureCanvasQTAgg):
    def __init__(self, parent=None, width=5, height=4, dpi=100):
        fig = Figure(figsize=(width, height), dpi=dpi)
        self.axes = fig.add_subplot(111)
        super().__init__(fig)

class MainWindow(QtWidgets.QMainWindow):
    def __init__(self):
        super().__init__()

        # 단일 축 세트를 self.axes로 정의하는
        # maptlotlib FigureCanvasQTAgg 객체를 생성
        sc = MplCanvas(self, width=5, height=4, dpi=100)

        # 몇 가지 간단한 데이터와 헤더로 팬더 DataFrame을 생성
        df = pd.DataFrame(
            [
                [0, 10],
                [5, 15],
```

668

```
            [2, 20],
            [15, 25],
            [4,10],
        ],
        columns=["A", "B"])

    # matplotlib 캔버스 축을 전달해 판다스 DataFrame을 플롯팅
    df.plot(ax=sc.axes)

    self.setCentralWidget(sc)
    self.show()

app = QtWidgets.QApplication(sys.argv)

w = MainWindow()

app.exec()
```

여기서 핵심 단계는 df.plot(ax=sc.axes) 라인의 DataFrame에서 plot 메서드를 호출할 때 캔버스 축을 전달하는 것이다. 이 동일한 패턴을 사용해 언제든지 플롯을 업데이트할 수 있지만 판다스는 전체 캔버스를 지우고 다시 그리므로 고성능 플롯팅에는 적합하지 않다.

판다스를 통해 생성된 결과 플롯은 다음과 같다.

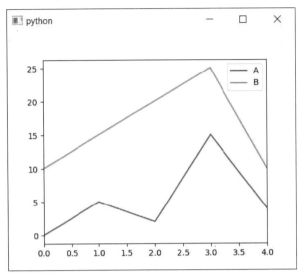

그림 8-17. 판다스는 matplotlib Canvas에서 플롯을 생성

이전과 마찬가지로 판다스를 사용해 생성된 플롯에 Matplotlib 도구 모음 및 제어 지원을 추가해 실시간으로 확대/축소/이동하고 수정할 수 있다. 다음 코드는 이전 도구 모음 예제와 판다스 예제를 결합했다.

리스트 8-12. plotting/matplotlib_6.py

```
import sys

from PyQt6 import (
    QtCore,
    QtWidgets
) # matplotlib 이전에 PyQt6 임포트

import matplotlib
import pandas as pd
from matplotlib.backends.backend_qtagg import FigureCanvasQTAgg
from matplotlib.backends.backend_qtagg import (
```

```
    NavigationToolbar2QT as NavigationToolbar,
)
from matplotlib.Figure import Figure

matplotlib.use("QtAgg")

class MplCanvas(FigureCanvasQTAgg):
    def __init__(self, parent=None, width=5, height=4, dpi=100):
        fig = Figure(figsize=(width, height), dpi=dpi)
        self.axes = fig.add_subplot(111)
        super().__init__(fig)

class MainWindow(QtWidgets.QMainWindow):
    def __init__(self):
        super().__init__()

        # 단일 축 세트를 self.axes로 정의하는
        # maptlotlib FigureCanvasQTAgg 객체를 생성
        sc = MplCanvas(self, width=5, height=4, dpi=100)

        # 몇 가지 간단한 데이터와 헤더로 팬더 DataFrame을 생성
        df = pd.DataFrame(
            [
                [0, 10],
                [5, 15],
                [2, 20],
                [15, 25],
                [4,10],
            ],
            columns=["A", "B"],
        )

        # matplotlib 캔버스 축을 전달해 팬더 DataFrame을 플롯
        df.plot(ax=sc.axes)
```

```python
        # 첫 번째 매개변수로 캔버스를 전달하고
        # 두 번째 매개변수로 부모(자신, MainWindow)를 전달해 도구 모음을 만든다.
        toolbar = NavigationToolbar(sc, self)

        layout = QtWidgets.QVBoxLayout()
        layout.addWidget(toolbar)
        layout.addWidget(sc)

        # 도구 모음과 캔버스를 위한 플레이스홀더 위젯 생성
        widget = QtWidgets.QWidget()
        widget.setLayout(layout)
        self.setCentralWidget(widget)
        self.show()

app = QtWidgets.QApplication(sys.argv)

w = MainWindow()

app.exec()
```

실행하면 Matplotlib 도구 모음과 함께 PyQt6에 포함된 판다스 플롯을 보여주
는 다음 윈도우가 나타난다.

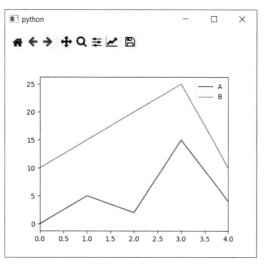

그림 8-18. `matplotlib` 도구 모음으로 판다스 플롯.

향후 계획

PyQt6 애플리케이션에 `Matplotlib` 플롯을 포함하는 방법을 살펴봤다. 애플리케이션에서 `Matplotlib` 플롯을 사용할 수 있으므로 파이썬에서 사용자 지정 데이터 분석 및 시각화 도구를 만들 수 있다.

`Matplotlib`은 거대한 라이브러리이며 너무 커서 자세히 다루기 어렵다. `Matplotlib` 플로팅에 익숙하지 않고 더 알고 싶다면 문서(https://matplotlib.org/) 및 예제 플롯(https://matplotlib.org/3.1.1/gallery/index.html)을 확인한다.

9

PyQt6 심화 기능

지금까지 다룬 주제는 PyQt6로 완벽하게 작동하는 데스크톱 애플리케이션을 구축하기에 충분하다. 9장에서는 어떻게 작동하는지 더 깊이 이해하고자 Qt 프레임워크의 좀 더 기술적이고 덜 알려진 측면을 살펴본다. 여기에서 다루는 주제는 많은 애플리케이션에서 불필요하지만 필요할 때를 위해 도구 상자에 보관하는 것이 좋다.

9.1 타이머

애플리케이션에서 일부 작업을 정기적으로 수행하거나 미래의 특정 시점에 수행하려고 할 수 있다. PyQt6에서는 타이머를 사용해 이를 수행한다. QTimer 클래스는 반복 타이머 또는 인터벌 타이머와 싱글 샷 타이머 또는 오프타이머의 두 가지 다른 유형의 타이머에 대한 액세스를 제공한다. 두 가지 모두 애플리케이션의 함수 및 메서드에 연결해 필요할 때마다 실행할 수 있다. 이 장에서는 이 두 가지 유형의 타이머를 살펴보고 타이머를 사용해 앱을 자동화하는 방법을 시연한다.

인터벌 타이머

QTimer 클래스를 사용해 임의의 기간(밀리초)에 대한 인터벌 타이머를 생성할 수 있다. 지정된 각 기간마다 타이머가 시간 초과된다. 이러한 상황이 발생할 때마다 트리거하려면 다른 시그널과 마찬가지로 타이머의 시간 초과 시그널을 원하는 대로 연결한다.

다음 예제에서는 다이얼을 회전시키는 100msec마다 실행되는 타이머를 설정한다.

리스트 9-1. further/timers_1.py

```python
import sys

from PyQt6.QtCore import QTimer
from PyQt6.QtWidgets import QApplication, QDial, QMainWindow

class MainWindow(QMainWindow):
    def __init__(self):
        super().__init__()

        self.dial = QDial()
        self.dial.setRange(0, 100)
        self.dial.setValue(0)

        self.timer = QTimer()
        self.timer.setInterval(10)
        self.timer.timeout.connect(self.update_dial)
        self.timer.start()

        self.setCentralWidget(self.dial)

    def update_dial(self):
        value = self.dial.value()
```

```
        value += 1 # 증가시키기
        if value > 100:
            value = 0
        self.dial.setValue(value)


app = QApplication(sys.argv)

w = MainWindow()
w.show()

app.exec()
```

이는 간단한 예다. 연결된 메서드로 원하는 모든 작업을 수행할 수 있다. 그러나 표준 이벤트 루프 규칙이 적용되고 트리거된 작업은 GUI를 차단하지 않도록 신속하게 반환해야 한다. 정기적인 장기 실행 태스크를 수행해야 하는 경우 타이머를 사용해 별도의 스레드나 프로세스를 트리거할 수 있다.

 타이머가 실행되는 동안 생성된 타이머 객체에 대한 참조를 유지해야 한다. 그렇지 않으면 타이머 객체가 삭제되고 경고 없이 타이머가 중지된다. 타이머를 만들었는데 작동하지 않는 것 같으면 객체에 대한 참조를 유지했는지 확인한다.

타이머의 정확도가 중요하다면 timer.setTimerType에 Qt.QTimerType 값을 전달해 설정한다.

리스트 9-2. further/timers_1b.py

```
self.timer.setTimerType(Qt.TimerType.PreciseTimer)
```

사용할 수 있는 옵션은 다음과 같다. 타이머를 필요 이상으로 더 정확하게 만들지 않는다. 중요한 UI 업데이트를 차단할 수 있다.

타이머 타입	값	설명
Qt.TimerType.PreciseTimer	0	Precise 타이머는 밀리초 정확도를 유지
Qt.TimerType.CoarseTimer	1	Coarse 타이머는 원하는 간격의 5% 이내로 정확도를 유지
Qt.TimerType.VeryCoarseTimer	2	VeryCoarse 타이머는 완전한 초 정확도만 유지

가장 정확한 타이머는 밀리초 정확도를 유지하려고 한다는 점에 유의한다. GUI 스레드의 모든 항목은 UI 업데이트 및 자체 파이썬 코드에 의해 차단될 위험이 있다. 정확성이 중요하다면 작업을 완전히 제어하는 다른 스레드나 프로세스에 넣는다.

싱글 샷 타이머

무언가를 트리거하고 싶지만 한 번만 발생하게 하는 경우 싱글 샷 타이머를 사용할 수 있다. 이들은 **QTimer** 객체의 정적 메서드를 사용해 구성된다. 가장 간단한 형식은 msec 단위의 시간과 타이머가 실행될 때 트리거하려는 호출 가능 항목(예, 실행하려는 메서드)을 허용한다.

다음 예에서는 싱글 샷 타이머를 사용해 토글 가능한 푸시 버튼을 누른 후 선택을 취소한다.

리스트 9-3. further/timers_2.py

```python
import sys

from PyQt6.QtCore import QTimer
from PyQt6.QtWidgets import QApplication, QMainWindow, QPushButton

class MainWindow(QMainWindow):
```

```python
    def __init__(self):
        super().__init__()

        self.button = QPushButton("Press me!")
        self.button.setCheckable(True)
        self.button.setStyleSheet(
            # 확인 상태를 빨간색으로 표시해 보기 쉽게 만든다.
            "QPushButton:checked { background-color: red; }"
        )

        self.button.toggled.connect(self.button_checked)
        self.setCentralWidget(self.button)

    def button_checked(self):
        print("Button checked")
        QTimer.singleShot(1000, self.uncheck_button) ❶

    def uncheck_button(self):
        print("Button unchecked")
        self.button.setChecked(False)


app = QApplication(sys.argv)

w = MainWindow()
w.show()

app.exec()
```

❶ uncheck_button 메서드는 1000밀리초 후에 호출된다.

이 예제를 실행하고 버튼을 누르면 사용자 정의 스타일을 사용해 선택되고 빨간색으로 변하는 것을 볼 수 있다. 그런 다음 잠시 후 버튼이 선택되지 않은 상태로 돌아간다. 이를 달성하고자 싱글 샷 타이머를 사용해 두 가지 사용자 정의 메서드를 함께 연결했다. 먼저 버튼에서 전환된 시그널을 button_checked 메서드에 연결한다. 이는 싱글 샷 타이머를 작동시킨다. 이 타이머가 시간 초과되면 실제로 버튼의 선택을 취소하는 uncheck_button을 호출한다. 이를 통해 구성 가능한 양만큼 버튼 선택 취소를 미룰 수 있다.

인터벌 타이머와 달리 생성된 타이머에 대한 참조를 유지할 필요가 없다. QTimer.singleShot() 메서드는 타이머를 반환하지 않는다.

이벤트 큐를 통한 미루기

제로 타임 싱글 샷 타이머를 사용해 이벤트 대기열을 통해 작업을 미룰 수 있다. 타이머가 트리거되면 타이머 이벤트는 새 이벤트이므로 이벤트 큐의 뒤쪽으로 이동하고 기존 이벤트가 모두 처리된 후에만 처리된다.

시그널(및 이벤트)은 파이썬에서 이벤트 루프로 제어를 반환한 후에만 처리된다. 메서드에서 일련의 시그널을 트리거하고 발생한 후에 무언가를 수행하려는 경우 동일한 메서드에서 직접 수행할 수 없다. 시그널이 적용되기 전에 코드가 실행된다.

```
def my_method(self):
    self.some_signal.emit()
    self.some_other_signal.emit()
    do_something_here() ❶
```

❶ 이 기능은 두 시그널이 적용되기 전에 실행된다.

싱글 샷 타이머를 사용하면 후속 작업을 이벤트 대기열 뒤로 밀어 넣고 마지막에 발생하게 할 수 있다.

```
def my_method(self):
    self.some_signal.emit()
    self.some_other_signal.emit()
    QTimer.singleShot(0, do_something_here) ❶
```

❶ 이것은 시그널 효과 후에 실행된다.

> ❗ 이 기술은 do_something_here 함수가 선행 시그널 후에 실행되도록 보장하며, 이들
> 의 다운스트림 효과는 보장하지 않는다. 이 문제를 해결하고자 msecs 값을 높이려고
> 하지 않는다. 애플리케이션이 시스템 타이밍에 종속되기 때문이다.

9.2 확장 시그널

시그널에 대한 기본적인 소개를 이미 살펴봤지만 시그널로 할 수 있는 일의 기초였다. 이 절에서는 어떻게 자신만의 시그널을 만들고 그들과 함께 전송되는 데이터를 커스터마이징할 수 있는지 살펴본다.

사용자 정의 시그널

지금까지 내장 위젯에서 Qt 자체가 제공하는 시그널만 살펴봤다. 그러나 코드에서 자신만의 시그널을 사용할 수도 있다. 이는 애플리케이션의 모듈식 부분을 분리하는 좋은 방법이다. 앱의 일부는 앱의 구조에 대해 알 필요 없이 다른 곳에서 일어나는 일에 응답할 수 있다.

분리가 필요하다는 좋은 지표 하나는 `.parent()`를 사용해 관련 없는 다른 위젯의 데이터에 접근하는 경우다. 그러나 이는 다른 객체를 통해 객체를 참조하는 모든 장소에도 적용된다(예, `self.my_other_window.dialog.some_method`). 이러한 종류의 코드는 애플리케이션을 변경하거나 재구성할 때 여러 위치에서 깨지기 쉽다. 가능하면 피하자.

이러한 업데이트를 이벤트 대기열에 넣으면 앱의 응답성을 유지하는 데 도움이 된다. 하나의 큰 업데이트 메서드를 사용하는 대신 작업을 여러 슬롯으로 분할하고 단일 시그널로 트리거할 수 있다.

PyQt6에서 제공하는 `pyqtSignal` 메서드를 사용해 고유한 시그널을 정의할 수 있다. 시그널은 시그널과 함께 전달될 파이썬 타입을 전달하는 클래스 속성으로 정의된다. 시그널 이름으로 유효한 파이썬 변수 이름을 선택하고 시그널 타입으로 파이썬 타입을 선택할 수 있다.

리스트 9-4. further/signals_custom.py

```
import sys

from PyQt6.QtCore import pyqtSignal
from PyQt6.QtWidgets import QApplication, QMainWindow

class MainWindow(QMainWindow):
    message = pyqtSignal(str) ❶
    value = pyqtSignal(int, str, int) ❷
    another = pyqtSignal(list) ❸
    onemore = pyqtSignal(dict) ❹
    anything = pyqtSignal(object) ❺

    def __init__(self):
        super().__init__()
```

```python
        self.message.connect(self.custom_slot)
        self.value.connect(self.custom_slot)
        self.another.connect(self.custom_slot)
        self.onemore.connect(self.custom_slot)
        self.anything.connect(self.custom_slot)

        self.message.emit("my message")
        self.value.emit(23, "abc", 1)
        self.another.emit([1, 2, 3, 4, 5])
        self.onemore.emit({"a": 2, "b": 7})
        self.anything.emit(1223)

    def custom_slot(self, *args):
        print(args)

app = QApplication(sys.argv)

window = MainWindow()
window.show()

app.exec()
```

❶ 문자열을 내보내는 시그널

❷ 3가지 다른 타입을 내보내는 시그널

❸ 리스트를 내보내는 시그널

❹ 딕셔너리를 내보내는 시그널

❺ 객체를 내보내는 시그널

보시다시피 시그널은 정상적으로 연결되고 내보낼 수 있다. 여러 타입 및 복합 타입(예, 딕셔너리, 리스트)을 포함한 모든 파이썬 타입을 보낼 수 있다.

시그널을 pyqtSignal(object)로 정의하면 모든 파이썬 타입을 틀림없이 전송할 수 있다. 그러나 수신 슬롯이 모든 타입을 처리해야 하므로 이는 일반적으로 좋은 생각이 아니다.

 QObject의 하위 클래스인 모든 클래스에서 시그널을 생성할 수 있다. 여기에는 기본 윈도우와 대화상자를 포함한 모든 위젯이 포함된다.

시그널 데이터 수정

시그널은 발생할 때마다 실행되는 함수(또는 메서드)인 슬롯에 연결된다. 또한 많은 시그널은 데이터를 전송해 시그널을 발생시킨 상태 변경이나 위젯에 대한 정보를 제공한다. 수신 슬롯은 이 데이터를 사용해 동일한 시그널에 대한 응답으로 다른 작업을 수행할 수 있다.

그러나 제한 사항이 있다. 시그널은 설계된 데이터만 내보낼 수 있다. 버튼을 클릭할 때 발생하는 QPushButton.clicked 시그널을 예로 들어보자. clicked+ 시그널은 단일 데이터(클릭 후 버튼의 _checked 상태)를 내보낸다.

 선택할 수 없는 버튼의 경우 항상 False가 된다.

슬롯은 이 데이터를 수신하지만 그 이상은 수신하지 않는다. 어떤 위젯이 그것을 트리거했는지 또는 그에 대해 아무것도 모른다. 이는 일반적으로 괜찮다. 특정 위젯을 해당 위젯이 요구하는 것을 정확하게 수행하는 고유한 함수에 연결할 수 있다. 그러나 때때로 슬롯 방식이 좀 더 똑똑해질 수 있도록 데이터를 추가하고 싶을 때가 있다. 이를 수행하는 깔끔한 트릭이 있다.

전송하는 추가 데이터는 트리거된 위젯 자체이거나 슬롯이 시그널의 의도된 결과를 수행하는 데 필요한 일부 관련 메타데이터일 수 있다.

시그널 가로채기

시그널을 대상 슬롯 기능에 직접 연결하는 대신 중간 기능을 사용해 시그널을 가로채고 시그널 데이터를 수정한 다음 대상 슬롯에 전달한다. 시그널을 내보낸 위젯에 액세스할 수 있는 컨텍스트에서 중간 함수를 정의하면 시그널과 함께 전달할 수도 있다.

이 슬롯 함수는 시그널에 의해 전송된 값(여기서는 확인 상태)을 수락한 다음 실제 슬롯을 호출해 인수와 함께 추가 데이터를 전달해야 한다.

```python
def fn(checked):
    self.button_clicked(checked, <additional args>)
```

중간 함수를 이와 같이 정의하는 대신 람다 함수를 사용해 인라인으로 동일한 작업을 수행할 수도 있다. 위와 같이 단일 매개변수를 확인하고 실제 슬롯을 호출한다.

```python
lambda checked: self.button_clicked(checked, <additional args>)
```

두 예 모두에서 <additional args>는 슬롯에 전달하려는 모든 것으로 대체될 수 있다. 다음 예에서는 QPushButton 객체 작업을 수신 슬롯으로 전달한다.

```python
btn = QPushButton()
btn.clicked.connect( lambda checked: self.button_clicked(checked, btn) )
```

button_clicked 슬롯 메서드는 원래 확인된 값과 QPushButton 객체를 모두 받는다. 수신 슬롯은 다음과 같다.

```
# 클래스 메서드
def button_clicked(self, checked, btn):
    # 여기에 코드 작성
```

 원하는 경우 중간 함수에서 인수를 재정렬할 수 있다.

다음 예제는 확인 상태와 위젯 객체를 수신하는 button_clicked 슬롯을 사용하는 것을 보여준다. 이 예에서는 핸들러에서 버튼을 숨겨 다시 클릭할 수 없다.

리스트 9–5. further/signals_extra_1.py

```python
import sys

from PyQt6.QtWidgets import QApplication, QMainWindow, QPushButton

class MainWindow(QMainWindow):
    def __init__(self):
        super().__init__()

        btn = QPushButton("Press me")
        btn.setCheckable(True)
        btn.clicked.connect(
            lambda checked: self.button_clicked (checked, btn)
        )
        self.setCentralWidget(btn)

    def button_clicked(self, checked, btn):
        print(btn, checked)
        btn.hide()

app = QApplication(sys.argv)
```

```
window = MainWindow()
window.show()

app.exec()
```

순환 문제

이런 방식으로 시그널을 연결하려는 일반적인 이유는 일련의 위젯을 만들고 순환문에서 프로그래밍 방식으로 시그널을 연결할 때다. 불행히도 상황이 항상 그렇게 간단하지는 않다.

순환문에서 가로채는 시그널을 구성하고 루프 변수를 수신 슬롯에 전달하려는 경우 문제가 발생한다. 예를 들어 다음 예에서는 일련의 버튼을 만들고 시그널과 함께 시퀀스 번호를 전달하려고 한다. 버튼을 클릭하면 레이블이 버튼 값으로 업데이트된다.

리스트 9-6. further/signals_extra_2.py

```
import sys

from PyQt6.QtWidgets import (
    QApplication,
    QHBoxLayout,
    QLabel,
    QMainWindow,
    QPushButton,
    QVBoxLayout,
    QWidget,
)
```

```python
class MainWindow(QMainWindow):
    def __init__(self):
        super().__init__()

        v = QVBoxLayout()
        h = QHBoxLayout()

        for a in range(10):
            button = QPushButton(str(a))
            button.clicked.connect(
                lambda checked: self.button_clicked(a)
            ) ❶
            h.addWidget(button)

        v.addLayout(h)
        self.label = QLabel("")
        v.addWidget(self.label)

        w = QWidget()
        w.setLayout(v)
        self.setCentralWidget(w)

    def button_clicked(self, n):
        self.label.setText(str(n))

app = QApplication(sys.argv)

window = MainWindow()
window.show()

app.exec()
```

❶ 람다에서 확인된 변수를 허용하지만 버린다. 이 버튼은 체크할 수 없으므로 항상 False다.

실행하면 어떤 버튼을 클릭하든 레이블에 표시된 것과 동일한 숫자(9)가 표시되는 문제를 알게 된다. 9인 이유는 루프의 마지막 값이기 때문이다.

그림 9–1. 어떤 버튼을 누르든 레이블에는 항상 9가 표시된다.

문제는 여기에 있다.

```
for a in range(10):
    button = QPushButton(str(a))
    button.clicked.connect(
        lambda checked: self.button_clicked(a)
    )
```

문제는 최종 슬롯에 대한 호출을 정의하는 lambda: self.button_clicked(a) 라인이다. 여기에서 전달하지만 루프 변수에 바인딩된 상태로 유지된다. lambda가 평가될 때(시그널이 실행될 때)의 값은 루프의 끝에서 가졌던 값이 되므로 둘 중 하나를 클릭하면 동일한 값이 전송된다(여기서는 9).

해결책은 값을 명명된 매개변수로 전달하는 것이다. 이렇게 하면 lambda가 생성될 때 값이 바인딩되고 루프의 해당 반복에서의 값이 유지된다. 이렇게 하면 호출될 때마다 올바른 값이 보장된다.

 까다롭다고 걱정하지 말자. 중간 함수에 대해 항상 명명된 매개변수를 사용한다는 것을 기억한다.

```
lambda checked, a=a: self.button_clicked(a) )
```

 동일한 변수 이름을 사용할 필요는 없다. 원하는 경우 lambda val=a: self.button_
clicked(val)을 사용할 수 있다. 중요한 것은 명명된 매개변수를 사용하는 것이다.

이것을 루프에 넣으면 다음과 같다.

리스트 9-7. further/signals_extra_3.py

```
for a in range(10):
    button = QPushButton(str(a))
    button.clicked.connect(
        lambda checked=False, a=a: self.button_clicked(a)
    ) ❶
    h.addWidget(button)
```

지금 실행하면 예상한 동작이 표시된다. 버튼을 클릭하면 레이블에 올바른 값이 표시된다.

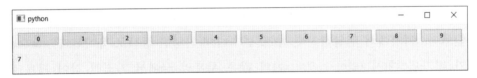

그림 9-2. 버튼을 누르면 누른 숫자가 다음과 같이 표시된다.

다음은 인라인 lambda 함수를 사용해 MainWindow.windowTitleChanged 시그널과 함께 보낸 데이터를 수정하는 몇 가지 추가 예다. .setWindowTitle 라인에 도달하면 모두 실행되고 my_custom_fn 슬롯은 수신한 내용을 출력한다.

```python
import sys

from PyQt6.QtWidgets import QApplication, QMainWindow

class MainWindow(QMainWindow):
    def __init__(self):
        super().__init__()

        # 시그널: 윈도우 제목이 변경될 때마다 연결된 함수가 호출된다.
        # 새 제목이 함수에 전달된다.
        self.windowTitleChanged.connect(self.on_window_title_changed)

        # 시그널: 연결된 함수는 윈도우 제목이 변경될 때마다 호출된다.
        # 새 제목은 람다에서 삭제되고 함수는 매개변수 없이 호출된다.
        self.windowTitleChanged.connect(lambda x: self. my_custom_fn())

        # 시그널: 연결된 함수는 제목이 변경될 때마다 호출된다.
        # 새 제목이 함수에 전달되고 기본 매개변수를 대체한다.
        self.windowTitleChanged.connect(lambda x: self.my_custom_fn(x))

        # 시그널: 연결된 함수는 윈도우 제목이 변경될 때마다 호출된다.
        # 새 제목이 함수에 전달되고 기본 매개변수를 대체한다.
        # 추가 네이터는 람다 내에서 전달된다.
        self.windowTitleChanged.connect(lambda x: self.my_custom_fn( x, 25))

        # 이것은 첫 번째 매개변수로 첨부된 함수 또는 람다에 새 제목을 보내는
        # 위의 모든 신호를 트리거하는 윈도우 제목을 설정한다.
        self.setWindowTitle("This will trigger all the signals.")

    # 슬롯: 문자열을 받아들인다. 윈도우 제목을 인쇄한다.
    def on_window_title_changed(self, s):
        print(s)
```

```
    # 슬롯: 기본 매개변수가 있으며 값없이 호출할 수 있다.
    def my_custom_fn(self, a="HELLLO!", b=5):
        print(a, b)


app = QApplication(sys.argv)


window = MainWindow()
window.show()


app.exec()
```

9.3 상대 경로로 작업

경로는 파일 시스템에서 파일의 위치를 설명한다. 외부 데이터 파일을 애플리
케이션에 로드할 때 일반적으로 경로를 사용해 이 작업을 수행한다. 원칙적으
로는 간단하지만 몇 가지 문제가 발생할 수 있다. 애플리케이션의 크기가 커짐
에 따라 경로를 유지 관리하는 것이 다소 어려워질 수 있으며 좀 더 안정적인
시스템을 구현하고자 한 걸음 물러서서 볼 가치가 있다.

상대 경로

절대 경로와 상대 경로의 두 가지 유형이 있다. 절대 경로는 파일 시스템의
루트에서 전체 경로를 설명하는 반면 상대 경로는 파일 시스템의 현재 위치에
서(또는 상대적인) 경로를 설명한다.

명확하지는 않지만 파일의 이름만 제공하는 경우(예, hello.jpg)는 상대 경로다.
파일이 로드되면 현재 활성 폴더를 기준으로 로드된다. 혼란스럽게도 현재 활

성 폴더는 스크립트가 있는 폴더와 반드시 같을 필요는 없다.

'위젯' 관련 장에서 이미지를 로드할 때 이런 문제를 처리하기 위한 간단한 접근 방식을 소개했다. 내장된 __file__을 사용해 현재 실행 중인 스크립트(애플리케이션)의 경로를 가져온 다음 os 함수를 사용해 먼저 스크립트의 디렉터리를 가져온 후 전체 경로를 빌드하는 데 사용한다.

리스트 9-9. basic/widgets_2b.py

```python
import os
import sys

from PyQt6.QtGui import QPixmap
from PyQt6.QtWidgets import QApplication, QLabel, QMainWindow

basedir = os.path.dirname(__file__)
print("Current working folder:", os.getcwd())  ❶
print("Paths are relative to:", basedir)  ❷

class MainWindow(QMainWindow):
    def __init__(self):
        super().__init__()
        self.setWindowTitle("My App")

        widget = QLabel("Hello")
        widget.setPixmap(QPixmap(os.path.join(basedir, "otje.jpg")))

        self.setCentralWidget(widget)

app = QApplication(sys.argv)

window = MainWindow()
window.show()
```

```
app.exec()
```

이는 단일 메인 스크립트가 있고 비교적 적은 수의 파일을 로드하는 간단한 애플리케이션에 적합하다. 그러나 로드하는 모든 파일에서 기본 디렉터리를 복제하고 os.path.join을 사용해 모든 곳에서 경로를 구성해야 하는 것은 유지 관리 문제가 된다. 프로젝트에서 파일을 재구성해야 하는 경우 재미가 없을 것이다. 다행히 더 간단한 방법이 있다.

 절대 경로를 사용하지 않는 이유는 무엇일까? 자신의 파일 시스템과 정확히 같은 구조를 가진 파일 시스템에서만 작동하기 때문이다. 내 홈 폴더에서 애플리케이션을 개발하고 절대 경로를 사용해 파일을 참조하는 경우(예, /home/martin/myapp/images/somefile.png)에 martin이라는 홈 폴더가 있고 거기에 폴더를 두는 다른 사람들에게만 작동한다. 조금 이상할 것이다.

경로 클래스 사용

애플리케이션이 로드해야 하는 데이터 파일은 일반적으로 상당히 구조화돼 있다. 로드할 일반적인 유형의 파일이 있거나 일반적인 목적으로 로드하는 파일이다. 일반적으로 관련 파일을 더 쉽게 관리할 수 있도록 관련 폴더에 저장한다. 이 기존 구조를 사용해 파일 경로를 구성하는 일반적인 방법을 만들 수 있다.

이를 위해 속성과 메서드 조합을 사용해 폴더와 파일 경로를 각각 빌드하는 사용자 정의 Paths 클래스를 만들 수 있다. 이것의 핵심은 앞에서 사용된 것과 동일한 os.path.dirname(__file__) 및 os.path.join() 접근 방식이며 자체 포함되고 쉽게 수정할 수 있는 추가적인 장점이 있다.

다음 코드를 가져와 프로젝트 루트의 paths.py 파일에 추가한다.

리스트 9-10. further/paths.py

```python
import os

class Paths:

    base = os.path.dirname(__file__)
    ui_files = os.path.join(base, "ui")
    images = os.path.join(base, "images")
    icons = os.path.join(images, "icons")
    data = os.path.join(base, "images")

    # 파일 로더
    @classmethod
    def ui_file(cls, filename):
        return os.path.join(cls.ui_files, filename)

    @classmethod
    def icon(cls, filename):
        return os.path.join(cls.icons, filename)

    @classmethod
    def image(cls, filename):
        return os.path.join(cls.images, filename)

    @classmethod
    def data(cls, filename):
        return os.path.join(cls.data, filename)
```

 경로 모듈을 실험하고자 프로젝트 루트에서 파이썬 인터프리터를 시작하고 from paths import Paths를 사용할 수 있다.

이제 애플리케이션의 어디에서나 Paths 클래스를 가져와 직접 사용할 수 있다. base, ui_files, icons, images, data 속성은 모두 기본 폴더 아래의 해당 폴더에 대한 경로를 반환한다. icons 폴더가 이미지 경로에서 구성되는 방식에 주목하자. 이 폴더가 그 아래에 중첩된다.

 자신의 프로젝트 폴더 구조와 일치하도록 경로 등의 이름과 구조를 자유롭게 사용자 정의한다.

```
>>> from paths import Paths
>>> Paths.ui_files
'U:\\home\\martin\\books\\create-simple-gui-applications\\code \\further\\ui'
>>> Paths.icons
'U:\\home\\martin\\books\\create-simple-gui-applications\\code \\further\\images\\icons'
```

 이 클래스로부터 객체 instance 인스턴스를 생성하지 않는다. 필요하지 않기 때문에 Paths()를 호출하지 않는다. 경로는 정적이며 변경되지 않으므로 객체를 생성해 관리할 내부 상태가 없다. 메서드는 클래스 자체에서 액세스할 수 있도록 @classmethod로 데코레이트돼야 한다.

ui_file, icon, image, data 메서드는 파일 이름을 포함한 경로를 생성하는 데 사용된다. 각각의 경우 경로 끝에 추가할 파일 이름을 전달하는 메서드를 호출한다. 이 방법은 모두 앞에서 설명한 폴더 속성에 따라 다르다. 예를 들어 특정 아이콘을 로드하려면 이름을 전달하는 Paths.icon() 메서드를 호출해 전체 경로를 다시 가져올 수 있다.

```
>>> Paths.icon('bug.png')
'U:\\home\\martin\\books\\create-simple-gui-applications\\code \\further\\images\\icons\\bug.png'
```

애플리케이션 코드에서 다음과 같이 이를 사용해 경로를 구성하고 아이콘을 로드할 수 있다.

```
QIcon(Paths.icon('bug.png'))
```

이렇게 하면 코드가 훨씬 더 깔끔하게 유지되고 경로가 올바른지 확인하는데 도움이 되며 파일 저장 방식을 재구성하려는 경우 훨씬 더 쉬워진다. 예를들어 아이콘을 최상위 폴더로 이동하고 싶다고 가정해보자. 이제 paths.py 정의만 변경하면 모든 아이콘이 이전과 같이 작동한다.

```
icons = os.path.join(images, 'icons')
# 최상위 레벨로 이동하려면 대신 아이콘을 기본에서 파생시킨다.
icons = os.path.join(base, 'icons')
```

9.4 시스템 트레이, 맥OS 메뉴

시스템 트레이 애플리케이션(또는 메뉴 모음 애플리케이션)은 몇 번의 클릭으로 일반적인 기능을 사용할 수 있게 하는 데 유용할 수 있다. 전체 데스크톱 애플리케이션의 경우 전체 윈도우를 열지 않고도 앱을 제어할 수 있는 유용한 바로가기다.

Qt는 플랫폼 간 시스템 트레이(윈도우) 또는 메뉴 모음(맥OS) 앱을 구축하기 위한 간단한 인터페이스를 제공한다. 다음은 메뉴와 함께 도구 모음/시스템 트레이에 아이콘을 표시하기 위한 최소한의 작업 예다. 메뉴의 작업이 연결되지 않았으므로 아직 아무 작업도 수행하지 않는다.

```python
import os
import sys

from PyQt6.QtGui import QAction, QIcon
from PyQt6.QtWidgets import (
    QApplication,
    QSystemTrayIcon,
    QColorDialog,
    QMenu,
)

basedir = os.path.dirname(__file__)

app = QApplication(sys.argv)
app.setQuitOnLastWindowClosed(False)

# 아이콘 생성
icon = QIcon(os.path.join(basedir,"icon.png"))

# 트레이 생성
tray = QSystemTrayIcon()
tray.setIcon(icon)
tray.setVisible(True)

# 메뉴 생성
menu = QMenu()
action = QAction("A menu item")
menu.addAction(action)

# 메뉴에 Quit 액션 추가
quit = QAction("Quit")
quit.triggered.connect(app.quit)
menu.addAction(quit)
```

```
# 트레이에 메뉴 추가
tray.setContextMenu(menu)

app.exec()
```

표시할 윈도우가 없기 때문에 QMainWindow가 없음을 알 수 있다. 시스템 트레이 아이콘의 동작에 영향을 주지 않고 정상적으로 윈도우를 생성할 수 있다.

 Qt의 기본 동작은 모든 활성 윈도우가 닫히면 애플리케이션을 닫는 것이다. 이는 이 예제에 영향을 미치지 않지만 윈도우를 만든 다음 닫는 애플리케이션에서 문제가 될 것이다. app.setQuitOnLastWindowClosed(False)를 설정하면 이를 중지하고 애플리케이션이 계속 실행되게 한다.

제공된 아이콘은 도구 모음에 표시된다(시스템 트레이 또는 메뉴 모음의 오른쪽에 그룹화된 아이콘의 왼쪽에서 볼 수 있음).

그림 9-3. 메뉴 바에 보이는 아이콘

아이콘을 클릭(윈도우의 경우 마우스 오른쪽 버튼)하면 추가된 메뉴가 표시된다.

그림 9-4. 메뉴 바 앱 메뉴

이 애플리케이션은 아직 아무 작업도 수행하지 않으므로 다음 부분에서 이 예제를 확장해 작은 컬러 픽커를 만든다.

다음은 도구 모음에 액세스 가능한 컬러 픽커를 제공하고자 Qt의 내장 QColorDialog를 사용하는 좀 더 완전한 작업 예다. 메뉴에서 HTML 형식 #RRGGBB, rgb(R,G,B) 또는 hsv(H,S,V)로 선택한 색상을 가져올 수 있다.

리스트 9-12. further/systray_color.py

```python
import os
import sys

from PyQt6.QtGui import QAction, QIcon
from PyQt6.QtWidgets import (
    QApplication,
    QSystemTrayIcon,
    QColorDialog,
    QMenu,
)

basedir = os.path.dirname(__file__)

app = QApplication(sys.argv)
app.setQuitOnLastWindowClosed(False)
```

```python
# 아이콘 생성
icon = QIcon(os.path.join(basedir,"color.png"))
clipboard = QApplication.clipboard()
dialog = QColorDialog()


def copy_color_hex():
    if dialog.exec():
        color = dialog.currentColor()
        clipboard.setText(color.name())


def copy_color_rgb():
    if dialog.exec():
        color = dialog.currentColor()
        clipboard.setText(
            "rgb(%d, %d, %d)"
            % (color.red(), color.green(), color.blue())
        )


def copy_color_hsv():
    if dialog.exec():
        color = dialog.currentColor()
        clipboard.setText(
            "hsv(%d, %d, %d)"
            % (color.hue(), color.saturation(), color.value())
        )


# 트레이 생성
tray = QSystemTrayIcon()
tray.setIcon(icon)
tray.setVisible(True)

# 메뉴 생성
menu = QMenu()
action1 = QAction("Hex")
```

```
action1.triggered.connect(copy_color_hex)
menu.addAction(action1)

action2 = QAction("RGB")
action2.triggered.connect(copy_color_rgb)
menu.addAction(action2)

action3 = QAction("HSV")
action3.triggered.connect(copy_color_hsv)
menu.addAction(action3)

quit = QAction("Quit")
quit.triggered.connect(app.quit)
menu.addAction(quit)

# 트레이에 메뉴 추가
tray.setContextMenu(menu)

app.exec()
```

이전 예에서와 같이 이 예에는 QMainWindow가 없다. 메뉴는 이전처럼 생성하지만 다른 출력 형식에 대해 3가지 작업을 추가한다. 각 작업은 해당 작업이 나타내는 형식에 대한 특정 핸들러 함수에 연결된다. 각 핸들러는 대화상자를 표시하고 색상이 선택되면 해당 색상을 지정된 형식으로 클립보드에 복사한다.

이전과 마찬가지로 아이콘이 도구 모음에 나타난다.

그림 9-5. 도구 메뉴에 컬러 픽커

아이콘을 클릭하면 메뉴가 표시되며 여기에서 반환하려는 이미지 형식을 선택할 수 있다.

그림 9-6. 컬러 픽커 메뉴

형식을 선택하면 표준 Qt 컬러 픽커 윈도우가 표시된다.

그림 9-7. 시스템 컬러 픽커 윈도우

원하는 색상을 선택하고 OK를 클릭한다. 선택한 색상이 요청된 형식으로 클립보드에 복사된다. 사용 가능한 형식은 다음과 같은 출력을 생성한다.

값	범위
#a2b3cc	00–FF
rgb(25, 28, 29)	0–255
hsv(14, 93, 199)	0–255

시스템 트레이 아이콘 추가

지금까지 기본 윈도우 없이 독립 실행형 시스템 트레이 애플리케이션을 만드는 방법을 살펴봤다. 그러나 때로는 윈도우뿐만 아니라 시스템 트레이 아이콘을 원할 수도 있다. 이 작업이 완료되면 일반적으로 애플리케이션을 닫지 않고 트레이 아이콘에서 기본 윈도우를 열고 닫을 수(숨김) 있다. 이 절에서는 Qt5로 이러한 종류의 애플리케이션을 구축하는 방법을 살펴본다.

원칙적으로는 매우 간단하다. 기본 윈도우를 만들고 작업의 시그널을 윈도우의 .show() 메서드에 연결한다. 다음은 'PenguinNotes'라는 작은 트레이 메모 애플리케이션이다. 실행하면 시스템 트랙이나 맥OS 도구 모음에 작은 펭귄 아이콘이 표시된다.

트레이에 있는 작은 펭귄 아이콘을 클릭하면 윈도우가 나타난다. 윈도우에는 메모를 작성할 수 있는 QTextEdit 편집기가 있다. 평소와 같이 윈도우를 닫거나 트레이 아이콘을 다시 클릭해 닫을 수 있다. 앱은 트레이에서 계속 실행된다. 앱을 닫으려면 File ▶ Close를 사용할 수 있다. 닫으면 자동으로 메모가 저장된다.

리스트 9-13. further/systray_window.py

```
import os
import sys

from PyQt6.QtGui import QAction, QIcon
from PyQt6.QtWidgets import (
    QApplication,
    QSystemTrayIcon,
    QMainWindow,
    QTextEdit,
    QMenu,
)

basedir = os.path.dirname(_file__)


app = QApplication(sys.argv)
```

```python
app.setQuitOnLastWindowClosed(False)

# 아이콘 생성
icon = QIcon("animal-penguin.png")

# 트레이 생성
tray = QSystemTrayIcon()
tray.setIcon(icon)
tray.setVisible(True)

class MainWindow(QMainWindow):
    def __init__(self):
        super().__init__()

        self.editor = QTextEdit()
        self.load()     # 파일에서 텍스트 가져오기
        menu = self.menuBar()

        file_menu = menu.addMenu("&File")
        self.reset = QAction("&Reset")
        self.reset.triggered.connect(self.editor.clear)
        file_menu.addAction(self.reset)

        self.quit = QAction("&Quit")
        self.quit.triggered.connect(app.quit)
        file_menu.addAction(self.quit)

        self.setCentralWidget(self.editor)
        self.setWindowTitle("PenguinNotes")

    def load(self):
        with open("notes.txt", "r") as f:
            text = f.read()
        self.editor.setPlainText(text)
```

706

```
    def save(self):
       text = self.editor.toPlainText()
       with open("notes.txt", "w") as f:
          f.write(text)

    def activate(self, reason):
       if (
          reason == QSystemTrayIcon.ActivationReason.Trigger
       ):    # 아이콘 클릭
          self.show()

w = MainWindow()

tray.activated.connect(w.activate)
app.aboutToQuit.connect(w.save)

app.exec()
```

ℹ️ 맥OS에서 종료 동작은 파일 메뉴가 아니라 애플리케이션 메뉴(맨 왼쪽에 애플리케이션 이름과 함께)에 나타난다. File ▶ Reset 작업도 추가하지 않으면 파일 메뉴가 비어 있고 숨겨진다(시도해보자).

다음은 윈도우가 열려 있는 메모 앱의 스크린샷이다.

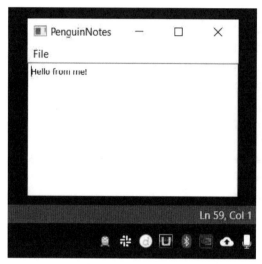

그림 9–8. 노트 편집 윈도우

윈도우를 표시하고 숨기는 제어는 QMainWindow의 activate 메서드에서 처리한다. tray.activated.connect(w.activate)를 사용해 코드 하단의 트레이 아이콘 .activated 시그널에 연결된다.

```python
    def activate(self, reason):
      if reason == QSystemTrayIcon.Trigger:  # 아이콘 클릭
        if self.isVisible():
          self.hide()
        else:
          self.show()
```

이 시그널은 다양한 상황에서 트리거되므로 먼저 QSystemTrayIcon.Trigger만 사용하고 있는지 확인해야 한다.

이유	값	설명
QSystemTrayIcon.Unknown	0	알 수 없는 이유
QSystemTrayIcon.Context	1	컨텍스트 메뉴가 요청(맥OS 한 번 클릭, 윈도우 마우스 오른쪽 버튼 클릭)
QSystemTrayIcon.DoubleClick	2	아이콘을 더블 클릭. 맥OS에서 더블 클릭은 한 번의 클릭으로 메뉴가 열리기 때문에 컨텍스트 메뉴가 설정되지 않은 경우에만 실행
QSystemTrayIcon.Trigger	3	아이콘 한 번 클릭
QSystemTrayIcon.MiddleClick	4	마우스 중간 버튼으로 아이콘 클릭

이러한 이벤트를 수신하면 원하는 모든 유형의 시스템 트레이 동작을 구성할 수 있다. 그러나 모든 대상 플랫폼에서 동작을 확인하자.

9.5 열거형, Qt 네임스페이스

애플리케이션에서 다음과 같은 행을 볼 때 Qt.ItemDataRole.DisplayRole 또는 Qt.ItemDataRole.CheckStateRole 객체가 실제로 무엇인지 궁금했을 것이다.

 이전 버전의 PyQt에는 Qt.DisplayRole과 같은 바로 가기 이름도 있으므로 코드에서 계속 볼 수 있다. PyQt6에서는 항상 긴 형식을 사용해야 한다. 이 책의 모든 예는 완전한 이름을 사용한다.

```python
def data(self, role, index):

    if role == Qt.ItemDataRole.DisplayRole:
        # 코드 작성
```

Qt는 코드에서 의미 있는 상수를 위해 이러한 타입을 광범위하게 사용한다. 정확히 같은 방식으로 작동하는 QDialogButtonBox.StandardButton.Ok와 같은 객체별 타입이 있지만 대부분은 Qt 네임스페이스, 즉 Qt.<something>을 사용할 수 있다.

그러나 어떻게 작동할까? 이 절에서는 이러한 상수가 어떻게 형성되고 어떻게 효과적으로 사용되는지 자세히 살펴본다. 이를 위해 2진수와 같은 몇 가지 기본 사항을 다뤄야 한다. 그러나 무언가를 얻고자 깊이 이해할 필요는 없다. 항상 그렇듯이 그것들을 배울 때 어떻게 적용할 수 있는지에 초점을 맞춘다.

모든 것이 숫자

플래그의 type()을 확인하면 클래스 이름을 볼 수 있다. 이 클래스는 지정된 플래그가 속한 그룹이다. 예를 들어 Qt.ItemDataRole.DecorationRole은 Qt.ItemDataRole 타입이다. 이러한 그룹은 Qt 문서(https://doc.qt.io/qt-5/qt.html#ItemDataRole-enum)에서 볼 수 있다.

 파이썬 셸에서 다음 코드를 실행할 수 있다. from PyQt6.QtCore import Qt를 사용해 먼저 Qt 네임스페이스를 가져온다.

```
>>> type(Qt.ItemDataRole.DecorationRole)
<enum 'ItemDataRole'>
```

이러한 타입은 열거형으로, 해당 값을 미리 정의된 값 세트로 제한하는 타입이다. PyQt6에서는 파이썬 Enum 타입으로 정의된다.

이러한 각 값은 실제로 단순한 정수다. Qt.ItemDataRole.DisplayRole의 값은 0이고 Qt.ItemDataRole.EditRole의 값은 2다. 정수 값 자체는 의미가 없지만 사용되는 특정 컨텍스트에서 의미가 있다.

```
>>> int(Qt.ItemDataRole.DecorationRole)
1
```

예를 들어 다음이 True이길 기대하는가?

```
>>> Qt.ItemDataRole.DecorationRole == Qt.AlignmentFlag.AlignLeft
True
```

아마 아닐 것이다. 그러나 **Qt.ItemDataRole.DecorationRole**과 **Qt.AlignmentFlag.AlignLeft**는 모두 정수 값이 1이므로 수치적으로 동일하다. 이러한 숫자 값은 일반적으로 무시할 수 있다. 적절한 컨텍스트에서 상수를 사용하는 한 항상 예상대로 작동한다.

표 9-1. 문서에 주어진 값은 10진수 혹은 2진수일 수 있다.

식별자	값(hex)	값(10진수)	설명
Qt.AlignmentFlag.AlignLeft	0x0001	1	왼쪽 가장자리 정렬
Qt.AlignmentFlag.AlignRight	0x0002	2	오른쪽 가장자리 정렬
Qt.AlignmentFlag.AlignHCenter	0x0004	4	가용 공간의 수평 방향 가운데
Qt.AlignmentFlag.AlignJustify	0x0008	8	가용 공간에 텍스트 정렬
Qt.AlignmentFlag.AlignTop	0x0020	32	위쪽 정렬
Qt.AlignmentFlag.AlignBottom	0x0040	64	아래쪽 정렬
Qt.AlignmentFlag.AlignVCenter	0x0080	128	가용 공간의 수직 방향 가운데
Qt.AlignmentFlag.AlignBaseline	0x0100	256	기준선 정렬

표의 숫자를 보면 이상한 점을 발견할 수 있다. 첫째, 각 상수에 대해 1씩 증가하지 않고 매번 두 배로 증가한다. 둘째, 수평 정렬 16진수는 모두 한 열에 있고 수직 정렬 숫자는 다른 열에 있다.

이 숫자 패턴은 의도적이며 매우 깔끔한 작업을 수행할 수 있다. 플래그를 함께 결합해 복합 플래그를 생성할 수 있다. 이를 이해하려면 컴퓨터가 정수를 표현하는 방법을 간단히 살펴볼 필요가 있다.

2진수, 16진수

일반적으로 계산할 때 10진수 시스템을 사용한다. 0-9 사이의 10자리 숫자가 있으며 10진수의 각 숫자는 이전 숫자의 10배다. 다음 예에서 숫자 1251은 1×1000, 2×100, 5×10, 1×1로 구성된다.

1000	100	10	1
1	2	5	1

컴퓨터는 1과 0으로 써진 형태로 표시되는 일련의 켜짐 및 꺼짐 상태인 2진법으로 데이터를 저장한다. 2진법은 2 기반 숫자 체계다. 0-1 사이의 2자리 숫자가 있으며 2진수의 각 숫자는 앞의 숫자보다 2배다. 다음 예에서 숫자 5는 1×4와 1×1로 구성된다.

8	4	2	1	Decimal
0	1	0	1	5

2진수를 작성하는 것은 빠르게 복잡해진다. 2진수로 된 5893은 **1011100000101**이다. 그러나 10진수로 앞뒤로 변환하는 것은 그다지 좋지 않다. 2진수로 작업

하기 쉽게 하고자 16진수가 컴퓨팅에서 자주 사용된다. 이는 16자리(0-9A-F)의 숫자 체계다. 각 16진수 숫자는 4개의 2진수에 해당하는 0-15(0-A) 사이의 값을 갖는다. 이렇게 하면 둘 사이를 쉽게 변환할 수 있다.

다음 표는 2진수 및 16진수로 동일한 값을 함께 0-15의 숫자를 보여준다. 주어진 2진수의 값은 각 열의 맨 위에 1이 있는 숫자를 더해 계산할 수 있다.

8	4	2	1	Hex	Dec
0	0	0	0	0	0
0	0	0	1	1	1
0	0	1	0	2	2
0	0	1	1	3	3
0	1	0	0	4	4
0	1	0	1	5	5
0	1	1	0	6	6
0	1	1	1	7	7
1	0	0	0	8	8
1	0	0	1	9	9
1	0	1	0	A	10
1	0	1	1	B	11
1	1	0	0	C	12
1	1	0	1	D	13
1	1	1	0	E	14
1	1	1	1	F	15

이 패턴은 더 높은 숫자에 대해 계속된다. 예를 들어 다음은 16×1, 8×1, 1×1로 구성된 2진수 25다.

16	8	4	2	1
1	1	0	0	1

2진 값의 각 숫자는 1 또는 0(True 또는 False)이므로 개별 2진 숫자를 불리언 플래그(온오프 상태를 표시)로 사용할 수 있다. 단일 정수 값은 각각에 대해 고유한 2진수를 사용해 여러 플래그를 저장할 수 있다. 이러한 각 플래그는 1로 설정한 2진수의 위치에 따라 고유한 숫자 값을 갖는다.

이것이 바로 Qt 플래그가 작동하는 방식이다. 정렬 플래그를 다시 보면 왜 숫자가 선택됐는지 알 수 있다. 각 플래그는 겹치지 않는 고유한 비트다. 플래그 값은 플래그가 1로 설정된 2진수에서 가져온다.

`Qt.AlignmentFlag.AlignLeft`	1	00000001
`Qt.AlignmentFlag.AlignRight`	2	00000010
`Qt.AlignmentFlag.AlignHCenter`	4	00000100
`Qt.AlignmentFlag.AlignJustify`	8	00001000
`Qt.AlignmentFlag.AlignTop`	32	00100000
`Qt.AlignmentFlag.AlignBottom`	64	01000000
`Qt.AlignmentFlag.AlignVCenter`	128	10000000

이 플래그를 ==로 직접 테스트할 때 이 모든 것에 대해 걱정할 필요가 없다. 그러나 이러한 값 배열은 플래그를 함께 결합해 동시에 둘 이상의 상태를 나타내는 복합 플래그를 생성하는 기능을 해제한다. 이를 통해 예를 들어 왼쪽 및 아래쪽 정렬을 나타내는 단일 플래그 변수를 가질 수 있다.

비트 OR(|) 조합

겹치지 않는 2진 표현이 있는 두 숫자는 원래 2진 숫자를 그대로 유지하면서 함께 더할 수 있다. 예를 들어 아래에서 1과 2를 더하면 3이 된다.

표 9-2. 더하기

001	1
010	+2
011	=3

원래 숫자의 1자리는 출력에 유지된다. 대조적으로 1과 3을 더해 4를 얻는다면 원래 숫자의 1자리는 결과에 포함되지 않는다. 이제 둘 다 0이다.

001	1
011	+3
100	=4

> 10진수로도 같은 효과를 볼 수 있다. 100과 50을 더해 150을 얻는 것과 161과 50을 더해 211을 주는 것을 비교하자.

특정 2진 위치에서 1 값을 사용해 무언가를 의미하기 때문에 문제가 발생한다. 예를 들어 정렬 플래그 값을 두 번 추가하면 전부 옳고(수학적으로) 전부 잘못된 (의미로) 다른 값을 얻게 된다.

표 9-3. 더하기

00000001	1	Qt.AlignmentFlag.AlignLeft
00000001	+1	+ Qt.AlignmentFlag.AlignLeft
00000010	=2	= Qt.AlignmentFlag.AlignRight

```
>>> Qt.AlignmentFlag.AlignLeft + Qt.AlignmentFlag.AlignLeft == Qt
.AlignmentFlag.AlignRight
True
```

이러한 이유로 바이너리 플래그로 작업할 때 비트 OR을 사용해 결합한다. 이는 파이썬에서 |(파이프) 연산자다. 비트 OR에서는 2진 수준에서 두 숫자를 비교해 두 숫자를 결합한다. 결과는 입력 중 하나에서 1인 경우 2진수가 1로 설정되는 새 숫자다. 그러나 중요한 것은, 숫자는 전달되지 않으며 인접한 숫자에 영향을 미치지 않는다는 것이다.

 겹치지 않는 숫자가 있을 때 비트 OR은 더하기(+)와 같다.

Qt.AlignmentFlag.AlignLeft	00000001
Qt.AlignmentFlag.AlignTop	00100000

위의 두 정렬 상수를 사용해 비트 OR로 값을 함께 결합해 왼쪽 상단에 정렬을 제공하는 결과를 생성할 수 있다.

표 9-4. 비트 OR

00000001	1	Qt.AlignmentFlag.AlignLeft
00100000	OR 32	| Qt.AlignmentFlag.AlignTop
00100001	= 33	Qt.AlignmentFlag.AlignLeft | Qt.AlignmentFlag.AlignTop

```
>>> int(Qt.AlignmentFlag.AlignLeft | Qt.AlignmentFlag.AlignTop)
33
```

따라서 32와 1을 결합하면 33이 된다. 너무 놀라지 말기를 바란다. 그러나 실수로 Qt.AlignmentFlag.AlignLeft를 여러 번 추가하면 어떻게 될까?

```
>>> int(Qt.AlignmentFlag.AlignLeft | Qt.AlignmentFlag.AlignLeft | Qt
.AlignmentFlag.AlignTop)
33
```

같은 결과다. 비트 OR는 입력에 1이 있는 경우 2진 위치에 1을 출력한다. 그것들을 더하거나 다른 숫자로 옮겨도 오버플로하지 않는다. 즉, 같은 값을 여러 번 함께 파이프해도 처음 시작한 것으로 끝난다.

```
>>> int(Qt.AlignmentFlag.AlignLeft | Qt.AlignmentFlag.AlignLeft | Qt
.AlignmentFlag.AlignLeft)
1
```

또는 2진법으로 다음 표와 같다.

표 9-5. 비트 OR

00000001	1	Qt.AlignmentFlag.AlignLeft
00000001	OR 1	| Qt.AlignmentFlag.AlignLeft
00000001	=1	= Qt.AlignmentFlag.AlignLeft

마지막으로 값을 비교한다.

```
>>> Qt.AlignmentFlag.AlignLeft | Qt.AlignmentFlag.AlignLeft == Qt
.AlignmentFlag.AlignLeft
True
```

```
>>> Qt.AlignmentFlag.AlignLeft | Qt.AlignmentFlag.AlignLeft == Qt
.AlignmentFlag.AlignRight
False
```

복합 플래그 확인

이미 봤듯이 플래그 자체와 비교해 간단한 플래그를 확인할 수 있다.

```
>>> align = Qt.AlignmentFlag.AlignLeft
>>> align == Qt.AlignmentFlag.AlignLeft
True
```

결합된 플래그의 경우 플래그의 결합으로 같음을 확인할 수도 있다.

```
>>> align = Qt.AlignmentFlag.AlignLeft | Qt.AlignmentFlag.AlignTop
>>> align == Qt.AlignmentFlag.AlignLeft | Qt.AlignmentFlag.AlignTop
True
```

그러나 때때로 주어진 변수에 특정 플래그가 포함돼 있는지 알고 싶을 때가 있다. 예를 들어 다른 정렬 상태에 관계없이 align에 왼쪽 정렬 플래그가 설정 돼 있는지 알고 싶을 수 있다.

요소가 다른 요소와 결합되면 Qt.AlignmentFlag.AlignLeft가 적용됐는지 어떻 게 확인할 수 있을까? 이 경우 == 비교는 수치적으로 같지 않기 때문에 작동하 지 않는다.

```
>> alignment = Qt.AlignmentFlag.AlignLeft | Qt.AlignmentFlag.AlignTop
>> alignment == Qt.AlignmentFlag.AlignLeft # 33 == 1
False
```

Qt.AlignmentFlag.AlignLeft 플래그를 복합 플래그의 비트와 비교할 방법이 필요하다. 이를 위해 비트 AND를 사용할 수 있다.

비트 AND(&) 확인

파이썬에서 비트 AND 연산은 & 연산자를 사용해 수행한다.

이전 단계에서 Qt.AlignmentFlag.AlignLeft(1)과 Qt.AlignmentFlag.AlignTop (32)를 결합해 "Top Left"(33)을 생성했다. 이제 결과 결합 플래그에 왼쪽 정렬 플래그가 설정돼 있는지 확인하려고 한다. 테스트하려면 비트 단위 AND를 사용해 비트 단위로 두 입력값이 모두 1인지 확인하고 참이면 그 자리에서 1을 반환해야 한다.

표 9-6. 비트 AND

00100001	33	Qt.AlignmentFlag.AlignLeft | Qt.AlignmentFlag.AlignTop
00000001	AND 1	& Qt.AlignmentFlag.AlignLeft
00000001	=1	= Qt.AlignmentFlag.AlignLeft

이는 입력 변수의 비트를 대상 플래그 Qt.AlignmentFlag.AlignLeft에 설정된 비트로만 필터링하는 효과가 있다. 이 1비트가 설정되면 결과는 0이 아니고 설정되지 않으면 결과는 0이다.

```
>>> int(alignment & Qt.AlignmentFlag.AlignLeft)
1 # result is the numerical value of the flag, here 1.
```

예를 들어 **Qt.AlignmentFlag.AlignRight**에 대해 정렬 변수를 테스트한 경우 결과는 0이다.

00100001	33	Qt.AlignmentFlag.AlignLeft | Qt.AlignmentFlag.AlignTop
00000010	2	& Qt.AlignmentFlag.AlignRight
00000000	0	= Qt.AlignmentFlag.AlignLeft

```
>>> int(alignment & Qt.AlignmentFlag.AlignRight)
0
```

파이썬에서 0은 False이고 다른 값은 True이기 때문이다. 즉, 비트 AND를 사용해 두 숫자를 서로 테스트할 때 비트가 공통이면 결과는 0보다 크고 **True**가된다.

비트 OR 및 AND 조합을 사용하면 Qt 플래그로 필요한 모든 것을 얻을 수있다.

9.6 커맨드라인 인수 사용

비디오를 다루는 비디오 편집기, 문서 파일을 다루는 문서 편집기와 같이 특정파일 형식과 작동하는 애플리케이션을 만든 경우 이러한 파일을 자동으로 열리게 하는 것이 유용할 수 있다. 모든 플랫폼에서 특정 애플리케이션으로 파일을 열도록 OS에 지시하면 열리는 파일 이름을 커맨드라인 인수로 해당 애플리케이션에 전달한다.

애플리케이션이 실행될 때 애플리케이션에 전달된 인수는 항상 sys.argv에서 사용할 수 있다. 파일을 자동으로 열려면 시작할 때 sys.argv 값을 확인하고 파일 이름이 있으면 파일을 연다.

다음 앱은 실행할 때 수신된 모든 커맨드라인 인수가 표시된 윈도우를 연다.

리스트 9-14. further/arguments.py

```python
from PyQt6.QtWidgets import (
    QApplication,
    QWidget,
    QLabel,
    QVBoxLayout,
)
import sys

class Window(QWidget):
    def __init__(self):
        super().__init__()
        layout = QVBoxLayout()

        for arg in sys.argv: ❶
            l = QLabel(arg)
            layout.addWidget(l)

    self.setLayout(layout)
    self.setWindowTitle("Arguments")

app = QApplication(sys.argv)

w = Window()
```

```
    w.show()

    app.exec()
```

❶ sys.argv는 문자열 리스트다. 모든 인수는 문자열이다.

파일 이름을 전달해 커맨드라인에서 이 앱을 실행한다(무엇이든 만들 수 있지만
로드하지 않는다). 원하는 만큼 인수를 전달할 수 있다.

인수는 문자열 리스트로 애플리케이션에 전달된다. 모든 인수는 숫자를 포함
해 문자열이다. 일반적인 리스트 인덱싱을 사용해 원하는 모든 인수에 접근할
수 있다. 예를 들어 sys.argv[1]은 두 번째 인수를 반환한다.

다음과 같이 위의 스크립트를 실행해보자.

```
python arguments.py filename.mp4
```

그러면 다음과 같은 윈도우가 생성된다. python으로 실행할 때 첫 번째 인수는
실제로 실행 중인 파이썬 파일이다.

그림 9-9. 커맨드라인 인수를 보여주는 윈도우가 열린다.

배포를 위해 애플리케이션을 패키징하는 경우 첫 번째 인수는 이제 열려는
파일이 아닐 수 있다. 인수로 전달된 파이썬 파일이 없기 때문이다. 이는 문제
를 일으킬 수 있지만 이 문제를 해결하는 간단한 방법은 애플리케이션에 전달

된 마지막 인수를 파일 이름으로 사용하는 것이다.

```
if len(sys.argv) > 0:
    filename_to_open = sys.argv[-1]
```

또는 리스트에 있는 경우 현재 실행 중인 스크립트 이름을 제거할 수 있다.
현재 실행 중인 파이썬 스크립트 이름은 항상 __file__을 사용할 수 있다.

```
if __file__ in sys.argv:
    sys.argv.remove(__file__)
```

 앱을 패키징하지 않는 한 항상 리스트에 있다.

다음은 커맨드라인에서 파일 이름을 허용한 다음 QTextEdit에 표시하려고 해
당 텍스트 파일을 여는 추가 예다.

리스트 9-15. further/arguments_open.py

```
from PyQt6.QtWidgets import QApplication, QMainWindow, QTextEdit

import sys

class MainWindow(QMainWindow):
    def __init__(self):
        super().__init__()

        self.editor = QTextEdit()

        if __file__ in sys.argv:  ❶
```

```
        sys.argv.remove(__file__)

    if sys.argv: ❷
        filename = sys.argv[0] ❸
        self.open_file(filename)

    self.setCentralWidget(self.editor)
    self.setWindowTitle("Text viewer")

  def open_file(self, fn):

    with open(fn, "r") as f:
        text = f.read()

    self.editor.setPlainText(text)

app = QApplication(sys.argv)

w = MainWindow()
w.show()

app.exec()
```

❶ 스크립트 이름이 sys.argv에 있으면 제거한다.

❷ sys.argv에 여전히 무언가가 있는 경우다(비어 있지 않음).

❸ 첫 번째 인수를 열려는 파일 이름으로 사용한다.

다음과 같이 실행해 전달된 텍스트 파일을 볼 수 있다.

```
python arguments_open.py notes.txt
```

10

패키징과 배포

누군가 사용하기 전까지 디자인은 완성되지 않는다.

– 브렌다 로렐

다른 사람들과 공유할 수 없다면 자신만의 애플리케이션을 만드는 게 큰 재미가 없다. 상업적으로 게시하든, 온라인에서 공유하든, 아니면 그냥 아는 사람에게 주는 것이든 말이다. 앱을 공유하면 다른 사람들이 여러분 노력의 혜택을 받을 수 있다.

배포를 위해 파이썬 애플리케이션을 패키징하는 것은 일반적으로 특히 여러 플랫폼(윈도우, 맥OS, 리눅스)을 대상으로 할 때 약간 까다롭다. 이는 대상 시스템에서 안정적으로 작동하는 방식으로 소스, 데이터 파일, 파이썬 런타임, 모든 관련 라이브러리를 번들로 묶어야 하기 때문이다. 고맙게도 이를 처리할 수 있는 도구가 있다.

10장에서는 다른 사람들과 공유할 수 있게 앱을 패키징하는 과정을 살펴본다.

10.1 PyInstaller 패키징

PyInstaller는 윈도우, 맥OS, 리눅스용 데스크톱 애플리케이션 구축을 지원하는 크로스플랫폼 PyQt6 패키징 시스템이다. 연결된 라이브러리 및 데이터 파일과 함께 파이썬 애플리케이션을 독립 실행형 단일 파일 실행 파일이나 설치 프로그램을 만드는 데 사용할 수 있는 배포 가능한 폴더로 자동 패키징한다.

이 장에서는 PyInstaller를 사용해 PyQt6 애플리케이션을 패키징하는 프로세스를 살펴본다. 만들 앱은 윈도우와 몇 개의 아이콘을 포함해 의도적으로 간단하지만 동일한 프로세스를 사용해 자신의 애플리케이션을 빌드할 수 있다. 애플리케이션의 이름, 아이콘을 사용자 지정하고 재현 가능한 방식으로 데이터 파일을 묶는 방법을 다룬다. 또한 자체 앱을 구축할 때 발생할 수 있는 몇 가지 일반적인 문제도 다룬다.

애플리케이션을 배포 가능한 실행 파일로 빌드한 후에는 다른 사람들과 공유할 수 있는 윈도우 설치 프로그램, 맥OS 디스크 이미지, 리눅스 패키지를 만드는 단계로 넘어갈 것이다.

 이 책의 소스 다운로드에는 윈도우, 맥OS, 우분투 리눅스용 전체 빌드 예제가 포함돼 있다.

 항상 대상 시스템에서 앱을 컴파일해야 한다. 따라서 윈도우 실행 파일을 빌드하려면 윈도우 시스템에서 이 작업을 수행해야 한다.

요구 사항

PyInstaller는 PyQt6와 함께 기본적으로 작동하며 작성 당시 PyInstaller의 현재 버전은 파이썬 3.6+와 호환된다. 작업 중인 프로젝트가 무엇이든 앱을 패키징 할 수 있어야 한다. 이 자습서에서는 `pip` 패키지 관리가 작동 중인 파이썬이 설치됐다고 가정한다.

pip를 사용해 PyInstaller를 설치할 수 있다.

```
pip3 install PyInstaller
```

앱을 패키징하는 데 문제가 있는 경우 첫 번째 단계는 항상 다음을 사용해 PyInstaller와 후크 패키지를 최신 버전으로 업데이트한다.

```
pip3 install --upgrade PyInstaller pyinstaller-hooks-contrib
```

hooks 모듈에는 일반적인 파이썬 패키지에 대한 특정 패키징 지침과 해결 방법이 포함돼 있으며 PyInstaller 자체보다 더 정기적으로 업데이트된다.

시작하기

애플리케이션을 처음부터 패키징해 개발하는 동안 패키징이 여전히 작동하는지 확인할 수 있게 하는 것이 좋다. 이것은 추가 종속성을 추가하는 경우 특히 중요하다. 마지막에 패키징만 생각한다면 문제가 있는 곳을 정확히 디버깅하기 어려울 수 있다.

이 예제에서는 흥미로운 작업을 수행하지 않는 간단한 스켈레톤 앱으로 시작할 것이다. 기본 패키징 프로세스가 작동하면 확장을 시작해 각 단계에서 빌드가 여전히 작동하는지 확인한다.

시작하려면 애플리케이션을 위한 새 폴더를 만들고 app.py라는 파일에 다음 앱을 추가한다.

```python
from PyQt6.QtWidgets import QMainWindow, QApplication, QPushButton

import sys

class MainWindow(QMainWindow):
  def __init__(self):
    super().__init__()

    self.setWindowTitle("Hello World")

    button = QPushButton("My simple app.")
    button.pressed.connect(self.close)

    self.setCentralWidget(button)
    self.show()

app = QApplication(sys.argv)

w = MainWindow()

app.exec()
```

이것은 사용자 정의 **QMainWindow**를 생성하고 여기에 간단한 **QPushButton**을 추가하는 기본적인 스켈레톤 애플리케이션이다. 버튼을 누르면 윈도우가 닫힌다. 다음과 같이 이 앱을 실행할 수 있다.

```
python app.py
```

그러면 다음 윈도우가 생성된다.

그림 10-1. 윈도우, 맥OS, 우분투 리눅스에서의 간단한 앱

기본 앱 작성

이제 간단한 애플리케이션이 작동하는 것을 확인했으므로 첫 번째 테스트 빌드를 만들 수 있다. 터미널(셸)을 열고 프로젝트가 포함된 폴더로 이동한다. 다음 명령을 실행해 PyInstaller 빌드를 만든다.

```
pyinstaller --windowed app.py
```

 --windowed 커맨드라인 옵션은 맥OS에서 .app 번들을 빌드하고 윈도우에서 터미널 출력을 숨기는 데 필요하다. 리눅스에서는 효과가 없다.

PyInstaller가 수행하는 작업에 대한 디버그 정보를 제공하는 여러 메시지 출력이 표시된다. 이는 빌드에서 문제를 디버깅하는 데 유용하지만 무시할 수 있다.

리스트 10-2. 윈도우에서 pyinstaller 실행 결과

```
> pyinstaller app.py
388 INFO: PyInstaller: 4.7
388 INFO: Python: 3.7.6
389 INFO: Platform: Windows-10-10.0.22000-SP0
392 INFO: wrote app.spec
394 INFO: UPX is not available.
405 INFO: Extending PYTHONPATH with paths
....etc.
```

빌드가 완료된 후 폴더를 살펴보면 dist와 build라는 두 개의 새 폴더가 있음을 알 수 있다.

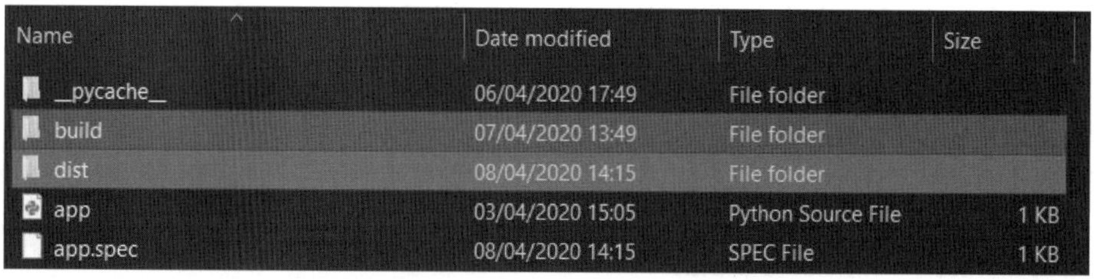

그림 10-2. PyInstaller가 생성한 build, dist 폴더

다음은 build 및 dist 폴더를 보여주는 폴더 구조의 일부 리스트다. 실제 파일은 구축 중인 플랫폼에 따라 다르지만 일반적인 구조는 항상 동일하다.

```
.
├— app.py
├— app.spec
├— build
| └— app
| ├— localpycos
| ├— Analysis-00.toc
```

```
|   ├── COLLECT-00.toc
|   ├── EXE-00.toc
|   ├── PKG-00.pkg
|   ├── PKG-00.toc
|   ├── PYZ-00.pyz
|   ├── PYZ-00.toc
|   ├── app
|   ├── app.pkg
|   ├── base_library.zip
|   ├── warn-app.txt
|   └── xref-app.html
└── dist
    └── app
        ├── lib-dynload ...
```

빌드 폴더는 PyInstaller에서 번들링을 위해 파일을 수집하고 준비하는 데 사용되며 여기에는 분석 결과와 일부 추가 로그가 포함된다. 대부분의 경우 문제를 디버그하려는 경우가 아니면 이 폴더의 내용을 무시할 수 있다.

dist('배포'용) 폴더에는 배포할 파일이 들어 있다. 여기에는 관련 라이브러리(예, PyQt6)와 함께 실행 파일로 번들된 애플리케이션이 포함된다. 애플리케이션을 실행하는 데 필요한 모든 것이 이 폴더에 있다. 즉, 이 폴더를 가져와서 다른 사람에게 배포해 앱을 실행할 수 있다.

이제 dist 폴더에서 app이라는 실행 파일을 실행해 빌드된 앱을 직접 실행할 수 있다. 잠시 후 다음과 같이 애플리케이션의 친숙한 윈도우가 나타난다.

그림 10-3. 패키징된 후 실행된 간단한 앱

파이썬 파일과 동일한 폴더에서 빌드 및 dist 폴더와 함께 PyInstaller는 .spec 파일도 생성한다.

.spec 파일

.spec 파일에는 PyInstaller가 애플리케이션을 패키징하는 데 사용하는 빌드 구성과 지침이 포함돼 있다. 모든 PyInstaller 프로젝트에는 **pyinstaller**를 실행할 때 전달하는 커맨드라인 옵션을 기반으로 생성되는 .spec 파일이 있다.

스크립트로 **pyinstaller**를 실행할 때 파이썬 애플리케이션 파일의 이름 외에는 아무것도 전달하지 않았다. 이는 현재 사양 파일에 기본 구성만 포함돼 있음을 의미한다. 열어보면 다음과 같은 내용을 볼 수 있다.

리스트 10-3. packaging/basic/app.spec

```
# -*- mode: python ; coding: utf-8 -*-

block_cipher = None

a = Analysis(['app.py'],
```

```
            pathex=[],
            binaries=[],
            datas=[],
            hiddenimports=[],
            hookspath=[],
            hooksconfig={},
            runtime_hooks=[],
            excludes=[],
            win_no_prefer_redirects=False,
            win_private_assemblies=False,
            cipher=block_cipher,
            noarchive=False)

pyz = PYZ(a.pure, a.zipped_data,
            cipher=block_cipher)

exe = EXE(pyz,
            a.scripts,
            [],
            exclude_binaries=True,
            name='app',
            debug=False,
            bootloader_ignore_signals=False,
            strip=False,
            upx=True,
            console=True,
            disable_windowed_traceback=False,
            target_arch=None, codesign_identity=None,
            entitlements_file=None )

coll = COLLECT(exe,
                a.binaries,
                a.zipfiles,
                a.datas,
```

```
        strip=False,
        upx=True,
        upx_exclude=[],
        name='app')
```

가장 먼저 주목해야 할 점은 이것이 파이썬 파일이라는 것이다. 즉, 파일을 편집하고 파이썬 코드를 사용해 설정 값을 계산할 수 있다. 이는 예를 들어 다른 플랫폼을 대상으로 하고 조건부로 추가 라이브러리나 번들로 종속성을 정의하려는 경우와 같이 복잡한 빌드에 유용하다.

맥OS에서 빌드하는 경우 .app 번들을 빌드하는 데 사용되는 추가 BUNDLE 블록도 있다. 해당 섹션은 다음과 같다.

```
app = BUNDLE(coll,
        name='app.app',
        icon=None, bundle_identifier=None)
```

다른 플랫폼에서 빌드를 시작하지만 나중에 맥OS를 대상으로 하는 경우 .spec 파일 끝에 수동으로 추가할 수 있다.

.spec 파일이 생성되면 스크립트 대신 pyinstaller에 전달해 이전 빌드 프로세스를 반복할 수 있다. 지금 실행해 실행 파일을 다시 작성하자.

```
pyinstaller app.spec
```

결과 빌드는 .spec 파일을 생성하는 데 사용된 빌드와 동일하다(프로젝트를 변경하지 않았다고 가정). 많은 PyInstaller 구성 변경에 대해 커맨드라인 인수를 전달하거나 기존 .spec 파일을 수정할 수 있는 옵션이 있다. 더 복잡한 빌드의 경우 .spec 파일을 편집하는 것이 좋지만 선택하는 것은 사용자의 몫이다.

빌드 조정

매우 간단한 애플리케이션을 만들고 첫 번째 실행 파일을 빌드했다. 이제 빌드를 조정하고자 할 수 있는 몇 가지 사항을 살펴보자.

앱 이름 짓기

가장 간단한 변경 사항 중 하나는 애플리케이션에 적절한 '이름'을 제공하는 것이다. 기본적으로 앱은 기본 또는 앱과 같은 소스 파일의 이름(확장자 제외)을 사용한다. 이는 일반적으로 실행 파일의 이름을 지정하려는 것이 아니다.

.spec 파일을 편집하고 **EXE** 및 **COLLECT** 블록(맥OS에서는 BUNDLE) 아래에서 **name=**을 변경해 PyInstaller가 실행 파일(및 dist 폴더)에 사용할 더 좋은 이름을 제공할 수 있다.

리스트 10-4. packaging/custom/hello-world.spec

```
exe = EXE(pyz,
          a.scripts,
          [],
          exclude_binaries=True,
          name='hello-world',
          debug=False,
          bootloader_ignore_signals=False,
          strip=False,
          upx=True,
          console=True,
          disable_windowed_traceback=False,
```

```
            target_arch=None,
            codesign_identity=None,
            entitlements_file=None )
coll = COLLECT(exe,
            a.binaries,
            a.zipfiles,
            a.datas,
            strip=False,
            upx=True,
            upx_exclude=[],
            name='hello-world')
```

EXE 아래의 이름은 실행 파일의 이름이고 COLLECT 아래의 이름은 출력 폴더의
이름이다.

 실행 파일에 공백이 없는 이름을 사용하는 것이 좋다. 대신 하이픈이나 카멜케이스
(CamelCase)를 사용한다.

BUNDLE 블록에 지정된 이름은 맥OS 앱 번들에 사용되며, 이는 Launchpad 및
도크dock에 표시되는 애플리케이션의 사용자에게 표시되는 이름이다. 이 예에
서는 애플리케이션 실행 파일을 'hello-world'라고 불렀지만 .app 번들의 경우
더 친숙한 'Hello World.app'을 사용할 수 있다.

리스트 10-5. packaging/custom/hello-world.spec

```
app = BUNDLE(coll,
            name='Hello World.app',
            icon=None,
            bundle_identifier=None)
```

736

또는 pyinstaller 명령을 다시 실행하고 -n 또는 --name 구성 플래그를 app.py 스크립트와 함께 전달할 수 있다.

```
pyinstaller --windowed -n "hello-world" app.py
# 또는
pyinstaller --windowed --name "hello-world" app.py
```

결과 실행 파일에는 hello-world라는 이름이 지정되고 dist\hello-world\ 폴더에 압축이 풀린 빌드가 지정된다. .spec 파일의 이름은 커맨드라인에 전달된 이름에서 가져오므로 루트 폴더에 hello-world.spec이라는 새 사양 파일도 생성된다.

> ❗ 새 .spec을 만든 경우 혼동을 피하고자 이전 .spec을 삭제한다.

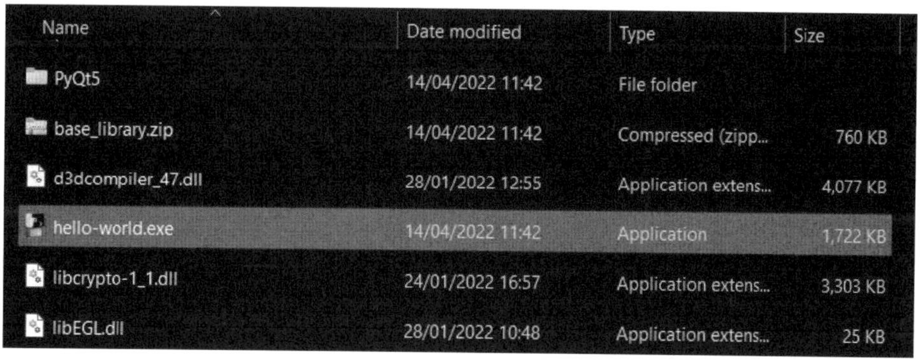

Name	Date modified	Type	Size
PyQt5	14/04/2022 11:42	File folder	
base_library.zip	14/04/2022 11:42	Compressed (zipp...	760 KB
d3dcompiler_47.dll	28/01/2022 12:55	Application extens...	4,077 KB
hello-world.exe	14/04/2022 11:42	Application	1,722 KB
libcrypto-1_1.dll	24/01/2022 16:57	Application extens...	3,303 KB
libEGL.dll	28/01/2022 10:48	Application extens...	25 KB

그림 10-4. hello-world 애플리케이션

애플리케이션 아이콘

또 다른 간단한 개선 사항은 애플리케이션이 실행되는 동안 표시되는 애플리케이션 아이콘을 변경하는 것이다. 코드에서 .setWindowIcon()을 호출해 애플

리케이션 윈도우/도크의 아이콘을 설정할 수 있다.

리스트 10-6. packaging/custom/app.py

```python
from PyQt6.QtWidgets import QMainWindow, QApplication, QPushButton
from PyQt6.QtGui import QIcon

import sys

class MainWindow(QMainWindow):
    def __init__(self):
        super().__init__()

        self.setWindowTitle("Hello World")

        button = QPushButton("My simple app.")
        button.pressed.connect(self.close)

        self.setCentralWidget(button)
        self.show()

app = QApplication(sys.argv)
app.setWindowIcon(QIcon("icon.svg"))

w = MainWindow()

app.exec()
```

여기에서 앱 인스턴스에 .setWindowIcon 호출을 추가했다. 이는 애플리케이션의 모든 윈도우에 사용할 기본 아이콘을 정의한다. 원하는 경우 윈도우 자체에서 .setWindowIcon을 호출해 윈도우별로 재정의할 수 있다. 아이콘을 스크립트와 동일한 폴더에 복사한다.

이 애플리케이션을 실행하면 윈도우의 창과 맥OS 또는 우분투 리눅스의 도크에 아이콘이 나타나는 것을 볼 수 있다.

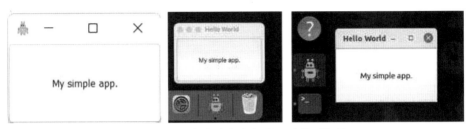

그림 10-5. 사용자 정의 아이콘을 표시하는 윈도우

아이콘에 대한 노트

이 예에서는 모든 크기에서 선명하게 표시되는 SVG(Scalable Vector Graphics) 파일을 사용해 단일 아이콘 파일을 설정한다. 대신 비트맵 이미지를 사용할 수 있다. 이 경우 아이콘이 항상 선명하게 표시되도록 여러 크기를 제공해야 한다.

윈도우에서는 여러 아이콘이 포함된 특수 파일인 ICO 파일을 빌드해 이를 수행할 수 있다. 리눅스에서는 설치하는 동안 여러 PNG 파일을 제공할 수 있다('리눅스 패키징' 절 참조). 맥OS에서 여러 아이콘 크기는 .app 번들에 포함된 ICNS 파일에 의해 제공된다.

이는 혼란스럽다. 그러나 고맙게도 Qt는 모든 플랫폼에서 다양한 아이콘 형식을 지원한다.

아이콘이 보이지 않더라도 계속 읽어보자.

상대 경로 처리

여기에는 즉시 나타나지 않을 수 있는 문제가 있다. 셸을 열고 스크립트가 저장된 폴더로 변경한다. 정상적으로 실행된다.

```
python3 app.py
```

아이콘이 올바른 위치에 있으면 아이콘이 표시돼야 한다. 이제 상위 폴더로 변경하고 스크립트를 다시 실행한다(<folder>를 스크립트가 있는 폴더의 이름으로 변경).

```
cd ..
python3 <folder>/app.py
```

그림 10-6. 아이콘을 못 찾는 윈도우

아이콘이 나타나지 않는다. 무슨 일일까.

데이터 파일을 참조하고자 상대 경로를 사용하고 있다. 이 경로는 현재 작업 디렉터리에 상대적이다. 스크립트가 있는 폴더가 아니라 스크립트를 실행한 폴더다. 다른 곳에서 스크립트를 실행하면 파일을 찾을 수 없다.

 아이콘이 표시되지 않는 일반적인 이유 중 하나는 프로젝트 루트를 현재 작업 디렉터리로 사용하는 IDE에서 예제를 실행하기 때문이다.

이것은 앱이 패키징되기 전의 사소한 문제지만 일단 설치되면 실행될 때 현재 작업 디렉터리가 무엇인지 알 수 없다. 잘못된 경우 앱에서 데이터 파일을 찾을 수 없다. 더 진행하기 전에 이 문제를 수정해야 한다. 이 작업은 애플리케이션 폴더에 상대적인 경로를 만들어서 할 수 있다.

업데이트된 다음 코드에서 os.path.dirname을 사용해 현재 파이썬 파일의 전체 경로를 보유하는 __file__의 포함 폴더를 가져오는 새로운 변수 basedir을 정의한다. 그런 다음 os.path.join()을 사용해 데이터 파일의 상대 경로를 빌드한다.

 자세한 내용과 앱에서 상대 경로를 사용하는 좀 더 강력한 방법은 상대 경로 작업을 참조하자.

app.py 파일은 폴더의 루트에 있으므로 다른 모든 경로는 이 루트에 상대적이다.

리스트 10-7. packaging/custom/app_relative_paths.py

```python
import os
import sys

from PyQt6.QtGui import QIcon
from PyQt6.QtWidgets import QApplication, QMainWindow, QPushButton

basedir = os.path.dirname(__file__)

class MainWindow(QMainWindow):
  def __init__(self):
    super().__init__()

    self.setWindowTitle("Hello World")

    button = QPushButton("My simple app.")
    button.setIcon(QIcon(os.path.join(basedir, "icon.svg")))
    button.pressed.connect(self.close)

    self.setCentralWidget(button)
    self.show()
```

```
app = QApplication(sys.argv)
app.setWindowIcon(QIcon(os.path.join(basedir, "icon.svg")))

w = MainWindow()

app.exec()
```

상위 폴더에서 앱을 다시 실행해보자. 이제 앱을 어디에서 시작하든 상관없이 아이콘이 예상대로 나타난다.

작업 표시줄 아이콘(윈도우용)

윈도우에서 .setWindowIcon()은 윈도우에 아이콘을 올바르게 설정한다. 그러나 윈도우가 창을 추적하고 작업 표시줄에 그룹화하는 방식으로 인해 아이콘이 작업 표시줄에 표시되지 않는 경우가 있다.

> ℹ️ 원했던 거라면 좋다. 그러나 애플리케이션을 배포할 때 작동하지 않을 수 있으므로 어쨌든 다음 단계를 따른다.

애플리케이션을 실행할 때 윈도우는 실행 파일을 보고 그것이 속한 '애플리케이션 그룹'을 추측한다. 기본적으로 애플리케이션을 포함하는 모든 파이썬 스크립트는 동일한 'Python' 그룹 아래에 그룹화돼 있으므로 파이썬 아이콘이 표시된다.

이런 일이 일어나지 않게 하려면 우리 앱에 대한 다른 애플리케이션 식별자를 윈도우에 제공해야 한다. 다음 코드는 사용자 지정 애플리케이션 ID로 SetCurrentProcessExplicitAppUserModelID()를 호출해 이를 수행한다.

```python
from PyQt6.QtWidgets import QMainWindow, QApplication, QPushButton
from PyQt6.QtGui import QIcon

import sys, os

basedir = os.path.dirname(__file__)

try: ❶
    from ctypes import windll # 윈도우에만 존재

    myappid = "mycompany.myproduct.subproduct.version" ❷
    windll.shell32.SetCurrentProcessExplicitAppUserModelID(myappid)
except ImportError:
    pass

class MainWindow(QMainWindow):
    def __init__(self):
        super().__init__()

        self.setWindowTitle("Hello World")

        button = QPushButton("My simple app.")
        button.setIcon(QIcon(os.path.join(basedir, "icon.svg")))
        button.pressed.connect(self.close)

        self.setCentralWidget(button)
        self.show()

app = QApplication(sys.argv)
app.setWindowIcon(QIcon(os.path.join(basedir, "icon.svg")))

w = MainWindow()
```

```
app.exec()
```

❶ windll 모듈은 윈도우 이외의 플랫폼에서 사용할 수 없기 때문에 코드는 try/except 블록으로 래핑된다. 이렇게 하면 애플리케이션이 맥OS와 리눅스에서 계속 작동할 수 있다.

❷ 자신의 애플리케이션에 대한 앱 식별자 문자열을 사용자 지정한다.

앞의 리스트는 일반적인 mycompany.myproduct.subproduct.version 문자열을 보여주지만 실제 애플리케이션을 반영하도록 이 문자열을 변경해야 한다. 이 목적을 위해 무엇을 입력했는지는 그다지 중요하지 않지만 회사 식별자에 대해 역도메인 표기법인 com.mycompany를 사용하는 것이 관례다.

이것을 스크립트에 추가하면 아이콘이 작업 표시줄에 확실히 표시된다.

그림 10-7. 명령 표시줄의 사용자 정의 아이콘

실행 파일 아이콘(윈도우용)

이제 애플리케이션이 실행되는 동안 아이콘이 올바르게 표시된다. 그러나 애

플리케이션 실행 파일에 여전히 다른 아이콘이 있다는 것을 눈치챘을 것이다. 윈도우 애플리케이션 실행 파일에는 더 쉽게 식별할 수 있도록 아이콘이 포함될 수 있다. 기본 아이콘은 PyInstaller에서 제공하는 아이콘이지만 사용자 고유의 아이콘으로 바꿀 수 있다.

윈도우 실행 파일에 아이콘을 추가하려면 **EXE** 블록에 .ico 형식 파일을 제공해야 한다.

리스트 10-9. packaging/custom/hello-world-icons.spec

```
exe = EXE(pyz,
          a.scripts,
          [],
          exclude_binaries=True,
          name='hello-world',
          icon='icon.ico',
          debug=False,
          bootloader_ignore_signals=False,
          strip=False,
          upx=True,
          console=True,
          disable_windowed_traceback=False,
          target_arch=None,
          codesign_identity=None,
          entitlements_file=None )
```

.ico 파일을 만들려면 윈도우용 아이콘도 만들 수 있는 무료 오픈소스 도구인 그린피시 아이콘 에디터 프로Greenfish Icon Editor Pro(http://greenfishsoftware.org/gfie.php)를 사용하는 것이 좋다. 예제 .ico 파일은 이 책과 함께 다운로드에 포함돼 있다.

수정된 .spec 파일로 **pyinstaller** 빌드를 실행하면 이제 실행 파일에 사용자 지정 아이콘이 있는 것을 볼 수 있다.

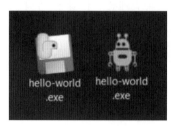

그림 10-8. 기본 및 사용자 지정 아이콘을 표시하는 윈도우 실행 파일

 초기 빌드에서 --icon icon.ico를 pyinstaller에 전달해 아이콘을 제공할 수도 있다. 이 방법으로 여러 아이콘을 제공해 맥OS와 윈도우를 지원할 수 있다.

맥OS .app 번들 아이콘(맥용)

맥OS에서 애플리케이션은 고유한 아이콘을 가질 수 있는 .app 번들로 배포된다. 번들 아이콘은 애플리케이션이 실행될 때 런치패드와 도크에서 애플리케이션을 식별하는 데 사용된다. PyInstaller는 앱 번들에 아이콘을 추가하는 작업을 처리할 수 있다. ICNS 형식 파일을 .spec 파일의 BUNDLE 블록에 전달하기만 하면 된다. 그러면 이 아이콘이 결과 번들에 표시되고 앱이 시작될 때 표시된다.

리스트 10-10. packaging/custom/hello-world-icons.spec

```
app = BUNDLE(coll,
          name='Hello World.app',
          icon='icon.icns',
          bundle_identifier=None)
```

ICNS는 맥OS의 아이콘 파일용 파일 형식이다. Icon Composer(https://github.com/lemonmojo/IconComposer2x/)를 사용해 맥OS에서 아이콘 파일을 만들 수 있

다. 그린피시 아이콘 에디터 프로(http://greenfishsoftware.org/gfie.php)를 사용해 윈도우에서 맥OS 아이콘을 생성할 수도 있다.

Hello World   hello-world

Hello World   hello-world

그림 10-9. 사용자 정의 아이콘의 기본 맥OS .app 번들

 초기 빌드에서 --icon icon.icns를 pyinstaller에 전달해 아이콘을 제공할 수도 있다. 이 방법으로 여러 아이콘을 제공해 맥OS와 윈도우를 지원할 수 있다.

이 예에서 번들에 설정된 아이콘은 애플리케이션이 시작될 때 .setWindowIcon 호출로 대체된다. 그러나 맥OS에서는 setWindowIcon() 호출을 완전히 건너뛰고 원하는 경우 .app 번들을 통해 아이콘을 설정할 수 있다.

데이터 파일과 리소스

이제 사용자 정의 이름, 사용자 정의 애플리케이션 아이콘 및 아이콘이 모든 플랫폼과 애플리케이션이 시작되는 모든 위치에 표시되게 하는 몇 가지 조정 기능이 있는 애플리케이션이 작동한다. 이 설정을 사용하면 마지막 단계는 이 아이콘이 애플리케이션과 함께 올바르게 패키징되고 dist 폴더에서 실행할 때 계속 표시되는지 확인하는 것이다.

시도해보면 안 되는 것을 볼 수 있다.

문제는 애플리케이션이 이제 소스의 일부가 아닌 외부 데이터 파일(아이콘 파일)에 종속된다는 것이다. 애플리케이션이 작동하려면 이제 이 데이터 파일을 함께 배포해야 한다. PyInstaller가 이 작업을 수행할 수 있지만 포함하려는 항목과 출력에 넣을 위치를 알려야 한다.

다음 절에서는 앱과 관련된 데이터 파일을 관리하는 데 사용할 수 있는 옵션을 살펴본다. 이 접근 방식은 아이콘 파일에만 사용되는 것이 아니라 애플리케이션에 필요한 Qt 디자이너 .ui 파일을 포함해 다른 모든 데이터 파일에 사용할 수 있다.

PyInstaller로 데이터 파일 번들링

이제 애플리케이션은 단일 아이콘 파일에 종속된다.

리스트 10-11. packaging/data-file/app.py

```python
from PyQt6.QtWidgets import (
    QMainWindow,
    QApplication,
    QPushButton,
    QVBoxLayout,
    QLabel,
    QWidget,
)

from PyQt6.QtGui import QIcon
import sys, os
```

```python
basedir = os.path.dirname(__file__)

try:
    from ctypes import windll      # Only exists on Windows.

    myappid = "mycompany.myproduct.subproduct.version"
    windll.shell32.SetCurrentProcessExplicitAppUserModelID(myappid)
except ImportError:
    pass

class MainWindow(QMainWindow):
    def __init__(self):
        super().__init__()

        self.setWindowTitle("Hello World")
        layout = QVBoxLayout()
        label = QLabel("My simple app.")
        label.setMargin(10)
        layout.addWidget(label)

        button = QPushButton("Push")
        button.pressed.connect(self.close)
        layout.addWidget(button)

        container = QWidget()
        container.setLayout(layout)

        self.setCentralWidget(container)
        self.show()

app = QApplication(sys.argv)
app.setWindowIcon(QIcon(os.path.join(basedir, "icon.svg")))

w = MainWindow()
```

```
app.exec()
```

이 데이터 파일을 dist 폴더로 가져오는 가장 간단한 방법은 PyInstaller에게 복사하도록 지시하는 것이다. PyInstaller는 복사해야 하는 dist/<app name> 폴더와 관련된 폴더 경로와 함께 복사할 개별 파일 경로 리스트를 허용한다.

다른 옵션과 마찬가지로 이는 여러 번 제공할 수 있는 --add -data 커맨드라인 인수로 지정할 수 있다.

```
pyinstaller --add-data "icon.svg:." --name "hello-world" app.py
```

 리눅스 또는 맥에서 경로 구분 기호는 플랫폼에 따라 다르다. 반면 윈도우에서는 ;을 사용한다.

또는 소스 및 대상 위치의 2 튜플로서 spec 파일의 분석 섹션에 있는 datas 리스트를 사용한다.

```
a = Analysis(['app.py'],
             pathex=[],
             binaries=[],
             datas=[('icon.svg', '.')],
             hiddenimports=[],
             hookspath=[],
             runtime_hooks=[],
             excludes=[],
             win_no_prefer_redirects=False,
             win_private_assemblies=False,
             cipher=block_cipher,
             noarchive=False)
```

그런 후 다음을 사용해 .spec 파일을 실행한다.

```
pyinstaller hello-world.spec
```

두 경우 모두 PyInstaller에게 지정된 파일 icon.svg를 해당 위치에 복사하도록 지시한다. 이는 출력 폴더 dist를 의미한다. 원하는 경우 여기에서 다른 위치를 지정할 수 있다. 빌드를 실행하면 이제 .svg 파일이 출력 폴더 dist에서 애플리케이션과 함께 배포될 준비가 된 것을 볼 수 있다.

그림 10-10. dist 폴더에 복사된 아이콘 파일

dist에서 앱을 실행하면 이제 예상대로 아이콘이 표시된다.

그림 10-11. 창(윈도우) 및 도크(맥OS와 우분투)에 표시되는 아이콘

 파일은 상대 경로를 사용해 Qt에 로드돼야 하며 .py 파일과 동일한 상대 위치에 있어야 작동한다.

> **ⓘ** 윈도우 시스템에서 빌드를 시작하면 .spec 파일에 이중 백슬래시(\\)를 사용하는 경로가 포함될 수 있다. 이는 다른 플랫폼에서는 작동하지 않으므로 모든 플랫폼에서 작동하는 단일 슬래시(/)로 교체해야 한다.

데이터 폴더 번들링

일반적으로 패키지 파일에 포함할 데이터 파일이 두 개 이상 있다. 최신 PyInstaller 버전을 사용하면 하위 폴더 구조를 유지하면서 파일처럼 폴더를 묶을 수 있다. 데이터 파일의 번들 폴더를 보여주고자 앱에 버튼을 몇 개 더 추가하고 아이콘을 추가해본다. icons이라는 폴더 아래에 이러한 아이콘을 배치할 수 있다.

리스트 10-12. packaging/data-folder/app.py

```python
from PyQt6.QtWidgets import (
    QMainWindow,
    QApplication,
    QLabel,
    QVBoxLayout,
    QPushButton,
    QWidget,
)

from PyQt6.QtGui import QIcon
import sys, os

basedir = os.path.dirname(__file__)

try:
    from ctypes import windll      # Only exists on Windows.

    myappid = "mycompany.myproduct.subproduct.version"
```

```
    windll.shell32.SetCurrentProcessExplicitAppUserModelID(myappid)
except ImportError:
    pass


class MainWindow(QMainWindow):
    def __init__(self):
        super().__init__()

        self.setWindowTitle("Hello World")
        layout = QVBoxLayout()
        label = QLabel("My simple app.")
        label.setMargin(10)
        layout.addWidget(label)

        button_close = QPushButton("Close")
        button_close.setIcon(
            QIcon(os.path.join(basedir, "icons", "lightning.svg"))
        )

        button_close.pressed.connect(self.close)
        layout.addWidget(button_close)

        button_maximize = QPushButton("Maximize")
        button_maximize.setIcon(
            QIcon(os.path.join(basedir, "icons", "uparrow.svg"))
        )
        button_maximize.pressed.connect(self.showMaximized)
        layout.addWidget(button_maximize)

        container = QWidget()
        container.setLayout(layout)

        self.setCentralWidget(container)
        self.show()
```

```
app = QApplication(sys.argv)
app.setWindowIcon(QIcon(os.path.join(basedir, "icons", "icon.svg")))

w = MainWindow()

app.exec()
```

> ℹ️ 윈도우 작업 표시줄 아이콘 수정이 이 코드에 포함돼 있으므로 윈도우용 애플리케이션을 빌드하지 않는 경우 건너뛸 수 있다.

아이콘(두 SVG 파일 모두)은 icons라는 하위 폴더에 저장된다.

```
.
├── app.py
└── icons
    └── lightning.svg
    └── uparrow.svg
    └── icon.svg
```

이것을 실행하면 버튼에 아이콘이 있고 윈도우나 도크에 아이콘이 있는 다음 윈도우가 표시된다.

그림 10-12. 여러 아이콘의 윈도우

754

icons 폴더를 빌드 애플리케이션에 복사하려면 .spec 파일 분석 블록에 폴더를
추가하기만 하면 된다. 단일 파일의 경우 소스 경로(프로젝트 폴더에서)와 결과
dist 폴더 아래에 대상 폴더가 있는 튜플로 추가한다.

리스트 10-13. packaging/data-folder/hello-world.spec

```python
# -*- mode: python ; coding: utf-8 -*-


block_cipher = None


a = Analysis(['app.py'],
             pathex=[],
             binaries=[],
             datas=[('icons', 'icons')],
             hiddenimports=[],
             hookspath=[],
             hooksconfig={},
             runtime_hooks=[],
             excludes=[],
             win_no_prefer_redirects=False,
             win_private_assemblies=False,
             cipher=block_cipher,
             noarchive=False)
pyz = PYZ(a.pure,
          a.zipped_data,
          cipher=block_cipher)

exe = EXE(pyz,
          a.scripts,
          [],
          exclude_binaries=True,
          name='hello-world',
          icon='icons/icon.ico',
          debug=False,
```

```
            bootloader_ignore_signals=False,
            strip=False,
            upx=True,
            console=False,
            disable_windowed_traceback=False,
            target_arch=None,
            codesign_identity=None,
            entitlements_file=None )

coll = COLLECT(exe,
               a.binaries,
               a.zipfiles,
               a.datas,
               strip=False,
               upx=True,
               upx_exclude=[],
               name='hello-world')

app = BUNDLE(coll,
             name='Hello World.app',
             icon='icons/icon.icns',
             bundle_identifier=None)
```

이 spec 파일을 사용해 빌드를 실행하면 이제 icons 폴더가 dist 폴더에 복사된 것을 볼 수 있다. 폴더 또는 다른 곳에서 애플리케이션을 실행하면 상대 경로가 새 위치에서 올바르게 유지되므로 아이콘이 예상대로 표시된다.

정리

이러한 모든 변경 사항이 적용되면 이제 모든 플랫폼에서 애플리케이션을 재현 가능하게 구축할 수 있다. 다음 절에서는 빌드된 실행 파일을 가져와 작동하는 설치 프로그램으로 빌드하는 작업으로 넘어갈 것이다.

지금까지 자체 플랫폼에서 PyInstaller를 사용해 애플리케이션을 구축하는 과정을 단계별로 살펴봤다. 종종 모든 플랫폼을 위한 앱을 만들고 싶을 것이다.

이미 언급했듯이 해당 플랫폼의 특정 플랫폼에 대해서만 빌드할 수 있다. 즉, 윈도우 실행 파일을 빌드하려면 윈도우에서 수행해야 한다. 그러나 이상적으로는 유지 관리를 단순화하고자 동일한 .spec 파일을 사용해 이 작업을 수행할 수 있기를 원한다. 여러 플랫폼을 대상으로 하려면 지금 다른 시스템에서 .spec 파일을 시도해 빌드가 올바르게 설정됐는지 확인하자. 작동하지 않는 경우 이 절의 전체 플랫폼별 참고 사항을 다시 확인한다.

10.2 InstallForge로 윈도우 설치 프로그램 작성

지금까지 PyInstaller를 사용해 배포용 애플리케이션을 번들링했다. 이 번들링 프로세스의 출력은 애플리케이션을 실행하는 데 필요한 모든 파일을 포함하는 dist라는 폴더다. 이 폴더를 ZIP 파일로 사용자와 공유할 수는 있지만 최고의 사용자 경험은 아니다.

윈도우 데스크톱 애플리케이션은 일반적으로 실행 파일(및 기타 파일)을 올바른 위치에 배치하고 시작 메뉴 바로 가기를 추가하는 프로세스를 처리하는 설치 프로그램과 함께 배포된다. 다음으로 dist 폴더를 사용해 작동하는 윈도우 설치 프로그램을 만드는 방법을 살펴보자.

설치 프로그램을 생성하고자 InstallForge(https://installforge.net/)라는 도구를 사용한다. InstallForge는 무료이며 이 페이지(https://installforge.net/download/)에서 다운로드할 수 있다. 작동하는 InstallForge 구성은 이 책의 다운로드에서 사용할 수 있지만 Hello World.ifp는 시스템의 소스 경로를 업데이트해야 한다는 점을 염두에 두자.

 참을성이 없다면 먼저 예제 윈도우 Installer(https://downloads.pythonguis.com/DemoAppInstallforge.exe)를 다운로드할 수 있다.

이제 InstallForge로 설치 프로그램을 만드는 기본 단계를 살펴보자.

General 섹션

InstallForge를 처음 실행하면 이 기본 탭이 표시된다. 여기에 이름, 프로그램 버전, 회사, 웹 사이트를 포함해 애플리케이션에 대한 기본 정보를 입력할 수 있다.

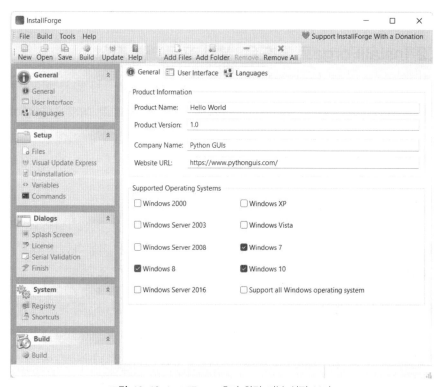

그림 10-13. InstallForge 초기 화면 기본 설정 보기

현재 사용 가능한 다양한 윈도우 버전에서 설치 프로그램의 대상 플랫폼을 선택할 수도 있다. 이렇게 하면 사용자는 호환되는 윈도우 버전에만 애플리케이션을 설치할 수 있다.

 여기에는 마법이 없다. 설치 프로그램에서 추가 플랫폼을 선택해도 애플리케이션이 해당 플랫폼에서 작동하지 않는다. 설치 프로그램에서 활성화하기 전에 대상 버전의 윈도우에서 애플리케이션이 실행되는지 확인해야 한다.

Setup 섹션

왼쪽 사이드바를 클릭해 Setup 아래의 Files 페이지를 연다. 여기에서 설치 프로그램에 번들로 포함할 파일을 지정할 수 있다.

도구 모음에서 Add Files...를 사용하고 PyInstaller에서 생성한 dist/hello-world 폴더의 모든 파일을 선택한다. 팝업되는 파일 브라우저에서는 여러 파일을 선택할 수 있으므로 한 번에 모두 추가할 수 있지만 폴더는 별도로 추가해야 한다. Add Folder...를 클릭하고 dist/helloworld 아래에 아이콘 폴더 및 기타 라이브러리와 같은 폴더를 추가한다.

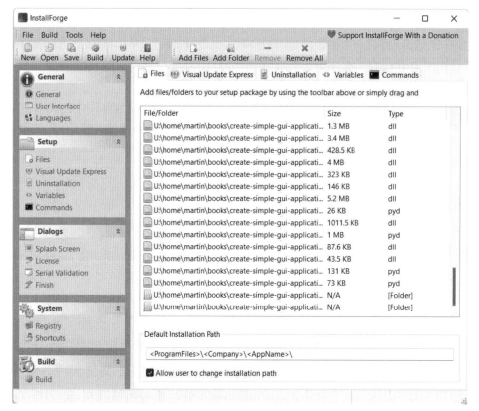

그림 10-14. 패키지로 된 파일과 폴더를 추가하는 InstallForge Files 뷰

 선택한 폴더의 내용이 재귀적으로 포함되므로 하위 폴더를 선택할 필요가 없다.

완료되면 리스트를 맨 아래로 스크롤하고 폴더가 포함되도록 나열돼 있는지 확인한다. dist/helloworld 아래의 모든 파일과 폴더가 존재하기를 원한다. 그러나 dist/hello-world 폴더 자체는 나열되지 않아야 한다.

기본 설치 경로는 그대로 둘 수 있다. 꺾쇠 괄호 사이의 값(예, <company>)은 변수이며 구성에서 자동으로 채워진다.

다음으로 사용자가 애플리케이션을 제거하도록 허용하는 것이 좋다. 의심할
여지없이 훌륭하지만 나중에 언젠가는 제거하고 싶을 수도 있다. 상자를 선택
해 Uninstall 탭에서 이 작업을 수행할 수 있다. 이렇게 하면 애플리케이션이
윈도우 프로그램 추가/제거에 나타난다.

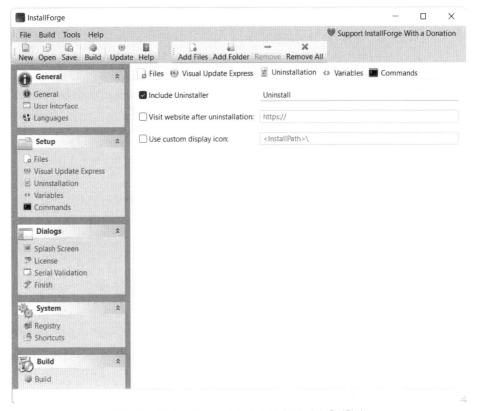

그림 10-15. InstallForge에서 앱의 언인스톨러를 추가한다.

Dialogs 섹션

Dialogs 섹션은 사용자 지정 메시지, 시작 화면 또는 라이선스 정보를 사용자에
게 표시하는 데 사용할 수 있다. Finish 탭을 사용하면 설치 프로그램이 완료되

면 수행할 작업을 제어할 수 있으며 여기에서 사용자에게 프로그램이 설치된 후 실행할 수 있는 옵션을 제공하는 것이 유용하다.

이렇게 하려면 **프로그램 실행** 옆에 있는 상자를 선택하고 상자에 자신의 애플리케이션 EXE를 추가해야 한다. `<installpath>\`가 이미 지정돼 있으므로 hello-world.exe만 추가하면 된다. 인수는 첫 번째 실행할 때 프로그램에 인수를 전달하는 데 사용할 수 있다.

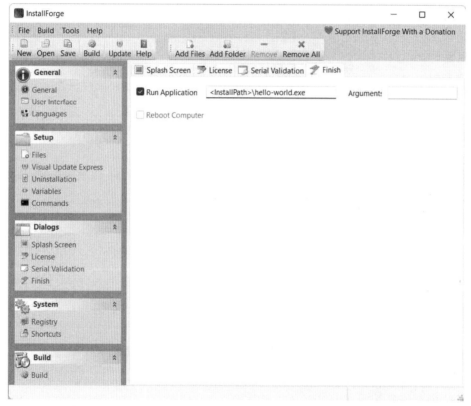

그림 10-16. InstallForge에서 설치 완료 시 부가적으로 실행할 프로그램을 설정한다.

System 섹션

System에서 Shortcut를 선택해 바로 가기 편집기를 연다. 여기에서 원하는 경우 시작 메뉴와 바탕 화면에 대한 바로 가기를 지정할 수 있다.

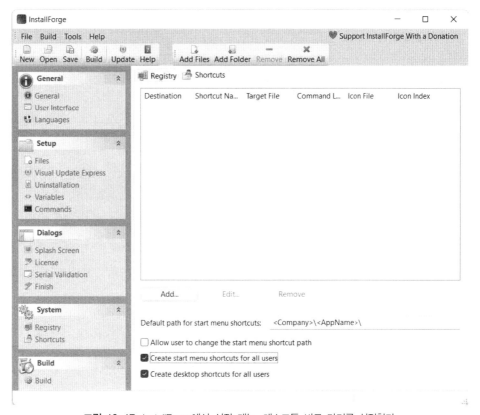

그림 10-17. InstallForge에서 시작 메뉴, 데스크톱 바로 가기를 설정한다.

Add...를 클릭해 애플리케이션에 대한 새 바로 가기를 추가한다. 시작 메뉴와 바탕 화면 바로 가기 중에서 선택하고 이름과 대상 파일을 입력한다. 이는 애플리케이션 EXE가 설치되는 즉시 끝나는 경로다. <installpath>\가 이미 지정돼 있으므로 애플리케이션의 EXE 이름을 끝에 추가하기만 하면 된다. 여기서는 hello-world.exe다.

그림 10-18. InstallForge에 바로 가기 추가하기

Build 섹션

기본 설정이 완료되면 이제 설치 프로그램을 빌드할 수 있다.

 이 시점에서 나중에 동일한 설정에서 설치 프로그램을 다시 빌드할 수 있도록
InstallForge 프로젝트를 저장할 수 있다.

하단의 Build 섹션을 클릭해 빌드 패널을 연다.

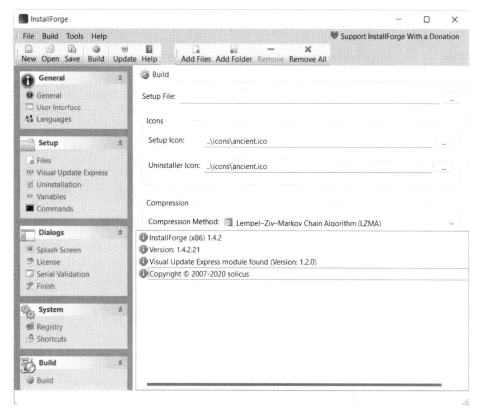

그림 10-19. InstallForge에서 빌드 준비

도구 모음에서 Build 아이콘을 클릭해 빌드 프로세스를 시작한다. 설정 파일 위치를 아직 지정하지 않은 경우 지정하라는 메시지가 표시된다. 완성된 설치 프로그램을 저장할 위치다. 빌드 프로세스가 시작돼 파일을 수집하고 설치 프로그램으로 압축한다.

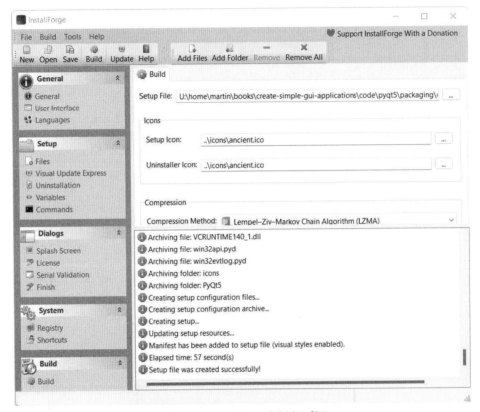

그림 10-20. InstallForge에서 빌드 완료

완료되면 설치 프로그램을 실행하라는 메시지가 표시된다. 이는 전적으로 선택 사항이지만 작동하는지 확인하는 편리한 방법이다.

설치 프로그램 실행

설치 프로그램 자체는 예상대로 작동하므로 놀라움이 없어야 한다. InstallForge에서 선택한 옵션에 따라 추가 패널이나 옵션이 있을 수 있다.

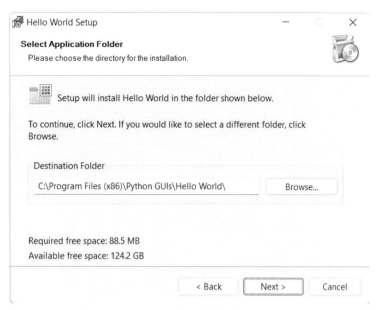

그림 10-21. InstallForge에서 실행한 설치 프로그램 결과

설치 프로그램이 완료될 때까지 단계별로 진행한다. 선택적으로 설치 프로그램의 마지막 페이지에서 애플리케이션을 실행하거나 시작 메뉴에서 찾을 수 있다.

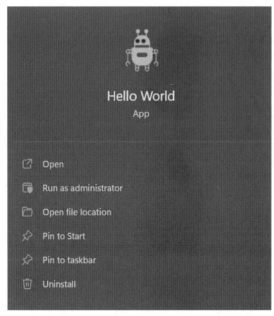

그림 10-22. 윈도우 11의 시작 메뉴에 설치된 Hello World

정리

앞 절에서 PyInstaller를 사용해 PyQt6 애플리케이션을 배포 가능한 실행 파일로 빌드하는 방법을 다뤘다. 이 절에서 이 빌드된 PyInstaller 애플리케이션을 사용하고 앱용 설치 프로그램을 빌드하고자 InstallForge를 사용하는 단계를 살펴봤다. 이 단계를 따르면 자신의 애플리케이션을 패키지화해 윈도우에서 다른 사람들이 사용할 수 있게 할 수 있다.

 윈도우 설치 프로그램을 빌드하기 위한 또 다른 인기 있는 도구는 스크립트 가능한 설치 프로그램인 NSIS(https://nsis.sourceforge.io/Main_Page)다. 즉, 사용자 지정 스크립트를 작성해 동작을 구성할 수 있다. 애플리케이션을 자주 빌드하고 프로세스를 자동화하려는 경우 확실히 살펴볼 가치가 있다.

10.3 맥OS 디스크 설치 이미지 생성

앞 절에서는 PyInstaller를 사용해 애플리케이션에서 맥OS .app 파일을 빌드했다. 이 .app을 열면 애플리케이션이 실행되고 기술적으로 다른 사람에게 그대로 배포할 수 있다. 그러나 문제가 있다. 맥OS .app 파일은 실제로 특별한 확장자를 가진 폴더일 뿐이다. 이는 있는 그대로의 공유에 적합하지 않다는 것을 의미한다. 최종 사용자는 폴더 내의 모든 개별 파일을 다운로드해야 한다.

해결책은 .app을 Zip .zip 또는 디스크 이미지 .dmg 파일에 배포하는 것이다. 대부분의 상용 소프트웨어는 사용자의 애플리케이션 폴더에 대한 바로 가기를 포함할 수 있으므로 디스크 이미지를 사용해 한 번의 이동으로 애플리케이션을 드래그할 수 있다. 이는 이제 너무 흔해서 많은 사용자가 다른 방식에 직면하는 것에 꽤 혼란스러워할 것이다. 그냥 규칙을 지키자.

 참을성이 없다면 먼저 예시 맥OS 디스크 이미지(https://downloads.pythonguis. com/DemoAppMacOS.dmg)를 다운로드할 수 있다.

create-dmg

DMG 파일을 직접 만드는 것은 비교적 간단하지만 Homebrew에서 설치할 수 있는 create-dmg 도구를 사용해 시작하는 것이 좋다. 이 도구는 DMG 설치 프로그램을 생성하고자 몇 가지 매개변수를 전달하는 데 호출할 수 있는 간단한 커맨드라인 도구로 설치된다.

Homebrew와 함께 create-dmg 패키지를 설치할 수 있다.

```
brew install create-dmg
```

설치가 완료되면 create-dmg bash 스크립트에 액세스할 수 있다. 다음은 create-dmg --help를 실행해 표시할 수 있는 옵션의 하위 집합이다.

```
--volname <name>: set volume name (displayed in the Finder sidebar and window
title)
--volicon <icon.icns>: set volume icon
--background <pic.png>: set folder background image (provide png,gif, jpg)
--window-pos <x> <y>: set position the folder window
--window-size <width> <height>: set size of the folder window
--text-size <text_size>: set window text size (10-16)
--icon-size <icon_size>: set window icons size (up to 128)
--icon <file_name> <x> <y>: set position of the file's icon
--hide-extension <file_name>: hide the extension of file
--app-drop-link <x> <y>: make a drop link to Applications, atlocation x, y
--eula <eula_file>: attach a license file to the dmg
--no-internet-enable: disable automatic mount&copy
--format: specify the final image format (default is UDZO)
--add-file <target_name> <file|folder> <x> <y>: add additional file or folder
(can be used multiple times)
--disk-image-size <x>: set the disk image size manually to x MB
--version: show tool version number
-h, --help: display the help
```

 볼륨은 디스크의 기술적인 이름이므로 볼륨 이름은 디스크 이미지(DMG) 자체에 부여하려는 이름이다.

앞에 제공된 옵션과 함께 DMG 파일의 출력 이름과 입력 폴더(PyInstaller에서 생성한 .app가 포함된 폴더)를 지정해야 한다.

다음 예제에서는 create-dmg를 사용해 Hello World 애플리케이션에 대한 설치 프로그램 DMG를 생성한다. 여기서는 사용 가능한 옵션 중 일부만 사용하고 있다. 디스크 볼륨의 이름 및 아이콘 설정, 윈도우 위치 및 크기 조정, 앱 아이콘 설정 및 /Applications 드롭 대상 링크 추가 등이다. 이것은 자신의 애플리케이션에 대해 설정하기를 원하는 최소한의 값이며 원하는 경우 추가로 사용자 정의할 수 있다.

create-dmg는 지정된 폴더의 모든 파일을 DMG로 복사하기 때문에 .app 파일이 폴더에 있는지 확인해야 한다. dmg 폴더를 만들고 빌드된 .app 번들을이 폴더에 복사하는 것이 좋다. 다음 코드에서 이전에 빌드된 DMG 파일을 확인하고 제거하는 테스트를 포함해 패키징을 수행하는 작은 스크립트를 만들었다.

리스트 10–14. packaging/installer/mac/makedmg.sh

```
#!/bin/sh
test -f "Hello World.dmg" && rm "Hello World.dmg"
test -d "dist/dmg" && rm -rf "dist/dmg"
# dmg 폴더를 만들고 .app 번들을 복사한다.
mkdir -p "dist/dmg"
cp -r "dist/Hello World.app" "dist/dmg"
# 파일 생성
create-dmg \
  --volname "Hello World" \
  --volicon "icons/icon.icns" \
  --window-pos 200 120 \
  --window-size 800 400 \
  --icon-size 100 \
  --icon "Hello World.app" 200 190 \
  --hide-extension "Hello World.app" \
  --app-drop-link 600 185 \
  "Hello World.dmg" \
  "dist/dmg/"
```

이것을 build-dmg.sh라는 프로젝트의 루트에 저장한 다음 실행 가능하게 만든다.

```
$ chmod +x build-dmg.sh
```

그런 다음 스크립트를 실행해 패키지를 빌드한다.

```
$ ./build-dmg.sh
```

create-dmg 프로세스가 실행되고 출력 파일에 대해 지정한 이름과 일치하는 DMG 파일이 현재 폴더에 생성된다(마지막 인수에서 두 번째 인수, .dmg 확장자 사용). 이제 결과 DMG 파일을 다른 맥OS 사용자에게 배포할 수 있다.

그림 10-23. .app 번들과 애플리케이션 바로 가기를 보여주는 결과 디스크 이미지. 앱을 드래그해 설치한다.

 create-dmg에 대한 자세한 내용은 깃허브(https://github.com/create-dmg/create-dmg)의 설명서를 참조하자.

772

10.4 리눅스 패키지 작성

앞 장에서 PyInstaller를 사용해 관련 데이터 파일과 함께 애플리케이션을 리눅스 실행 파일로 묶었다. 이 번들링 프로세스의 출력은 다른 사용자와 공유할 수 있는 폴더다. 그러나 시스템에 쉽게 설치할 수 있도록 리눅스 패키지를 만들어야 한다.

패키지는 사용자가 리눅스 시스템에 소프트웨어를 설치할 수 있게 하는 배포 가능한 파일이다. 파일을 올바른 위치에 배치하고 도크/메뉴에서 애플리케이션 항목을 설정해 앱을 더 쉽게 시작할 수 있도록 자동으로 처리한다.

우분투(및 데비안)에서 패키지 이름은 .deb 파일, 레드햇 .rpm, 아크 리눅스 .pacman에서 이름이 지정된다. 이 파일은 모두 다른 형식이지만 고맙게도 fpm 이라는 도구를 사용해서 빌드 프로세스가 동일하다. fpm(https://github.com/jordansissel/)은 폴더(또는 파일 리스트)를 가져와서 리눅스 패키지로 조합하는 조던 씨셀^{Jordan Sissel}의 패키징 시스템이다.

이 절에서는 우분투 .deb 파일을 예로 사용해 리눅스 패키지를 만드는 단계를 살펴본다. 그러나 fpm의 마법 덕분에 다른 리눅스 시스템에서도 동일한 접근 방식을 사용할 수 있다.

hello-world.deb

그림 10-24. 우분투 패키지 'Hello World' 애플리케이션

참을성이 없다면 먼저 예제 우분투 패키지(https://downloads.pythonguis.com/hello-world.deb)를 다운로드할 수 있다.

fpm 설치

fpm 도구는 루비^{ruby}로 작성됐으며 이를 사용하려면 루비가 설치돼 있어야 한다. 예를 들어 시스템 패키지 관리자를 사용해 루비를 설치한다.

```
$ sudo apt-get install ruby
```

루비가 설치되면 gem 도구를 사용해 fpm을 설치할 수 있다.

```
$ gem install fpm --user-install
```

 PATH에 ~/.local/share/gem/ruby/2.7.0/bin`이 없다는 경고가 표시되면 이를 경로에 추가해야 한다(https://askubuntu.com/a /60219). .bashrc 파일에 있다.

설치가 완료되면 fpm을 사용할 준비가 됐다. 다음을 실행해 설치되고 작동하는지 확인할 수 있다.

```
$ fpm --version
1.14.2
```

빌드 체크

터미널에서 애플리케이션 소스 파일이 포함된 폴더로 변경하고 PyInstaller 빌드를 실행해 dist 폴더를 생성한다. 파일 관리자에서 dist 폴더를 열고 애플리케이션 실행 파일을 두 번 클릭해 생성된 빌드가 예상대로 실행되는지(작동하고 아이콘이 표시되는지) 테스트한다.

모든 것이 작동하면 애플리케이션을 패키징할 준비가 됐다. 그렇지 않은 경우 돌아가서 모든 것을 다시 확인한다.

 빌드한 애플리케이션을 패키징하기 전에 테스트하는 것은 항상 좋은 생각이다. 그렇게 하면 문제가 발생할 경우 어디에 문제가 있는지 알 수 있다.

이제 fpm을 사용해 폴더를 패키징해보자.

패키지 구조화

리눅스 패키지는 시스템 도구를 포함한 모든 종류의 애플리케이션을 설치하는데 사용된다. 이 때문에 리눅스 파일 시스템의 아무 곳에나 파일을 배치할 수 있게 설정돼 있으며 다른 파일을 저장할 특정 정확한 위치가 있다. GUI 애플리케이션의 경우 실행 파일 및 관련 데이터 파일을 모두 동일한 폴더(/opt에 있음)에 넣을 수 있다. 그러나 메뉴/검색에 애플리케이션을 표시하려면 /usr/share/applications 아래에 .desktop 파일도 설치해야 한다.

사물이 올바른 위치에 있는지 확인하는 가장 간단한 방법은 폴더에 대상 파일 구조를 다시 만든 다음 fpm에 해당 폴더를 루트로 사용해 패키지하도록 지시하는 것이다. 이 프로세스는 스크립트를 사용해 쉽게 자동화할 수도 있다(나중에 살펴보자).

프로젝트 루트 폴더에 package라는 새 폴더와 대상 파일 시스템에 매핑되는 하위 폴더를 만든다. /opt에는 helloworld 애플리케이션 폴더가 있고 /usr/share/applications에는 .desktop 파일이 있고 /usr/에는 share/icons... 애플리케이션 아이콘이 있다.

```
$ mkdir -p package/opt
$ mkdir -p package/usr/share/applications
$ mkdir -p package/usr/share/icons/hicolor/scalable/apps
```

다음은 dist/app의 내용을 package/opt/hello-world로 복사한다(하위 폴더를 포함하고자 -r 사용). /opt/hello-world 경로는 설치 후 애플리케이션 폴더의 대상이다.

```
$ cp -r dist/hello-world package/opt/hello-world
```

dist/hello-world 폴더를 복사하고 있다. 이 폴더의 이름은 PyInstaller에 구성된 이름에 따라 달라진다.

아이콘

Penguin.svg 파일을 사용해 실행 중인 애플리케이션의 아이콘을 이미 설정했다. 그러나 애플리케이션이 도크/메뉴에 아이콘을 표시하기를 원한다. 이를 올바르게 수행하려면 애플리케이션 아이콘을 /usr/share/icons 아래의 특정 위치에 복사해야 한다.

이 폴더에는 시스템에 설치된 모든 아이콘 테마가 포함돼 있지만 애플리케이션의 기본 아이콘은 항상 /usr/share/icons/hicolor의 대체 hicolor 테마에 있다. 이 폴더에는 다양한 크기의 아이콘에 대한 다양한 폴더가 있다.

```
$ ls /usr/share/icons/hicolor/
128x128/        256x256/        64x64/        scalable/
```

```
16x16/            32x32/            72x72/            symbolic/
192x192/          36x36/            96x96/
22x22/            48x48/            icon-theme.cache
24x24/            512x512/          index.theme
```

SVG^{Scalable Vector Graphics} 파일을 사용하고 있으므로 아이콘이 확장 가능한 폴더
아래에 있다. 특정 크기의 PNG 파일을 사용하는 경우 올바른 위치에 배치하고
다양한 크기를 자유롭게 추가해 크기를 조정할 때 애플리케이션 아이콘이 보
기 좋게 보이게 하자. 애플리케이션 아이콘은 하위 폴더 앱으로 이동한다.

```
$ cp icons/penguin.svg
package/usr/share/icons/hicolor/scalable/apps/hello-world.svg
```

 아이콘의 대상 파일 이름을 다른 애플리케이션과 충돌하지 않도록 애플리케이션 이
름을 따서 지정하자. 여기서는 hello—world.svg라고 한다.

.desktop 파일

.desktop 파일은 리눅스 데스크톱에 데스크톱 애플리케이션에 대해 알려주는
텍스트 구성 파일이다. 예를 들어 실행 파일을 세분화할 위치, 이름, 표시할
아이콘이 있다. 앱을 쉽게 사용할 수 있도록 .desktop 파일을 포함해야 한다.
예제 .desktop 파일은 다음에 나와 있다. 이 파일을 프로젝트의 루트 폴더에
추가하고 이름이 hello-world.desktop인데, 원하는 대로 변경한다.

```
[Desktop Entry]

# 이 데스크톱 파일이 참조하는 것의 유형(예: 링크일 수 있음)
Type=Application

# 애플리케이션 이름
Name=Hello World

# 메뉴에 보여줄 툴팁 설명
Comment=A simple Hello World application.

# 실행 가능한 경로(폴더)
Path=/opt/hello-world

# 인수를 포함한 실행 파일
Exec=/opt/hello-world/hello-world

# 엔트리 아이콘, 타깃 파일 시스템 경로 사용
Icon=hello-world
```

이제 hello-world.desktop 파일이 준비됐으므로 설치 패키지에 복사할 수 있다.

```
$ cp hello-world.desktop package/usr/share/applications
```

권한

패키지는 패키징될 때부터 설치된 파일의 권한을 유지하지만 root에 의해 설치된다. 일반 사용자가 애플리케이션을 실행할 수 있으려면 생성된 파일의 권한을 변경해야 한다.

올바른 권한 755를 재귀적으로 적용할 수 있다. 소유자는 읽기/쓰기/실행할 수 있고 그룹/기타는 읽기/실행할 수 있다. 실행 파일과 폴더에 644를 지정하면 소유자는 읽기/쓰기, 그룹/기타는 다른 모든 라이브러리와 아이콘/데스크톱 파일을 읽을 수 있다.

```
$ find package/opt/hello-world -type f -exec chmod 644 -- {} +
$ find package/opt/hello-world -type d -exec chmod 755 -- {} +
$ find package/usr/share -type f -exec chmod 644 -- {} +
$ chmod +x package/opt/hello-world/hello-world
```

패키지 작성

이제 모든 것이 '파일 시스템' 패키지에 있어야 할 위치에 있으므로 패키지 자체를 빌드할 준비가 됐다. 셸에 다음과 같이 입력하자.

```
fpm -C package -s dir -t deb -n "hello-world" -v 0.1.0 -p hello-world.deb
```

인수는 순서대로 다음과 같다.

- -C는 파일 검색 전 변경할 폴더(패키지 폴더)

- -s는 패키지할 소스 유형(이 경우 dir, 폴더)

- -t는 빌드할 패키지 유형(deb 데비안/우분투 패키지)

- -n은 애플리케이션 이름("hello-world")

- -v는 애플리케이션 버전(0.1.0)

- **-p**는 출력할 패키지 이름(hello-world-deb)

ℹ️ **-t** 인수를 변경해 다른 패키지 유형(다른 리눅스 배포용)을 만들 수 있다. 더 많은 커맨드라인 인수는 fpm 문서(https://fpm.readthedocs.io/en/latest/getting-started. html#using-it-to-package-an-executable)을 참조하자.

몇 초 후에 패키지가 생성됐음을 나타내는 메시지가 표시돼야 한다.

```
$ fpm -C package -s dir -t deb -n "hello-world" -v 0.1.0 -p hello-world.deb
Created package {:path=>"hello-world.deb"}
```

설치

패키지가 준비됐다. 설치해보자.

```
$ sudo dpkg -i hello-world.deb
```

설치가 완료되면 일부 출력이 표시된다.

```
Selecting previously unselected package hello-world.
(Reading database ... 172208 files and directories currently installed.)
Preparing to unpack hello-world.deb ...
Unpacking hello-world (0.1.0) ...
Setting up hello-world (0.1.0) ...
```

설치가 완료되면 /opt/hello-world 아래에서 파일이 원하는 위치에 있는지 확인할 수 있다.

```
$ ls /opt/hello-world
app                      libpcre2-8.so.0
base_library.zip         libpcre.so.3
icons                    libpixman-1.so.0
libatk-1.0.so.0          libpng16.so.16
libatk-bridge-2.0.so.0   libpython3.9.so.1.0
etc.
```

다음으로 메뉴/도크에서 애플리케이션을 실행해보자. "Hello World"를 검색하면 애플리케이션을 찾을 수 있다(.desktop 파일 덕분).

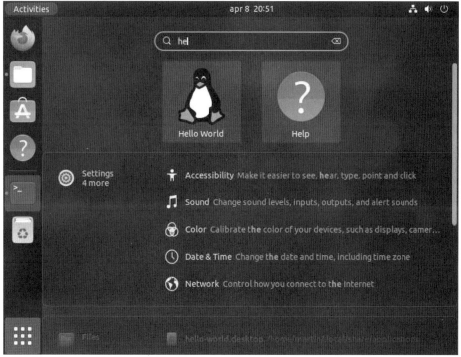

그림 10-25. 애플리케이션은 우분투 검색 패널에 표시되며 다른 환경의 메뉴에도 표시된다

애플리케이션을 실행하면 아이콘이 예상대로 표시된다.

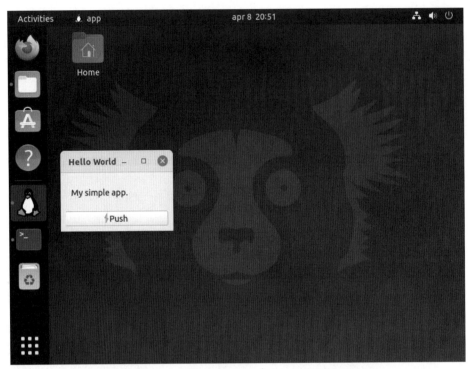

그림 10-26. 애플리케이션이 실행되고 기대했던 아이콘이 나타난다.

빌드 스크립트

PyQt6 애플리케이션에서 설치 가능한 우분투 .deb 패키지를 빌드하는 데 필요한 단계를 살펴봤다. 무엇을 하고 있는지 알게 되면 비교적 간단하지만 정기적으로 해야 하는 경우 상당히 지루하고 실수하기 쉽다.

문제를 피하고자 간단한 bash 스크립트와 fpm의 자체 자동화 도구로 이것을 스크립팅하는 것이 좋다.

package.sh

프로젝트 루트에 저장하고 chmod +x로 실행 가능하게 만든다.

리스트 20-16. packaging/installer/linux/package.sh

```
#!/bin/sh
# Create folders.
[ -e package ] && rm -r package
mkdir -p package/opt
mkdir -p package/usr/share/applications
mkdir -p package/usr/share/icons/hicolor/scalable/apps

# 파일 복사(아이콘 이름 변경, 크기가 조정되지 않은 아이콘에 대한 행 추가)
cp -r dist/hello-world package/opt/hello-world
cp icons/penguin.svg
package/usr/share/icons/hicolor/scalable/apps/hello-world.svg
cp hello-world.desktop package/usr/share/applications

# 권한 변경
find package/opt/hello-world -type f -exec chmod 644 -- {} +
find package/opt/hello-world -type d -exec chmod 755 -- {} +
find package/usr/share -type f -exec chmod 644 -- {} +
chmod +x package/opt/hello-world/hello-world
```

.fpm 파일

fpm을 사용하면 패키지 구성을 구성 파일에 저장할 수 있다. 파일 이름은 .fpm 이어야 하며 **fpm** 도구를 실행하는 폴더에 있어야 한다. 구성은 다음과 같다.

리스트 10–17. packaging/installer/linux/.fpm

```
-C package
-s dir
-t deb
-n "hello-world" -v 0.1.0
-p hello-world.deb
```

 일반적으로 커맨드라인 인수를 전달해 fpm을 실행할 때 원하는 옵션을 재정의할 수 있다.

빌드 실행

이러한 스크립트를 사용하면 다음 명령을 사용해 애플리케이션을 재현 가능하게 패키징할 수 있다.

```
pyinstaller hello-world.spec
./package.sh
fpm
```

이 빌드 스크립트를 자신의 프로젝트에 맞게 자유롭게 사용자 정의하자.

이 예제에서는 PyInstaller에서 작업 빌드를 가져오고 fpm을 사용해 이것을 우분투용으로 배포 가능한 리눅스 패키지로 묶는 프로세스를 단계별로 살펴봤다. 다음 단계에 따라 자신의 애플리케이션을 패키지화해 다른 사람이 사용할 수 있게 할 수 있어야 한다.

11

예제 애플리케이션

지금쯤이면 PyQt6으로 간단한 애플리케이션을 구축하는 방법을 확실히 이해했을 것이다. 배운 내용을 어떻게 적용할 수 있는지 보여주고자 11장에서는 몇 가지 예제 애플리케이션을 포함시켰다. 이러한 애플리케이션은 기능적이고 단순하며 어떤 면에서는 불완전하다. 영감을 얻고, 분리하고, 개선할 수 있는 기회로 사용하자. 각 앱의 가장 흥미로운 부분에 대한 안내를 읽어본다.

두 애플리케이션의 전체 소스는 깃허브의 15 Minute Apps(https://github.com/pythonguis/15-minute-apps) 저장소에서 13개의 다른 애플리케이션과 함께 다운로드할 수 있다. 즐기길 바란다.

이 책 전반에 걸쳐 미니어처 앱의 다른 예도 있다. 예를 들어 그림판 및 할일 앱이 있으며 이 앱도 확장하는 것이 좋다. 이는 가장 좋은 학습 방법이다.

11.1 모짜렐라 애쉬배거

모짜렐라 애쉬배거^{Mozzarella Ashbadger}는 웹 브라우징의 최신 혁명이다. 앞뒤로 이동, 인쇄, 파일 저장 도움을 받아보자. 다른 브라우저와의 유사성은 전적으로 우연의 일치다.

그림 11-1. 모짜렐라 애쉬배거

 이 애플리케이션은 신호 및 슬롯, 신호 및 위젯 확장에서 다루는 기능을 사용한다.

모짜렐라 애쉬배거의 소스코드는 탭 브라우징이 있는 형식과 없는 형식의 두 가지 형식으로 제공된다. 탭을 추가하면 시그널 처리가 약간 복잡해지기 때문에 탭이 없는 버전을 먼저 다룬다.

브라우저를 만들려면 추가 PyQt6 구성 요소인 PyQtWebEngine을 설치해야 한다. 다음과 같이 커맨드라인에서 pip를 사용해 이 작업을 수행할 수 있다.

```
pip3 install pyqt6-webengine
```

소스코드

탭이 없는 브라우저의 전체 소스는 이 책의 다운로드에 포함돼 있다. 브라우저 코드의 이름은 browser.py다.

```
python3 browser.py
```

> 🚀 **Run it!** 실행하고 코드로 이동하기 전에 모짜렐라 애쉬배거 인터페이스와 기능을 살펴보자.

브라우저 위젯

브라우저의 핵심은 **QtWebEngineWidgets**에서 가져오는 **QWebEngineView**다. 이것은 다운로드한 페이지의 렌더링을 처리하는 완전한 브라우저 창을 제공한다. 다음은 PyQt6에서 웹 브라우저 위젯을 사용하는 데 필요한 최소한의 코드다.

리스트 11-1. app/browser_skeleton.py

```python
import sys

from PyQt6.QtCore import QUrl
from PyQt6.QtWebEngineWidgets import QWebEngineView
from PyQt6.QtWidgets import QApplication, QMainWindow

class MainWindow(QMainWindow):
  def __init__(self):
    super().__init__()
```

```
        self.browser = QWebEngineView()
        self.browser.setUrl(QUrl("https://www.google.com"))

        self.setCentralWidget(self.browser)

        self.show()

app = QApplication(sys.argv)
window = MainWindow()

app.exec()
```

주변을 조금 클릭하면 브라우저가 예상대로 작동한다는 것을 알게 될 것이다. 링크가 올바르게 작동하고 페이지와 상호작용할 수 있다. 그러나 URL 표시줄, 컨트롤 또는 모든 종류의 인터페이스와 같이 당연하게 여겼던 것들이 누락됐음을 알 수 있다. 이것은 사용하기 약간 까다롭다.

기본 뼈대의 브라우저에 유용한 것들을 추가해보자.

경로

인터페이스 아이콘 작업을 더 쉽게 하고자 작업 상대 경로를 정의해 시작할 수 있다. 데이터 파일 아이콘의 단일 폴더 위치와 아이콘 경로 생성을 위한 메서드 아이콘을 정의한다. 이를 통해 Paths.icon()으로 브라우저 인터페이스에 대한 아이콘을 로드할 수 있다.

리스트 11-2. app/paths.py

```
import os
```

```
class Paths:
    base = os.path.dirname(__file__)
    icons = os.path.join(base, "icons")

    # 파일 로더
    @classmethod
    def icon(cls, filename):
        return os.path.join(cls.icons, filename)
```

브라우저와 동일한 폴더에 저장되며 다음과 같이 가져올 수 있다.

리스트 11-3. app/browser.py

```
from paths import Paths
```

내비게이션

이제 QToolbar에서 일련의 QAction을 사용해 인터페이스 컨트롤을 추가할 수 있다. 이러한 정의를 QMainWindow의 __init__ 블록에 추가한다. Paths.icon() 메서드를 사용해 상대 경로로 파일을 로드한다.

리스트 11-4. app/browser.py

```
navtb = QToolBar("Navigation")
navtb.setIconSize(QSize(16, 16))
self.addToolBar(navtb)

back_btn = QAction(
    QIcon(Paths.icon("arrow-180.png")), "Back", self
)
```

```
back_btn.setStatusTip("Back to previous page")
back_btn.triggered.connect(self.browser.back)
navtb.addAction(back_btn)
```

QWebEngineView에는 앞으로, 뒤로, 다시 로드 탐색을 위한 슬롯이 포함돼 있으며 이를 작업의 .triggered 시그널에 직접 연결할 수 있다. 나머지 컨트롤에 대해 동일한 QAction 구조를 사용한다.

리스트 11-5. app/browser.py

```
next_btn = QAction(
    QIcon(Paths.icon("arrow-000.png")), "Forward", self
)
next_btn.setStatusTip("Forward to next page")
next_btn.triggered.connect(self.browser.forward)
navtb.addAction(next_btn)

reload_btn = QAction(
    QIcon(Paths.icon("arrow-circle-315.png")),
    "Reload",
    self,
)
reload_btn.setStatusTip("Reload page")
reload_btn.triggered.connect(self.browser.reload)
navtb.addAction(reload_btn)

home_btn = QAction(QIcon(Paths.icon("home.png")), "Home", self)

home_btn.setStatusTip("Go home")
home_btn.triggered.connect(self.navigate_home)
navtb.addAction(home_btn)
```

앞으로, 뒤로, 다시 로드는 내장 슬롯을 사용할 수 있지만 홈 탐색 버튼에는 사용자 지정 슬롯 기능이 필요하다. 슬롯 기능은 QMainWindow 클래스에 정의돼 있으며 단순히 브라우저의 URL을 구글 홈페이지로 설정한다. URL은 QUrl 객체로 전달돼야 한다.

리스트 11-6. app/browser.py

```python
def navigate_home(self):
    self.browser.setUrl(QUrl("http://www.google.com"))
```

도전 과제

홈 탐색 위치를 구성할 수 있게 해보자. 입력 필드가 있는 Preferences QDialog를 만들 수 있다.

모든 괜찮은 웹 브라우저에는 URL 표시줄과 탐색을 중지할 수 있는 방법이 필요하다. 실수로 잘못됐거나 페이지가 너무 오래 걸리는 경우다.

리스트 11-7. app/browser.py

```python
        self.httpsicon = QLabel()
        self.httpsicon.setPixmap(QPixmap(Paths.icon("lock- nossl.png")))
        navtb.addWidget(self.httpsicon)

        self.urlbar = QLineEdit()
        self.urlbar.returnPressed.connect(self.navigate_to_url)
        navtb.addWidget(self.urlbar)

        stop_btn = QAction(
            QIcon(Paths.icon("cross-circle.png")), "Stop", self
        )
        stop_btn.setStatusTip("Stop loading current page")
        stop_btn.triggered.connect(self.browser.stop)
```

```
    navtb.addAction(stop_btn)
```

이전과 마찬가지로 **QWebEngineView**에서 '중지' 기능을 사용할 수 있으며 중지
버튼의 **.triggered** 시그널을 기존 슬롯에 간단히 연결할 수 있다. 그러나 URL
표시줄의 다른 기능은 독립적으로 처리해야 한다.

먼저 SSL이나 비SSL 아이콘을 보유하고자 **QLabel**을 추가해 페이지가 안전한지
여부를 나타낸다. 다음으로 단순히 **QLineEdit**인 URL 표시줄을 추가한다. 입력
시 표시줄에 URL 로드를 트리거하고자(리턴 키 누름) 위젯의 **.returnPressed** 시
그널에 연결해 지정된 URL에 대한 탐색을 트리거하는 사용자 지정 슬롯 기능
을 구동한다.

리스트 11-8. app/browser.py

```python
def navigate_to_url(self): # Url 을 받지 않는다.
    q = QUrl(self.urlbar.text())
    if q.scheme() == "":
        q.setScheme("http")

    self.browser.setUrl(q)
```

또한 페이지 변경에 대한 응답으로 URL 표시줄이 업데이트되기를 원한다. 이
를 위해 **QWebEngineView**에서 **.urlChanged** 및 **.loadFinished** 시그널을 사용할
수 있다. 다음과 같이 **__init__** 블록의 시그널에 연결을 설정한다.

리스트 11-9. app/browser.py

```python
self.browser.urlChanged.connect(self.update_urlbar)
self.browser.loadFinished.connect(self.update_title)
```

그런 다음 이러한 시그널에 대한 대상 슬롯 기능을 정의한다. 첫째, URL 표시줄을 업데이트하고자 QUrl 객체를 수락하고 이것이 http 또는 https URL인지 여부를 결정하고 이를 사용해 SSL 아이콘을 설정한다.

 이는 연결이 '안전'한지 테스트하는 끔찍한 방법이다. 제대로 인증서 유효성 검사를 수행해야 한다.

QUrl이 문자열로 변환되고 URL 표시줄이 값으로 업데이트된다. QLineEdit 위젯이 끝까지 스크롤되는 것을 방지하고자 커서 위치를 라인의 시작 부분으로 다시 설정한다는 점에도 유의하자.

리스트 11-10. app/browser.py

```python
def update_urlbar(self, q):

    if q.scheme() == "https":
        # 보안 자물쇠 아이콘
        self.httpsicon.setPixmap(
            QPixmap(Paths.icon("lock-ssl.png"))
        )
    else:
        # 보안되지 않은 자물쇠 아이콘
        self.httpsicon.setPixmap(
            QPixmap(Paths.icon("lock-nossl.png"))
        )

    self.urlbar.setText(q.toString())
    self.urlbar.setCursorPosition(0)
```

애플리케이션 창의 제목을 현재 페이지의 제목으로 업데이트하는 것도 좋은 방법이다. 현재 로드된 웹 페이지에서 <title></title> 태그의 내용을 반환하는 browser.page().title()을 통해 이를 얻을 수 있다.

리스트 11-11. app/browser.py

```
    def update_title(self):
        title = self.browser.page().title()
        self.setWindowTitle("%s - Mozzarella Ashbadger" % title)
```

파일 관리

self.menuBar().addMenu("&File")이 있는 표준 파일 메뉴가 생성돼 F 키를 Alt-단축키(일반적으로)로 지정한다. 메뉴 객체가 있으면 QAction 개체를 할당해 항목을 만들 수 있다. HTML 파일(로컬 디스크에서)을 열고 저장하고자 여기에 두가지 기본 항목을 만든다. 둘 다 사용자 지정 슬롯 기능이 필요하다.

리스트 11-12. app/browser.py

```
        file_menu = self.menuBar().addMenu("&File")
        open_file_action = QAction(
            QIcon(Paths.icon("disk--arrow.png")),
            "Open file...",
            self,
        )
        open_file_action.setStatusTip("Open from file")
        open_file_action.triggered.connect(self.open_file)
        file_menu.addAction(open_file_action)

        save_file_action = QAction(
            QIcon(Paths.icon("disk--pencil.png")),
            "Save Page As...",
            self,
        )
        save_file_action.setStatusTip("Save current page to file")
```

```
        save_file_action.triggered.connect(self.save_file)
        file_menu.addAction(save_file_action)
```

파일을 여는 슬롯 함수는 내장 **QFileDialog.getOpenFileName()** 함수를 사용해 파일 열기 대화상자를 만들고 이름을 가져온다. 기본적으로 이름은 *.htm 또는 *.html과 일치하는 파일로 제한된다.

표준 파이썬 함수를 사용해 파일을 변수 **html**로 읽은 다음 **.setHtml()**을 사용해 HTML을 브라우저에 로드한다.

리스트 11-13. app/browser.py

```
    def open_file(self):
        filename, _ = QFileDialog.getOpenFileName(
            self,
            "Open file",
            "",
            "Hypertext Markup Language (*.htm *.html);;"
            "All files (*.*)",
        )

        if filename:
            with open(filename, "r") as f:
                html = f.read()

            self.browser.setHtml(html)
            self.urlbar.setText(filename)
```

현재 페이지에서 HTML을 저장하는 것과 유사하게 내장 **QFileDialog.getSaveFileName()**을 사용해 파일 이름을 얻는다. 그러나 이번에는 **self.browser.page().toHtml()**을 사용해 HTML을 가져온다.

이것은 HTML을 즉시 받지 않는다는 것을 의미하는 비동기 방식이다. 대신 HTML이 준비되면 수신할 콜백 메서드를 전달해야 한다. 여기에서 로컬 범위의 파일 이름을 사용해 이를 처리하는 간단한 쓰기 함수를 만든다.

리스트 11-14. app/browser.py

```python
def save_file(self):
    filename, _ = QFileDialog.getSaveFileName(
        self,
        "Save Page As",
        "",
        "Hypertext Markup Language (*.htm *html);;"
        "All files (*.*)",
    )

    if filename:
        # 쓰기를 처리하는 콜백 메서드 정의
        def writer(html):
            with open(filename, "w") as f:
                f.write(html)

        self.browser.page().toHtml(writer)
```

인쇄

이전에 사용한 것과 동일한 방법을 사용해 파일 메뉴에 인쇄 옵션을 추가할 수 있다. 이번에도 인쇄 작업을 수행하려면 사용자 정의 슬롯 기능이 필요하다.

```
print_action = QAction(
    QIcon(Paths.icon("printer.png")), "Print...", self
)
print_action.setStatusTip("Print current page")
print_action.triggered.connect(self.print_page)
file_menu.addAction(print_action)

# 시스템 프린터 인스턴스 생성
self.printer = QPrinter()
```

Qt는 인쇄할 페이지를 그리는 QPrinter 객체를 기반으로 하는 완전한 인쇄 프레임워크를 제공한다. 프로세스를 시작하고자 사용자를 위한 QPrintDialog를 연다. 이를 통해 대상 프린터를 선택하고 인쇄를 구성할 수 있다.

__init__에서 QPrinter 객체를 생성하고 이를 self.printer로 저장했다. 인쇄 처리기 메서드에서 이 프린터를 QPrintDialog에 전달해 구성할 수 있게 한다. 대화상자가 수락되면 (현재 구성된) 프린터 객체를 self.browser.page().print 에 전달해 인쇄를 트리거한다.

리스트 11–16. app/browser.py

```
def print_page(self):
    page = self.browser.page()

    def callback(*args):
        pass

    dlg = QPrintDialog(self.printer)
    dlg.accepted.connect(callback)
```

```
if dlg.exec() == QDialog.DialogCode.Accepted:
    page.print(self.printer, callback)
```

.print는 두 번째 매개변수(인쇄 결과를 수신하는 콜백 함수)도 허용한다. 이를
통해 인쇄가 완료됐다는 알림을 표시할 수 있지만 여기서는 콜백을 조용히
실행한다.

도움말

마지막으로 표준 인터페이스를 완성하고자 도움말 메뉴를 추가할 수 있다. 이
전과 같이 정보 대화상자의 표시를 처리하고 추가 정보가 있는 '브라우저 페이
지'를 로드하는 두 개의 사용자 정의 슬롯 기능으로 정의된다.

리스트 11-17. app/browser.py

```
help_menu = self.menuBar().addMenu("&Help")

about_action = QAction(
    QIcon(Paths.icon("question.png")),
    "About Mozzarella Ashbadger",
    self,
)
about_action.setStatusTip(
    "Find out more about Mozzarella Ashbadger"
)
about_action.triggered.connect(self.about)
help_menu.addAction(about_action)

navigate_mozzarella_action = QAction(
    QIcon(Paths.icon("lifebuoy.png")),
```

```
      "Mozzarella Ashbadger Homepage",
      self,
   )
   navigate_mozzarella_action.setStatusTip(
      "Go to Mozzarella Ashbadger Homepage"
   )
   navigate_mozzarella_action.triggered.connect(
      self.navigate_mozzarella
   )
   help_menu.addAction(navigate_mozzarella_action)
```

도움말 메뉴 시그널에 대한 슬롯으로 사용할 두 가지 방법을 정의한다. 첫 번째 navigation_mozzarella는 브라우저(이 경우 이 책)에 대한 자세한 정보가 있는 페이지를 연다. 두 번째는 다음에 정의할 사용자 정의 QDialog 클래스 AboutDialog를 만들고 실행한다.

리스트 11-18. app/browser.py

```
def navigate_mozzarella(self):
    self.browser.setUrl(QUrl("https://www.pythonguis.com/"))

def about(self):
    dlg = AboutDialog()
    dlg.exec()
```

정보 대화상자에 대한 정의는 다음에 나와 있다. 이 구조는 QDialogButtonBox 및 사용자 입력을 처리하는 관련 시그널, 애플리케이션 정보, 로고를 표시하는 일련의 QLabel이 있는 책의 앞부분에서 본 구조를 따른다.

유일한 트릭은 모든 요소를 레이아웃에 추가한 다음 반복해 단일 루프에서 중앙에 정렬을 설정하는 것이다. 이렇게 하면 개별 섹션에 대한 중복이 저장된다.

리스트 11-19. app/browser.py

```python
class AboutDialog(QDialog):
    def __init__(self):
        super().__init__()

        QBtn = QDialogButtonBox.StandardButton.Ok # cancel 아님
        self.buttonBox = QDialogButtonBox(QBtn)
        self.buttonBox.accepted.connect(self.accept)
        self.buttonBox.rejected.connect(self.reject)

        layout = QVBoxLayout()

        title = QLabel("Mozzarella Ashbadger")
        font = title.font()
        font.setPointSize(20)
        title.setFont(font)

        layout.addWidget(title)

        logo = QLabel()
        logo.setPixmap(QPixmap(Paths.icon("ma-icon-128.png")))
        layout.addWidget(logo)

        layout.addWidget(QLabel("Version 23.35.211.233232"))
        layout.addWidget(QLabel("Copyright 2015 Mozzarella Inc."))

        for i in range(0, layout.count()):
            layout.itemAt(i).setAlignment(Qt.AlignmentFlag.AlignHCenter)

        layout.addWidget(self.buttonBox)

        self.setLayout(layout)
```

탭 브라우징

그림 11-2. 모짜렐라 애쉬배거(탭).

소스코드

탭 브라우저의 전체 소스는 이 책의 다운로드에 포함돼 있다. 브라우저 코드의 이름은 browser_tabs.py다.

> 🚀 **Run it!** 실행하고 코드로 이동하기 전에 모짜렐라 애쉬배거 Tabbed Edition을 살펴 보자.

QTabWidget 작성

브라우저에 탭 인터페이스를 추가하는 것은 QTabWidget을 사용하면 간단하다. 이는 여러 위젯(QWebEngineView 위젯)을 위한 간단한 컨테이너를 제공하며 이들 사이를 전환하기 위한 내장형 탭 인터페이스를 제공한다.

여기에서 사용하는 두 가지 사용자 정의는 맥OS에서 사파리와 유사한 인터페이스를 제공하는 .setDocumentMode(True)와 사용자가 애플리케이션에서 탭을 닫을 수 있게 하는 .setTabsClosable(True)다.

또한 QTabWidget 시그널 tabBarDoubleClicked, currentChanged, tabCloseRequested 를 사용자 정의 슬롯 메서드에 연결해 이러한 동작을 처리한다.

리스트 11-20. app/browser_tabs.py

```python
self.tabs = QTabWidget()
self.tabs.setDocumentMode(True)
self.tabs.tabBarDoubleClicked.connect(self.tab_open_doubleclick)
self.tabs.currentChanged.connect(self.current_tab_changed)
self.tabs.setTabsClosable(True)
self.tabs.tabCloseRequested.connect(self.close_current_tab)
self.setCentralWidget(self.tabs)
```

세 가지 슬롯 방법은 시그널이 발생한 탭을 순서대로 나타내는 i(인덱스) 매개 변수를 허용한다.

탭 표시줄의 빈 공간을 두 번 클릭하면 인덱스 -1로 표시돼 새 탭 생성을 트리거한다. 탭을 제거하려면 인덱스를 직접 사용해 위젯(및 탭)을 제거한다. 최소한 2개의 탭이 있는지 확인하는 간단한 검사로 마지막 탭을 닫으면 새 탭을 열 수 없다.

current_tab_changed 핸들러는 self.tabs.currentWidget() 구성을 사용해 현재

활성 탭의 위젯(QWebEngineView 브라우저)에 액세스한 다음 이를 사용해 현재 페이지의 URL을 가져온다. 이 동일한 구성은 현재 브라우저 보기와 상호작용하는 간단한 방법으로 탭 브라우저의 소스 전체에 사용된다.

리스트 11-21. app/browser_tabs.py

```python
    def tab_open_doubleclick(self, i):
        if i == -1:      # 클릭 아래 탭 없음
            self.add_new_tab()


    def current_tab_changed(self, i):
        qurl = self.tabs.currentWidget().url()
        self.update_urlbar(qurl, self.tabs.currentWidget())
        self.update_title(self.tabs.currentWidget())


    def close_current_tab(self, i):
        if self.tabs.count() < 2:
            return

        self.tabs.removeTab(i)
```

리스트 11-22. app/browser_tabs.py

```python
    def add_new_tab(self, qurl=None, label="Blank"):

        if qurl is None:
            qurl = QUrl("")

        browser = QWebEngineView()
        browser.setUrl(qurl)
        i = self.tabs.addTab(browser, label)

        self.tabs.setCurrentIndex(i)
```

시그널, 슬롯 변경

QTabWidget과 관련 시그널의 설정은 간단하지만 브라우저 슬롯 방법에서는 상황이 좀 더 까다로워진다.

이전에는 단일 QWebEngineView가 있었지만 이제는 자체 시그널이 있는 여러 뷰가 있다. 숨겨진 탭에 대한 시그널이 처리되면 모든 것이 혼합된다. 예를 들어 loadCompleted 시그널을 처리하는 슬롯은 소스 뷰가 보이는 탭에 있는지 확인해야 한다.

시그널과 함께 추가 데이터를 보내는 트릭을 사용해 이 작업을 수행할 수 있다. 탭 브라우저에서 Lambda 스타일 구문을 사용해 이를 수행한다. 다음은 add_new_tab 함수에서 새 QWebEngineView를 생성할 때 이를 수행하는 예다.

리스트 11-23. app/browser_tabs.py

```python
# 더 어렵다. 올바른 탭에서 가져온
# URL만 업데이트하려고 한다.

browser.urlChanged.connect(
    lambda qurl, browser=browser: self.update_urlbar(
        qurl, browser
    )
)


browser.loadFinished.connect(
    lambda _, i=i, browser=browser: self.tabs.setTabText(
        i, browser.page().title()
    )
)
```

보시다시피 urlChanged 시그널의 슬롯으로 lambda를 설정하고 이 신호가 보낸 qurl 매개변수를 수락한다. update_urlbar 함수에 전달할 최근에 생성된 브라우저 객체를 추가한다.

결과는 이 **urlChanged** 시그널이 발생할 때마다 **update_urlbar**가 새 URL과 해당 URL을 가져온 브라우저를 모두 수신한다는 것이다. 그런 다음 슬롯 메서드에서 신호 소스가 현재 보이는 브라우저와 일치하는지 확인할 수 있다. 그렇지 않으면 단순히 시그널을 버린다.

리스트 11-24. app/browser_tabs.py

```python
def update_urlbar(self, q, browser=None):

    if browser != self.tabs.currentWidget():
        # 이 시그널이 현재 탭에서 온 것이 아니면 무시
        return

    if q.scheme() == "https":
        # 안전한 자물쇠 아이콘
        self.httpsicon.setPixmap(
            QPixmap(Paths.icon("lock-ssl.png"))
        )
    else:
        # 안전하지 않은 자물쇠 아이콘
        self.httpsicon.setPixmap(
            QPixmap(Paths.icon("lock-nossl.png"))
        )

    self.urlbar.setText(q.toString())
    self.urlbar.setCursorPosition(0)
```

심화 학습

`self.tabs.currentWidget()` 사용자에게 특히 주의하고 시그널을 사용해 추가 데이터를 전달하는 브라우저의 탭 버전에 대한 나머지 소스코드를 살펴보자. 이는 배운 것에 대한 좋은 실용적인 사용 사례이므로 흥미로운 방식으로 그것을 중단/개선할 수 있는지 실험하고 확인하자.

도전 과제

몇 가지 추가 기능을 추가해 볼 수 있다.

- 책갈피(또는 즐겨찾기): 간단한 텍스트 파일에 저장하고 메뉴에 표시할 수 있다.
- 파비콘: 작은 웹 사이트 아이콘은 탭에서 멋지게 보일 것이다.
- 소스코드 보기: 페이지의 소스코드를 볼 수 있는 메뉴 옵션을 추가한다.
- 새 탭에서 열기: 오른쪽 클릭 컨텍스트 메뉴 또는 키보드 단축키를 추가해 새 탭에서 링크를 연다.

11.2 문스위퍼

외계인에게 너무 가까이 가지 않고 Qt의 신비한 달을 탐험해보자. 문스위퍼 Moonsweeper는 싱글 플레이어 퍼즐 비디오 게임이다. 게임의 목표는 치명적인 벌레 외계인에게 너무 가까이 가지 않고 착륙한 우주 로켓 주변 지역을 탐험하는 것이다. 당신의 믿음직한 트라이카운터tricounter가 근처에 있는 벌레의 수를 알려줄 것이다.

읽기 추천

이 애플리케이션은 시그널, 슬롯, 이벤트에서 다루는 기능을 사용한다.

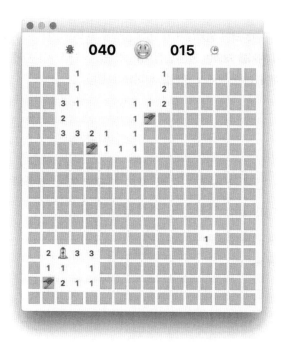

그림 11-3. 문스위퍼

이 간단한 싱글 플레이어 탐험 게임은 지뢰 찾기를 모델로 해 숨겨진 지뢰를 치지 않고 모든 타일을 밝혀야 한다. 이 구현은 타일에 대해 사용자 정의 **QWidget** 객체를 사용하며 타일은 상태를 광산, 상태, 인접 광산 수로 개별적으로 보유한다. 이 버전에서 지뢰는 외계인 버그로 대체되지만 다른 어떤 것도 쉽게 할 수 있다.

많은 지뢰 찾기 변형에서 초기 턴은 자유 이동으로 간주된다. 첫 번째 클릭에서 지뢰를 명중하면 다른 곳으로 이동한다. 여기서는 플레이어가 광산이 아닌 지점에 있는지 확인하고 플레이어를 먼저 이동해 약간의 속임수를 사용한다. 이렇게 하면 인접성을 다시 계산해야 하는 잘못된 첫 번째 이동에 대해 걱정할 필요가 없다. 이것을 '로켓 주변의 초기 탐사'로 설명할 수 있고 완전히 합리적으로 들릴 수 있다.

도전 과제

이것을 구현하려면 위치에서 첫 번째 클릭을 포착하고 해당 지점에서 클릭을 처리하기 전에 위치를 제외한 광산/인접지를 생성할 수 있다. 사용자 정의 위젯에 상위 윈도우 객체에 대한 액세스 권한을 부여해야 한다.

소스코드

문스위퍼 게임의 전체 소스코드는 이 책의 다운로드에 포함돼 있다. 게임 파일은 minesweeper.py라는 이름으로 저장된다.

```
python3 minesweeper.py
```

경로

인터페이스 아이콘 작업을 더 쉽게 하고자 상대 경로 작업에 설명된 대로 경로 클래스를 정의해 시작할 수 있다. 데이터 파일 아이콘의 단일 폴더 위치와 아이콘 경로 생성을 위한 메서드 아이콘을 정의한다. 이를 통해 Paths.icon()을 사용해 게임 인터페이스용 아이콘을 로드할 수 있다.

리스트 11-25. app/paths.py

```
import os

class Paths:

    base = os.path.dirname(__file__)
    icons = os.path.join(base, "icons")
```

```
# 파일 로더
@classmethod
def icon(cls, filename):
    return os.path.join(cls.icons, filename)
```

문스위퍼 앱과 동일한 폴더에 저장되며 다음과 같이 가져올 수 있다.

리스트 11-26. app/moonsweeper.py

```
from paths import Paths
```

아이콘, 색상

이제 경로가 정의됐으며 이를 사용해 버그, 플래그, 로켓, 시계와 같은 게임에서 사용할 몇 가지 아이콘을 로드할 수 있다. 또한 인터페이스 상태에 대한 색상 세트, 게임 진행 방식을 추적하는 일련의 상태 플래그(각각 관련 웃는 얼굴 아이콘 포함)를 정의한다.

리스트 11-27. app/moonsweeper.py

```
IMG_BOMB = QImage(Paths.icon("bug.png"))
IMG_FLAG = QImage(Paths.icon("flag.png"))
IMG_START = QImage(Paths.icon("rocket.png"))
IMG_CLOCK = QImage(Paths.icon("clock-select.png"))

NUM_COLORS = {
    1: QColor("#f44336"),
    2: QColor("#9C27B0"),
    3: QColor("#3F51B5"),
    4: QColor("#03A9F4"),
```

```
    5: QColor("#00BCD4"),
    6: QColor("#4CAF50"),
    7: QColor("#E91E63"),
    8: QColor("#FF9800"),
}

STATUS_READY = 0
STATUS_PLAYING = 1
STATUS_FAILED = 2
STATUS_SUCCESS = 3

STATUS_ICONS = {
    STATUS_READY: Paths.icon("plus.png"),
    STATUS_PLAYING: Paths.icon("smiley.png"),
    STATUS_FAILED: Paths.icon("cross.png"),
    STATUS_SUCCESS: Paths.icon("smiley-lol.png"),
}
```

플레이 영역

문스위퍼의 플레이 영역은 설정된 수의 지뢰가 포함된 N×N 그리드다. 사용할 치수와 광산 수는 윈도우 버전 지뢰 찾기의 기본값에서 가져온다. 사용된 값은 다음 표에 나와 있다.

표 11-1. 테이블 크기와 지뢰 수

레벨	크기	지뢰 수
Easy	8 × 8	10
Medium	16 × 1	40
Hard	24 × 2	99

이 값을 파일 상단에 정의된 상수 LEVELS로 저장한다. 모든 경기장이 정사각형이기 때문에 값을 한 번만 저장하면 된다(8, 16, 24).

리스트 11-28. app/minesweeper.py

```python
LEVELS = [("Easy", 8, 10), ("Medium", 16, 40), ("Hard", 24, 99)]
```

플레이 그리드는 예를 들어 플레이 위치(채굴, 공개, 플래그 지정)의 다양한 상태를 나타내는 2D 리스트의 리스트를 포함해 다양한 방식으로 표시될 수 있다.

그러나 구현할 때 지도의 개별 위치가 자신에 대한 모든 관련 데이터를 보유하는 객체지향 접근 방식을 사용할 것이다. 한 단계 더 나아가 이러한 객체가 개별적으로 자신을 그리는 역할을 하게 만들 수 있다. Qt에서는 QWidget에서 서브클래싱한 다음 사용자 정의 페인트 기능을 구현해 간단히 이 작업을 수행할 수 있다.

전체 형태를 보기 전에 이러한 사용자 정의 위젯의 구성과 동작을 다룬다. 타일 객체가 QWidget에서 서브클래싱되기 때문에 다른 위젯처럼 배치할 수 있다. QGridLayout을 설정해 이를 수행한다.

리스트 11-29. app/minesweeper.py

```python
        self.grid = QGridLayout()
        self.grid.setSpacing(5)
        self.grid.setSizeConstraint(QLayout.SizeConstraint.SetFixedSize)
```

다음으로 위치 타일 위젯을 만들고 그리드를 추가해 경기장을 설정해야 한다. 레벨의 초기 설정은 LEVELS에서 읽고 여러 변수를 윈도우에 할당하는 사용자 정의 방법으로 정의된다. 윈도우 제목과 지뢰 카운터가 업데이트되고 그리드 설정이 시작된다.

리스트 11-30. app/minesweeper.py

```python
    def set_level(self, level):
        self.level_name, self.b_size, self.n_mines = LEVELS[level]

        self.setWindowTitle("Moonsweeper - %s" % (self.level_name))
        self.mines.setText("%03d" % self.n_mines)

        self.clear_map()
        self.init_map()
        self.reset_map()
```

설정 기능은 다음에 다룬다.

여기서 사용자 정의 Pos 클래스를 사용하고 있다. 나중에 자세히 살펴본다. 지금은 이것이 지뢰인지, 공개됐는지, 플래그가 지정됐는지, 바로 근처에 있는 지뢰 수를 포함해 지도의 관련 위치에 대한 모든 관련 정보를 보유하고 있다는 사실만 알면 된다.

또한 각 Pos 객체에는 클릭, 표시, 확장 가능한 3개의 사용자 지정 시그널이 있으며 이를 사용자 지정 슬롯 메서드에 연결한다. 마지막으로 크기 조정을 호출해 윈도우의 크기를 새로운 내용에 맞게 조정한다. 이것은 실제로 윈도우가 축소될 때만 필요하며 자동으로 커진다.

리스트 11-31. app/minesweeper.py

```python
    def init_map(self):
        # 지도에 위치를 추가
        for x in range(0, self.b_size):
            for y in range(0, self.b_size):
                w = Pos(x, y)
                self.grid.addWidget(w, y, x)
```

812

```
        # 확장을 처리하는 시그널 연견
        w.clicked.connect(self.trigger_start)
        w.revealed.connect(self.on_reveal)
        w.expandable.connect(self.expand_reveal)

    # 이벤트 대기열에 크기 조정을 배치해 이전에 Qt에 제어권을 다시 부여
    QTimer.singleShot(0, lambda: self.resize(1, 1)) ❶
```

❶ Qt가 새로운 내용을 인식한 후 크기 조정이 실행되게 하려면 singleShot
타이머가 필요하다. 타이머를 사용해 크기 조정이 발생하기 전에 제어가
Qt로 반환되도록 보장한다.

또한 지도에서 타일 객체를 제거하고자 init_map 함수의 역함수를 구현해야
한다. 높은 수준에서 낮은 수준으로 이동할 때 타일을 제거해야 한다. 여기서
좀 더 똑똑해지고 올바른 크기에 도달하는 데 필요한 타일만 추가/제거하는
것이 가능하다. 그러나 이미 모든 것을 올바른 크기로 추가하는 기능을 갖고
있기 때문에 약간의 속임수를 사용할 수 있다.

도전 과제
이 코드를 업데이트해 새 레벨 치수의 크기를 조정하는 데 필요한 타일을 추가/제거
한다.

self.grid.removeItem(c)를 사용해 그리드에서 항목을 제거하고 상위 c.widget().
setParent(None)을 지운다. 이 두 번째 단계는 부모 윈도우를 부모로 할당하는
항목을 추가하기 때문에 필요하다. 그것들을 제거하기만 하면 레이아웃 외부
의 윈도우에 떠 있는 상태로 남는다.

```python
def clear_map(self):
    # 최대 크기까지 지도의 모든 위치를 제거
    for x in range(0, LEVELS[-1][1]): ❶
        for y in range(0, LEVELS[-1][1]):
            c = self.grid.itemAtPosition(y, x)
            if c: ❷
                c.widget().close()
                self.grid.removeItem(c)
```

❶ 모든 크기의 지도를 지울 수 있도록 최고 수준의 차원을 사용한다.

❷ 이 위치의 그리드에 아무것도 없으면 건너뛸 수 있다.

이제 위치 타일 객체의 그리드가 준비됐으므로 게임판의 초기 조건을 만들 수 있다. 이 프로세스는 다소 복잡하므로 여러 기능으로 나뉜다. 그것들을 _reset 이라고 명명한다(앞의 밑줄은 외부 사용을 위한 것이 아니라 내부기능을 나타내는 규칙이다). 기본 함수인 reset_map은 이러한 함수를 차례로 호출해 설정한다. 과정은 다음과 같다.

1. 현장에서 모든 지뢰를 제거하고 데이터를 재설정한다.

2. 필드에 새로운 광산을 추가한다.

3. 각 위치에 인접한 지뢰의 수를 계산한다.

4. 시작 마커(로켓)를 추가하고 초기 탐색을 시작한다.

5. 타이머를 재설정한다.

```python
def reset_map(self):
    self._reset_position_data()
    self._reset_add_mines()
    self._reset_calculate_adjacency()
    self._reset_add_starting_marker()
    self.update_timer()
```

1-5의 개별 단계는 각 단계에 대한 코드와 함께 차례로 자세히 살펴보자.

첫 번째 단계는 지도의 각 위치에 대한 데이터를 재설정하는 것이다. 각 지점에서 위젯의 .reset()을 호출해 보드의 모든 위치를 반복한다. .reset() 함수의 코드는 사용자 정의 Pos 클래스에 정의돼 있다. 나중에 자세히 살펴보자. 지금은 지뢰를 제거하고 플래그를 지정하고 위치를 공개되지 않은 상태로 되돌린다는 것을 아는 것으로 충분하다.

리스트 11-34. app/minesweeper.py

```python
def _reset_position_data(self):
    # 모든 지뢰 위치 지우기
    for x in range(0, self.b_size):
        for y in range(0, self.b_size):
            w = self.grid.itemAtPosition(y, x).widget()
            w.reset()
```

이제 모든 위치가 비어 있으므로 지도에 지뢰를 추가하는 프로세스를 시작할 수 있다. 최대 지뢰 수 n_mines는 앞에서 설명한 레벨 설정에 의해 정의된다.

```python
def _reset_add_mines(self):
    # 지뢰 위치 추가
    positions = []
    while len(positions) < self.n_mines:
        x, y = (
            random.randint(0, self.b_size - 1),
            random.randint(0, self.b_size - 1),
        )
        if (x, y) not in positions:
            w = self.grid.itemAtPosition(y, x).widget()
            w.is_mine = True
            positions.append((x, y))

    # 게임 종료 조건 계산
    self.end_game_n = (self.b_size * self.b_size) - (
        self.n_mines + 1
    )
    return positions
```

위치에 지뢰가 있으면 이제 각 위치에 대한 '인접' 수를 계산할 수 있다. 즉, 주어진 지점 주위에 3×3 그리드를 사용해 바로 인접한 지뢰의 수다. 사용자 정의 함수 get_surrounding은 단순히 주어진 x 및 y 위치 주변의 해당 위치를 반환한다. 지뢰 is_mine == True인 이들의 수를 세어 저장한다.

사전 계산
이러한 방식으로 인접 개수를 미리 계산하면 나중에 표시 논리를 단순화하는 데 도움이 된다.

리스트 11-36. app/minesweeper.py

```python
def _reset_calculate_adjacency(self):
    def get_adjacency_n(x, y):
        positions = self.get_surrounding(x, y)
        return sum(1 for w in positions if w.is_mine)

    # 위치에 인접항목 추가
    for x in range(0, self.b_size):
        for y in range(0, self.b_size):
            w = self.grid.itemAtPosition(y, x).widget()
            w.adjacent_n = get_adjacency_n(x, y)
```

시작 마커는 첫 번째 이동이 항상 유효한지 확인하는 데 사용된다. 이것은 그리드 공간을 통한 무작위 검색으로 구현돼 지뢰가 아닌 위치를 찾을 때까지 임의의 위치를 효과적으로 시도한다. 얼마나 많은 시도가 필요할지 모르기 때문에 연속 루프로 래핑해야 한다.

해당 위치를 찾으면 시작 위치로 표시한 다음 모든 주변 위치 탐색을 시작한다. 루프에서 벗어나 준비 상태를 재설정한다.

리스트 11-37. app/minesweeper.py

```python
def _reset_add_starting_marker(self):
    # 시작 마커 표시

    # 초기 상태 설정(함수에 .click 필요)
    self.update_status(STATUS_READY)

    while True:
        x, y = (
            random.randint(0, self.b_size - 1),
            random.randint(0, self.b_size - 1),
```

```
        )
        w = self.grid.itemAtPosition(y, x).widget()
        # 지뢰로 시작하기 원치 않음
        if not w.is_mine:
            w.is_start = True
            w.is_revealed = True
            w.update()

            # 지뢰가 아닌 경우 이 주변의 모든 위치를 공개
            for w in self.get_surrounding(x, y):
                if not w.is_mine:
                    w.click()
            break

# 초기 클릭 후 준비 상태로 재설정
self.update_status(STATUS_READY)
```

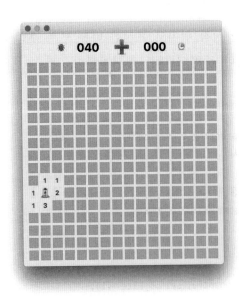

그림 11-4. 로켓 주변의 초기 탐색

타일 위치

이전에 설명했듯이 개별 타일 위치가 고유한 상태 정보를 보유하도록 게임을 구성했다. 즉, Pos 객체는 자체 상태와 관련된 상호작용에 반응하는 게임 논리를 처리하는 데 이상적으로 배치된다.

Pos 클래스는 상대적으로 복잡하기 때문에 여기에서 주요 주제로 나눠 차례로 논의한다. x 및 y 위치를 받아 객체에 저장하는 초기 설정 __init__ 블록은 간단하다. Pos 위치는 한 번 생성되면 변경되지 않는다.

설정을 완료하고자 모든 객체 속성을 기본값인 0 값으로 재설정하는 .reset() 함수가 호출된다. 이것은 지뢰가 시작 위치가 아니며 공개되지 않고 플래그가 지정되지 않은 것으로 표시한다. 또한 인접 카운트를 재설정한다.

리스트 11-38. app/minesweeper.py

```python
class Pos(QWidget):

    expandable = pyqtSignal(int, int)
    revealed = pyqtSignal(object)
    clicked = pyqtSignal()

    def __init__(self, x, y):
        super().__init__()

        self.setFixedSize(QSize(20, 20))
        self.x = x
        self.y = y
        self.reset()

    def reset(self):
        self.is_start = False
        self.is_mine = False
```

```
    self.adjacent_n = 0
    self.is_revealed = False
    self.is_flagged = False

    self.update()
```

게임 플레이는 경기장의 타일과 마우스 상호작용을 중심으로 하므로 마우스 클릭을 감지하고 이에 대응하는 것이 핵심이다. Qt에서는 mouseReleaseEvent 를 감지해 마우스 클릭을 포착한다. 사용자 정의 Pos 위젯에 대해 이를 수행하고자 클래스에 핸들러를 정의한다. 이는 발생한 일을 포함하는 정보와 함께 QMouseEvent를 수신한다. 이 경우 마우스 놓기가 왼쪽에서 발생했는지 아니면 오른쪽 마우스 버튼에서 발생했는지에만 관심이 있다.

왼쪽 마우스 클릭의 경우 타일에 플래그가 지정됐거나 이미 표시돼 있는지 확인한다. 둘 중 하나인 경우 클릭을 무시한다. 플래그가 지정된 타일을 실수로 클릭할 수 없도록 '안전'하게 만든다. 타일에 플래그가 지정되지 않은 경우 .click() 메서드를 시작하기만 하면 된다(나중에 참조).

표시되지 않은 타일에서 마우스 오른쪽 버튼을 클릭하면 .toggle_flag() 메서드를 호출해 플래그를 켜고 끈다.

리스트 11-39. app/minesweeper.py

```
def mouseReleaseEvent(self, e):
    if (
        e.button() == Qt.MouseButton.RightButton
        and not self.is_revealed
    ):
        self.toggle_flag()
```

```
elif e.button() == Qt.MouseButton.LeftButton:
    # 표시된 지뢰에서 클릭을 막는다.
    if not self.is_flagged and not self.is_revealed:
        self.click()
```

mouseReleaseEvent 핸들러에 의해 호출되는 메서드는 다음에 정의돼 있다.

.toggle_flag 핸들러는 단순히 .is_flag를 자신의 역으로 설정한다(True는 False 가 되고 False는 True가 됨). 이는 켜고 끄는 효과가 있다. 상태를 변경한 다시 그리기를 강제 실행하려면 .update()를 호출해야 한다. 또한 타이머를 시작 하는 데 사용되는 사용자 지정 .clicked 시그널을 내보낸다. 플래그를 배치 하는 것도 사각형을 드러내는 것이 아니라 시작하는 것으로 간주돼야 하기 때문이다.

.click() 메서드는 왼쪽 마우스 클릭을 처리하고 사각형의 표시를 트리거한 다. 이 Pos에 인접한 지뢰의 수가 0이면 탐색된 영역을 자동 확장하는 프로세 스를 시작하고자 .expandable 시그널을 트리거한다(나중에 참조). 마지막으로 게임 시작을 알리고자 다시 .clicked를 내보낸다.

마지막으로 .reveal() 메서드는 타일이 이미 공개됐는지 확인하고 그렇지 않 은 경우 .is_revealed를 True로 설정한다. 다시 .update()를 호출해 위젯 다시 그리기를 트리거한다.

.revealed 시그널의 선택적 방출은 최종 게임 전체 맵 공개에만 사용된다. 각 표시는 표시 가능한 타일을 찾고자 추가 조회를 트리거하므로 전체 지도를 표시하면 많은 수의 중복 콜백이 생성된다. 여기에서 시그널을 억제해 이를 방지한다.

```python
    def toggle_flag(self):
      self.is_flagged = not self.is_flagged
      self.update()
      self.clicked.emit()

    def click(self):
      self.reveal()
      if self.adjacent_n == 0:
        self.expandable.emit(self.x, self.y)

      self.clicked.emit()

  def reveal(self, emit=True):
    if not self.is_revealed:
      self.is_revealed = True
      self.update()

      if emit:
        self.revealed.emit(self)
```

마지막으로 Pos 위젯에 대한 사용자 정의 paintEvent 메서드를 정의해 현재 위치 상태의 표시를 처리한다. 위젯 캔버스에 사용자 정의 페인트를 수행하고자 이전에 설명한 대로 QPainter와 그릴 경계를 제공하는 event.rect()를 사용한다. 이 경우에는 Pos 위젯의 바깥쪽 테두리다.

공개된 타일은 타일이 시작 위치인지, 지뢰인지, 빈 공간인지에 따라 다르게 그려진다. 처음 두 개는 각각 로켓과 지뢰의 아이콘으로 표시된다. 이들은 .drawPixmap을 사용해 타일 QRect에 그려진다. QPixmap을 전달해 QImage 상수를 pixmap으로 변환해야 한다.

QPixmap vs. **QImages**

"QPixmap 객체로 저장하지 않는 이유는 무엇일까?" QApplication이 실행되고 실행되기 전에 QPixmap 객체를 생성할 수 없기 때문에 상수에 저장할 수 없다.

빈 위치(로켓 아님, 폭탄 아님)의 경우 인접 숫자가 0보다 크면 선택적으로 표시한다. QPainter에 텍스트를 그리고자 .drawText()를 사용해 QRect, 정렬 플래그, 그릴 숫자를 문자열로 전달한다. 사용성을 위해 각 숫자에 대해 표준 색상을 정의했다(NUM_COLORS에 저장됨).

표시되지 않은 타일의 경우 직사각형을 밝은 회색으로 채우고 어두운 회색의 1픽셀 테두리를 그려 타일을 그린다. .is_flagged가 설정돼 있으면 drawPixmap과 타일 QRect를 사용해 타일 상단에 플래그 아이콘도 그린다.

리스트 11-41. app/minesweeper.py

```python
def paintEvent(self, event):
    p = QPainter(self)
    p.setRenderHint(QPainter.RenderHint.Antialiasing)

    r = event.rect()

    if self.is_revealed:
        if self.is_start:
            p.drawPixmap(r, QPixmap(IMG_START))

        elif self.is_mine:
            p.drawPixmap(r, QPixmap(IMG_BOMB))

        elif self.adjacent_n > 0:
            pen = QPen(NUM_COLORS[self.adjacent_n])
            p.setPen(pen)
            f = p.font()
            f.setBold(True)
```

```
        p.setFont(f)
        p.drawText(
            r,
            Qt.AlignmentFlag.AlignHCenter  | Qt.AlignmentFlag.AlignVCenter,
            str(self.adjacent_n),
        )

else:
    p.fillRect(r, QBrush(Qt.GlobalColor.lightGray))
    pen = QPen(Qt.GlobalColor.gray)
    pen.setWidth(1)
    p.setPen(pen)
    p.drawRect(r)

    if self.is_flagged:
        p.drawPixmap(r, QPixmap(IMG_FLAG))
```

기술적 방법

일반적으로 주어진 지점을 둘러싼 모든 타일을 가져와야 하므로 해당 목적을
위한 사용자 정의 함수가 있다. 그리드 가장자리($0 \geq x \leq$ self.b_size)에서 경계
를 벗어나지 않는지 확인하면서 점 주위의 3×3 그리드를 단순 반복한다. 반환
된 리스트에는 각 주변 위치의 Pos 위젯이 포함된다.

리스트 11-42. app/minesweeper.py

```
def get_surrounding(self, x, y):
    positions = []

    for xi in range(max(0, x - 1), min(x + 2, self.b_size)):
```

```
        for yi in range(max(0, y - 1), min(y + 2, self.b_size)):
            if not (xi == x and yi == y):
                positions.append(
                    self.grid.itemAtPosition(yi, xi).widget()
                )

    return positions
```

expand_reveal 메서드는 인접한 지뢰가 없는 타일을 클릭하면 트리거된다. 이 경우 클릭 주변 영역을 인접한 지뢰가 없는 공간으로 확장하고 확장된 영역(지뢰가 아닌)의 경계 주변에 있는 사각형도 표시하려고 한다.

이것은 클릭된 사각형 주변의 모든 사각형을 보고 .n_adjacent == 0이 없는 사각형에 대해 .click()을 트리거해 달성할 수 있다. 일반 게임 논리가 영역을 자동으로 인수해 확장한다. 그러나 이는 약간 비효율적이어서 많은 수의 중복 신호가 발생한다(각 사각형은 각 주변 사각형에 대해 최대 9개의 신호를 트리거한다).

대신 노출될 영역을 결정하고자 자체 포함된 방법을 사용하고 .clicked 시그널을 피하고자 (.reveal()을 사용해) 공개를 트리거한다.

다음 반복에서 확인할 위치가 포함된 to_expand 리스트, 표시할 타일 위젯이 포함된 to_reveal 리스트, 루프를 종료할 때를 결정하는 any_added 플래그로 시작한다. to_reveal에 새 위젯이 처음 추가되지 않으면 루프가 중지된다.

루프 내에서 any_added를 False로 재설정하고 to_expand 리스트를 비우고 반복을 위해 임시 저장소를 l에 유지한다.

각 x 및 y 위치에 대해 8개의 주변 위젯을 얻는다. 이러한 위젯 중 하나라도 지뢰가 아니고 to_reveal 리스트에 없으면 추가한다. 이렇게 하면 확장된 영역의 가장자리가 모두 표시된다. 위치에 인접한 지뢰가 없으면 다음 반복에서 확인할 좌표를 to_expand에 추가한다.

지뢰가 아닌 타일을 to_reveal에 추가하고 아직 to_reveal에 없는 타일만 확장해 타일을 두 번 이상 방문하지 않게 한다.

리스트 11-43. app/minesweeper.py

```python
def expand_reveal(self, x, y):
    """
    초기 지점에서 바깥쪽으로 반복해 새 위치를 추가한다.
    대기줄. 이렇게 하면 한 번에 모든 것을 확장할 수 있다.
    여러 콜백에 의존한다.
    """
    to_expand = [(x, y)]
    to_reveal = []
    any_added = True

    while any_added:
        any_added = False
        to_expand, l = [], to_expand

        for x, y in l:
            positions = self.get_surrounding(x, y)
            for w in positions:
                if not w.is_mine and w not in to_reveal:
                    to_reveal.append(w)
                    if w.adjacent_n == 0:
                        to_expand.append((w.x, w.y))
                        any_added = True

    # 반복해서 찾은 모든 위치를 공개한다.
    for w in to_reveal:
        w.reveal()
```

게임 종료

제목을 클릭한 후 공개 프로세스 중에 엔드게임 상태가 감지된다. 두 가지 가능한 결과가 있다.

1. 타일이 지뢰면 게임 오버

2. 타일은 지뢰가 아니면 self.end_game_n을 감소

이는 self.end_game_n이 0에 도달할 때까지 계속되며, 이는 game_over 또는 game_won을 호출해 승리 게임 프로세스를 트리거한다. 성공/실패는 두 경우 모두 맵을 표시하고 관련 상태를 설정해 트리거된다.

리스트 11-44. app/minesweeper.py

```python
def on_reveal(self, w):
    if w.is_mine:
        self.game_over()

    else:
        self.end_game_n -= 1   # 남은 빈 공간 감소

        if self.end_game_n == 0:
            self.game_won()

def game_over(self):
    self.reveal_map()
    self.update_status(STATUS_FAILED)

def game_won(self):
    self.reveal_map()
    self.update_status(STATUS_SUCCESS)
```

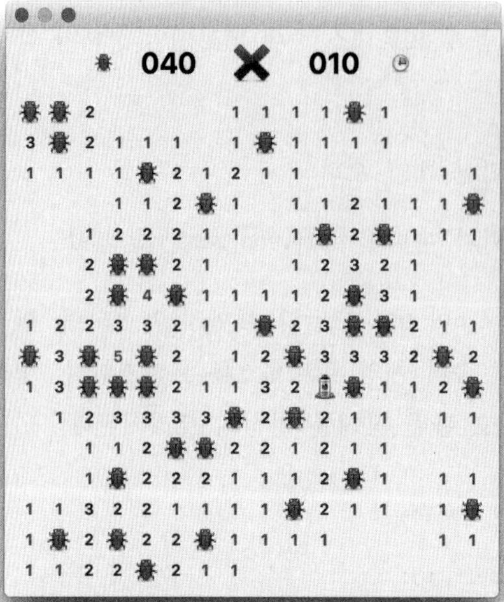

그림 11-5. 이런, 벌레에게 먹혔다.

상태

문스위퍼의 사용자 인터페이스는 매우 간단하다. 하나는 지뢰 수를 표시하고 다른 하나는 경과 시간을 표시하며 게임을 시작/재시작하는 버튼이다.

두 레이블 모두 동일한 QFont 크기와 색상을 가진 QLabel 객체로 정의된다. 이것들은 QMainWindow 객체에 정의돼 있으므로 나중에 액세스하고 업데이트할 수 있다. 두 개의 추가 아이콘(시계와 광산)도 QLabel 객체로 정의된다.

버튼은 정의된 아이콘이 있는 QPushButton이며 상태 변경에 대한 응답으로 set_status에서 업데이트된다. .pressed 시그널은 게임 상태에 따라 시그널을 다르게 처리하는 맞춤형 슬롯 메서드 button_pressed에 연결된다.

리스트 11-45. app/minesweeper.py

```python
        self.mines = QLabel()
        self.mines.setAlignment(
            Qt.AlignmentFlag.AlignHCenter
            | Qt.AlignmentFlag.AlignVCenter
        )

        self.clock = QLabel()
        self.clock.setAlignment(
            Qt.AlignmentFlag.AlignHCenter
            | Qt.AlignmentFlag.AlignVCenter
        )

        f = self.mines.font()
        f.setPointSize(24)
        f.setWeight(QFont.Weight.Bold)
        self.mines.setFont(f)
        self.clock.setFont(f)

        self.clock.setText("000")

        self.button = QPushButton()
        self.button.setFixedSize(QSize(32, 32))
        self.button.setIconSize(QSize(32, 32))
        self.button.setIcon(QIcon(Paths.icon("smiley.png")))
        self.button.setFlat(True)

        self.button.pressed.connect(self.button_pressed)

        self.statusBar()

        l = QLabel()
```

```
l.setPixmap(QPixmap.fromImage(IMG_BOMB))
l.setAlignment(
    Qt.AlignmentFlag.AlignRight | Qt.AlignmentFlag .AlignVCenter
)
hb.addWidget(l)

hb.addWidget(self.mines)
hb.addWidget(self.button)
hb.addWidget(self.clock)

l = QLabel()
l.setPixmap(QPixmap.fromImage(IMG_CLOCK))
l.setAlignment(
    Qt.AlignmentFlag.AlignLeft | Qt.AlignmentFlag .AlignVCenter
)
hb.addWidget(l)

vb = QVBoxLayout()
vb.setSizeConstraint(QLayout.SizeConstraint.SetFixedSize)
vb.addLayout(hb)
```

게임이 현재 진행 중인 경우 self.status == STATUS_PLAYING 버튼을 누르면 "포기합니다."로 해석되고 game_over 상태가 트리거된다.

현재 게임에서 승리한 경우 self.status == STATUS_SUCCESS 또는 패배한 self.status == STATUS_FAILED인 경우 '다시 시도'를 의미하는 것으로 간주되고 게임 맵이 재설정된다.

리스트 11-46. app/minesweeper.py

```
def button_pressed(self):
    if self.status == STATUS_PLAYING:
```

```
        self.game_over()

    elif (
        self.status == STATUS_FAILED
        or self.status == STATUS_SUCCESS
    ):
        self.reset_map()
```

메뉴

게임 컨트롤을 포함하는 문스위퍼에는 단 하나의 메뉴만 있다. 평소와 같이 QMainWindow.menuBar()에서 .addMenu()를 호출해 QMenu를 만든다.

첫 번째 메뉴 항목은 전체 맵 설정 프로세스를 수행하는 .reset_map 함수에 연결된 .triggered 작업을 사용하는 '새 게임'에 대한 표준 QAction이다. 새로운 게임의 경우 기존 보드 크기와 레이아웃을 유지하므로 맵을 다시 초기화할 필요가 없다.

또한 LEVELS에 정의된 각 레벨에 대한 QAction을 포함하는 하위 메뉴 Levels를 추가한다. 레벨 이름은 동일한 상수에서 가져오고 사용자 정의 상태 메시지는 저장된 차원에서 작성된다. 기본 시그널 데이터를 버리고 대신 레벨 번호를 전달하고자 람다 메서드를 사용해 액션 .triggered 시그널을 .set_level에 연결한다.

리스트 11-47. app/minesweeper.py

```
game_menu = self.menuBar().addMenu("&Game")

new_game_action = QAction("New game", self)
```

```
new_game_action.setStatusTip(
    "Start a new game (your current game will be lost)"
)
new_game_action.triggered.connect(self.reset_map)
game_menu.addAction(new_game_action)

levels = game_menu.addMenu("Levels")
for n, level in enumerate(LEVELS):
    level_action = QAction(level[0], self)
    level_action.setStatusTip(
        "{1}x{1} grid, with {2} mines".format(*level)
    )
    level_action.triggered.connect(
        lambda checked=None, n=n: self.set_level(n)
    )
    levels.addAction(level_action)
```

심화 학습

다루지 않은 나머지 소스코드를 살펴보자.

도전 과제

다음과 같이 변경해 볼 수 있다.

- 그래픽을 변경해 나만의 지뢰 찾기 테마 버전을 만들어보자.
- 정사각형이 아닌 경기장에 대한 지원을 추가하자. 직사각형이나 서클을 시도해보자.
- 타이머를 변경해 카운트다운을 해보자.
- 파워업 추가: 사각형은 보너스, 추가 시간, 무적을 제공하자.

A

PyQt6 설치

코딩을 시작하기 전에 먼저 시스템에 PyQt6가 제대로 설치돼 있어야 한다. 아직 PyQt6를 설치하지 않았다면 다음 절에서는 윈도우, 맥OS, 리눅스에서 설치하는 방법을 안내한다.

 다음 지침은 PyQt의 GPL 라이선스 버전 설치에만 해당된다. GPL이 아닌 프로젝트에서 PyQt를 사용해야 하는 경우 소프트웨어를 릴리스하려면 리버뱅크 컴퓨팅(https://www.riverbankcomputing.com)에서 대체 라이선스를 구입해야 한다..

A.1 윈도우 버전 설치

윈도우용 PyQt6는 다른 애플리케이션이나 라이브러리처럼 설치할 수 있다. Qt 5.6부터 설치 프로그램은 파이썬 패키지 아카이브인 PyPi를 통해 설치할 수 있다. 파이썬 3에서 PyQt6 설치는 간단하게 실행된다.

```
pip3 install pyqt6
```

설치가 완료되면 파이썬을 실행하고 PyQt6를 임포트할 수 있다. Qt 디자이너 또는 Qt 크리에이터에 액세스하려면 Qt 다운로드 사이트(https://qt.io/download)

에서 다운로드해야 한다.

A.2 맥OS 버전 설치

맥OS에 파이썬 3가 이미 설치돼 있는 경우 다른 파이썬 패키지와 마찬가지로 PyQt6를 설치할 수 있다.

```
pip3 install pyqt6
```

파이썬 3가 설치돼 있지 않다면 먼저 설치해야 한다. 파이썬 홈페이지(https://www.python.org/)에서 파이썬 3용 맥OS 설치 프로그램을 다운로드할 수 있다. 설치가 완료되면 위의 `pip3 install` 명령을 사용해 PyQt6를 설치할 수 있다.

또 다른 대안은 Homebrew(http://brew.sh/)를 사용하는 것이다. Homebrew는 맥OS의 커맨드라인 소프트웨어용 패키지 관리자다. Homebrew 저장소에서 파이썬 3과 PyQt6를 모두 사용할 수 있다.

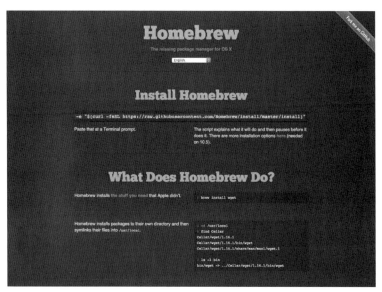

그림 A-1. Homebrew – 맥OS는 패키지 관리자가 없다.

homebrew를 설치하려면 커맨드라인에서 다음을 실행한다.

```
ruby -e "$(curl -fsSL
https://raw.githubusercontent.com/Homebrew/install/master/install)"
```

 Homebrew 홈페이지에서 복사해 붙여 넣을 수도 있다.

Homebrew가 설치되면 다음을 사용해 파이썬을 설치할 수 있다.

```
brew install python3
```

파이썬이 설치된 상태에서 **pip3 install pyqt6**를 사용해 정상적으로 PyQt6를 설치하거나 다음처럼 Homebrew를 사용해 설치할 수도 있다.

```
brew install pyqt6
```

A.3 리눅스 버전(우분투, 데비안) 설치

PyQt6용 패키지는 대부분 배포판의 저장소에서 사용할 수 있으므로 리눅스에 설치하는 것은 매우 간단하다. 우분투에서는 커맨드라인에서 또는 '소프트웨어 센터'를 통해 설치할 수 있다. 찾고 있는 패키지의 이름은 python3-pyqt6다.

다음과 같이 커맨드라인에서 설치할 수도 있다.

```
apt-get install python3-pyqt6
```

설치가 완료되면 python3 또는 python을 실행하고 PyQt6를 임포트할 수 있다.

C++ 예제를 파이썬으로 변환

PyQt6로 애플리케이션을 작성할 때 실제로는 Qt로 애플리케이션을 작성하는 것이다.

PyQt6은 Qt 라이브러리 래퍼 역할을 해 파이썬 메서드 호출을 C++로 변환하고 타입 변환을 처리하고 애플리케이션에서 Qt 객체를 나타내는 파이썬 객체를 명확하게 생성한다. 이 모든 영리함의 결과는 카멜케이스를 무시한다면 대부분 파이썬다운 코드를 작성하면서 파이썬에서 Qt를 사용할 수 있다는 것이다.

많은 PyQt6 예제 코드가 있지만 훨씬 더 많은 Qt C++ 예제가 있다. 핵심 문서는 C++용으로 작성돼 있고, 라이브러리도 C++로 작성됐다. 이는 때때로 어떻게 해야 하는지를 찾을 때 C++ 튜토리얼이나 일부 C++ 코드만 찾을 수 있음을 의미한다.

그것을 활용할 수 있을까? C++(또는 C 유사 언어)에 대한 경험이 없다면 코드가 복잡하게 보일 수 있다. 그러나 파이썬에 익숙해지기 전에는 파이썬도 약간 복잡하게 보였을 것이다. 코드를 읽고자 C++를 코딩할 수 있어야 하는 것은 아니다. 이해와 해독은 코딩보다 쉽다.

약간의 노력으로 C++ 예제 코드를 가져와 완전한 기능을 갖춘 파이썬 및 PyQt6로 변환할 수 있다. 부록 B에서는 Qt5 코드의 일부를 가져와서 단계별로 완전히 작동하는 파이썬 코드로 변환한다.

B.1 예제 코드

QPushButton과 QLineEdit가 있는 간단한 윈도우를 만드는 다음 예제 코드 블록으로 시작한다. 버튼을 누르면 라인 편집이 지워진다. 꽤 흥미로운 내용이지만 여기에는 Qt 예제를 PyQt6로 변환하는 몇 가지 핵심 부분, 즉 위젯, 레이아웃, 시그널이 포함된다.

```
#include <QtWidgets>

int main(int argc, char *argv[])
{
    QApplication app(argc, argv);
    QWidget window;
    QLineEdit *lineEdit = new QLineEdit();
    QPushButton *button = new QPushButton("Clear");
    QHBoxLayout *layout = new QHBoxLayout();
    layout->addWidget(lineEdit);
    layout->addWidget(button);

    QObject::connect(&button, &QPushButton::pressed, &lineEdit,
                     &QLineEdit::clear);

    window.setLayout(layout);
    window.setWindowTitle("Why?");
    window.show();
    return app.exec();
}
```

 부모가 없는 Qt 위젯은 항상 별도의 윈도우라는 것을 기억하자. 여기에 QWidget으로 생성된 단일 윈도우가 있다.

이 코드를 파이썬으로 변환하는 과정을 단계별로 살펴보자.

B.2 임포트하기

C++에서 import는 include다. 파이썬에서와 같이 관례에 따라 파일의 맨 위에
있으며 다음과 같다.

```
#include <QtWidgets>
```

C와 같은 언어에서 #은 주석이 아닌 include 전처리기 지시문임을 나타낸다.
<> 사이의 값은 가져올 모듈 이름이다. 파이썬과 달리 모듈을 가져오면 해당
모듈의 모든 내용을 전역 네임스페이스에서 사용할 수 있다. 파이썬에서 다음
을 수행하는 것과 동일하다.

```
from PyQt6.QtWidgets import *
```

이와 같은 전역 임포트는 일반적으로 파이썬에서 눈살을 찌푸리게 하며 대신
다음 중 하나를 수행해야 한다.

1. 필요한 객체만 가져온다.

2. 모듈 자체를 가져와서 자식을 참조하는 데 사용한다.

```
from PyQt6.QtWidgets import QApplication, QWidget, QLineEdit, QPushButton,
QHBoxLayout
```

혹은 다음과 같은 대안이 있다.

```
from PyQt6 import QtWidgets
```

그리고 QtWidgets.QApplication()으로 참조한다. 자신의 코드에서 선택하는 것은 전적으로 사용자에게 달려 있지만 이 예제에서는 첫 번째 스타일을 따를 것이다. 지금까지의 내용을 코드에 적용하면 다음과 같은 결과를 얻을 수 있다.

```
from PyQt6.QtWidgets import (
    QApplication, QWidget, QLineEdit, QPushButton, QHBoxLayout
)

int main(int argc, char *argv[])
{
    QApplication app(argc, argv);
    QWidget window;
    QLineEdit *lineEdit = new QLineEdit();
    QPushButton *button = new QPushButton("Clear");
    QHBoxLayout *layout = new QHBoxLayout();
    layout->addWidget(lineEdit);
    layout->addWidget(button);

    QObject::connect(&button, &QPushButton::pressed, &lineEdit,
                     &QLineEdit::clear);

    window.setLayout(layout);
    window.setWindowTitle("Why?");
    window.show();
    return app.exec();
}
```

반복적으로 변경하기 때문에 코드는 끝까지 작동하지 않는다.

B.3 int main(int argc, char *argv[])

모든 C++ 프로그램에는 애플리케이션이 실행될 때 실행할 첫 번째 코드가 포함된 main(){} 블록이 필요하다. 파이썬에서 모듈의 최상위 수준에 있는 모든 함수, 클래스 또는 메서드 내부에 들여 쓰기가 되지 않은 코드는 스크립트가 실행될 때 실행된다.

```
from PyQt6.QtWidgets import (
    QApplication, QWidget, QLineEdit, QPushButton, QHBoxLayout
)

QApplication app(argc, argv);
QWidget window;
QLineEdit *lineEdit = new QLineEdit();
QPushButton *button = new QPushButton("Clear");
QHBoxLayout *layout = new QHBoxLayout();
layout->addWidget(lineEdit);
layout->addWidget(button);

QObject::connect(&button, &QPushButton::pressed, &lineEdit,
                 &QLineEdit::clear);

window.setLayout(layout);
window.setWindowTitle("Why?");
window.show();

app.exec();
```

파이썬 애플리케이션 코드에서 다음 코드 블록을 본 적이 있을 것이다. 종종 __main__ 블록이라고도 한다.

```
if __name__ == '__main__':
    ...코드를 여기에 작성...
```

그러나 이 블록은 미묘하게 다른 방식으로 작동한다. 스크립트가 실행될 때 실행되지만 들여 쓰기되지 않은 코드도 실행된다. 이 블록의 목적은 실제로 스크립트로 실행되는 것이 아니라 모듈을 가져올 때 이 코드가 실행되는 것을 방지하는 것이다.

파일을 모듈로 임포트하지 않는 한 꼭 필요한 것은 아니지만 원하는 경우 이 블록 안에 코드를 중첩할 수 있다.

B.4 C++ 타입

파이썬은 동적 타입 언어다. 즉, 정의된 변수 타입을 변경할 수 있다. 예를 들어 다음은 완벽하게 유효한 파이썬 코드다.

```
a=1
a = 'my string'
a = [1,2,3]
```

C++를 포함한 다른 많은 언어는 정적으로 타입이 지정돼 있다. 즉, 변수 타입을 정의하면 변경할 수 없다. 예를 들어 다음은 확실히 유효한 C++ 코드가 아니다.

```
int a = 1;
a = 'my string';
```

위의 내용은 언어에서 정적 입력의 즉각적인 결과를 강조한다. 변수를 생성할 때 변수의 타입을 정의한다. C++에서 이것은 int 위에 변수가 정의될 때 행에 타입 데코레이터를 제공해 명시적으로 수행한다.

다음과 같은 라인에서 첫 번째 이름은 라인의 나머지 부분에 의해 생성되는 클래스 타입의 이름이다.

```
QApplication app(argc, argv);
QWidget window;

QLineEdit *lineEdit = new QLineEdit();
QPushButton *button = new QPushButton("Clear");
QHBoxLayout *layout = new QHBoxLayout();
```

파이썬에서는 이러한 타입 정의가 필요하지 않으므로 그냥 삭제할 수 있다.

```
lineEdit = new QLineEdit();
button = new QPushButton("Clear");
layout = new QHBoxLayout();
```

애플리케이션과 윈도우의 경우 정확히 동일한 원리다. 그러나 C++에 익숙하지 않은 경우 해당 줄이 변수를 생성하고 있다는 것이 분명하지 않을 수 있다.

C++에서 new로 객체를 생성하는 것과 없이 생성하는 것 사이에 차이가 있지만 파이썬에서는 이에 대해 걱정할 필요가 없으며 둘 다 같다고 생각할 수 있다.

```
QWidget *window = new QWidget();
QWidget window;

QApplication *app = new QApplication(argc, argv);
QApplication app;
```

파이썬으로 변환하려면 클래스 이름을 가져와 대괄호 ()를 붙이고 아직 없다
면 추가한다. 그런 다음 =를 사용해 window 변수에 할당한다.

```
window = QWidget()
```

파이썬에서 QApplication은 sys.argv(argv와 동일)의 인수 리스트인 단일 매개
변수만 허용한다. 코드는 다음과 같다.

```
import sys

app = QApplication(sys.argv);
```

지금까지의 전체 코드 블록은 다음과 같다.

```
from PyQt6.QtWidgets import (
    QApplication, QWidget, QLineEdit, QPushButton, QHBoxLayout
)

import sys

app = QApplication(argc, argv);
window = QWidget()
```

```
lineEdit = QLineEdit();
button = QPushButton("Clear");
layout = QHBoxLayout();
layout->addWidget(lineEdit);
layout->addWidget(button);

QObject::connect(&button, &QPushButton::pressed, &lineEdit, QLineEdit::clear);

window.setLayout(layout);
window.setWindowTitle("Why?");
window.show();

app.exec();
```

B.5 시그널

시그널은 예제를 작동시키는 데 핵심이며 불행히도 Qt 시그널에 대한 C++ 구문은 약간 까다롭다. 작업하고 있는 예시 시그널은 다음과 같다.

```
QObject::connect(&button, &QPushButton::pressed, &lineEdit, QLineEdit::clear);
```

C++에 익숙하지 않다면 구문 분석하기가 상당히 어려울 것이다. 그러나 모든 구문을 제거하면 훨씬 더 명확해진다.

```
connect(button, QPushButton.pressed, lineEdit, QLineEdit.clear)
// 또는
connect(<from object>, <from signal>, <to object>, <to slot>>)
```

왼쪽에서 오른쪽으로 연결하려는 객체, 해당 객체에서 연결하는 시그널, 연결되는 객체, 마지막으로 연결하려는 슬롯(또는 함수)이 있다. 이는 PyQt6에서 다음과 같이 작성한다.

```
button.pressed.connect(lineedit.clear)
```

변경하면 다음과 같은 코드가 제공된다.

```python
from PyQt6.QtWidgets import (
    QApplication, QWidget, QLineEdit, QPushButton, QHBoxLayout
)

app = QApplication(sys.argv)
window = QWidget()
lineEdit = QLineEdit()
button = QPushButton("Clear")
layout = QHBoxLayout()
layout->addWidget(lineEdit);
layout->addWidget(button);

button.pressed.connect(lineEdit.clear)

window.setLayout(layout);
window.setWindowTitle("Why?");
window.show();
app.exec();
```

B.6 문법

이제 정말 번거로운 부분을 모두 변환했으므로 최종 구문 수정 단계를 수행할 수 있다. 간단한 검색 후 대체다.

먼저 -> 또는 ::의 모든 인스턴스를 검색하고 .으로 바꾼다. C++ 코드에서도 어떤 곳에서는 이러한 변수가 new나 .이 아닌 이전에 생성된 방식으로 돌아간다. 여기서도 무시하고 모든 곳에서 .을 사용할 수 있다.

```
layout.addWidget(lineEdit);
layout.addWidget(button);
```

마지막으로 라인 끝의 세미콜론을 모두 제거한다.

```
layout.addWidget(lineEdit)
layout.addWidget(button)
```

 기술적으로 파이썬에서 ;과 같은 라인 종결자를 쓸 필요가 없다. 불필요하다.

동작하는 파이썬 코드는 다음과 같다.

```
import sys

from PyQt6.QtWidgets import (
    QApplication,
    QHBoxLayout,
    QLineEdit,
    QPushButton,
```

```
    QWidget
)

app = QApplication(sys.argv) window = QWidget()
lineEdit = QLineEdit()
button = QPushButton("Clear")
layout = QHBoxLayout()
layout.addWidget(lineEdit)
layout.addWidget(button)

button.pressed.connect(lineEdit.clear)

window.setLayout(layout)
window.setWindowTitle("Why?")
window.show()

app.exec()
```

파이썬 코드에서는 초기화 코드가 __init__ 블록 내에서 자체적으로 포함될 수 있도록 윈도우 클래스를 서브클래싱하는 것이 필수는 아니지만 정상이다. 다음 코드는 해당 구조로 재작업돼 윈도우 객체(현재 MyWindow) 및 앱 생성을 제외한 모든 항목을 이동하고 app.exec() 호출을 __init__ 블록으로 이동했다.

```
import sys

from PyQt6.QtWidgets import (
    QApplication,
    QHBoxLayout,
    QLineEdit,
    QPushButton,
    QWidget
```

```
)

class MyWindow(QWidget):
    def __init__(self, *args, **kwargs):
        super().__init__(*args, **kwargs)

        lineEdit = QLineEdit()
        button = QPushButton("Clear")
        layout = QHBoxLayout()
        layout.addWidget(lineEdit)
        layout.addWidget(button)

        button.pressed.connect(lineEdit.clear)

        self.setLayout(layout)
        self.setWindowTitle("Why?")
        self.show()

app = QApplication(sys.argv)
window = MyWindow()

app.exec()
```

B.7 코드에 변환 프로세스 적용

매우 간단한 예지만 동일한 프로세스를 따르면 C++ Qt 코드를 파이썬 코드로 안정적으로 변환할 수 있다. 자신의 코드 샘플을 변환할 때 이 단계적 접근 방식을 고수해 무언가를 놓치거나 실수로 깨뜨릴 위험을 최소화한다. 실행은 되지만 미묘하게 다른 파이썬 코드로 끝나면 디버그하기 어려울 수 있다.

변환에 도움이 필요한 코드 예제가 있는 경우 언제든지 저자에게 연락하면 도움을 드리겠다.

PyQt6와 PySide6의 차이점

Qt6로 파이썬 애플리케이션을 빌드하기 시작하면 실제로 이를 수행하는 데 사용할 수 있는 패키지가 PyQt6와 PySide6라는 두 가지 패키지가 있다는 것을 곧 알게 된다.

이 짧은 장에서 이것이 정확히 왜 필요한지, 차이점이 무엇인지, 그것들을 해결하는 방법을 다룬다. 결국에는 PyQt6와 PySide6 자습서의 코드 예제를 편안하게 재사용해 사용 중인 패키지에 관계없이 앱을 빌드하는 데 익숙해질 것이다.

C.1 배경

두 개의 라이브러리가 있는 이유가 뭘까? PyQt는 리버뱅킹 컴퓨팅(https://www.riverbankcomputing.com/software/pyqt/intro)의 필 톰슨[Phil Thompson]이 개발했으며 2.x로 돌아가는 Qt 버전을 지원하는 등 아주 오랫동안 존재해왔다. 2009년 당시 Qt 툴킷을 소유하고 있던 노키아는 Qt용 파이썬 바인딩을 좀 더 관대한 LGPL 라이선스로 제공하기를 원했다. 손해보는 입장의 리버뱅크와 합의할 수 없었다. 따라서 그들은 _PySide로 자신의 바인딩을 출시했다.

> ℹ 'side'가 '바인더'의 핀란드어이기 때문에 PySide라고 한다.

두 인터페이스는 기본적으로 동일했지만 시간이 지남에 따라 PySide의 개발은 PyQt보다 뒤쳐졌다. 이는 Qt5 릴리스 이후에 특히 두드러졌다. PyQt의 Qt5 버전(PyQt5)은 2016년 중반부터 사용할 수 있었고 PySide2의 첫 번째 안정적인 릴리스는 2년 후였다. 이를 염두에 두면 파이썬 예제의 많은 Qt5가 PyQt5를 사용한다는 것은 놀라운 일이 아니다.

그러나 Qt 프로젝트는 최근 PySide를 파이썬용 공식 Qt 릴리스(https://www.qt.io/qt-for-python)로 채택해 이전 버전의 실행 가능성을 보장해야 한다. Qt6가 출시됐을 때 두 파이썬 바인딩 모두 직후에 사용할 수 있었다.

	PyQt6	PySide6
첫 릴리스	2021년 1월	2020년 12월
개발사	리버뱅크 컴퓨팅	Qt
라이선스	GPL 또는 상용	LGPL
플랫폼	파이썬 3	파이썬 3

어느 것을 사용해야 할까? 솔직히 별로 중요하지 않다. 두 패키지 모두 동일한 라이브러리(Qt6)를 래핑하므로 99.9% 동일한 API가 있다(몇 가지 차이점은 다음 참조). 한 라이브러리에서 배운 모든 내용은 다른 라이브러리를 사용하는 프로젝트에 쉽게 적용된다. 또한 어떤 것을 사용하기로 선택하든 다른 것에 익숙해지는 것이 가치가 있으므로 사용 가능한 모든 온라인 리소스를 최대한 활용할 수 있다. 예를 들어 PyQt6 자습서를 사용해 PySide6 애플리케이션을 빌드하거나 그 반대도 마찬가지다.

이 장에서는 두 패키지 간의 몇 가지 주목할 만한 차이점을 살펴보고 두 패키지와 원활하게 작동하는 코드 작성법을 설명한다. 이 글을 읽은 후 모든 PyQt6 예제를 온라인으로 가져와 PySide6에서 작동하도록 변환할 수 있어야 한다.

C.2 라이선싱

두 버전의 주요 차이점은 라이선스다. PyQt6는 GPL이나 상용 라이선스로 제공되고 PySide6는 LGPL 라이선스로 제공된다.

GPL에 따라 소프트웨어 자체를 출시할 계획이거나 배포되지 않을 소프트웨어를 개발하는 경우 PyQt6의 GPL 요구 사항이 문제가 되지 않는다. 그러나 소프트웨어를 배포하고 소스코드를 공유하지 않으려면 PyQt6용 상용 라이선스를 리버뱅크에서 구입하거나 PySide6를 사용해야 한다.

 Qt 자체는 Qt 상용 라이선스, GPL 2.0, GPL 3.0, LGPL 3.0 라이선스에 따라 사용할 수 있다.

C.3 네임스페이스, 열거형

PyQt6에 도입된 주요 변경 사항 중 하나는 열거형 및 플래그에 대해 정규화된 이름을 사용해야 한다는 것이다. 이전에는 PyQt5와 PySide2에서 바로 가기를 사용할 수 있었다(예, `Qt.DecorationRole`, `Qt.AlignLeft`). PyQt6에서는 이제 각각 `Qt.ItemDataRole.DisplayRole`과 `Qt.Alignment.AlignLeft`다. 이 변경 사항은 Qt의 모든 열거형 및 플래그 그룹에 영향을 준다. PySide6에서는 긴 이름과 짧은 이름이 모두 지원된다.

C.4 UI 파일

두 라이브러리의 또 다른 주요 차이점은 Qt 크리에이터/디자이너에서 내보낸 .ui 파일을 로드하는 방식에 있다. PyQt6는 UI 파일을 직접 로드해 객체를 생성하는 데 사용할 수 있는 uic 하위 모듈을 제공한다. 카멜케이스를 무시하면 이는 꽤 파이썬답게 느껴진다.

```
import sys

from PyQt6 import QtWidgets, uic

app = QtWidgets.QApplication(sys.argv)

window = uic.loadUi("mainwindow.ui")
window.show()

app.exec()
```

PySide6는 먼저 QUILoader 객체를 생성해야 하기 때문에 한 줄이 더 길다. 불행히도 이 두 인터페이스의 API도 다르다(.load 대 .loadUI).

```
import sys
from PySide6 import QtCore, QtGui, QtWidgets
from PySide6.QtUiTools import QUiLoader

loader = QUiLoader()

app = QtWidgets.QApplication(sys.argv)
window = loader.load("mainwindow.ui", None)
window.show()

app.exec()
```

예를 들어 QMainWindow.init에서 PyQt6의 기존 객체에 UI를 로드하려면 self (기존 위젯)를 두 번째 매개변수로 전달하는 uic.loadUI를 호출할 수 있다.

```
import sys
from PyQt6 import QtCore, QtGui, QtWidgets
from PyQt6 import uic


class MainWindow(QtWidgets.QMainWindow):
    def __init__(self, *args, **kwargs):
        super().__init__(*args, **kwargs)

        uic.loadUi("mainwindow.ui", self)


app = QtWidgets.QApplication(sys.argv)


window = MainWindow()
window.show()


app.exec()
```

PySide6 로더는 이를 지원하지 않는다. .load에 대한 두 번째 매개변수는 만들고 있는 위젯의 상위 위젯이다. 이렇게 하면 위젯의 __init__ 블록에 사용자 정의 코드를 추가할 수 없지만 별도의 함수로 이 문제를 해결할 수 있다.

```
import sys
from PySide6 import QtWidgets
from PySide6.QtUiTools import QUiLoader


loader = QUiLoader()


def mainwindow_setup(w):
    w.setWindowTitle("MainWindow Title")


app = QtWidgets.QApplication(sys.argv)
```

```
window = loader.load("mainwindow.ui", None)

mainwindow_setup(window)
window.show()

app.exec()
```

C.5 UI 파일을 파이썬으로 변환

두 라이브러리 모두 Qt 디자이너 .ui 파일에서 파이썬 임포트 가능한 모듈을
생성하고자 동일한 스크립트를 제공한다. PyQt6의 경우 스크립트 이름은
pyuic5를 사용한다.

```
pyuic6 mainwindow.ui -o MainWindow.py
```

그런 다음 사용 중인 기본 클래스(예, QMainWIndow)에서 다중 상속을 사용하는
하위 클래스인 UI_MainWindow 객체를 가져온 다음 self.setupUI(self)를 호출
해 UI를 설정할 수 있다.

```
import sys
from PyQt6 import QtWidgets
from MainWindow import Ui_MainWindow

class MainWindow(QtWidgets.QMainWindow, Ui_MainWindow):

    def __init__(self, *args, **kwargs):
        super().__init__(*args, **kwargs)
```

```
        self.setupUi(self)

app = QtWidgets.QApplication(sys.argv)
window = MainWindow()

window.show()

app.exec()
```

PySide6의 경우 이름은 **pyside6-uic**다.

```
pyside6-uic mainwindow.ui -o MainWindow.py
```

이후 설정은 동일하다.

```
import sys
from PySide6 import QtWidgets
from MainWindow import Ui_MainWindow

class MainWindow(QtWidgets.QMainWindow, Ui_MainWindow):

    def __init__(self, *args, **kwargs):
        super().__init__(*args, **kwargs)

        self.setupUi(self)

app = QtWidgets.QApplication(sys.argv)

window = MainWindow()
window.show()
```

```
app.exec_()
```

 PyQt6 또는 PySide6와 함께 Qt 디자이너를 사용하는 방법에 대한 자세한 내용은
3장의 'Qt 크리에이터' 절을 참조한다.

C.6 exec() 또는 exec_()

.exec() 메서드는 Qt에서 QApplication 또는 대화상자의 이벤트 루프를 시작하
는 데 사용된다. 파이썬 2.7에서 exec는 키워드였으며 이는 변수, 함수 또는
메서드 이름에 사용할 수 없음을 의미한다. PyQt4와 PySide 모두에서 사용된
솔루션은 이 충돌을 피하고자 .exec 사용 이름을 .exec_()로 바꿨다.

파이썬 3는 exec 키워드를 제거해 이름을 사용할 수 있게 했다. PyQt6의 결과
로 모든 .exec() 호출은 Qt와 마찬가지로 이름이 지정된다. 그러나 PySide6는
여전히 .exec_()를 사용한다.

C.7 슬롯과 시그널

사용자 정의 슬롯과 시그널을 정의하는 것은 두 라이브러리 간에 약간 다른
구문을 사용한다. PySide6는 Signal 및 Slot이라는 이름으로 이 인터페이스를
제공하는 반면 PyQt6는 이를 각각 pyqtSignal 및 pyqtSlot으로 제공한다. 이들
의 동작은 정의, 슬롯, 시그널에 대해 동일하다.

다음 PyQt6 및 PySide6 예제는 동일하다.

```
my_custom_signal = pyqtSignal() # PyQt6
my_custom_signal = Signal() # PySide6

my_other_signal = pyqtSignal(int) # PyQt6
my_other_signal = Signal(int) # PySide6
```

또는 슬롯의 경우는 다음과 같다.

```
@pyqtslot
def my_custom_slot():
    pass

@Slot
def my_custom_slot():
    pass
```

PyQt6 및 PySide6에서 일관성을 보장하려면 PyQt6에 대해 다음 임포트 패턴을 사용해 Signal 및 @Slot 스타일도 사용할 수 있다.

```
from PyQt6.QtCore import pyqtSignal as Signal, pyqtSlot as Slot
```

ℹ️ 물론 PySide6.QtCore에서 Signal을 pyqtSignal로 가져오고 Slot을 pyqtSlot으로 가져오는 것과는 반대로 할 수 있지만 약간 혼란스럽다.

C.8 QMouseEvent

PyQt6에서 QMouseEvent 객체에는 더 이상 이벤트 위치에 액세스하기 위한 .pos(), .x() 또는 .y() 약식 속성 메서드가 없다. .position() 속성을 사용해 QPoint 객체를 가져와서 해당 객체의 .x() 또는 .y() 메서드에 액세스해야 한다. .position() 메서드는 PySide6에서도 사용할 수 있다.

C.9 PySide6에는 있지만 PyQt6에는 없는 기능

Qt6부터 PySide는 두 개의 파이썬 기능 플래그를 지원해 snake_case 변수 이름과 게터getter/세터setter 함수를 사용하는 대신 속성을 직접 할당하고 액세스하는 기능으로 코드를 더 파이썬답게 만든다. 다음 예는 이러한 변경이 코드에 미치는 영향을 보여준다.

리스트 C-1. 표준 PySide6 코드

```
table = QTableWidget()
table.setColumnCount(2)

button = QPushButton("Add")
button.setEnabled(False)

layout = QVBoxLayout()
layout.addWidget(table)
layout.addWidget(button)
```

동일한 코드지만 snake_case와 true_property가 활성화돼 있다.

리스트 C-2. Snake case와 properties을 가진 PySide6 코드

```python
from __feature__ import snake_case, true_property
table = QTableWidget()

table.column_count = 2
button = QPushButton("Add")
button.enabled = False

layout = QVBoxLayout()
layout.add_widget(table)
layout.add_widget(button)
```

이러한 기능 플래그는 코드 가독성을 위한 좋은 개선 사항이지만 PyQt6에서 지원되지 않기 때문에 라이브러리 간의 마이그레이션이 더 어려워진다.

C.10 모두 지원되는 라이브러리

 독립 실행형 앱을 작성하는 경우 이 문제에 대해 걱정할 필요가 없다. 원하는 API를 사용하면 된다.

PyQt6 및 PySide6 모두와 호환되기를 원하는 라이브러리, 위젯 또는 기타 도구를 작성하는 경우 두 임포트 세트를 모두 추가할 수 있다.

```python
import sys

if 'PyQt6' in sys.modules:
    # PyQt6
    from PyQt6 import QtGui, QtWidgets, QtCore
```

```
    from PyQt6.QtCore import pyqtSignal as Signal, pyqtSlot as Slot

else:
    # PySide6
    from PySide6 import QtGui, QtWidgets, QtCore
    from PySide6.QtCore import Signal, Slot
```

이것은 단일 라이브러리로 PyQt6 및 PySide6 임포트를 지원하는 사용자 정의
위젯 라이브러리에서 사용하는 접근 방식이다. 유일한 주의 사항은 이 라이브
러리를 가져올 때 PyQt6가 sys.modules에 있는지 확인하고자 이전에(위 또는
이전 줄에서와 같이) 임포트했는지 확인해야 한다.

PyQt6에 약칭 열거형 및 플래그가 없는 것을 설명하고자 직접 생성할 수 있다.
예를 들어 다음 코드는 각 열거형 객체 요소에 대한 참조를 상위 객체까지
복사해 PyQt5, PySide2, PySide6에서와 같이 액세스할 수 있게 한다. 코드는
PyQt6에서만 실행하면 된다.

```
enums = [
    (QtCore.Qt, 'Alignment'),
    (QtCore.Qt, 'ApplicationAttribute'),
    (QtCore.Qt, 'CheckState'),
    (QtCore.Qt, 'CursorShape'),
    (QtWidgets.QSizePolicy, 'Policy'),
]

# 긴 이름을 사용해 조회하고(예, QtCore.Qt.CheckState.Checked, PyQt6에서 사용)
# 짧은 이름으로 저장(예, QtCore.Checked, PyQt5, PySide2에서 사용하고 PySide6에서 허용)
for module, enum_name in enums:
    for entry in getattr(module, enum_name):
        setattr(module, entry.name, entry)
```

또는 네임스페이스 조회를 처리하는 사용자 정의 함수를 정의할 수 있다.

```python
def _enum(obj, name):
    parent, child = name.split('.')
    result = getattr(obj, child, False)
    if result: # 짧은 이름만 사용해서 검색
        return result

    obj = getattr(obj, parent) # 부모를 먼저 가져오고 자식을 가져온다.
    return getattr(obj, child)
```

객체와 PyQt6에 호환되는 긴 이름 형식이 전달되면 이 함수는 PyQt6 및 PySide6 모두에서 올바른 열거형 또는 플래그를 반환한다.

```python
>>> _enum(PySide6.QtCore.Qt, 'Alignment.AlignLeft')
PySide6.QtCore.Qt.AlignmentFlag.AlignLeft
>>> _enum(PyQt6.QtCore.Qt, 'Alignment.AlignLeft') <Alignment.AlignLeft: 1>
```

마지막 문제는 exec_() 및 exec() 메서드 호출의 불일치다. 호출할 객체를 전달하는 함수를 구현해 이 문제를 해결할 수 있다.

```python
def _exec(obj):
    if hasattr(obj, 'exec'):
        return obj.exec()
    else:
        return obj.exec_()
```

여러 파일에서 이 작업을 수행하는 경우 다소 번거로울 수 있다. 이에 대한 좋은 해결책은 임포트 로직 및 사용자 정의 shim 메서드를 자체 파일로 이동하는 것이다. 프로젝트 루트에 qt.py라는 이름이 지정됐다. 이 모듈은 두 라이브러리 중 하나에서 Qt 모듈(QtCore, QtGui, QtWidgets 등)을 가져온 다음 애플리케이션에 임포트한다.

qt.py의 내용은 이전에 사용한 것과 동일하다.

```python
import sys

if 'PyQt6' in sys.modules:
    # PyQt6
    from PyQt6 import QtGui, QtWidgets, QtCore
    from PyQt6.QtCore import pyqtSignal as Signal, pyqtSlot as Slot

else:
    # PySide6
    from PySide6 import QtGui, QtWidgets, QtCore
    from PySide6.QtCore import Signal, Slot

def _enum(obj, name):
    parent, child = name.split('.')
    result = getattr(obj, child, False)
    if result: # 짧은 이름만 사용해서 검색
        return result

    obj = getattr(obj, parent) # 부모를 먼저 가져오고 자식을 가져온다.
    return getattr(obj, child)

def _exec(obj):
    if hasattr(obj, 'exec'):
        return obj.exec()
    else:
        return obj.exec_()
```

if 블록의 두 분기에서 사용하는 다른 PyQt6 모듈(브라우저, 멀티미디어 등)을 추가하는 것을 기억해야 한다. 그런 다음 Qt6를 자신의 애플리케이션으로 가져올 수 있다.

```
from .qt import QtGui, QtWidgets, QtCore, _enum, _exec
```

어느 라이브러리에서나 원활하게 작동한다.

더 이상 말할 것이 없다. 두 라이브러리는 실제로 비슷하다. 그러나 쉽게 변환할 수 없는 다른 PyQt6/PySide6 예제를 발견하면 저자에게 알려주길 바란다.

| 찾아보기 |

파이썬과 Qt6로 GUI 애플리케이션 만들기 5/e
파이썬 애플리케이션 제작 실습 가이드

발 행 | 2023년 3월 31일

옮긴이 | 김 동 호
지은이 | 마틴 피츠패트릭

펴낸이 | 권 성 준
편집장 | 황 영 주
편 집 | 김 진 아
　　　　임 지 원
디자인 | 윤 서 빈

에이콘출판주식회사
서울특별시 양천구 국회대로 287 (목동)
전화 02-2653-7600, 팩스 02-2653-0433
www.acornpub.co.kr / editor@acornpub.co.kr

한국어판 © 에이콘출판주식회사, 2023, Printed in Korea.
ISBN 979-11-6175-736-0
http://www.acornpub.co.kr/book/python-qt6

책값은 뒤표지에 있습니다.